上海大学文学院四十周年纪念文集

海纳集

上海大学文学院 编

上海大学出版社

图书在版编目(CIP)数据

海纳集/上海大学文学院编. —上海：上海大学出版社，2018.12
（上海大学文学院四十周年纪念文集）
ISBN 978-7-5671-3367-9

Ⅰ.①海… Ⅱ.①上… Ⅲ.①社会科学－文集 Ⅳ.①C53

中国版本图书馆CIP数据核字(2018)第274274号

书名题字　董乃斌
特邀编辑　吴雅仙
责任编辑　邹西礼
技术编辑　金　鑫　钱宇坤

海纳集
上海大学文学院四十周年纪念文集
　上海大学文学院　编
上海大学出版社出版发行
（上海市上大路99号　邮政编码200444）
(http://www.shupress.cn　发行热线021-66135112)
出版人　戴骏豪
＊
南京展望文化发展有限公司排版
上海世纪嘉晋数字信息技术有限公司印刷　各地新华书店经销
开本710 mm×1000 mm　1/16　印张21.25　字数370千
2018年12月第1版　2018年12月第1次印刷
ISBN 978-7-5671-3367-9/C·125　定价188.00元

《上海大学文学院四十周年纪念文集》编辑委员会

主　任：张勇安　　竺　剑
委　员：董乃斌　谢维扬　王晓明　陶飞亚　郭长刚
　　　　姚　蓉　杨位俭　倪　兰　黄景春　宁镇疆
　　　　朱善杰　杨万里

序 言 | Preface

40 年栉风沐雨,我们与改革开放嘤鸣同响。

40 载沧桑砥砺,我们与代代学子潮头弄浪。

2018 年 12 月,将值上海大学文学院建院 40 周年华诞。时光流转,盛事如约。回望来时路,我们弦歌迭唱,宛转悠扬。1978 年 12 月 9 日,复旦大学分校之成立,乃上海大学文学院之肇基。校长王中先生、党委书记李庆云同志,九畹初植兰,辛勤难具论。1983 年,上海大学文学院始得今名,中文、历史、社会、涉外经济法、影视、广告、行政管理、信息、档案等 9 系 15 个本科专业,顺时而备举,素积而博洽。1994 年,上海大学文学院焕新于四校融合,文学院初心自持,合社会、中文、历史、档案、文化研究 5 系于一体,而后顺应改革发展之大势,终集文史精华之大成,既览古今事,欲究治乱情。

道由白云尽,春与青溪长。时有落花至,远闻流水香。今天,学院已拥有中国语言文学、中国史、世界史 3 个一级学科博士学位授权点和中国语言文学、中国史、世界史 3 个博士后流动站,汉语国际教育、文物与博物馆等两个专业硕士点和政治学一级学科硕士点,怀瑾握瑜,春耕秋获。近年来,学院坚持走内涵式发展道路,以一流人才培养为中心,勇担人才培养、科学研究、文化传承、社会服务、国际合作之使命,以一流学科、一流教学、一流师资、一流科研、一流国际化、一流社会服务为牵引,以文化建设、平台建设、管理服务为保障,以传承和发扬中华文化自信为目标,切实践行博文雅人、转识成智之训,朝着建设一流的开放性、国际化、研究型学院扎实迈进。终见杏坛嘉木盛,泮池百花芳。

君子立言,非苟显其理,将以启天下之方悟者;立行,非独善其身,将以训天下之方动者。值此 40 周年院庆之际,我们秉承"立言行之谨慎"之宗旨,从老师们的丰富科研成果中,择其瑰琦锦绣,编撰成集,旨在汇聚学院智慧之结晶,为院庆献礼。这其中,既有多年吐纳涵泳、笔耕不辍、声名远播的学界前辈,也有甘守寂寞、淡泊名利、勤于磨砺的中流砥柱,还有生气勃勃、传承薪火、潜力无穷的后起之秀。我们更希望通过这本学术文集,向学界打开交流互鉴之门闾,搭起往来沟通之桥梁,以迎同行和专家学者之珠玉良言,用祛尘惑,益彰学术。

忆往昔岁月峥嵘,看如今海阔天高,望未来百尺竿头。上海大学文学院在40年的奋斗历程中清辉幽映、精益求精,共铸学院之精魂;文学院历代探索者在科学的哲思与人性的感悟中上下求索、左右采获,共期明日之辉煌。

因为我们怀揣激情,便无惧波澜翻涌,风雨兼程!

因为我们以梦为马,便敢越重关叠障,万里驰骋!

是为序。

编　者
2018 年 10 月

目 录 | Contents

世界古代史

法老时代埃及土地私有化现象研究 ················· 郭丹彤（003）

古老的新课题
　——美国版反犹主义 ··························· 杨　军（020）

阙特勤碑南面铭文的作者与镌刻年代问题 ············· 陈　浩（034）

世界近现代史

朝代，还是国家？
　——为什么会有美国？ ························· 朱学勤（047）

尼克松政府的环境外交 ··························· 夏正伟（057）

细节与成败：奥斯曼帝国改革的深水层 ··············· 王三义（076）

Endocrine Disruptors: an Evolving Health Concern in
　International Organizations ··················· Iris Borowy（090）

英国近代早期的劳工工资问题与国家管制 ············· 柴　彬（121）

业界利益与公共福利双赢：美国医学会与药品管理的联邦化
　（1891—1912） ································· 张勇安（139）

"一·二八事变"与上海"自由市"计划始末 ············· 张智慧（169）

越战时期美国与盟国的信任危机
　——以约翰逊政府的"更多旗帜"计划为例 ············· 吴　浩（185）

戴季陶における国民精神論の形成と教育実践
　—「童子軍教育」を手掛かりに— ··············· 朱　虹（204）

另辟蹊径,以待来者
  ——评麦克尼尔著《瘟疫与人》 ············· 刘招静 (225)
"可贵"的德国人:法占时期军政府德国公务员与非纳粹化
  ····································· 徐之凯 (243)

区域国别史

石油地租经济及西亚与中国的合作潜力 ············ 杨　光 (259)
论拉美国家的结构性改革 ······················ 江时学 (277)
试论荷马社会的性质 ·························· 郭长刚 (293)
1935年以来的土耳其汉学研究
  ··················· (土耳其)阿尤布·撒勒塔史　杨　晨 (308)
英语语境中的拉美"新左派"
  ——论超越"再现"与"再压迫"困境的可能性 ······· 谢晓啸 (317)

海纳集
上海大学文学院四十周年纪念文集

世界
古代史

法老时代埃及土地私有化现象研究

郭丹彤

郭丹彤,1968年5月生,吉林长春人。1998—2018年任教于东北师范大学历史文化学院,为教育部新世纪优秀人才、吉林省长白山学者特聘教授、长春市有突出贡献的中青年专家、东北师范大学仿吾青年学者特聘教授。先后在英国利物浦大学、希腊塞萨洛尼基大学、以色列耶路撒冷考古研究所和德国莱比锡大学做访问学者。2018年调入上海大学文学院工作,任历史系教授、博士生导师。主要研究领域为世界古代史·埃及学。在《历史研究》等刊物发表学术论文多篇;译著《古代埃及象形文字文献译注》(3卷)荣获第四届中国出版政府奖、第六届中华优秀出版物奖、第七届吴玉章人文社会科学奖。承担国家社会科学基金项目2项、国家出版基金项目1项、教育部人文社会科学研究项目2项。为中国世界古代史学会理事、国际埃及学家联合会会员、中国社会科学院外国考古研究中心客座研究员、《外国问题研究》副主编。

关于古代埃及土地私有化现象,目前学界趋向于认为,只有在公元前1世纪罗马征服埃及之后,私人完全土地所有权才被真正引入埃及,从而促进了埃及土地私有化的发展。而对漫长的法老时代埃及是否存在着私有土地,则争议颇多。以布里斯特德为代表的学者认为古代埃及从未出现过土地私有化现象,国家才是土地的所有者。他把古代埃及的土地描述为"绝大多数由国王所有、由农奴耕种、由官吏管理,或者由国王以封邑的形式委托给那些受恩宠的贵族、支持者和亲戚们"。[①] 与此相反,另一些学者则认为个人才是埃及土地的所有者。卡塔瑞认为:"长期以来,人们已广泛接受了这样的理论,土地私有制或与之相近的制度

---

① J. H. BREASTED. A History of Egypt: from the Earliest Times to the Persian Conquest. New York: Charles Scribner's Sons, 1905: 237.

存在于古代埃及。"①沃布吞更是强烈反对土地国有的理论,他甚至把埃及经济模型建立在小土地私有的理论基础上,认为:"在古代埃及,神庙和国王显然从未占有过较大比重的土地,小土地占有才是古代埃及土地的主要占有形式。"②凡此种种,莫衷一是。为此,本文拟以原始文献资料为基础,着力厘清古代埃及私有土地的来源以及基于土地私有化的以土地买卖、租赁和转让为代表的土地让渡活动,以期深化对古代埃及法老时代(其时间断限大致为公元前3000年第一王朝的建立到公元前332年亚历山大征服埃及)的土地私有化及其程度的认识。

一、私有土地的来源

从法理上讲,在法老时代的埃及,全国土地皆归国王所有。③ 这与古代中国所谓的"普天之下,莫非王土"是一个道理。尽管国王是全国土地的所有者,但是仅凭其一己之力自然无法具体管理全国的土地。为了更好地管理并使用全国的土地,将土地逐级下分不失为最好的选择。为此,国王将土地赠送给王室成员,基于政绩将土地奖励给大臣,以向神明献祭的形式将土地捐赠给神庙。而王室成员、贵族官僚和神庙又将土地下分,直至下分到土地的实际耕种者——小土地所有者手中。伴随着土地在家族内的世袭和继承,土地的使用权逐渐固化为占有权,土地私有现象随之产生。因此,即使国王是土地法理上的所有者,但是私有土地的存在却是不争的事实。只有这样,土地所有者才能通过买卖、继承以及其他方式让渡他们的土地。

第三王朝(公元前2686—前2613年)末期的梅藤自传体铭文是关于古代埃及土地私有现象的最早记录。④ 根据文献记载,梅藤作为行政管理者管理着下埃及(尼罗河三角洲地区)的多个城市和地区,以及上埃及(尼罗河谷地)的两个地区,而且他还是祭司长,并以此身份参与改良土地的事务。文献记载了他的私

---

① S. L. D. KATARY. Land Tenure in the Ramesside Period. London: Kegan Paul International, 1989: 23.
② D. WARBURTON. State and Economy in Ancient Egypt. Göttingen: Vandenhoeck & Ruprecht, 1997: 327.
③ N. GRIMAL. A History of Ancient Egypt. Oxford and Cambridge: Oxford University Press, 1992: 92.
④ J. H. BREASTED. Ancient Records of Egypt: Vol. I. Chicago: The University of Chicago Press, 1906: 87 - 110; H. GOEDICKE. Die Laufbahn des Mtn. MDAIK, 1966(21): 1 - 71; N. STRUDWICK. Texts from the Pyramid Age. Atlanta: Society of Biblical Literature, 2005: 192—194;王亮,郭丹彤. 梅藤自传体铭文译注. 古代文明,2012(1): 2—7.

有财产包括266阿如拉(1阿如拉=0.66英亩)的土地和一个小葡萄园,以及一个位于萨卡拉的墓地。在这266阿如拉土地中,200阿如拉通过购买获得;50阿如拉从他的母亲手中继承。获赠自国王的两块土地分别是12阿如拉和4阿如拉。像梅藤这样的官员并不会亲自耕种,他们的土地是由被称作"迈如特"(mrwt)的强制劳力即劳役劳力来耕种的,他们只是对土地进行监管,并负责向中央政府上缴赋税。① 此外,梅藤铭文还揭示出诸如"胡特地产"(hwt)、"大胡特地产"(hwt ′3t)等农业单位,也即王室地产在这一时期已经出现。② 第四王朝时期(公元前2613—前2494年)诸如普赫奈菲尔等官员的自传体铭文进一步证实了神庙地产、王室地产,以及个人地产业已形成,并初具规模。③

国王不仅把土地赠送给贵族官员,王室成员更是国王赠予的受益者。第四王朝时期的文献,哈夫拉之子奈卡拉王子的遗嘱记录了这位王子将14座城镇以及位于他父亲哈夫拉的金字塔城中的两块地产遗赠给他自己的妻子和儿女,其中有11座城镇是以哈夫拉的名字命名的。④ 据此我们推测,奈卡拉的地产来自他的父亲哈夫拉的馈赠。

第五王朝时期(公元前2494—前2345年),神庙占有的土地越来越多。这一王朝的国王一次赠予拉神神庙至少1704阿如拉87腕尺(459.7公顷,100腕尺=1阿如拉)的土地,这在当时是一次数目巨大的馈赠。⑤ 根据第五王朝王室地产管理人(imy-r pr n hwt ′3t)尼卡昂赫的自传体铭文记载,他管理着其所在州的王室地产。同时他还被国王乌瑟卡夫任命为哈托尔女神神庙的祭司长,并管理着该神庙的财务。为此,尼卡昂赫把在神庙供职而获赠的2阿如拉土地赠

---

① C. EYRE. Feudal Tenure and Absentee Landlords//S. ALLAM, ed.. Grund und Boden in Altägypten (rechtliche und sozio-ökonomische Verhältnisse): Akten des internationalen Symposions. Tübingen 18.-20., Juni 1990, Untersuchungen zum Rechtsleben im alten Ägypten 2. Tübingen: Schafik Allam, 1994: 112.

② J. C. MORENO GARCÍA. The State and the Organization of the Rural Landscape in 3rd Millennium BC Pharaonic Egypt//M. BOLLIG et al., eds.. Aridity, Change and Conflict in Africa: Proceedings of an International ACACIA Conference Held at Königswinter, Germany, Oct. 1-3, 2003. Cologne: Heinrich-Barth Institut, 2007: 319.

③ T. WILKINSON. Early Dynastic Egypt. London and New York: Routledge, 1999: 129-131.

④ J. H. BREASTED. Ancient Records of Egypt: Vol. I. Chicago: The University of Chicago Press, 1906: 89-90.

⑤ K. BAER. A Note on Egyptian Units of Area in the Old Kingdom. JNES, 1956 (15): 117; B. KEMP. Old Kingdom, Middle Kingdom and Second Intermediate Period c. 2686-1552 BC//B. TRIGGER, B. KEMP, D. O'CONNOR, A. LLOYD, eds.. Ancient Egypt: A Social History. Cambridge: Cambridge University Press, 1983: 104.

予其子,其子还顺利继承了他在哈托尔神庙和一个私人葬祭庙的职位。①

虽然我们还无法对这一时期的私人地产和国有地产进行准确的区分,但是根据上述文献以及其他古王国时期(包括第三至八王朝,公元前2686—前2125年)的文献记载,大多数情况下,国有地产使用的是用益权原则,即这些地产是拥有它们的官员们的职务薪酬,他们可以使用它们,但却不能作为私产转让给他们的后代。但是神职人员,也即祭司的职务薪酬可以被其后代所继承。②

第十二王朝时期的海卡纳赫特书信是我们重构中王国时期(包括第十一至十三王朝,公元前2055—前1650年)土地占有状况的主要文献。③ 海卡纳赫特地产中的一部分来自国王的馈赠,与古王国时期的情况相似。作为一名丧葬祭司,他的工作使他获得了作为薪酬的土地,他拥有这些土地的占有权。由于这些地产散落于数个村庄,这就需要对它们分别进行经营管理。事实上,这一家族的地产是一个联合企业:父亲和儿子们负责经营管理,并雇佣劳动力来耕种,这些劳动力因此成为这一家族的依附者。④ 第十二王朝时期阿苏特州阿努比斯神庙的高级祭司和州长哈普杰夫的自传体铭文,为我们提供了私人地产收入的相关数据。该文献清晰地界定了哈普杰夫依据其职位而拥有的土地、佃户、牲畜等数目,以及他从他的父母那里继承的地产数目。⑤ 哈普杰夫不仅从其神庙的职位上获得了地产,而且作为州长,他还从前任那里继承了一份地产,但是这份地产将被下一任州长所继承。除了职务薪酬外,作为高级祭司的哈普杰夫没有权力占有神庙中任何形式的财产或者从这些财产的收入中获益。然而,他却有权处置他的本家族财产,这可以从他的自传体铭文所包含的10份买卖契约

---

① N. STRUDWICK. Texts from the Pyramid Age. Atlanta: Society of Biblical Literature, 2005: 195 – 199; K. BAER. A note on Egyptian Units of Area in the Old Kingdom. JNES, 1956 (15): 115 – 116; B. KEMP. Old Kingdom, Middle Kingdom and Second Intermediate Period c. 2686 – 1552 BC//B. TRIGGER, B. KEMP, D. O'CONNOR, A. LLOYD, eds.. Ancient Egypt: A Social History. Cambridge: Cambridge University Press, 1983: 105 – 106.

② C. EYRE. Work and the Organization of Work in the Old Kingdom. //MARVIN POWELL, ed.. Labor in the Ancient Near East, American Oriental Series 68. New Haven, Conn: American Oriental Society, 1987: 33.

③ C. EYRE. Feudal Tenure and Absentee Landlords//S. ALLAM, ed.. Grund und Boden in Altägypten (rechtliche und sozio-ökonomische Verhältnisse): Akten des internationalen Symposions, Tübingen 18.-20., Juni 1990, Untersuchungen zum Rechtsleben im alten Ägypten 2, Tübingen: Schafik Allam, 1994: 111.

④ B. KEMP. Ancient Egypt: Anatomy of a Civilization. London and New York: Routledge, 1989: 240.

⑤ G. REISNER. The Tomb of Hepzefa, Nomarch of Siut. JEA, 1918 (5): 79 – 98; A. J. SPALINGER. A redistributive pattern at Assiut. JAOS, 1985 (105): 7 – 20.

中得知。①

如果说上述文献揭示出私人地产来自国王的馈赠、个人的购买和继承，以及祭司的职务薪酬，那么新王国时期(包括第十八至二十王朝，公元前1550—前1069年)的文献则告诉我们，私人地产还来自国王对军功的奖赏；并且伴随着对外战争的频繁发生而导致的军人人数的增多，这类地产遂成为新王国时期个人占有土地的主要形式。与上述几种来源不同，军人的赏田多为新田，即新开垦出来的土地。新王国时期的退伍军人多被安置在边远地区进行垦荒，他们大多比邻而居，从而形成了"军人村"。根据第十八王朝时期(公元前1550—前1295年)的阿赫摩斯自传体铭文记载，这位军队长官获得了一大片地产的奖赏，包括哈杰地区的60阿如拉的土地，②其中只有5阿如拉的土地位于他的家乡埃尔·卡布。与此同时，国王还将男女奴隶(hm, hmt)馈赠给他。到阿赫摩斯晚年，他的地产已经遍布全国各地。他的家族成员居住在城镇，而家族的土地则由奴隶或者雇佣的当地劳动力耕种。

第十九王朝时期(约公元前1295—前1186年)的梅斯铭文证实了新王国时期埃及国王有向战绩卓著的军人馈赠土地的传统，而根据第二十王朝(约公元前1186—前1069年)的韦伯纸草记载，埃及的军人都可以获得一小块土地作为其私有财产。梅斯铭文记载的地产位于法尤姆南部，这块土地的经营状况良好，但是赋税则由梅斯的家族成员依据各自分得的土地份额来缴纳，并由一个继承人统一管理，这个继承人也就成了这个家族地产的实际主管。因此，这个管理者也就有责任确保家族成员从土地的经营中获益，以及将土地收益在持有土地份额的家族成员间进行合理的分配。

二、私有土地的占有

法老时代的埃及，土地主要由王室、贵族官僚、神庙和个体平民所占有。王室直接支配的土地构成王室农庄，使用奴隶和失去土地的自由民从事劳动，其产品供王室使用。贵族官僚的土地来源，正如上文提及的，有三：一是获赏于国王

---

① B. KEMP. Old Kingdom, Middle Kingdom and Second Intermediate Period c. 2686 - 1552 BC// B. TRIGGER, B. KEMP, D. O'CONNOR, A. LLOYD, eds.. Ancient Egypt: A Social History. Cambridge: Cambridge University Press, 1983: 106; A. J. SPALINGER. A Redistributive Pattern at Assiut. JAOS, 1985 (105): 9 - 18.

② M. LICHTHEIM. Ancient Egyptian Literature: Vol. II, Berkeley, Los Angeles, and London: University of California Press, 1976: 12 - 15.

的土地；二是通过购买兼并而来的土地；三是继承的土地。① 神庙土地主要来自国王的赠予，第二十王朝时期的哈里斯一号纸草详细记述了王室对神庙的捐赠。该纸草开列了阿蒙神庙、拉神庙、普塔神庙以及其他一些不知名的小型神庙的土地占有情况：他们一共拥有 1 071 780 阿如拉土地（289 166.24 公顷），其中的 13% 到 18% 是可耕地。而神职人员却只占埃及总人口的 2%，大约在 10 万人左右。② 由于神庙享有某种程度的免税特权，这些数据也许更加庞大。

神庙地产除了得自王室的捐赠外，个人也可以将其地产通过葬祭捐献的形式转移到神庙地产名下。斯姆特是第十九王朝国王拉美西斯二世统治时期阿蒙神庙的牲畜管理书吏和督察员，他的捐赠揭示了个人将其地产捐赠给神庙的传统。为了得到神明的庇护，古代埃及人习惯于与神庙签订契约来捐赠他们的地产。斯姆特在底比斯墓室用三面墙对他的捐赠进行了介绍，同时也对捐赠契约进行了记录。③ 由于没有子嗣或者兄弟姐妹为他组织丧葬仪式，斯姆特决定将其所有的财产都捐献给姆特神庙，由此，他的葬礼将由神庙负责，他也因此从神庙获得了能够让他安度晚年的日常供给。

尽管个体平民的社会地位不高，但是以个体平民为代表的小土地占有却是古代埃及土地私有化现象的集中表现。④ 古王国时期，小土地占有者被统称为 xntyw-S（"穿衣服的人"），大致可译为"乡绅"，他们通常在神庙中有自己的一份差事，因此作为报酬可以获得一小块土地。⑤ 第六王朝国王佩皮一世为了保护小土地所有者 xntyw-S 的利益，曾颁布敕令限制地方官员兼并他们的土地，从而使他们的社会地位有所提升。⑥ 中王国时期，xntyw-S 被新兴的 nds 取代而成为小土地所有者的代表。nds 可直译为"普通人"，亦即"庶人"，他们不隶属于任何

---

① 郭丹彤. 试论埃及新王国时期的神庙经济. 东北师大学报，1994(2)：14.
② J. H. BREASTED. Ancient Records of Egypt：Vol. IV. Chicago：The University of Chicago Press，1906：87 - 110.
③ J. A. WILSON. The Theban Tomb (no. 409) of Si-Mut, Called Kiki. JNES, 1970 (29)：187 - 192；E. FROOD. Biographical Texts from Ramesside Egypt. Atlanta：Society of Biblical Literature，2007：84 - 91.
④ D. WARBURTON. State and Economy in Ancient Egypt. Göttingen：Vandenhoeck & Ruprecht，1997：70.
⑤ C. EYRE. Work and the Organization of Work in the Old Kingdom//MARVIN POWELL, ed.. Labor in the Ancient Near East, American Oriental Series 68. New Haven, Conn：American Oriental Society，1987：5 - 47.
⑥ C. EYRE. Work and the Organization of Work in the Old Kingdom//MARVIN POWELL, ed.. Labor in the Ancient Near East, American Oriental Series 68. New Haven, Conn：American Oriental Society，1987：35；N. STRUDWICK. Texts from the Pyramid Age. Atlanta：Society of Biblical Literature，2005：103 - 105.

机构和个人,有着较强的人身自由和独立性。①

根据韦伯纸草记载,新王国时期小土地占有者的构成非常庞杂,有53种之多。按照职业划分,他们可以分为军人、自由职业者、饲养员、神职人员、公职人员、手工业者和其他职业者等几大类。其中马夫长、士兵、瓦布祭司、女性自由民、农夫等五种土地占有者不仅数量多,而且所占土地也较多,他们持有的土地比率分别为:马夫长22.3%、士兵12.0%、瓦布祭司11.8%、女性自由民10.8%、耕种者9.7%。按照职业的划分,马夫长和士兵皆属军人,他们占有的土地总和达34.3%之多。这是因为新王国时期对外战争频仍,导致军人数量剧增。战争结束后,他们因军功获赐的土地越来越多,因此他们成为新王国时期个体土地的主要占有者。占土地总数11.8%的瓦布祭司在神职人员中的级别较低,由于瓦布(wb)一词有"清洁、洁净"的含义,瓦布祭司又被称为"洁净祭司"。在这五类主要土地占有者中女性自由民尤其引人注意。女性自由民,其埃及语形式为onu-n-niwt,指育有子女的成年自由女性。尽管她们的社会地位较低,但她们却拥有支配自己财产的权利。至于农夫,其埃及语形式是ihwty,即拥有人身自由的耕作者。尽管上述五种小土地占有者身份各异,但他们却有一个共性,即都是普通的小土地占有者。②

上述所有小土地占有者耕作的土地被称为"摊派性农田",它们位于管理机构的指定区域,其大小通常在3到5阿如拉。在古代埃及,一般情况下,5阿如拉的土地就可以养活一个八口之家。③ 这些位于指定区域的小块土地可以被继承和转让,同时这些小土地占有者也需要为他们的土地缴纳一定量的税额。但是这些小土地占有者经常放弃土地的占有权,并将其转让给王室地产,从而使自

---

① I. SHAW, ed.. The Oxford History of Ancient Egypt. Oxford and New York: Oxford University Press, 2000: 148-183.

② 关于韦伯纸草的研究,参见: A. H. GARDINER. The Wilbour Papyrus: Vol.s I-III. Oxford: Oxford University Press, 1941-1948; R. FAULKNER. The Wilbour Papyrus: Vol. IV: Index, ed. by A. H. GARDINER. Oxford: Oxford University Press, 1952; S. L. D. KATARY. Land Tenure and Taxation//T. WILKINSON, ed.. The Egyptian World. London and New York: Routledge, 2007: 185-201; The Administration of Institutional Agriculture in the New Kingdom//J. C. MORENO GARCÍA, ed.. Ancient Egyptian Administration, HdO 104. Leiden, Boston: Brill, 2013: 719-783; D. WARBURTON. State and Economy in Ancient Egypt: Fiscal Vocabulary of the New Kingdom, Orbis Biblicus et Orientalis 151, Freiburg: Academic Press; Göttingen: Vandenhoeck & Ruprecht, 1997: 165-169.

③ A. H. GARDINER. The Wilbour Papyrus: Vol. II. Oxford: Oxford University Press, 1948: 24-25.

已成为耕种王室地产的依附民。①

在新王国末期的契约文献中，上述小土地占有者有了一个专属名词 nmhw（"自由民"），②他们的土地也因而被称作 3hwt nmhw（"自由民的农田"）。nmhw 的前身应该就是古王国时期的 xntyw-S 和中王国时期的 nds，他们与这两种人一样，既不受任何大土地占有者的约束，也不受他们的保护，同时也不以佃户的身份隶属于任何神庙或者土地管理机构。③nmhw 经常被称为"法老土地上的 nmhw"，他们需要向国家缴纳赋税和承担相应的劳役。在第二十王朝国王拉美西斯十一世统治时期的瓦伦塞一号纸草中，nmhw 作为小土地占有者的身份得到了进一步的勘定。这份纸草包含了艾利芬梯尼市市长梅若的一封书信，在信中梅若对政府把 nmhw 所属地产的赋税额度归于他提出质疑。他认为，尽管他对 nmhw 地产负有监管责任，但事实上，nmhw 是完全独立的土地占有者。为此，他们有向国家缴纳赋税的责任和义务。据此，梅若拒绝了自己对 nmhw 所属地产的赋税责任。④由于相关文献的缺失，我们仍无法准确勘定这种"自由民农田"的来源。它们或者是韦伯纸草记载的那种摊派耕作的小块土地，或者是新王国末期大片土地私有化后的结果。但是无论怎样，这种土地可以被继承和转让，也可以被出租给任何进行实际经营耕作的人，但是缴纳赋税仍然是土地占有者的责任。⑤

第二十一王朝（公元前 1069—前 945 年）和第二十二王朝时期（公元前 945—前 715 年）的格里菲斯纸草残篇和卢浮宫纸草残篇所记载的土地管理状况，是我们了解当时埃及小土地占有情况的珍贵文献。⑥ 根据经营模式，这些土地很有可能是韦伯纸草所记载的指定区域的"摊派性农田"。在韦伯纸草中，摊

---

① A. H. GARDINER. The Wilbour Papyrus: Vol. II. Oxford: Oxford University Press, 1948: 59, 182.

② A. ERMAN, H. GRAPOW, eds.. Wörterbuch der Aegyptischen Sprache. Vol. II. Berlin: Akademie-Verlag, 1957: 268; R. O. FAULKNER. A Concise Dictionary of Middle Egyptian. Oxford: Ashmolean Museum, 1981: 133.

③ C. EYRE. Work and the Organization of Work in the New Kingdom//MARVIN POWELL, ed.. Labor in the Ancient Near East, American Oriental Series 68. New Haven, Conn: American Oriental Society, 1987: 209.

④ A. H. GARDINER. A Protest against Unjustified Tax-demands. Rd'É, 1951 (6): 115 - 124; S. L. D. KATARY. Land Tenure in the Ramesside Period. London: Kegan Paul International, 1989: 207 - 216.

⑤ S. L. D. KATARY. Labour on Small Holdings in the New Kingdom: O. BM 5627 in Light of P. Wilbour. JSSEA, 2001 (28): 111 - 123.

⑥ S. VLEEMING. Papyrus Reinhardt: An Egyptian Land List from the Tenth Century B. C.. Berlin: Akademie Verlag. 1993: 8 - 9, 79.

派耕作的小土地占用者是"实际的土地占有者",或者是各块土地的"个体占有者",并拥有转让和处理这些土地的权利。①

尽管小土地占有者可以自由支配他们的土地,但是由于社会地位低下,他们随时都有失去土地的可能。第二十二王朝国王俄索空一世统治时期的属地纪念碑揭示了这些小土地占有者社会地位的变化。这份文献记载了俄索空一世的儿子——阿蒙神庙的高级祭司伊乌洛特从35个小土地占有者手中收购了总计556阿如拉的土地,这些小土地占有者也随之成为依附民。② 由此,这块石碑揭示了小块土地被大土地占有者兼并的过程。

三、私有土地的买卖和租赁

既然法老时代的埃及土地存在着私有化现象,那么土地买卖和租赁等让渡活动便在所难免。最早的关于土地买卖的文献是上文提及的梅藤自传体铭文。根据梅藤铭文记载,他曾从一群被称为"属于国王的人"(nswtyw)③手中购买了200阿如拉的土地。上文也提及的第十二王朝时期的海卡纳赫特信件中出现的db"承租"一词,则证明了海卡纳赫特曾把他的土地出租,土地承租者向他缴纳一定量的诸如铜、布匹、大麦等收成或者物品作为承租的费用。

第十八王朝国王埃赫那吞统治时期的柏林9784号纸草是一份土地买卖契约,该文献写道:"你需要给我1头牛作为3亩地的价值。"④而这一时期的柏林第8523号纸草则在一封书信中提及了库什军官的"耕地权"问题。这里的库什军官是承租人,并按照租赁合同获得了一块土地的耕种权。但是库什军官未经写信者也即出租人的同意擅自对土地进行了开垦,为此,写信者意欲终止与他的租赁合同,但是在写信者之妻的劝说下,最终还是将土地租给了他。最后,写信者建议这位库什军官保留这封信作为其有权使用这块土地的证据。⑤

---

① J. J. JANSSEN. Prolegomena to the Study of Egypt's Economic History during the New Kingdom. SAK, 1975 (3): 149.
② C. EYRE. Feudal Tenure and Absentee Landlords//S. ALLAM, ed.. Grund und Boden in Altägypten (rechtliche und sozio-ökonomische Verhältnisse): Akten des internationalen Symposions. Tübingen 18.-20., Juni 1990, Untersuchungen zum Rechtsleben im alten Ägypten 2. Tübingen: Schafik Allam, 1994: 125.
③ 也即自耕农。参见:王亮,郭丹彤. 梅藤自传体铭文译注. 古代文明,2012(1): 5.
④ A. GARDINER. Four Papyri of the Eighteenth Dynasty from Kahun. ZÄS, 1906 (43): 32.
⑤ C. EYRE. Work and Organisation of Work in the New Kingdom//MARVIN POWELL, ed.. Labor in the Ancient Near East. American Oriental Series 68. New Haven, Conn: American Oriental Society, 1987: 204.

  第二十六王朝时期(公元前664—前525年)的土地出租文献揭示了底比斯的殡葬师作为神庙土地的出租者与承租者之间的经济活动,①其中的部分殡葬师通过管理捐献给神庙的土地而成为土地出租者。这些殡葬师通过为逝者提供祭品而获得酬劳,通常,他们可以将自己的职位传给后代。② 这些文献还显示,当土地分散在各地时,出租者将无法独自完成这些土地的耕作。于是,他们便将土地委托给土地承租者,这些承租者也将因此获益。③ 根据出租协议,土地出租者通常获得三分之一的收成,而土地承租者,也就是实际的土地耕作者,获得另外的三分之二收成。虽然赋税的具体额度不确定,但是根据收成分配协议,缴纳赋税是以小土地占有者为主体的土地承租者应该承担的责任。④

  早在第三王朝末期,所有的土地让渡活动都由政府记录存档。⑤ 埃及人使用 imyt-pr("房屋里的东西")即买卖契约这样一个词汇来表示经过公证的土地让渡文件,这样的土地让渡文件通常包含买卖的价格以及对土地自然状况的描述。⑥ 土地让渡文件将被送交宰相,宰相则给受让人颁发新的土地占有权文件。简言之,土地买卖的双方当事人需要在政府部门填写文件作为此次买卖的证据,而这些文件将成为赋税征收的依据。在处理土地让渡上,大约编写于第二十六王朝时期的《赫尔摩坡里斯法律汇编》为我们提供了一个范例:如果临近交易期限时买方仍未从卖方获得对于该土地明确的权利,他可以自行建立对那块土地的权利。如果买主没有全额支付,由此构成了对合同的破坏,卖方可以在三年之内退还钱款并停止出售。⑦《赫尔摩坡里斯法律汇编》还包含了一些关于出租方和承租方之间的权利和义务的条目,通常情况下,租赁契约以书面形式出现。⑧ 典

---

  ① G. HUGHES. Notes on Demotic Egyptian Leases of Property. JNES, 1973 (32):152 - 160.
  ② A. LLOYD. The Late Period, 664 - 323 BC//B. TRIGGER, B. KEMP, D. O'CONNOR, A. LLOYD, eds.. Ancient Egypt: A Social History. Cambridge: Cambridge University Press, 1983: 307.
  ③ C. EYRE. Feudal Tenure and Absentee Landlords//S. ALLAM, ed.. Grund und Boden in Altägypten (rechtliche und sozio-ökonomische Verhältnisse): Akten des internationalen Symposions. Tübingen 18.- 20., Juni 1990, Untersuchungen zum Rechtsleben im alten Ägypten. Tübingen: Schafik Allam, 1994(2):130.
  ④ K. BAER. The Low Price of Land in Ancient Egypt. JARCE, 1962 (1):30 - 31, n. 43.
  ⑤ J. H. BREASTED. Ancient Records of Egypt: Vol. I. Chicago: The University of Chicago Press, 1906: 76 - 79.
  ⑥ A. THEODORIDES. The Concept of Law in Ancient Egypt//J. R. HARRIS, ed.. The Legacy of Egypt. Oxford: Clarendon Press,1971: 291 - 292.
  ⑦ G. MATTHA. The Demotic Legal Code of Hermopolis West. Bibliothèque d'étude, Vol. 45. Cairo: IFAO, 1975: 79,81,107.
  ⑧ G. MATTHA. The Demotic Legal Code of Hermopolis West. Bibliothèque d'étude, Vol. 45. Cairo: IFAO, 1975: 24.

型的农田租赁契约包括租赁双方当事人的姓名、对标的物的描述,即注明该地块的东南西北四个方向上的地邻。出租方有义务按照一定的比例提供耕种土地必需的种子,承租方则有义务耕种这些土地。此外,租赁契约还规定了承租方应缴纳租金的数量。① 在许多案例中,承租方都是以实物的形式支付租金,例如,租地耕种的人可以在收获的时候用谷物支付地租,同样,酿酒人可以用啤酒支付,织布人可以用衣物支付,园丁可以用蔬菜支付。②

正如上文提到的,农田的出租方通常要为承租方提供一定量的种子。作为回报,承租方需要向土地的占有者支付一定比例的产品作为租金。如果土地的占有者在承租方已经播种但尚未进行更多有价值的劳动之前中断租赁,他应向承租方支付这块土地产量的四分之一作为破坏契约的补偿。另一方面,如果承租方在灌溉之后以拒绝播种的方式中断租赁的话,他应该把种子归还出租方并要继续交纳全部的租金。如果承租方是因为尼罗河的泛滥不足而无法进行耕种,他可以不交纳租金但是要把种子归还出租方。③

四、私有土地的继承转让

法老时代的埃及没有专门的土地继承转让方式。由于土地是私有财产的主要组成部分,财产的继承转让方式也适用于土地的继承和转让。通常情况下,财产的继承方式有两种,一种是遗嘱继承,另一种是惯例继承。立遗嘱时,遗嘱人按照自己的意愿确定包括他或她的家人在内的任何人为继承人,而他们确定继承人的一个重要标准就是后者是否对立遗嘱人尽到赡养义务。根据第二十王朝时期迈地纳工匠村的一份遗嘱文献记载,一位妇女将她的一份财产转让给了一位工人而不是她的子女,因为在她生病的时候,这位工人照顾了她,而其子女却对其置之不理。在阿玛拉审判石碑中,一对夫妇确认他们的财产,包括土地、奴隶和树木将由女儿继承,因为她是"照顾老人的人"。④

第二十王朝国王拉美西斯五世统治时期的瑙纳赫特遗嘱记录了这位妇女有

---

① G. MATTHA. The Demotic Legal Code of Hermopolis West. Bibliothèque d'étude, Vol. 45. Cairo: IFAO, 1975: 22 – 23.

② G. MATTHA. The Demotic Legal Code of Hermopolis West. Bibliothèque d'étude, Vol. 45. Cairo: IFAO, 1975: 82 – 88.

③ G. MATTHA. The Demotic Legal Code of Hermopolis West. Bibliothèque d'étude, Vol. 45. Cairo: IFAO, 1975: 20 – 21.

④ J. J. JANSEEN, P. W. PESTMAN. Burial and Inheritance in the Community of the Necropolis Workmen at Thebes (Pap. Bulaq X and O. Petrie 16). JESHO, 1968(11): 165.

8个子女，但是其中4个子女没有尽到赡养她的义务，所以在遗嘱中她便剥夺了这4个子女的遗产继承权。① 而拉美西斯七世统治期间的皮特里18号陶石片中的继承人则是立遗嘱人的孙子，遗嘱人把他的包括土地在内的全部财产转让给了他的这位孙子。② 当然，也有一些遗嘱并没有直接确立财产继承人，如第十八王朝国王图特摩斯三世统治期间的开罗27815号石碑就曾记载了立遗嘱人将他的所有财产全部托付给他的妻子代为保管，只有在他的妻子去世后，他的子女才开始真正继承他的财产。③

与上文讨论的土地买卖文件一样，遗嘱文件只有经过政府公证后才能生效。经过公证的遗嘱文件也被称为 imyt-pr("房屋里的东西")。④ 而在立遗嘱时，则需要有证人在场。根据第二十王朝国王拉美西斯十一世统治时期的都灵2021号纸草记载，18名证人见证了立遗嘱人阿蒙哈乌确立遗嘱的过程。⑤ 上文提及的瑙纳赫特遗嘱，则是在14名证人的见证下得以确立。⑥

执行遗嘱之前，政府需要对立遗嘱人的生前债务进行彻查。只有在立遗嘱人没有任何债务的情况下，他的指定继承人才能顺利继承他的财产，否则，其所欠债务将从其遗产中扣除。⑦ 由于遗嘱是经过政府公证的，是具有法律效应的，因此，遗嘱继承通常都较为顺畅，大多数遗产继承人能够按照遗嘱继承遗产。但是遗嘱继承人也可以自愿放弃遗产继承，并将其名下的遗产转让给其他人。⑧

然而如果死者没有留下任何与他的财产相关的遗嘱，那么他的财产将以惯例的方式得以继承。所谓惯例继承，是指在死者没有订立任何遗嘱的情况下，由约定俗成的财产转让方式来继承财产的方法。

在古代埃及的家庭中，夫妻一方死后，另一方一般不会继承其财产，通常情

---

① J. ČERNÝ. The Will of Naunakhte and the Related Documents. JEA, 1945(31): 29-53.

② A. DAVID. The Legal Register of Ramesside Private Law Instruments. Wiesbaden: Harrassowitz Verlag, 2006: 111-117.

③ A. THÉODORIDES. Le testament dans l'Egypte ancienne (essentiellement d'après le Papyrus Kahoun VII, 1, la Stèle de Sénimosé et le Papyrus Turin 2021). RIDA, 1970 (17): 117-216.

④ R. O. FAULKNER. A Concise Dictionary of Middle Egyptian. Oxford: Ashmolean Museum, 1981: 18.

⑤ A. DAVID. The Legal Register of Ramesside Private Law Instruments. Wiesbaden: Harrassowitz Verlag, 2006: 144-159; J. ČERNÝ, T. ERIC PEET. A Marriage Settlement of the Twentieth Dynasty: An Unpublished Document from Turin. JEA, 1927(13): 30-39.

⑥ J. ČERNÝ. The Will of Naunakhte and the Related Documents. JEA, 1945(31): 29-53.

⑦ K. A. KITCHEN. Ramesside Inscriptions, Translated and Annotated Translations: Translations: Vol. IV. Oxford: Blackwell, 2003: 162.

⑧ 参见第十九王朝国王拉美西斯二世统治期间的卢浮宫13156号陶石片。K. A. KITCHEN. Ramesside Inscriptions: Translated & Annotated Notes: Translations: Vol. III. Oxford: Blackwell, 2000: 379.

况下,财产继承人是子女,这便是领养纸草①和都灵 2021 号纸草②中的丈夫为何认养其妻作为女儿的原因。这样,通过领养,妻子获得了继承权,以此避免其他当事人对其包括土地在内的所有财产的转让提出异议。有时在父母去世后,土地并不会被分割开来,而是由家族内的长者掌管。根据梅斯铭文记载,法庭负责土地分割的官员指定乌尔奈若作为土地管理者。但是他不是为其子女,而是为其兄弟姐妹管理土地。③ 虽然按照惯例,土地将被分割,但是如果像梅斯家族这样出现了内部纠纷,土地便由一个人代为保管。这个代理人事实上便是家族的长者,由他经营土地并且将收入分成相应的份数分配给其家族成员。如果一个家庭没有子女,那么,这个家庭所持有的土地份额在夫妇双方都过世后由他们的兄弟姐妹继承。如果他们也没有兄弟姐妹,那么他们的土地份额就由他们的其他亲属或朋友继承。

此外,古代埃及还有一种特别的惯例继承,即如果没有遗嘱,那么财产将被转让给为死者料理后事的人,无论这个为其料理后事的人是否是他的家庭成员,都有权继承他的遗产。根据拉美西斯三世统治时期的开罗 58092 号纸草记载,一对夫妇没有遗嘱,但是他们的后事都是由他们的一个儿子料理的,依照这个惯例,尽管他们不止一个儿女,但是只有这个儿子有权继承他们的全部财产。④

无论是遗嘱继承,还是惯例继承,皆有法律效力。根据上文提到的瑙纳赫特遗嘱以及柏林 10496 号纸草记载,没有按照遗嘱或惯例进行土地等财产继承的人将受到刑事处罚,并剥夺其继承财产的权利或没收其已经继承的全部财产。⑤

五、土地法规的制定

土地在买卖、出租、继承和转让过程中势必出现纠纷,为了解决纠纷,土地相关法规应运而生。上文提及的第十九王朝时期的梅斯铭文是古代埃及土地纠纷的最好实证。梅斯家族的土地获自第十八王朝国王阿赫摩斯对摩西的祖先老兵奈什的馈赠。该铭文告诉我们,经过数代人后,当土地的继承权应被转让到梅西手中之时,梅西却因他人篡改档案记录而被剥夺了继承权。为此,梅西向其家族

---

① A. H. GARDINER. Adoption Extraordinary. JEA, 1940 (26): 23 – 29.
② K. A. KITCHEN. Ramesside Inscriptions: Translated & Annotated Notes: Translations: Vol. Ⅲ. Oxford: Blackwell, 2000: 526 – 528.
③ K. A. KITCHEN. Ramesside Inscriptions: Translated & Annotated Notes: Translations: Vol. III. Oxford: Blackwell, 2000: 302 – 312.
④⑤ K. A. KITCHEN. Ramesside Inscriptions: Translated & Annotated Notes: Translations: Vol. V. Oxford: Blackwell, 2008: 368 – 369.

所在地孟菲斯法庭提起诉讼。最终,孟菲斯法庭将这个案件移交给宰相及其领导的大法庭。办案人员调取政府档案,查询这块土地的相关原始记录,如缴纳赋税的历史记录,这些原始记录将为诉讼提供关于土地占有者的原始证据。①

图特摩斯三世时期的宰相瑞赫米拉的坟墓自传体铭文曾提到对土地纠纷的处理。文献中的宰相曾接受过这样的指示:"对于请求宰相处理土地争端的任何人,宰相应该把他叫到面前,听取农田总监和土地估税员的意见;如果他的土地在南方或北方,案件可延期两个月结案;如果他的土地就在底比斯或王宫附近,案件可三天结案。宰相应该依照他手中的土地原始凭证对双方当事人进行裁决。"②宰相还负责土地占有权让渡的登记:"所有有关土地让渡的档案都必须呈交给他,由他封存起来。"他负责解决土地边界的争端:"对于那些地界移动的案件,应该在官员的批准下查看档案。如果确实发生移动,宰相应该使地界恢复原样。"③ 该文献还记载了政府定期派遣书吏前往全国各地对每一块个人土地、神庙地产以及其他类型的土地的地界进行勘定,所得数据汇总后上呈宰相过目并存档,以防止有人非法侵占他人土地。④

从上述两个文献可知,古代埃及人对土地实行统一登记制度。早在早王朝时期(公元前3000—前2686年),埃及政府已经开始了财产普查和登记,最初是两年一次,到了古王国后期增加到一年一次。⑤ 政府工作人员测量农田、清点财产,并以此为根据估算税额。新王国时期,这一登记制度日臻完善。上文多次提及的韦伯纸草是古代埃及最重要的土地登记簿。该纸草文献详细记载了国王拉美西斯五世统治时期政府不仅派人评估、测量中埃及的土地占有情况,而且还将官吏和祭司的土地,以及小土地占有者的土地面积、占有者的姓名和土地的位置等信息登记造册,以做税收凭证。第三中间期时期的纸草文献也包含土地登记簿,这些土地登记簿与韦伯纸草的记载十分相似,都详细列举了土地占有者占有土地的信息。⑥

---

① C. EYRE. Feudal Tenure and Absentee Landlords//S. ALLAM, ed.. Grund und Boden in Altägypten (rechtliche und sozio-ökonomische Verhältnisse): Akten des internationalen Symposions. Tübingen 18 - 20, Juni 1990, Untersuchungen zum Rechtsleben im alten Ägypten 2. Tübingen: Schafik Allam, 1994: 132.

② R. O. FAULKNER. The Installation of the Vizier. JEA, 1955 (41): 18 - 29; T. G. H. JAMES. Pharaoh's People: Scenes from Life in Imperial Egypt. New York: The Bodley Head Ltd., 1984: 65.

③④ R. O. FAULKNER. The Installation of the Vizier. JEA, 1955 (41): 18 - 29.

⑤ A. H. GARDINER. Regnal Years and Civil Calendars in Pharaonic Egypt. JEA, 1945 (31): 11 - 28.

⑥ S. VLEEMING. Papyrus Reinhardt: An Egyptian land list from the tenth century B. C.. Berlin: Akademie Verlag, 1993: 1, §§12, 17.

另一方面，个体平民也愿意政府将他们的私有财产登记造册，如此，将确保自己的财产不受侵犯。根据拉美西斯三世统治期间的迈地纳579号陶石片①、迈地纳568号陶石片②和迈地纳231号陶石片③记载，古代埃及人逐年将他们的土地登记到政府的土地登记簿上。开罗25584号陶石片中的工匠总管哈伊更是把他从拉美西斯三世统治的第十七年到第十九年的所有财产详细地登记在政府的登记簿上。④另据迈地纳261号陶石片⑤和开罗25572号陶石片⑥记载，古代埃及的登记制度不仅覆盖了私有土地，而且也将国有土地囊括其中，以此防止国有土地的流失。

这样的登记簿一式两份，一份由土地占有者保管，另一份则保存在政府部门，通常是大粮仓或国库中。在后王朝时期的书信中，国库的最高档案官员命令下属将一些王室领地转让给畜栏管理员时指示他们："让我们制作一份特殊档案，包括我们所做过的所有档案的副本，它们将由法老的大粮仓保存。"⑦按照规定，两份土地档案内容应该完全相同，如有不同，则以存放在政府部门的档案为准。然而，存放在政府部门的档案也未必总是真实的。事实上，在古代埃及，为了使自己的利益最大化而去篡改档案的现象时有发生，上文提及的梅西铭文就是最好的例证。文献中的被告哈伊伙同政府工作人员篡改了政府档案，从而获得了梅西祖传的土地。后经过查证其他原始档案，方证明哈伊提供的文件是伪造的。为此，协助哈伊造假的政府工作人员也受到了应有惩戒。在古代埃及，财产一经登记，就受到法律的保护。此后发生的财产买卖、租赁、继承和转让，都将在法律的约束下进行。

新王国时期，神庙和高级官吏往往凭借自己手中握有的宗教和政治上的权力非法占有他人的土地，从而导致土地兼并现象的发生。为此，古代埃及人制定了土地相关法规以保护国家和个人的土地占有权。关于国有土地，据上文提到的宰相瑞赫米拉的坟墓自传体铭文记载，如果非法侵占的土地在南部或北部，则限期两个月归还土地。但是如果非法侵占的是底比斯城附近的土地，则限期三

---

① K. A. KITCHEN. Ramesside Inscriptions: Translated & Annotated Notes: Translations: Vol. V. Oxford: Blackwell, 2008: 449.

②③⑥ K. A. KITCHEN. Ramesside Inscriptions: Translated & Annotated Notes: Translations: Vol. V. Oxford: Blackwell, 2008: 448.

④ K. A. KITCHEN. Ramesside Inscriptions: Translated & Annotated Notes: Translations: Vol. V. Oxford: Blackwell, 2008: 379-380.

⑤ K. A. KITCHEN. Ramesside Inscriptions: Translated & Annotated Notes: Translations: Vol. V. Oxford: Blackwell, 2008: 238.

⑦ R. CAMINOS. Late-Egyptian Miscellanies. London: Oxford University Press. 1954: 326.

天腾地。① 第十九王朝时期,对非法侵占土地的处罚更加严厉。据第十九王朝国王塞提一世统治期间的瑙瑞敕令记载,如果非法侵占神庙的土地,将被施以割耳割鼻的刑罚,并被强征劳役,为神庙的土地耕作。②

关于个人占有的土地,据第十九王朝国王拉美西斯二世统治时期的柏林3047号纸草记载,店铺主尼阿非法占有他人土地多年,为此,土地的主人向法庭提起了诉讼。经过裁决,尼阿败诉,将土地归还给原主人,同时责令他继续耕种这块土地,但是土地的收成全部归于土地原主人。③ 而在第二十二王朝国王沙桑克一世统治第五年的一例涉及达赫拉绿洲的土地和水利所有权的诉讼案件中,引证当地土地登记簿对案件的审判起到了关键作用。④ 文献显示,一口井的所有者对于这口井所灌溉的农田具有所有权,从而佐证了当时埃及的土地和水利的私有化现象,也再次证实了随着埃及历史的演进,古代埃及个人土地所有权概念发展得更为充分。

此外,古代埃及土地相关法规中也有地役权的概念。地役权是指进入他人土地的权利。相邻土地的持有者通常可以享有邻近土地有限的地役权,一份文献涉及以出入为目的而使用某块土地的权利。在这一案件中,神谕审判否决了被告哈伊对原告蓬托瑞的某块土地的通行权。⑤

六、结　　论

纵观古代埃及历史发展进程,国家始终拥有对土地的所有权,而国王就是全国土地的所有者。尽管古代埃及土地私有化进程相对迟缓,但是在土地占有形式上仍然发生着变化。随着土地的占有权和使用权等权利的层层下分,土地的使用权逐渐固化成占有权。随着土地使用权的日益固化,所谓的私有化也越来越强,国家对土地的所有权也随之弱化。

---

① R. O. FAULKNER. The Installation of the Vizier. JEA, 1955 (41): 18 – 29.
② K. A. KITCHEN. Ramesside Inscriptions: Translated & Annotated Notes: Translations: Vol. I. Oxford: Blackwell, 1993: 449; F. LI. GRIFFITH. The Abydos Decree of Seti at Nauri. JEA, 1927(13): 193 – 208.
③ K. A. KITCHEN. Ramesside Inscriptions: Translated & Annotated Notes: Translations: Vol. II. Oxford: Blackwell, 1996: 528 – 530.
④ A. H. GARDINER. The Dakhleh stela. JEA, 1933 (19): 19 – 30, plates v – vii.; K. KITCHEN. The Third Intermediate Period in Egypt (1100 – 650 BC). Warminster: Aris & Phillips, 1996: § 247.
⑤ S. ALLAM. Hieratische ostraka und Papyri aus der Ramessiden Zeit//Urkunden zum rechtsleben im alten Ägypten. Bd. 1. Tübingen: Im Selbstverlag des herausgebers, 1973: 59 – 61.

在古代埃及，土地的私有化进程发端于国王的馈赠，并通过土地买卖和继承而不断深化和加快。古王国和中王国时期，因服务于神庙丧葬活动而来的祭田成为埃及个人土地占有的基本形式。而到了埃及文明的鼎盛期——新王国时期，随着对外战争的增多，军人屯田遂成为古代埃及个人土地占有的主要形式。尽管我们没有足够的文献资料用以计算个人占有的土地面积，但是它们却在古代埃及的土地所有制中扮演了重要角色，因为即使是大到国家也是由小块土地组成的，小块土地才是古代埃及最基本的农业单位。尽管小块土地的占有形式在不同时期和不同地区存在着差异，但是，它们的私有化却也是不争的事实。无论是土地的买卖、租赁、继承、转让，以及由此而来的土地纠纷，都是基于土地的私有化。土地的登记制度则揭示了国家对私有土地的承认，而土地相关法规的制定则基于国家对私有土地，特别是小块地产的保护。尽管如此，随着古代埃及历史的演进，土地兼并现象日趋严重。为了逃避繁重的赋税和劳役，小土地占有者将他们的土地自愿捐赠给神庙和王室，或者被大土地所有者强行收购，他们也随之成为依附民。同时，土地兼并现象的加剧也加快了土地私有化的进程。

古老的新课题
——美国版反犹主义

杨 军

杨军,2001年毕业于复旦大学历史系,获博士学位;同年进入上海大学文学院历史系工作。2015年曾赴以色列特拉维夫大学访学。主要研究领域为犹太史、以色列族群、犹太教等。主讲课程有"世界近现代史""西方史学史""西方文化史""西方思想史""犹太文化研究"等。译有《近代欧洲的生活与劳作》《以色列史》《崇高的历史经验》等著作;发表有《律法与福音:论早期基督教同犹太教的分离》《论犹太教历史感的发生》《古老的新课题——美国版反犹主义》《谁发动了第三次中东战争?》《被"绑架"的人们——巴勒斯坦难民成因的阿拉伯责任探析:1947—1949年》等论文。

自罗马帝国时代犹太人的大流散以来,在任何国家、任何时期——1948年建国的以色列除外——只要有犹太人的地方就有反犹主义。就反犹主义产生的逻辑及内容而言,美国与其他国家并无不同,其历史可以追溯至殖民地初建时期。"美国殖民地的创立者,荷兰人、英国人、苏格兰人、爱尔兰人、德国人、法国人及其他欧洲殖民者,将反犹主义的种子带到了新大陆。"①犹太人被认为是杀害耶稣的凶手;作为异族,在发生社会危机和社会动乱的时期,犹太人往往成为替罪羊。欧洲久远的反犹主义传统为犹太人贴上了种种标签:犹太人贪婪、爱财、骄傲自大、做生意不讲信用、爱抱团等。② 这些负面描述在美国也都有不同程度的表现。

另一方面,美国的反犹主义史也体现出新大陆与旧大陆的不同。清教徒为

---

① LEONARD DINNERSTEIN. Anti-Semitism in America. Oxford University Press, 1994:3.
② MARTIN N. MARGER. Race and Ethnic Relations. California: Wadsworth Publishing Company, 1994:217.

殖民地/美国的主流思想奠定了基调。反犹主义之外,他们也开创了宗教自由、政治民主的传统,从而极大地限制了反犹主义的范围,降低了反犹主义的烈度。殖民地与早期美国对人口的迫切需求缓解了反犹主义,广阔的土地为犹太人提供了逃避反犹主义的可能。不同于欧洲国家,新大陆从未发生针对犹太人的屠杀,从未有过体制化的反犹主义,反犹主义从未成为一项官方政策。① 从这个意义上来说,虽然学者们仍然用反犹主义一词来描述针对犹太人的偏见和歧视,但这种反犹主义已经有了质的变化。

依据其不同的内容和程度,反犹主义在美国的历史可以划分为三个时期:1880年以前、1881年到"二战"结束以及"二战"以后。② 在早期,主要由于犹太移民人口不多,在社会中不是很引人注目,反犹主义未有充分发展。从19世纪的最后20年到20世纪20年代中期,超过200万的犹太移民来到美国。伴随着犹太人口的急剧增长,反犹主义在"二战"结束前的一段时期达到最高点。"二战"后,奥斯威辛的惨剧广为人知,反犹主义成为一件不名誉的事,在美国急剧退潮。

一、早期反犹主义

从某种意义上来说,来到北美洲的第一批犹太人的遭遇预示了反犹主义在新大陆的未来。1654年,23名葡萄牙犹太人从巴西来到荷兰的殖民地新阿姆斯特丹(今天的纽约),当时的新尼德兰总督试图阻止他们留在那里,犹太人吁请荷兰西印度公司准许他们留居,得到后者的批准。③ 这表明新大陆并不缺少对犹太人的偏见与歧视,他们虽被允许留下来,但在社会经济生活与宗教信仰方面受到了种种限制。这一事件成为北美洲反犹主义的开端。另一方面,总督的企图未能得逞,预示了在对待犹太人的问题上新大陆与旧大陆的不同,体制的反犹主义在北美一开始就遇到了挫折。1740年,英国议会通过一项法律,给予在殖民地居住满7年的犹太人以公民权。④ 在这之前,各殖民地州虽间或有反犹主义的限制措施,但都未有充分的发展,究其原因,犹太人微不足道的人口是一个重要

---

① MARTIN N. MARGER. Race and Ethnic Relations. California: Wadsworth Publishing Company, 1994: 224.
② MARTIN N. MARGER. Race and Ethnic Relations. California: Wadsworth Publishing Company, 1994: 218-219.
③④ IRVING J. SLOAN. The Jews in America 1621-1977. New York: Oceana Publications, Inc. 1978: 63.

的因素;而且,犹太人口的分散也使得他们不那么引人注目。

从1790年到1839年,美国人口增长了1倍多,由近400万人增加到960万人。同一时期,犹太人口增长了10倍多。1790年,美国犹太人口为1 350人,1840年达到15 000人,不及美国人口的1%。20年以后,到美国内战爆发前夕,犹太人口再增长9倍,达到150 000。① 人口的增长刺激了反犹主义。

如在欧洲一样,基督教对于产生和维持反犹主义发挥了极其重要的作用。犹太人背负着"杀害救世主"的罪名,在社会、经济、政治生活中受到排斥。基督教不愿同犹太人做生意,不愿与他们做邻居;基督教的身份是参与政治生活的前提。曾在欧洲国家遭到迫害的新教徒决心在新大陆建造他们的"人间天堂",在很大程度上,他们成功了——这一成就以主流社会与非主流社会、新教徒与其他宗教或教派的信仰者之间的对立为特征。

弥散着新教主义的殖民地/美国社会继承了欧洲大陆对犹太人的负面描述。这些描述在报刊、教科书中比比皆是,一代代地将它们传递下来。犹太人被视作骗子、背教者,并被指责逃避农业劳动。② 在经济领域,莎士比亚所创造的犹太商人"夏洛克"的形象深入人心。犹太人是精于算计的,他们在商业上的成功相当迅速,但这些并不具有正面意义,他们的成功受到嫉妒、令人烦恼。

1790年美国前的犹太人以塞法迪人居多,他们是1492年后被从西班牙半岛驱逐的犹太人的后裔;1861年前的几十年里,美国的犹太人则主要来自德国。与19、20世纪之交来到美国的东欧犹太人不同,德国犹太人不是集中聚居在东北部的几个大城市中,他们相当分散地定居在整个美国。第一代德国犹太人从事的职业主要是流动货贩,他们与他们的后代在很大程度上融入了美国社会。而且,尽管犹太人口近10倍地增长,但在19世纪40、50年代超过400万的美国移民潮中,他们的人数仍然微不足道。这使得犹太人在相当程度上逃过了新教社会的排外主义——后者有其他的目标:爱尔兰的天主教徒首当其冲、印第安人被赶出美国社会、大多数黑人还是奴隶。③ 众多人种、宗教、文化混杂的移民社会冲淡了美国的反犹主义。

许多学者研究、解释和反驳了对犹太人的偏见。犹太人与钱的关系在反犹主义历史上占据了突出的地位。诸如"贪婪、精明"之类加在犹太人身上的标签,在较为宽容的时代本来会得到比较正面的解释;从事农业劳动的犹太人的确不

---

① LEONARD DINNERSTEIN. Anti-Semitism in America. Oxford University Press, 1994:14.
② LEONARD DINNERSTEIN. Anti-Semitism in America. Oxford University Press, 1994:16.
③ LEONARD DINNERSTEIN. Anti-Semitism in America. Oxford University Press, 1994:22.

多,在欧洲是因为他们被剥夺了拥有不动产的权利,而且在动荡的时期,他们的财产很难说有什么保障,这使得犹太人比较倾向于积累现金、有价证券、珠宝之类便于携带的动产,在逃避迫害时可以免于较大的损失。在殖民地/美国,犹太人保持了他们的职业习惯,反犹主义也继承了欧洲对犹太人的偏见。

启蒙时期的欧洲,许多国家放松了对犹太人的法律限制,许多职业开始对他们开放,然而犹太教成为他们进一步融入当地社会的障碍。这诱使很多犹太人接受了洗礼。基督教改造犹太人的兴趣在大西洋彼岸也有回应。整个19世纪,尤其在内战前的几十年里,美国出现了很多试图"启蒙犹太人和其他教徒的协会、组织"。[1] 成功地改造这个"硬着脖项"的民族将是对基督教的完满的证明。无论效果如何,这种做法令犹太人深刻地感受到自己作为"外人"的地位和处境。

内战期间,尽管有大批犹太人加入南北双方作战,但南北双方都怀疑犹太人的忠诚。如在历史上曾多次发生过的那样,犹太人成为内战引起的经济问题、社会动荡的替罪羊。人们指责犹太人在内战期间捞取经济上的好处。1862年12月,北方军队的格兰特将军发布命令,将犹太流动货贩和"叛徒"一起从他的作战区驱逐出去。在南方,内战引起对包括犹太人在内的外国人的敌意。犹太人被指责不赞成奴隶制,对南部联邦不够忠诚。[2]

然而,就犹太人在美国的处境而言,内战的影响也不仅仅是负面的。到战争结束时,美国军队中有犹太人将军9位、上校18位、少校9位、上尉205位、中尉325位,[3]以及大批的士兵。服役的犹太军人之外,也有大批犹太人从事后勤或其他支持部门的工作。参加战争有助于犹太人的同化,在战争中,胜利是至高无上的目标,不同族类的人们在此目标下得以整合。在欧洲,军队向来是反犹主义者的一个中心,内战中的美军则与此不同,犹太人得到平等对待的机会;经过争取,在北方军队中,他们甚至有了自己的随军拉比——犹太教律法的解释者——这是历史上的第一次。[4]

内战后,随着美国南方的重建,随着工业化、城市化的加速进行,随着美国经济的迅速发展,德国犹太移民的第二代很快成为中产阶级,步入上流社会。在整个社会经济繁荣的背景下,犹太人的成就非常突出。根据一位历史学家对此的

---

[1] LEONARD DINNERSTEIN. Anti-Semitism in America. Oxford University Press,1994:17.
[2] LEONARD DINNERSTEIN. Anti-Semitism in America. Oxford University Press,1994:33.
[3] IRVING J. SLOAN. The Jews in America 1621-1977. New York,1978:9.
[4] CHARLES E. SILBERMAN. A Certain People-American Jews and Their Lives Today. New York: Summit Books,1985:44.

评论,没有任何一个移民群体像犹太人那样"如此迅速地从乞丐上升到富人行列。"①经济上的成功增强了犹太人对自己的信心,他们开始搬家——迁至上流社会居住区,建造富丽堂皇的犹太会堂,在美国社会宣告自己的存在。

引人注目的崛起的后果之一是反犹主义的相应加剧。有人认为,正是在内战结束后的30年里,美国成为一个"充分发育了的反犹主义社会",美国社会中的每一个阶层都流行着对犹太人的种种偏见。② 如果说内战前的反犹主义主要针对的是"概念上的"而非实际生活中的犹太人,③那么内战后情况发生了变化。面对似乎是突然冒出来的并且开始响亮地发出自己声音的犹太人,反犹主义者不仅加强了反犹主义宣传,在社会经济生活中对犹太人的实际限制也加强了——如果说这些限制以前也存在,它们也经常被漫不经心地放松乃至忽略。一个突出的事例是塞格利曼事件(Seligman Affair)。1877年,约瑟夫·塞利格曼——一个颇具声望的犹太银行家,曾经是林肯总统和格兰特将军的朋友——被萨拉托加的一家著名旅馆拒绝接待。这以后,在许多度假地、俱乐部、大学联谊会,排斥犹太人成为一项惯例。④

这种做法暴露了反犹主义的自相矛盾。犹太人常有的负面形象之一是他们爱抱团、难以同其他族类的人们交往;但其他族类的人们也是这样的,他们也更乐意与自己具备类似宗教信仰的人们交往。而且,排斥犹太人的社会限制事实上迫使犹太人在更大程度上将社交活动固定在本民族内部。社会学家默顿对群体关系的这种现象作了概括与描述:弱势群体处于一种两难境地,无论他们怎样做,其结果都是证明了他们的劣根性;相反,强势群体怎么做都证明了他们的美德。默顿举例说,林肯总统工作到深夜证明了他的勤奋,犹太人这么做则是他们的"血汗工厂"的证据;林肯急于通过不断地学习掌握知识,增进智慧——在犹太人,这么做显示了他们的贪婪与野心。这种双重标准是"高度功能性的",它不遗余力地贬低弱势群体,"是社会精英保持他们权力与声望的极有效的一种手段"。⑤

---

　① CHARLES E. SILBERMAN. A Certain People-American Jews and Their Lives Today. New York: Summit Books, 1985: 45.
　②③ LEONARD DINNERSTEIN. Anti-Semitism in America. Oxford University Press, 1994: 35.
　④ MARTIN N. MARGER. Race and Ethnic Relations. California: Wadsworth Publishing Company, 1994: 219.
　⑤ CHARLES E. SILBERMAN. A Certain People-American Jews and Their Lives Today. New York: Summit Books, 1985: 58.

二、1880—1945 年

19世纪80年代以后,加剧了的反犹主义随着大批东欧犹太人的到来而增添了新的内容和动力。1881年,俄国沙皇亚历山大二世被刺,触发了东欧新一轮的反犹主义——俄国与它统治下的波兰是当时世界上最大的犹太人聚居区——也触发了新一轮大规模的犹太移民潮,这一次绝大多数犹太人的目的地是美国。1877年,美国犹太人口约为25万,1888年达到40万,1900年突破100万,1907年超过170万。犹太移民在到达美国的移民总数中的比例由1881年的0.9%上升到1887年的6.5%。美国的许多社会团体和组织,包括工会和各种宗教团体注意到了这一显著增长,并质疑这"是否符合这个国家的最大利益。"①

这一时期反犹主义新增加的内容之一是种族主义,它产生于19世纪后期的欧洲。受社会达尔文主义的启发,种族主义从"科学"的角度解释人种的不同,给不同的种族以"高贵"或"低下"的判断。在德国,种族主义得到充分的发展,出现了许多种族主义政党。张伯伦是一个英国海军上将和德国母亲的儿子,在《19世纪的形成》一书中,他将人类文明的一切重要成就归功于德国-雅利安人的影响,而犹太人未曾对人类文明作出任何贡献,"他们在地球上的使命是玷污雅利安种族",由此产生在体质上、精神上、道德上全面退化的一代人。② 种族主义对美国19、20世纪之交的反犹主义的"贡献"之一是它为某些有关犹太人的描述提供了"科学"支持。犹太人在经济上的成功是反犹主义的一个主要攻击目标。种族主义对此的解释抛开了历史背景和社会背景,直接归因于他们对金钱的本能:"他们精于计算,甚至在他们学会说话之前他们就能正确地计算。"③根据这种理论,从一出生犹太人就具备了经济成功的一个要素。

种族主义为美国的排外主义者提供了"理论"支持。19世纪80年代以后蜂拥而至的犹太人固然引人注目,同一时期来到美国更多的则是南欧与东欧地区的天主教徒,而他们中的绝大多数没受过什么教育。排外主义者担心这些不同文化背景和宗教信仰的移民会改变美国的既有体制,向美国主流文化的价值体

---

① LEONARD DINNERSTEIN. Anti-Semitism in America. Oxford University Press,1994:43.
② HOWARD M. SACHAR. The Course of Modern Jewish History. New York:Vintage Books,1990:271.
③ MARTIN N. MARGER. Race and Ethnic Relations. California:Wadsworth Publishing Company,1994:220.

系提出挑战。作为限制移民的一种手段,他们试图以识字率来决定是否准许移民移居美国。参议员罗杰(Henry C. Lodge)是排外组织政治上的代言人,他于1896年提出了这一提案,次年获议会通过,但被克利夫兰总统否决。① 对外来移民,排外主义者也不是一概都加以排斥的。他们所期待的移民是所谓的"日耳曼人",这些日耳曼人来自"美国最早的移民所离开的国家。"② 犹太人不在此列,他们与天主教移民挤占了本应留给"日耳曼人"的位置——根据排外主义者的推论——所造成的种族混杂格局将不可避免地带来美国人素质的退化。

虽然排外主义者所针对的并不仅是犹太人,但美国犹太领袖正确地认识到限制移民对犹太人的伤害,将之视为反犹主义而激烈反对。最终在"一战"以后的1921年和1924年,移民限制法令在国会通过,成为排外主义者的一大"成就"。1921年法令规定每年移民人数以1910年的人口为基数,来自不同国家的移民限为1910年这个群体已有移民数的3%;1924年的修改又将限额降为2%,并以大批犹太人到来之前的1890年的人口为基数。③ 移民限制法令虽然不是针对犹太人的,但它终止了美国长期以来的自由移民传统,在纳粹德国加强对犹太人进行迫害的20世纪30年代末期堵死了大门,本来有可能获救的成千上万的犹太人被迫留在处境越来越险恶的德国。

随着犹太人口的增加,随着第二代东欧犹太人在美国社会的崛起,"20世纪的20年代和30年代成为反犹主义最恶毒和最公开化的时期"。④ 美国的反犹主义喧嚣一时,许多著名人士都加入了这一大合唱,美国汽车工业巨子亨利·福特是其中有代表性的一个。人们对福特的反犹主义动机尚不是很清楚,但他似乎全盘接受了20世纪初期沙皇秘密警察伪造的《锡山长老议事录》中的观点,认为存在着一个国际性的犹太阴谋组织,他们试图通过控制各国的财富达到控制世界的目的。从1920年到1927年,福特旗下的《独立报》一直在进行着激烈的反犹主义宣传,其主题便是世界犹太人的阴谋。1927年,福特将《独立报》上的文章编辑、结集,出版了《国际犹太人:这个世界最紧迫的问题》一书。这本书并被译成德语、俄语、西班牙语等,广为流传。⑤ 虽然就在1927年,福特停止了反

---

① LEONARD DINNERSTEIN. Anti-Semitism in America. Oxford University Press, 1994: 45.
② LUCY S. DAWIDOWICZ. On Equal Terms — Jews in America 1881-1981. New York: Holt, Rinehart and Winston, 1982: 87-88.
③ LEONARD DINNERSTEIN. Anti-Semitism in America. Oxford University Press, 1994: 96.
④ RICHARD T. SCHAEFER. Racial and Ethnic Groups. New York: HarperCollins College Publishers, 1996: 403.
⑤ RICHARD T. SCHAEFER. Racial and Ethnic Groups. New York: HarperCollins College Publishers, 1996: 90.

犹主义宣传,为他给犹太人造成的伤害道歉,但影响已经造成。①

如果说在中欧国家种族主义成为政客的一种工具,为他们提供了在政治上、法律上迫害犹太人的依据,并在纳粹德国达到登峰造极的地步,在美国则仅仅具有宣传上的功能,为人们对犹太人的嫉妒提供一个心理上的出口。政治上的反犹主义在欧洲被广泛接受和利用,在美国则从未出现。不仅如此。1938年11月9—10日,在德国驻法国大使被一个犹太青年暗杀后,犹太人在全德国境内受到袭击,至少20 000人被捕,德国犹太人被处以10亿马克的罚款。根据当时的一项调查,知道这件事的美国人中,90%以上表示不赞成德国的做法。罗斯福总统发表声明说:"我难以相信20世纪的文明国家中会发生这种事。"②

20世纪30年代,希特勒在德国上台。在"二战"前与"二战"初期,孤立主义者在美国很有市场,他们顽固地坚持美国应置身世界事务之外。一些孤立主义者甚至对希特勒怀有好感。查尔斯·林登伯格是美国著名飞行员、民族英雄,曾创下首次单人驾机飞越大西洋的纪录。在德国他受到希特勒的接见,并发表认同孤立主义、反犹主义立场的演讲,认为在美国,想要战争的只有英裔美国人、犹太人和罗斯福政府三个集团;犹太人还期待着发战争财。③

在排外主义盛行的年代,反犹主义在美国高校生源问题上也有反应。20世纪以来,犹太大学生的数量显著增长,到1920年,在纽约城市学院与亨特学院(免费学院),犹太学生的比例达到80%—90%之多。"一战"以前,哥伦比亚大学有约40%的犹太学生,哈佛大学有约20%。这些数字远远超出了犹太人口在美国总人口中的比例,反映了犹太家庭重视教育的传统。"一战"后,东部常春藤联盟中的一些学校开始考虑这一问题。为降低犹太学生比例,它们制定了一些生源指标体系,规定各族类的学生不得超过一定比例。实施这些规定后,上述各校中犹太学生数量急剧减少。④ 20世纪20年代和30年代,这种限制各族类生源比例的做法在美国高校中广为流行。

俄国十月革命也为反犹主义增添了新的内容。由于马克思的犹太族类背景,由于19世纪末20世纪初欧洲各国社会主义者中引人注目的犹太人比例,也

---

① MARTIN N. MARGER. Race and Ethnic Relations. California: Wadsworth Publishing Company, 1994: 220.
② LEONARD DINNERSTEIN. Anti-Semitism in America. Oxford University Press, 1994: 116.
③ AVAIN SNIDER. What does it Mean to be a Jew Today. Chronicle of Higher Education, 2001(november 23): 403.
④ RICHARD T. SCHAEFER. Racial and Ethnic Groups. New York: HarperCollins College Publishers, 1996: 292.

由于犹太人对十月革命所作出的巨大贡献,人们逐渐地将犹太人与社会主义者联系在一起。在美国,布尔什维克主义只有很少的同情者,虽然美国也有自己的劳资冲突、也有工人运动和罢工,但当人们把这些看作是革命的前兆时,"外国人"与"无政府主义者"受到广泛的指责,最终,这些指控落在了犹太人身上。①

从1881年到"二战"结束前的60多年里,犹太人经历了美国最严重的反犹主义时期。其缘由与犹太人的"引人注目"有关:人口的增长、经济上和社会上的崛起;也与动荡的国际局势、国内的经济危机有关。这与历史上的、其他国家所发生的反犹主义产生机制并无不同;不同之处在于它的烈度。美国没有发生大规模的反犹主义暴力事件;排外主义和孤立主义都与反犹主义有关,都为犹太人所反对,但即使它们有反犹因素在内,至少在表面上,它们对各族类是平等对待的。最重要的是政府从不鼓励、支持反犹主义,如其他国家常常做的那样;在这一时期,美国仍然是犹太人所能找到的最自由的国家之一。

三、"二战"以后

与"一战"后不同,"二战"以后反犹主义在美国急剧退潮,对犹太人与非犹太人的种种调查证实了这一现象:认为犹太人是"对美国的一个威胁"的人从1944年的24%降到了1950年的5%;当被问到在过去的6个月内是否听到过反对犹太人的言论这一问题时,作出肯定回答的人在1946年为64%,1950年降为24%,6年后再降到11%。②

是否非有一次纳粹的大屠杀不足以抵消基督教世界两千年来对犹太人的偏见与仇恨?无论答案如何,这一事件成为反犹主义史的转折点,由此开始的对犹太民族苦难史的反思、对人类自身命运的反思压制了反犹主义者的声音,深刻地改变了美国的反犹主义形态。希特勒之后,反犹主义变得不名誉,不像以前那样很容易被人们接受,在很大程度上从公开转向隐蔽。

大屠杀的影响具有世界意义。在美国,反犹主义退潮还有其他原因。战后美国为人们提供了相当多的社会与经济机会,人们忙于工作而不是像其他时期经常发生的那样,由于战后的经济紧张状态而忙于在少数族类群体中去寻找替罪羊。"二战"结束时,美国的军队人数达到千万之多,几乎所有的美国族类群体

---

① LEONARD DINNERSTEIN. Anti-Semitism in America. Oxford University Press, 1994:79.
② CHARLES E. SILBERMAN. A Certain People-American Jews and Their Lives Today. New York: Summit Books, 1985:107.

都为这支军队贡献了自己的成员。许多军人在军队中遭遇了不公平的对待,到了战后时期,他们决定为改变美国的偏见与歧视做些什么。杜鲁门政府也加入了这一行列。总统建立了一些调查组,调查美国的雇工、高校入学和民权状况。在每个领域调查组都揭露了广泛存在的种族主义现象。以这些调查资料为依据,杜鲁门总统于1948年提出了民权法案,试图改变美国族类不平等的现状。①

宽松的气氛、良好的经济状况加上民间组织、政府的努力促成了美国的巨大变化。"二战"以后的美国成为一个越来越开放和多元化的社会,族类的出身被淡化,一个人能取得怎样的成就主要取决于个人的能力与机遇。这些变化的受惠者不仅限于犹太人。曾经倍受偏见与歧视折磨的美籍爱尔兰人、意大利人、亚洲人、黑人都感受到了美国社会的变化。少数族类群体地位的上升相应地引致了多数族类群体地位的下降——在美国,人们用 WASP(White Anglo-Saxon Protestant,白人,清教徒,盎格鲁-撒克逊)这一缩略语指称他们。他们曾经是真正的、在数量上占据多数的"多数"族类群体,但即使他们在数量上被其他族类群体超过之后,他们的文化、价值观仍在美国占据支配地位。"然而1960年以后,盎格鲁-撒克逊出身的白人清教徒不得不开始适应一个少数族类群体成员的身份——更准确地说,是许多少数族类群体中的一个。"变化的发生不仅体现在数量上。人们以批评、指责的口气使用 WASP 这一缩略语,在某种意义上使之成为一个贬义词。② 一个真正的文化多元主义的社会不会有一个社会学意义上的多数/支配族类群体,所谓"熔炉"的说法 1900 年前后已经出现,但它的实现只能是在 WASP 的支配地位取消之后——如果说这尚未成为现实,至少 WASP 的支配地位已经极大地动摇了。

在促使美国向着一个更公平、更平等社会转变的过程中,美国犹太人和组织与其他族类一起做出了自己的贡献。在高等教育领域,如前所述,20世纪的二三十年代一些反犹主义的限制在高校中非常流行,欧洲犹太移民和他们的孩子视之为一种"正常的"情况,在欧洲他们已经见识过。"二战"前和"二战"期间,美国犹太人关注的焦点是希特勒的崛起和他的反犹主义,以及欧洲的犹太难民问题。"二战"后,改变国内的反犹主义现状提上了议事日程。③ 到20世纪50年代,许多大学放宽或废除了它们针对犹太人的一些限制措施,犹太人的大学入学

---

① LEONARD DINNERSTEIN. Anti-Semitism in America. Oxford University Press,1994: 151-152.
② CHARLES E. SILBERMAN. A Certain People-American Jews and Their Lives Today. New York: Summit Books,1985: 116.
③ LEONARD DINNERSTEIN. Anti-Semitism in America. Oxford University Press,1994: 154.

率显著提高,他们迅速成为美国受教育程度最高的族类群体之一。20世纪70年代早期,犹太大学生的人数占到所有"大学年龄的犹太人(collage-age Jews)"的75%。① 就业方面犹太人的成就同样引人注目。曾对犹太人关闭或有限制的各种职业领域向犹太人打开了大门,而犹太人的就业选择则体现了犹太人传统的价值观和社会流动的一般趋向。一个变化是从事各种专业技术工作的犹太人明显增多。以1975年的波士顿为例,60岁左右的犹太人中,从事商业的占35%,从事专业工作的占22%;另一方面,在30—39岁的犹太人中,60%从事各种专业工作。商业属于犹太人的传统职业领域,但在犹太人的价值观中,更值得称道的职业是各种专业技术工作,如律师、教师、医生、工程师等,这些职业中,老一辈的犹太从业人员不多,这一事实体现的是行业对他们的限制以及在他们的"大学年龄",大学以及大学中的某些专业对他们的限制;而对30—39岁的犹太人来说,他们曾经享受了战后大学取消族类限制后的机会平等,就业时行业的限制也大部分取消了。②

进步是缓慢的、渐次达成的。在社会生活的一些领域,犹太人获得了更为公平的待遇;而在另一些领域,则仍然存在着针对犹太人的偏见与歧视。如果说入学、就业等牵涉到社会公正的问题得到国家立法的保护,在更亲密、更具私人性的某些方面反犹主义的存在仍然相当顽固。"爱抱团""不易同化"曾经是反犹主义者的一个重要理由;另一方面,美国的绝大部分商业和社会俱乐部在接受犹太人方面非常勉强,"二战"前几乎所有的俱乐部都拒绝犹太人的申请,到20世纪60年代前期,仍然有2/3的俱乐部坚持这样做。同样,居住区限制的变化既表现出反犹主义的退潮,又显示了消灭偏见的困难。1950年,一项调查表明69%的美国人不反对与犹太人为邻,1954年有80%的美国人持这一观点。而且,调查揭示了一个事实:越到社会的上层,对犹太人的接受程度越低。③

可以理解,对于反犹主义,犹太人有着特殊的敏感性。在某些时期,犹太人预计反犹主义将高涨——早做准备比猝不及防好;预期的反犹主义若未发生,那将是比预计正确更令人高兴的事。"越战"以后,犹太人根据自身的经验,认为美国社会需要替罪羊,而替罪羊将是犹太人;1973年阿拉伯国家与以色列的赎罪

---

① RICHARD T. SCHAEFER. Racial and Ethnic Groups. New York: HarperCollins College Publishers, 1996: 131.
② CHARLES E. SILBERMAN. A Certain People-American Jews and Their Lives Today. New York: Summit Books, 1985: 120.
③ LEONARD DINNERSTEIN. Anti-Semitism in America. Oxford University Press, 1994: 156-157.

日战争期间，前者实施石油禁运，犹太人担心以色列和美国犹太人会受到指责；20世纪70年代后期出现石油危机，美国人为买到石油不得不排很长时间的队，犹太领袖再次预计将发生反犹主义。然而没有，这些担忧都未成为现实。① 在其他历史时期、在其他国家，或许类似的事件会是反犹主义的诱因；在20世纪下半期的美国，人们不再将社会、经济危机的发生归罪于犹太人。

在反犹主义大幅度退潮的战后时期，20世纪60年代黑人反犹主义的出现相当出人意料。由于犹太人一向支持黑人民权运动，并曾在其中发挥重要作用；由于犹太人和犹太雇主远比其他白人乐于接受黑人邻居和黑人雇员，黑人反犹主义令许多犹太人困惑不已。② 诚然，在美国，黑人遭受的偏见与歧视不比犹太人少，在许多时期、在很大程度上，黑人充当了反犹主义的缓冲器；另一方面，在基督徒占绝大多数的美国黑人群体中，反犹主义成为他们的"文化传统"的一部分，从小他们接受的有关犹太人的信息都是"杀害基督耶稣的人""夏洛克"之类的负面形象。③

在黑人群体自身倍受偏见与歧视之害的年代，黑人中的反犹意识即使存在也微不足道。正是在20世纪60年代高涨的黑人民权运动中，黑人彰显了自己的族类意识、族类文化和价值观。1967年"六日战争"以后，黑人反犹主义与当时流行于世界的"政治反犹主义"汇合，指斥以色列为西方利益的代表者，阿拉伯人、巴勒斯坦人的压迫者，"美国犹太人的存在则仅仅是为以色列利益服务的"。④ 这些观点损害了黑人与犹太人的关系，并导致对民权运动中的白人——其中许多是犹太人——的"清洗"。黑人民权运动的激进派要求首先控制黑人聚居区，在这里许多犹太人或开商店、或拥有不动产，因而，犹太人成为最显而易见的黑人"压迫者"。犹太人强烈反对在高校入学率、行业就业率中的族类比例规定，视之为反犹主义的一种表现，黑人群体则将这些规定视作对自己的保护措施，这是黑人与犹太人实际社会利益冲突的不多例证之一。⑤ 在普遍存在的黑

---

① CHARLES E. SILBERMAN. A Certain People-American Jews and Their Lives Today. New York: Summit Books, 1985: 338.
② AVAIN SNIDER. What does it Mean to be a Jew Today. Chronicle of Higher Education, 2001(november 23): 407.
③ CHARLES E. SILBERMAN. A Certain People-American Jews and Their Lives Today. New York: Summit Books, 1985: 340.
④ CHARLES E. SILBERMAN. A Certain People-American Jews and Their Lives Today. New York: Summit Books, 1985: 342.
⑤ HOWARD M. SACHAR. The Course of Modern Jewish History. New York: Vintage Books, 1990: 223.

人反犹主义气氛中,一些黑人社团的领袖迎合了这些观点。1984年,牧师杰西·杰克逊——共和党总统候选人的一位黑人竞争者——明显的反犹主义立场激起犹太人的抗议:私下里,他用侮辱性的俚语指称犹太人,并发表反犹主义的广播演说,从而加剧了黑人与犹太人的紧张关系。①

结　语

　　美国是一个年轻的移民国家,从殖民地时期直到今天,美国不间断地从世界各个国家和地区吸纳移民。是移民建立了殖民地、建立了这个国家,也建设了这个国家。移民塑造了美国的精神面貌与内在气质,在不断为美国注入新鲜血液与活力的同时,赋予它以开放、自由的品性;反过来,这又对新的移民构成了强大的吸引力。

　　作为美国众多移民群体中的一支,犹太人以其崛起的迅速和今天的繁荣昌盛卓立其中。分析其原因,最重要的一点自然是美国版反犹主义——如果我们不能否认它的存在,至少,在美国与其他国家的反犹主义中应该作出一种区分。粗略地说,是反犹主义的"缺如"吸引着各国的犹太人不断前来,造就了一个欣欣向荣的、最大的犹太社团。如果说诸多移民群体曾经处在同一条起跑线上——事实上,就第一代移民初到美国时的经济状况而言,犹太人甚至落后于其他移民群体——为什么偏偏是犹太人脱颖而出,走在了所有族类的前面?这是一个美国版的特例,还是犹太历史中的常态?美国犹太人的成功对犹太民族史研究和比较族类研究都提出了新的问题,而其答案只能从犹太传统、文化与美国特殊性的交汇、碰撞中寻求。

　　在美国,除大规模的针对犹太人的屠杀和政府的反犹主义措施之外,犹太人全面"复习"了曾在欧洲经历过的社会与经济方面的反犹主义;另一方面,也正是在美国,犹太人体验了前所未有的(以色列除外)自由与平等。其结果是,美国成为世界上犹太人最多的国家,造就了一个强大的、繁荣的犹太社团。反犹主义并未完全消失,但已被降低到一个微不足道的程度,绝大多数犹太人很少遭遇反犹主义的偏见与歧视,绝大多数的美国犹太组织不再将反犹主义视为一个重要问题,他们有了新的困惑:作为一个族类群体,美国犹太人能否继续存在下去?许

---

　　① 在1988年的选举中,杰克逊有意识地与反犹主义保持了距离,呼吁犹太人与黑人寻求共同的利益和立场;1994年,他再次公开谴责了反犹主义。参见:RICHARD T. SCHAEFER. Racial and Ethnic Groups. New York: HarperCollins College Publishers, 1996: 408-409.

多犹太人表示担忧,但这与反犹主义无关,威胁犹太人存在的是同化程度的加深,是犹太人内部派别之间的矛盾与冲突。① 这从另一个角度证明反犹主义不再令多数犹太人烦恼:反犹主义盛行的时期,犹太人的同化很难、很少发生,犹太人也不会沉浸在内部的冲突之中。

(原载《世界民族》2006 年第 10 期)

---

① AVAIN SNIDER. What does it Mean to be a Jew Today. Chronicle of Higher Education, 2001(november 23).

阙特勤碑南面铭文的作者与镌刻年代问题

陈 浩

> 陈浩,1987年生,江苏盐城人。2009年毕业于中央民族大学民族学与社会学学院文博系,获历史学学士学位;2012年毕业于北京大学历史学系中国少数民族史专业,获历史学硕士学位;2016年毕业于德国柏林自由大学历史文化学院突厥学专业,获历史学博士学位。现为上海大学文学院历史系讲师。研究领域为突厥学、土耳其和全球史。掌握德语、英语及土耳其语。代表性成果有《阙特勤碑南面铭文的作者与镌刻年代问题》(载《学术月刊》2017年第6期)、《登利可汗考》(载《西域研究》2016年第4期)等。主持教育部人文社会科学研究青年基金项目"'一带一路'沿线中亚国家'乌古斯可汗'祖先传说研究"。为上海市"青年东方学者"。

突厥汗国的史料不仅丰富而且多元,除了汉文史料中有关突厥的大量记载之外,突厥人自己还留下了用本民族语言写成的石刻史料,以第二突厥汗国为例,暾欲谷碑、阙特勤碑和毗伽可汗碑三大碑是研究突厥汗国的历史必不可少的材料。按道理说,突厥史料的多样性应该大大有助于我们推动突厥汗国历史的研究,而实际情况并非如此。突厥碑铭在历史研究中没有得到充分利用的原因,是我们对突厥碑文的认识还不够深入,对一些基本问题避而不谈,例如铭文的结构、作者、年代等。最明显的是,阙特勤碑和毗伽可汗碑有大量雷同的文字,为什么同一段铭文会出现在两块不同的石碑上?它们又是在什么历史背景下镌刻的?对于这些问题,我们还处于想当然的阶段,从未有学者提出来讨论过。本文是在这方面的一个尝试,利用突厥文和汉文两种语文的史料,来对阙特勤碑南面13行文字的作者和镌刻年代问题作一番探索。

阙特勤碑南面铭文的作者与镌刻年代问题

阙特勤碑六面全部刻字，东面 40 行、北面 13 行、南面 13 行和两棱角上各 1 行，刻写的都是突厥文，西面刻的是汉文，这里还补刻了 1 行突厥文。长期以来，研究者们在阙特勤碑的突厥文部分究竟是从东面开始还是从南面开始的问题上一直争论不休。① 实际上，这是一个伪问题，因为阙特勤碑南面 13 行文字本身就是一篇独立的铭文，它的作者、年代、背景与东面的铭文都不同。

我们先来分析阙特勤碑东面和北面的铭文。铭文始于东面第 1 行，北面 13 行是东面 40 行的继续，两面连在一起构成一篇完整的铭文。整通铭文是毗伽可汗以第一人称的语气来叙述的。东面 1—4 行叙述第一突厥汗国的崛起和兴盛。第 5—7 行讲突厥汗国内乱，并最终臣服于唐朝。第 8 行讲突厥为唐效力五十年。第 9—10 行讲突厥人民起义反唐，失败后又重新归属于唐。第 11—14 行讲骨咄禄起义成功，复兴突厥汗国。第 15 行叙述骨咄禄的赫赫战功。第 16 讲骨咄禄去世，默啜继位。第 17—21 行讲默啜南征北战、开疆辟土，先后讨伐突骑施、十姓、黠戛斯。第 22—24 行将默啜的死，归咎于突厥官员和人民的背叛。第 25—28 行讲毗伽可汗自己继位后，突厥汗国内外交困，他寝食难安，与阙特勤一起安内攘外。第 29—30 行讲毗伽可汗让突厥汗国走上复兴之路。从第 30 行开始，进入主题，讲述主人翁阙特勤的事迹，从他失怙之年 7 岁讲起。第 31—32 行，阙特勤 16 岁随叔父出征六胡州。第 32—34 行，阙特勤 21 岁参加鸣沙战役。第 34 行，击溃拔野古。第 34—40 行，阙特勤 26 岁，出征黠戛斯，尔后翻过阿尔泰山讨伐突骑施，渡过珍珠河，抵达铁门关。

紧接着，北面第 1 行讲阙特勤 27 岁，葛逻禄叛变。第 2 行，阙特勤 31 岁，征讨葛逻禄。第 2—9 行，阙特勤 31 岁，突厥与九姓的冲突全面爆发。阙特勤骁勇善战，杀敌无数。翌年，突厥再征九姓，阙特勤则留守汗廷保护女眷。第 10—11 行，阙特勤去世，毗伽可汗悲痛欲绝。第 12—13 行，各国使节前来吊唁。第 13 行，唐朝张去逸及工匠主持建祠、立碑。东北棱角 1 行纪年，阙特勤卒于羊年［正月］十七日，享年 47 岁。东南棱角 1 行是突厥文缮写者 Yolluɣ 特勤落款。②

---

① W. Radloff 和 V. Thomsen 都将东面作为阙特勤碑文字的开始。见 W. RADLOFF. Die alttürkischen Inschriften der Mongolei. Lieferungen 1－3, St. Petersburg, 1894－1895：4－31；V. THOMSEN. Inscriptions de l'Orkhon. Déchiffrées, MSFOu V. Helsingfors, 1896：97－121. 相反，T. Tekin 则认为阙特勤碑南面是开始，见 T. TEKIN. A Grammar of Orkhon Turkic. Bloomington：Indiana University, 1968：261－263.

② 本文中的突厥铭铭的汉译，如无特别说明，均请参考耿世民译本。耿世民. 古代突厥文碑铭研究. 北京：中央民族大学出版社, 2005. 关于 Yolluɣ 特勤的身份及其在汉文中可能的译法，我们将另行撰文讨论。

至此,一篇完整的铭文结束,有头有尾,一气呵成。它是由毗伽可汗口述,Yollug特勤缮写,唐朝工匠镌刻,在猴年(即开元廿年,732年)七月廿五日竣工的,这些信息,碑文都交代得一清二楚。①

我们再来分析阙特勤碑南面的13行文字。为了便于分析,我们先把这13行铭文从突厥语译成汉语。②

₁我如天・天生的・突厥睿智可汗此刻登上了汗位。你们要把我的话全听进去,我的兄弟、儿子、部落和百姓,南方Şadapıt的官员们,北方Tarkat的梅禄们,三十姓鞑靼、₂九姓官员和百姓们,你们好好听我说,听好了!在日出之东方、日中之南方、日落之西方和夜中之北方居住的百姓全部仰望我。我把这些百姓全部安顿。₃那会儿他们没有恶念。如果突厥可汗住在于都斤山的话,国家就没有烦扰。往东,我出征到山东,差点到达大海;往南,我出征到九曲③,差点到达吐蕃;往西,我渡过珍珠河,₄出征到铁门关;往北,我出征拔野古。我去了这么多地方,没有一个比于都斤山好。于都斤山是握持国柄的地方。住在这里便和唐人平等。₅他们给予数不清的金、银、丝、缎。唐人的话语甜蜜,宝物珍美。他们用甜蜜的话语和珍美的宝物,使远人来。远人来后,他们就开始想坏主意。₆很智慧的人、很英武的人不能施展抱负。一人犯错,他的族人,甚至婴儿,都要受到株连。受唐人的甜蜜话语和珍美宝物的迷惑,许多突厥人死掉了。突

---

① 纪年、落款见阙特勤碑的东北棱角和东南棱角。
② 这里的汉译是我们在逐字校读碑铭拓片并尽可能参考前人研究的基础上完成的,同时也请参考耿世民先生的译文。下标数字表示碑文的行数。在古突厥文的转写上,与耿世民先生略有不同,我们采用了西方突厥学界最新的转写方法。例如:接后元音的辅音q和接前元音的辅音k,统一作k,不再作区分;接后元音的γ,用g表示;与元音a对应的前元音ä,用e表示;与i对应的后元音ï,用ı表示;辅音š,用ş表示。在元音a和元音e之间,还存在一种元音,在碑文中常常被写成i,我们接受突厥学界的主流观点,认为古突厥语中这个元音是存在的,用é表示,见G. DOERFER. Zu inschrifttürkisch é/e. Ural-altaische Jahrbücher: Neue Folge, 1994 (13): 108 - 132. M. ERDAL. A Grammar of Old Turkic. Brill, 2004: 50 - 52.
③ 学者对突厥文tokuz ersin的理解不一。E. Sieg先生自称在吐火罗语文献中找到了"吐火罗语"的自称ārśi käntu,并将ārśi与此突厥文ersin勘同,指"焉耆"(E. SIEG, DENNOCH TOCHARISCH. Sitzungsberichte der Königlich-Preussischen Akademie der Wissenschaften. 1937: 11)。但根据H. W. Bailey的研究,吐火罗语中的ārśi实际上是个借词,即ārya的俗语形式,意思是"圣",ārśi käntu意思是"神圣的语言",即梵语(H. W. BAILEY. Ttaugara. Bulletin of the School of Oriental Studies 8, 1936: 906)。因此,E. Sieg的考证显然是靠不住的。耿世民先生译本中作"九姓焉耆"的来源就是E. Sieg的观点,见耿译第117页。佐藤长、铃木隆一等日本学者认为tokuz ersin对应的是汉文"九曲",是令人信服的(佐藤长.西藏历史地理研究.东京,1978:116—119;铃木隆一.吐谷浑与吐蕃的河西九曲.史觀,1983 (108):47-59.中译文:吐谷浑与吐蕃之河西九曲.民族译丛,1985:47—51)。芮传明先生译本也作"九曲",见:芮传明.古突厥碑铭研究.上海:上海古籍出版社,1998:237.

厥人民,如果你们说"我要到南方总材山和河套居住",①你们会死掉的,₇你们会死在那里。坏人怂恿道:"远处的人给次的宝物,近处的人给好的宝物。"他们如此怂恿道。不明智的人听了这话,就来到[唐人]附近,[结果]许多人死掉了。₈要是去他们那儿,突厥人,你们必死。你们要是住在于都斤山,往外派遣商队,啥烦恼都没有。你们要是住在于都斤山,必将国祚永恒。突厥人,你们自以为饱了。你们忘了有饱也有饥。你们一饱就忘了饥。就因为你们这样,₉你们不听哺育你们的可汗的话,到处窜,[结果]全都累死在那。留在那儿的人又到处窜,[结果]全都羸弱至死。因上天授命,因本人有福,我坐上了汗位。成为可汗后,₁₀我把穷苦人民聚集起来,让穷人变富,让人口由少变多。我的话里有半点虚假吗?突厥官员和百姓,给我听好了!我把突厥人是如何凝聚和握持国柄的刻在这块石碑上,如何犯错和死亡的也刻在石碑上。₁₁我有任何话,都刻在这块贞石上。突厥当下的官员和百姓,你们给我诵读碑文!仰望汗位的官员们,你们还要犯错吗?为了刻这座碑,我从唐朝皇帝那请来了工匠。我要他们雕刻石碑。唐朝皇帝没有拒绝我的请求。₁₂唐朝皇帝派遣了他的内府工匠。我让他们建了庙,让他们在内外都施彩绘,刻了碑。我让他们把我的心里话刻在石头上。十姓诸子和外姓人,都要诵读这碑文。我让他们刻了贞石。₁₃邻近政权的人与当前住在突厥的人,你们要好好读,知道是怎么回事。我刻了这座碑。这篇铭文的缮写者是Yolluğ特勤。

这篇文字与阙特勤碑东面和北面的文字格格不入,表现在四个方面。

一、第一句话 teŋri teg teŋride bolmış türk bilge kağan bu ödke olurtum,主语是一串冗长的可汗号,逐字译成汉语是:如天,天生的,突厥睿智可汗。这

---

① 突厥文 tügültün,W. Radloff 转写为 tögültün,理解为动词 tögül- "穿过",但他把这个动词的宾语理解成前面的"总材山"了,见: W. RADLOFF. Die alttürkischen Inschriften der Mongolei. Lieferungen 1–3, St. Petersburg, 1894–1895: 34–35. V. Thomsen 正确地转写为 tügültün,解释为连词"不是……而是",整句话的意思是"你们不要住在总材山,而要住在平原",见: V. THOMSEN, übersetzt von H. H. SCHAEDER. Alttürkishe Inschriften aus der Mongolei. Zeitschrift der Deutschen Morgenländischen Gesellschaft, 1924 (78): 121–173. S. E. Malov 跟 V. Thomsen 一样,也理解为连词,不过意思略有不同,是"不但……而且",但他同时认为,这也可能是一个地名,见: S. E. MALOV. Памятники древнетюркской письменности. Москва, 1951: 28, 435. 耿先生的汉译"并要住在平原"采纳的就是 S. E. Malov 的第一种观点,见耿译,第 118 页。T. Tekin 和 G. Clauson 都将 tügültün 理解为地名,但具体在哪,他们不知道(见: T. TEKIN. A Grammar of Orkhun Turkic. Bloomington, 1968: 262; G. CLAUSON. An Etymological Dictionary of Pre-Thirteenth-Century Turkish. Oxford, 1972: 151)芮传明先生按照 T. Tekin 的理解,当作地名,并用现代汉语译作"吐葛尔统",见: 芮传明. 古突厥碑铭研究. 上海: 上海古籍出版社, 1998: 241. 在古突厥语中,tügül- 是 tüg- "打结"的被动式,意思是"打了结",见: G. CLAUSON. An Etymological Dictionary of Pre-Thirteenth-Century Turkish. Oxford, 1972: 477, 481. 我们认为这里 tügültün 的意思与黄河"几"字走势,即俗称的"河套",意思相当,tügültün yazı 指的就是河套地区,这里正是唐朝突厥降人聚居的地方。

个可汗号中虽然也含有"毗伽"（即"睿智"的意思），但它却比毗伽可汗的名号要复杂得多。毗伽可汗之前的突厥可汗号都十分简洁，例如骨咄禄是 Élteriş Kağan，默啜是 Kapğan Kağan，默棘连自己则是 Bilge Kağan。① 可汗号中的装饰性成分突然增加，是毗伽可汗以后出现的现象。这句话剩下的部分译成汉文是"我在此刻登上了汗位"，这更不可能出自开元廿年（732年）的毗伽可汗之口。毗伽可汗早在开元四年就继承突厥汗位，在位已有17年之久。

二、第3行，如天·天生的·突厥睿智可汗讲述自己东征西讨，在东、南、西、北四个方向上分别抵达山东、九曲、铁门关和拔野古。毗伽可汗在东面第17行也提到自己跟随叔父默啜南征北战，东面到达黄河、山东，西面到达铁门关，[北面]越过曲漫山到达黠戛斯。与这里的叙述相比，除了东、西两条线勉强一致外，南、北两条线则完全不符。实际上，西到铁门关、东到山东这两条线是突厥汗国征讨的经典路线，对于突厥骑兵来说早已是轻车熟路，毗伽以上三代可汗每一任都走过，他之后的可汗继续走这两条线也不足为奇。

三、整篇文字的语气是威慑性的，几乎都用第二人称命令式，完全是一篇可汗对臣民的训话。面对国内人心涣散的局面，他告诫突厥官员、百姓不要上唐人的当，要以史为鉴。他晓之以理、动之以情，希望突厥官员、百姓能留在于都斤山，不要去唐。这里描述的现象与开元廿年突厥汗国的国情完全不符。毗伽可汗处理完阙特勤的后事之后，于次年大举征讨奚（详见下文）。可以说，在毗伽可汗韬光养晦的政策下，开元廿年前后的突厥汗国应当是凝聚力最强的时候。再者，铭文中对唐人的负面评价也不符合毗伽可汗这位"亲华派"的身份。② 我们知道，毗伽可汗继位以来，一直积极与唐联姻，虽然求婚屡次被拒，但在位十八年间，唐、突之间尚未有过一次大规模的战争。③

四、第11—12行说从唐朝请来工匠，并没有说是为了给阙特勤立碑，通篇也没有一处提到阙特勤。

---

① 骨咄禄的可汗号 Élteriş Kağan 见于阙特勤碑东面第11行、毗伽可汗碑东面第10行、暾欲谷碑第7行、第50行、第59行和第61行。默啜的可汗号 Kapğan Kağan 见于暾欲谷碑第51行、第60行和第61行。毗伽的可汗号 Bilge Kağan 见于暾欲谷碑第58，62行，毗伽可汗碑东面第1、南面第13行。

② 阙特勤碑东面第6行提到中国人奸诈，诱使突厥汗国内乱。这里实际上指的是隋，而非唐。耿先生直接译成"唐人"是不妥的。另外，第10行提到唐朝皇帝不念突厥人的功劳，因他们的叛乱而诅咒他们。这句话虽然不是什么正面评价，但也算客观。

③ 毗伽继位以后，接受暾欲谷的建议，放弃了与唐朝正面对抗的策略。唐、突之间唯一的一次军事摩擦是在开元八年（720年），突厥寇甘、凉二州。那次是因为突厥军队征讨拔悉密之后，取道河西回师漠北，不可避免地与唐军发生了冲突，但范围非常小，也只是掠走了河西契苾部落的羊马。见：刘昫，等. 旧唐书·卷194上·突厥传上. 北京：中华书局，1975；5174—5175；欧阳修，宋祁. 新唐书·卷215下·突厥传下. 北京：中华书局，1975；6052；司马光. 资治通鉴·卷212. 北京：中华书局，1956；6742—6743。

基于以上四点考虑，我们认为，阙特勤碑南面 13 行铭文，刻写年代绝非阙特勤碑的立碑之时（即开元廿年），更非出自毗伽可汗之口。

那么，阙特勤碑南面 13 行的作者究竟是谁？又是在何时刻写的呢？解决这个问题，我们有一条现成的线索，就是阙特勤碑南面 13 行与毗伽可汗碑北面 15 行的文字雷同。我们知道毗伽可汗碑立于开元廿三年，它的背景是十分清楚的。结合汉文史料和突厥碑铭的记载可知，毗伽可汗在开元廿二年遭大臣梅禄啜投毒，但没有死，他先斩杀梅禄啜，后尽灭其余党，到了十月二十六日，毗伽可汗才死。① 约两个月后，即十二月二十三日，毗伽死讯抵达唐廷，玄宗废朝举哀，派宗正卿李佺往申吊祭。② 毗伽可汗的葬礼于次年五月二十七日举行，李佺率 500 人代表团参加，并主持立庙、建碑事宜。③ 根据突厥文缮写者 Yollug 特勤的落款，突厥文的书写费时一个月零四天。④ 毗伽可汗碑西面汉文部分残泐不全，纪年已不可识读，但参照阙特勤碑，应该也是和突厥文一前一后刻成的，不会相差太久。

毗伽可汗碑东面 41 行，东南棱角 1 行，南面 15 行，西南面棱角 1 行，北面 15 行都是突厥文，西面是汉文，也补刻了几句突厥文。东面第 1 行第 1 句是 *teŋri teg teŋri yaratmış türk bilge kağan sabım. kaŋım türk bilge kağan......* 前半句中有一串冗长的可汗号，逐字译成汉语是"如天，天作的，突厥睿智可汗"。这句话的关键落在最后一个字 *sabım* 上，*sab* 是名词"话"，+ım 是第一人称单数领属附加成分，*sabım* 的意思是"（是）我的话"，这个"我"指的当然就是这位"如天·天作的·突厥睿智可汗"了。第 2 句话后半部分 *türk bilge kağan* 是毗伽的可汗号，关键在第一个字 *kaŋım*，*kaŋ* 是"父"，+ım 同样是第一人称单数领属附加成分，连起来意思是"我的父亲突厥毗伽可汗"，这个"我"当然还是那位"如天·天作的·突厥睿智可汗"。这两句话开门见山地告诉我们，毗伽可汗碑是由毗伽可汗的儿子组织刻写的，他的可汗号在突厥文里是 *teŋri teg teŋri yaratmış türk bilge kağan*。在汉文史料中，关于毗伽可汗的继位者有两种不同的说法，一是《曲江集》和毗伽可汗碑汉文部分的"登利可汗"说，一是两《唐书》

---

① 毗伽可汗遭梅禄啜投毒，汉文史料有记载，见：刘昫，等. 旧唐书·卷 194 上·突厥传上. 北京：中华书局，1975：5177；欧阳修，宋祁. 新唐书·卷 215 下·突厥传下. 北京：中华书局，1975：6054. 毗伽可汗的死亡日期，他的纪念碑上有明确记载，见《毗伽可汗碑》南面第 10 行。
② 王钦若，等. 册府元龟·卷 975. 南京：凤凰出版社，2006：11287.
③ 见《毗伽可汗碑》南面第 10—11 行。
④ 见《毗伽可汗碑》西南棱角。

的"伊然可汗"说。① 实际上,这两种说法都没有误,译法不同而已,都是指毗伽可汗碑突厥文部分东面第 1 行出现的 *teŋri teg teŋri yaratmïš türk bilge kaġan*"如天·天作的·突厥睿智可汗","登利"和"伊然"是突厥语可汗号的两个不同部分的音译,前者对应 *teŋri*,后者对应 *yaratmïš*。② 所以,毗伽可汗碑是由毗伽的继承者,即他的儿子伊然可汗,主持镌刻的。

毗伽可汗碑东面铭文在开头几句简单地介绍了伊然可汗的继位背景之后,便几乎照搬阙特勤碑东面的文字,一直到第 24 行。第 24 行以后,开始出现毗伽可汗以第一人称的语气叙述自己的生平,从 17 岁一直讲到 50 岁。从叙事顺序看,东面 41 行之后,紧接着的是东南棱角的 1 行,再接着的是南面。南面第 7 行讲述毗伽可汗 50 岁那年率兵出征奚,并与契丹联合,击溃前来支援的郭将军。关于这次战役,汉文史料也有记载,开元廿一年闰三月幽州道副总管郭英杰与契丹战,契丹首领可突干引突厥之众来合战,唐兵不利,英杰战死。③ 两相印证,大致不错。第 9 行毗伽可汗说"我在汗位十九年"。毗伽可汗开元四年(716 年)登基,那么他讲这句话的时间应该是开元廿二年。开元廿二年正是毗伽可汗遭人投毒,不久后死亡的年份。在被人投毒之前,毗伽可汗完全没有必要为自己的在位时间作一限定。所以,合情合理的推断是,这些话是在他遭人投毒之后说出的。

汉文史料告诉我们,毗伽中毒之后并没有立即死亡,他先是斩了投毒者梅禄啜,后又灭其余党。实际上,他在临终之前所做的远不止这些,还有一件更为重要的事情。毗伽可汗精心地留下了一篇自传体铭文,作为自己一生的总结。这份文稿是在阙特勤碑的基础上修订而成的,第 1—24 行保留了阙特勤碑东面 1—30 行叙述突厥国史的部分,自第 24 行起把阙特勤的事迹替换成了毗伽自己的事迹,直接以第一人称语气叙述。毗伽可汗去世之后,这篇文稿到了他的儿子伊然可汗手上。伊然可汗在李佺等人的协助下,在开元廿三年五月将他父亲留下的遗稿如实地刻写在他父亲的纪念碑上。伊然可汗除了在碑文开头添了几句引言(东面第 1—2 行),在结尾处加了几行(南面第 10—15 行)关于葬礼的话,正文则全是毗

---

① 张九龄《敕突厥登利可汗书》:"敕突厥登利可汗:日月流迈,将逼葬期……"见:张九龄撰,熊飞校注. 张九龄集校注·卷 11. 北京:中华书局,2008:627. "登利"一作"登里"。"毗伽可汗碑"汉文部分有"登利可汗虔奉先训"之词,录文见:岑仲勉. 突厥集史·卷 15. 北京:中华书局,1958:840—841.《旧唐书》卷 194 上《突厥传上》:"(毗伽)既卒,国人立其子为伊然可汗",见:刘昫,等. 旧唐书. 北京:中华书局,1975:5177.《新唐书》卷 215 下《突厥传下》:"(毗伽)乃卒……国人共立其子为伊然可汗",见:欧阳修,宋祁. 新唐书. 北京:中华书局,1975:6054.

② 参见:陈浩. 登利可汗考. 西域研究,2016(4):33—40.

③ 刘昫,等. 旧唐书·卷 103·郭知运传郭英杰附. 北京:中华书局,1975:3190;司马光. 资治通鉴·卷 213. 北京:中华书局,1956:6801—6802.

伽可汗留下的原话,叙述人称也没有改。伊然可汗在东面开头第1行说"这是我如天·天作的·突厥睿智可汗的话",南面结尾第13行又是一句"这是我如天·天作的·突厥睿智可汗的话",一头一尾,遥相呼应。总而言之,毗伽可汗碑东面41行,接着东南棱角1行,然后是南面15行,加上西南面1行突厥文缮写者Yolluġ特勤的落款,构成一篇完整铭文。北面15行突厥文则是另一篇独立的铭文。

我们再回到阙特勤碑南面13行以及与其雷同的毗伽可汗碑北面15行铭文上来。实际上,这篇铭文的作者,跟伊然可汗一样,在开头第一句话中就亮出了自己的身份,自称 teŋri teg teŋride bolmış türk bilge kağan "如天,天生的,突厥睿智可汗"。不难发现,他的可汗号与伊然的可汗号首、尾都相同,差异只在中间,一是 teŋride bolmış "天生的",一是 teŋri yaratmış "天作的"。前面我们已经讨论过,突厥可汗号的修饰成分突然变得冗长是毗伽可汗以后的现象。据汉文史料记载,毗伽可汗之后有伊然和登利两位可汗,都是毗伽之子。既然伊然可汗是"天作的"可汗,即 teŋri yaratmış,那另一位 teŋride bolmış "天生的"可汗就非他弟弟登利可汗莫属了。汉文史料中关于毗伽可汗的继位者是伊然可汗还是登利可汗,以及该可汗在位几年的问题上没有记载清楚。据我们的考证,《新唐书》的说法比较接近史实,即毗伽可汗去世后伊然可汗继位,伊然在位七年之后(《新唐书》作八年,多算了一年)去世,开元廿八年(740年)登利可汗继位,翌年去世。由于伊然可汗在汉文史料中还译作"登利可汗",是其可汗号的第一个字的音译,故出现了《曲江集》、毗伽可汗碑汉文写作"登利可汗",而两《唐书》作"伊然可汗"的现象。也就是说,突厥汗国有两个登利可汗,一兄一弟,分别于开元廿二年和开元廿八年登基。① 第二位登利可汗就是阙特勤碑南面13行铭文的作者。

确定了这篇铭文的作者是登利可汗之后,我们再来分析他是在何时镌刻的。按照惯例,刻碑这项工作往往需要唐朝工匠的协助。登利可汗在开元廿八年继位,据《册府元龟》和《旧唐书》记载,该年唐朝向突厥派遣了右金吾将军李质,持玺书册立登利可汗。② 这里的"册立"不能理解得太实,因为历任突厥可汗都是内部产生,唐朝使节只是象征性地认可。有惯例可循,开元十九年唐朝派往突厥的金吾将军张去逸、都官郎中吕向,开元廿二年派出的宗正卿李佺,都是在突厥汗位易主的时机,应新可汗的邀请,前往突厥,实际工作是主持建庙、立碑事宜。开元廿八年派出的李质也不例外,同样也是在登利可汗的邀请下,前往突厥协助

---

① 详见: 陈浩. 登利可汗考. 西域研究,2016(4):33—40.
② 王钦若,等. 册府元龟·卷964.南京:凤凰出版社,2006:11175;刘昫,等. 旧唐书·卷194上·突厥传.北京:中华书局,1975:5177.

刻写碑文的。① 登利可汗继位之后,他面临的是内忧外患。在突厥汗国内部,他军权旁落,叔父左右二杀专权。登利与母亲商量之后,先诱斩了右杀,吸收其兵马,再图左杀。未料,左杀先发制人,置登利于死地。② 与此同时,曾经臣属于突厥的九姓政权都跃跃欲试,想取突厥而代之。登利可汗死后不久,他的母亲率领阿史那汗室成员以及部众千余帐,流亡长安。③ 在漠北草原上,新的霸主回鹘汗国悄然崛起。登利可汗继位时突厥汗国内外交困的境况与阙特勤碑南面13行碑文中所描述的完全一致,正是突厥汗国崩溃前夜的场景。所以我们认为,阙特勤碑南面13行以及雷同的毗伽可汗碑北面15行突厥文是登利可汗在开元廿八年继位之后,在唐右金吾将军李质的协助下,镌刻到石碑上的。

我们说毗伽可汗碑北面15行与阙特勤碑南面13行的文字雷同,因为它们并不完全相同,前者第8行末字起,至第14行,多出了以下几行话。

₈我父₉汗和叔汗在位的时候,他们治理了四方百姓。因上天授命,我自己坐上了汗位。我也治理了四方百姓。我以盛大的婚礼把女儿嫁给突骑施可汗。₁₀我也以盛大的婚礼把突骑施可汗的女儿娶给我儿子。我驯服了四方百姓。我让他们有头的低头,有膝的屈膝。因天地授命,₁₁我让那些未曾见过、未曾听过的百姓,到日出之东方、日中之南方、日落之西方和夜中之北方安顿下来。我为我的突厥人民带来了黄金、白银、缎、锦、名马、种马、黑貂、₁₂苍色松鼠。我让他们无忧无虑。上天授命,"你也要哺育突厥官员、百姓,₁₃不要让他们受苦受折磨。"我的突厥官员和突厥百姓们……只要你们不离开这位可汗、这些官员、这方水土,₁₄你们会照顾好自己,会有家可归,会没有忧愁的。

第8—9行"我父汗和叔汗"开始到第12行"上天授命"之间的这几句话显然不是从登利可汗口中说出的,而是直接引用他的父亲毗伽可汗的原话。"父汗""叔汗"这样的用法在阙特勤碑和毗伽可汗碑的正文中十分常见,例如阙特勤碑东面第12行、第15行、第16行、第17行、第25行,等等。毗伽可汗嫁女给突骑施在汉文史料中是有记载的。④ "让有头的低头,有膝的屈膝"这更是毗伽可汗

---

① 见毗伽可汗碑北面第14行,阙特勤碑南面第11行。
② 颜真卿.康阿义屈达干碑//岑仲勉.突厥集史.卷15.北京:中华书局,1958;851;刘昫,等.旧唐书·194上·突厥传上.北京:中华书局,1975;5177;欧阳修,宋祁.新唐书·卷215下·突厥传下.北京:中华书局,1975;6054.
③ 刘昫,等.旧唐书·卷194上·突厥传上.北京:中华书局,1975;5178;欧阳修,宋祁.新唐书·卷215下·突厥传下.北京:中华书局,1975;6055.
④ 自开元三年以来,突骑施的可汗是苏禄,他有三房可顿,分别是唐、突厥和吐蕃的公主。见:刘昫,等.旧唐书·卷194下·突厥传下.北京:中华书局,1975;5192;欧阳修,宋祁.新唐书·卷215下·突厥传下.北京:中华书局,1975;6068.

常说的话，分别见于阙特勤碑东面第2行、第15行、第18行，以及相应的毗伽可汗碑东面第3行、第13行、第16行。到第12行的"上天授命"之后，登利可汗又回到自己的处境中来，苦口婆心地规劝突厥官员和百姓，希望他们留在突厥不要离开。与伊然可汗一样，登利可汗在碑文中直接引用他父亲的原话时，没有改变叙述人称。实际上，这种不改叙述人称的直接引文方式在突厥文中是再正常不过的，暾欲谷碑里更比比皆是。登利可汗在这里引用的几句他父亲的原话，应该也是毗伽可汗去世之前留下的。

我们给上文的讨论作一番总结。开元廿年，毗伽可汗为亡弟阙特勤立碑，他口述一篇铭文，论及突厥国史及阙特勤生平事迹，Yolluğ特勤负责将他的这番话缮写在石碑上，最后由张去逸率领的唐朝工匠镌刻完成。毗伽可汗在开元廿年作的这篇铭文，包括阙特勤碑东面40行、北面13行和棱角处的纪年、落款，不包括南面的铭文。阙特勤碑开元廿年建成之时，碑南面是空白，没有刻字。开元廿二年毗伽可汗遭人投毒，在临终之前，他为自己精心地准备了一份铭文。这份铭文是在阙特勤碑的基础上修改而成，即保留了原碑中突厥国史的部分，将阙特勤的事迹替换成毗伽自己的事迹。毗伽可汗去世之后继承突厥汗位的伊然可汗，于开元廿三年在唐朝李佺等人的协助下，将他父亲的遗稿如实地镌刻在毗伽可汗的纪念碑上，仅在开头添了几句引言，在结尾处加了几句关于葬礼的话。伊然可汗开元廿三年组织镌刻的这篇铭文，包括毗伽可汗碑东面41行、东南棱角1行、南面15行和西南棱角落款，不包括北面的铭文。毗伽可汗碑开元廿三年建成之时，碑北面是空白。开元廿八年登利可汗继位后，在唐朝李质的协助下，在阙特勤碑南面和毗伽可汗碑北面的空白处，镌刻了两篇几乎相同的铭文。登利可汗用第二人称命令式的口吻，要求突厥官员和民众不要离开突厥。文中突厥汗国人心涣散的境况，反映的正是登利可汗继位之时突厥汗国即将瓦解的局面。直到开元廿八年才刻成的阙特勤碑南面13行和毗伽可汗碑北面15行，都是由登利可汗主持镌刻的，后者比前者多出的几句是登利可汗引用其父亲临终前留下的话。

海纳集
上海大学文学院四十周年纪念文集

世界近现代史

朝代，还是国家？

——为什么会有美国？

朱学勤

朱学勤，1952年生，上海人。1970年插队河南兰考，1972年进厂做工。1985年毕业于陕西师范大学，获历史学硕士学位；1992年毕业于复旦大学，获历史学博士学位。1991年入职上海大学文学院，为历史系教授。出版有《道德理想国的覆灭》《中国与欧洲文化交流志》《书斋里的革命》《被批评与被遗忘的》等著作。

我们与美利坚合众国在同一地球上共处，已有228年，期间曾有两次交集。1905年同盟会在东京发布成立纲领，最后6字为"建立合众政府"，昭示此后中华民国百年追求，欲结束最后一个朝代，建立新型国家。110年后，中华人民共和国重申，中美两国要建立"新型大国关系"，也是6个字。这6个字没有语病，但因缺少一个"的"，易生歧义。是"新型（的）大国关系"——"你"为大，"我"为大，以"大—大"为基，新建一对"大国关系"？还是"新型大国（的）关系"——你为"新"，我为"新"，寻立"新"基，建立一种"新—新关系"？兹事体大，不可不议。

我们故从善意，取后解，即"新型大国（的）关系"。但又发生第三个问题："美帝国主义"一直是"亡我之心不死"，万恶"美"为首，现在突然认其为"新"，这一改变固然来之不易，然而这美国究竟"新"在哪里？不理解美国何以为"新"，中国能否与之建立"新型关系"？

恰逢广西师大出版社推出新人新著——《帝国的分裂：美国独立战争的起源》，来得正是时候。看郑非回溯美国如何建国，或许能对上述问题有所启迪，有所教益。

我们这些人此前盛赞"光荣革命"，是经验主义而非先验主义引导英国赶超法国，赢得近代文明史开局胜利。这些话没说错，但有一事难以绕过：1763年

7年战争,英国战胜法国,胜利后为何"帝国分裂"——北美引法军回援,独立建国?可见经验主义固然好,但也有它的致命短板。用中国人熟悉的话说,它也是摸着石头过河,东摸摸西摸摸,摸了80年,只因战后向十三州增一点税,一不小心摸出一块"烫手山芋",拿又拿不住,这才闯下大祸。

据郑非在此书中考证:当时英国在北美所增关税仅1800镑,只够海关费用四分之一;十三州人均年税从0.1到0.22美元不等(当时的人均收入约为60至100美元),折算为英镑,仅合1先令左右。用我们中国古话说,可见当年"施仁政",轻徭薄赋。也因为如此,英国人打完仗后向北美多增一点税,并未觉得有何反常:这场战争是为北美打,赶走了法国殖民者,十三州安享太平,让他们多交一点税,也是补交此前我们垫付的军费,谁得益谁买单,岂非常理?不料北美不领情,竟搬出另一说法:税为"保护费",外敌既除,"保护费"随需求下降而下降,不降反增,岂有此理?他们还拿出1215年《大宪章》,说这不是"钱",而是"权"的问题:伦敦与殖民地各有议会,伦敦那里没有我们的议员,"无代议士不纳税",这是《大宪章》赋予我们的"历史权利"!伦敦的逻辑是,我们这里是"中央"议会,你们那里是"地方"议会,就算是"一国两制",怎么能以下抗上,冒出个双方平行的"平面逻辑"?这么一来二去,摩擦因此而起。

母邦与子民争,开始是为"钱",后来争到"权",最后触及"国体"问题:伦敦自认"中央"在上,"地方"在下,这"世界是直的",必须竖起来放;北美认为这"世界是平的",两边是平等关系,帝国应放倒,呈平面排列。我们现在看得清楚,但当事人当时却未必自觉,如此"争论"会争出大问题,一边是"王朝"话语,无意中延续中世纪逻辑,而另一边已经在挣脱这一紧身衣,一开始也是无意,但最终会破"王朝"话语,要的是近代"国家"逻辑。

200年前的伦敦不能说不精明,可能已知道要"区分两类不同性质的矛盾"。凡是用"钱"能摆平的,都是"人民内部矛盾",撒点银子能搞定。那时北美走私成风,7年战争中甚至向敌对方走私军火而牟利。在伦敦议会看来,这是一群"赖昌星"式的无赖,能忍则忍;"赖昌星"要赖税,也是能让则让;"印花税"已经颁布,可以收回成命;运至波士顿的东印度公司官茶降价销售,比走私茶还便宜3便士。但不能得寸进尺,问鼎"国体",打着1215年《大宪章》旗号来争"权",矛盾的"性质"就"变"了,万万不能容忍。这也叫"不生事",或曰"不折腾",用经验主义名家伯克的著名说法,"这一切的起因,或完全是我们的疏忽,但也许是事情自然运行的;凡事只要不管它,它往往会自成一局"(《北美洲三书》)。

那时英国可称"一体两面",1688年"光荣革命"解决了政体民主,国体尚处于中世纪帝国时序,王位世袭,有一世、二世、三世。用我们今天的话来说,政府已经进步到可以换届,以"届"纪年,而君权还在说"代",一代、二代、三代。就政体言,君权与民权已从垂直"竖立"放倒,成民权制约君权之"平面";就国体言,尤其从伦敦与海外领地的关系看,伦敦与海外尚为"君民"关系,帝国乃"垂直"体,理应"竖立"。如此"一体两面",既"民主",又"帝国"。治本土,无成文宪法;领海外,无专职机构,既不像联邦,也不像邦联,就这么模模糊糊,"摸"到哪里算哪里。格林在《美国革命的宪政起源》中曾这样说:"在英格兰的宪政中寻找线索,来指导殖民地与母国之间的恰当关系,是徒劳无功的",这个政体"不再适合一个扩展了的,多元化的"问题。如果没有北美造反,帝国也能"混"。北美起事之初亦多"赖昌星",留在帝国母体内不交"钱"或少交"钱",也愿意继续"混"。两边一开打,双方撕破脸,后面的事情就不好办了。须知"赖昌星"之外,还有潘恩、杰斐逊这帮"精英分子",他们援引法国观念来"启蒙",有意识地向"一体两面"接缝处捅,将内部矛盾升级为"敌我矛盾"。帝国短板与长板本来就不接缝,经不起他们这样捅,打了八年,接缝开裂,巨婴躁动于母腹,分娩于"美独",一个"新型大国"呱呱坠地。

  北美果然"自成一局"了。这"一局"非同小可,承上启下,实在是"划时代"。

  说"承上",是指美利坚没有割断与不列颠精神血脉的联系。当初喊"无代议士不纳税",比英国还英国,此前母体解决"政体",此后新生儿解决"国体",都是他们英语民族内部的事。合起来看,可谓"光荣革命"第二局,我称之为第二次英国革命,也可称同一英语下的"不断革命"。二次革命的标志性意义,就在于它首创联邦共和这一"新型国家",人类从此以"届"易"代",再不说"一代、二代",给后来者欲与其建立"新型的大国关系",开辟出一番新天地。

  说"启下",这"第二局"延续"第一局"胜利,此前是说英语国与法语国争,1∶0;此后是英语国与俄语国争,还是1∶0。那时欧洲过于吵嚷,只注意眼皮子底下那一亩三分地,未曾想在他们的视野背后,还有更凶恶的两条线在不声不响地扩张。一条是北美,独立后越过阿巴拉契亚山,从大西洋扩展至太平洋;另一条是沙俄,方向相反,也是从一条海岸线扩张至另一条海岸线。俄罗斯与它的精神之母法兰西也干过一仗——1812年拿破仑战争,也是在战场上接过它母亲的接力棒,可与北美争。这两条线势能之大,相当于地理世界的造山运动,一是由东向西,一是由西向东,而地球不幸是圆的,二者一定会碰头。待欧洲人蓦然回首,才发现那两条线已经走进他们的后花园,就在那里碰头,擦一朵火花叫"冷战",很耐心地无声慢放。它们先是在易北河会师,后在柏林墙对峙,冷眼相看50年。

其实"冷战"植根于此前英、法争霸，第一代打了还不算，又把棒子交给各自的儿子，再跑第二圈。至1989年，"贝多芬欢乐颂"突然响起，柏林墙向这一边而不是那一边倾倒，俄罗斯扩张至十四国，比北美还多一"国"，瞬间解体，轰然倾塌。

胜者2∶0，赢家通吃。这第二局来得更快更利落，又是为什么？

话分两头说，先说软件——精神血脉。那北美是英国经验主义与法国先验主义之混血，它继承了母体血，又吸入法国敌邦血，完成"转基因"，占有生物学"混血优势"。

扬基佬本性属A，"赖昌星"能赖税，端赖大英母体赋予他们的"历史权利"——1215年《大宪章》。但从《独立宣言》潘恩、杰斐逊援引法国观念始，北美精神开始转型，抗税理由从"历史权利"转向"自然权利"，把"先验理性"写上了他们的旗帜。所谓"先验理性"，用恩格斯对启蒙观念的总结，是让此前的一切权威都要到"理性"而不是"历史"的"法庭"上来"证明"自己的"存在"，将此前的历史清零。"权利"再不是从"历史"一代一代继承而来，而是从启蒙学者说的那一纸社会契约开始。用中国领袖毛泽东的诗话，"人猿相揖别……流遍了，郊原血"，而启蒙者却说：尽管有"人猿相揖别"，但不是"流遍郊原血"，而是"订有一契约"！是统治者单方面撕毁了这一契约，故而我们有权另定契约。一张白纸，可以画最新最美的图画，"从头越"，那就叫"独立"，叫"起义"！

我们细审杰斐逊《独立宣言》开篇，什么叫"我们认为这些真理不证自明或不言而喻"？这是典型的法国思维，来自柏拉图和卢梭那一路。那些人把政治哲学搞成几何证明题，竟认为政治生活中也有几何公理，如两点之间直线距离最近。这些公理不能证明却又不证自明，政治哲学的求解过程，就是追溯至这些"公理"的出发地。首先是做减法，消减经验生活形成的各种偏见、定见，退至不能退，直至为"零"，"公理"才有可能在人心中"豁然朗现"；然后再做加法，从这块未被污染的无人之境再出发，像做几何习题那样，以公理证定理，以定理证定律，一步步朝前推，每一步都要符合条件充分律，以已知求未知，一直推导到几何——政治学大厦跟前，那时就会发现，人类所有的正当权利就写在大厦门楣上，如《独立宣言》列举的那三大权利。所谓人类三大权利：统治者的权力来自被统治者的同意，每个人都有追求幸福的权利，人们生来平等而且自由，就是沿着逻辑推导而不是沿着历史形成推导出来的。这三大权利后来写进文明世界大多数国家的宪法，其"平等、自由"也已被中华人民共和国（PRC）吸收，写入八项核心价值观，占其总量四分之一。

但按英式经验理性来衡量，这都是"强"词"夺"理，权利是历史的，不是逻辑的，不可能从几何证明中推导出来。哪有什么"不证自明或不言而喻"的"公理"？就算远古"人猿相揖别"，又有什么"社会契约"？从卢克索神庙到敦煌石窟，你能找到一条考古依据？那不是几何——政治学，是文学——政治学，是巴黎文人在咖啡馆里喝多了，吵吵嚷嚷的梦呓。但历史就不按照伯克的经验理性走，而是在《独立宣言》那里拐弯，先有"赖昌星"，后有杰斐逊，用法国B型血改写1215年《大宪章》，高举高打，打出个独立战争，打出个合众国，打出个USA。

更奇怪的是，1787年制宪会议开张，杰斐逊的激动身影淡出，去他心爱的法国当公使，一个与杰斐逊性情相反的身影——汉密尔顿，在费城取而代之。后者主持的《1787年宪法》，将不成文的英式民主写成了美国宪法，是英国经验理性的杰作，北美又回到了英国A型血，厌恶杰斐逊的法国B血型。我们对比《独立宣言》与《1787年宪法》，判若两人，不仅是思维逻辑，甚至行文风格都迥然有异。如果要从文本（text）溯源向上追，从杰斐逊上溯，会经过卢梭，直至柏拉图。但在汉密尔顿那里，只能追到亚里士多德，途中则有可能看见洛克或伯克。当年如果杰斐逊不走，汉密尔顿则不会有这么好的机会，前者一走，才轮得到后者担纲任主角。杰斐逊有烈火般激情，汉密尔顿如冰雪般聪明，水火相济，这"光荣革命第二局"才唱得下去。没有杰斐逊，北美点不燃独立战火，没有汉密尔顿，这把火即使点着，也只能把"新型国家"烧得一干二净。

这就是北美的幸运。历史在召唤，有了杰斐逊，还有汉密尔顿，二者合流，方有AB新型血，少流多少"郊原血"！更幸运的是，这两个人的出场顺序没有搞错，很容易搞错的地方，居然没错。按照资中筠先生"打出来的天下，谈出来的国家"这一名言，我们按时间顺序："打天下"一定要A先B后，1775年人人心中有独立，人人笔下无独立，该让杰斐逊喊那一嗓子，方能点燃独立之战火；"谈国家"则一定要B先A后，1787年费城制宪，汉密尔顿应声而出，收敛杰斐逊激情，将其冰镇为《1787年宪法》。杰斐逊从法国回来，见宪法而不服，推出《第一修正案》，双方妥协，将《1787年宪法》与《第一修正案》交公民作捆绑式公投。因此次公投而形成"驴象之争"，无意中开启民主党、共和党两党轮替，效果更妙，这正是历史所需要的A型血吸收B型血的转基因过程。假设这二人搞错了出场顺序，人类是否会有这个USA新型国？即使有，恐怕也是一日之春秋，有今天没有明天，终究站不住。让汉密尔顿撰写《独立宣言》？那一定会写成一份ATM机操作说明，革命热血被银行家冰水浇灭，味同嚼蜡；让杰斐逊起草《1787年宪法》？美洲文学史会多出一首诗，可吟可诵，但宪政平台一定会被诗情画意搞得一塌糊涂。如此A、B混血，还没有把出场顺序搞错，完成一场人类政治史的"转基因工程",实在是小概率事件,他们太幸运,以致欧洲人只能说是"上帝参与了美利坚的建国过程",200 年羡慕嫉妒恨。

世上如有"美国梦",这就是"梦"开始的地方,"驴"与"象"施施然出场。"驴"也好,"象"也罢,都是 AB 血,只是"驴"多露一点 A,"象"多露一点 B。此后各国都被这样的"梦式话语"颠倒,相继产生"C 国梦""D 国梦""E 国梦"。如斯大林,在世亦为如此好梦吸引,号召全苏维埃革命干部要把法兰西的浪漫精神与美国的求实精神结合起来,也搞一场"转基因",可惜终不能混血,苏维埃直至崩溃,也未能完成这一伟大的"转基因"工程。

精神血脉的另一头是硬件——制度创新。

200 年前,民主不是个好东西,令人起疑。疑就疑在"大众"二字,"大"国"众"民,民主能行? 这东西在两千年前东地中海文明出现,适应的是小国寡民。一棵大树吊一口钟,钟一响,选民就往大树奔,立定呼喊,以两边音量大小定然否。我们现在到东地中海旅游,从以弗所通都大邑到斯巴达残垣断壁,只要有城邦故地,就能看到罗马人留下的公共剧场,大小不一。可见罗马替希腊,希腊人的公共精神没有磨灭,那口钟和那棵树变成了剧场而已。即使如此,一般一个剧场能容多少人? 上千人而已。近代居民动辄百万、千万,如印度、中国还进位至亿,民主能行? 换个角度问,即使如不列颠那样在英伦三岛行民主,这一"政体"是否能扩容,接受那"平面世界",把"国体"也搞成民主的? 不列颠当年的疑惑就在这里。它不认,不认就栽在这里。英国未能避免郑非所言"帝国分裂",不是因为它没有民主"政体",而是难有民主"国体"。大英帝国是个"半新半旧国",不仅是"帝国",还是"朝代国"——有乔治一世、二世和三世。

北美人搞出个"光荣革命第二局",破了这一难题。这"第二局"一开始是"打",1775 年打到 1783 年,人家也是"八年抗战",方赢得北美独立。然后是"谈",1787 年制宪 3 个月,天天吵天天谈,谈出个"美利坚合众国"。在当时的地球上,"打出来的天下"自古皆然,触目皆是,"谈出来的国家"却独此一家,别无分店。中国人口味重,只好"打",不好"谈",历史教科书多以割断历史为能事,也是只说"打",不说"谈"。如此腰斩美国史,人家当然有意见,但受害的是中国人自己,凡读此类教科书者皆受害,再难认识这美利坚"新型大国"究竟"新"在哪里。当年为美国取名 USA,托马斯·潘恩就有言在先:"美国的独立如果不曾伴随一场对政府原则和实践的革命,而单从它脱离英国这一点来考虑,那就微不足道。"

什么是"对政府原则和实践的革命"? 第一难题是独立后要不要建立自己的王朝世系? 这是历史的惯性,有人这么想,也有人这么做。有部属劝华盛顿高升,由总司令而国王,不就差一步? 枪杆子里出皇帝(国王),黄袍加身,满地球的皇家谱系不都是这么产生的吗? 但是华盛顿不干。土造不成则进口,那些人又去欧洲,说动德意志利奥波德亲王乘船过来当国王,又遭华盛顿严拒。这就没辙了,只能民选"总统"。华盛顿更绝,只任两"届"而引退,坚决换"届"。人类历史上的以"届"易"代",就是这样发生的。华盛顿也许格局小,怀念弗农山庄的日子比白宫安逸,白宫不是人待的地方。但地球人都应感谢他格局小,小格局挽救全人类。没有这个以"届"易"代",只要他传位一次,传至"第二代",不消说"总司令"变"国王","总统"也会变"国王",那"谈出来的国家"立刻"弹"回去,转至"打天下,坐天下"。那"二十四史"就会续上去,续成"二十五、二十六史",乃至"代代史",人民则如潘恩所言,如荒野里的牲口不断办移交手续,从这一家这一代移交至那一家那一代。

接下来还有一难题,则非华盛顿个人"高德"能解,让他头疼不已:十三州内部怎么摆? 是继续独立,十三州裂成十三国? 还是拢起来,组合成一个国家?

十三"州"本不应译为"州",中国人将其译为"州",纯属"二十四史"惯性所然。"state"译成"州",是从大元帝国划分的"省"联想而来,实在是强人从己。须知省乃元朝派出机构,是一"派出所",不该拿来对译"state"。如此误译,只能说中国人的"垂直"思维太顽强,总不能设想这"世界是平的",离了"王朝话语"就说不成事。"州"与"国"之间,老祖宗有一词,本可供准确翻译,就是"邦","周虽旧邦,其命维新"的"邦"。那十三"州"离"州"远,离"国"近,本来就是个"邦",各有各的议会,甚至还有宪法,战前各"邦"与伦敦的联系也要比与相邻"邦"紧密。一旦与母国"拜拜",让这样的十三"邦"联在一起过,势必又要建一个"桶箍"——"中央"政府。一提"中央",那十三个本来平行的"邦"立刻"竖"了起来,怒目相向:我们赶走一个"中央",是为了迎接另一个"中央"? 那革命不是白搞了吗! 故而费城制宪十分艰难,难就难在这里。那"谈出来的国家"一点不比"打出来的天下"容易,"谈"了三个多月,天天"谈",日日吵,好几次吵到崩溃的边缘,吵得华盛顿闭目塞听,想想还是回老家算了。

从概率上说,"谈"不成的可能大于"谈"成的可能。可他们居然"谈"成了,这又是个奇迹! 以今视昔,这一"谈出来的国家"大体框架是:

一、将英国留给他们的宪政传统以明确文字固定之,这就是人类第一部成文宪法;

二、各"邦"自治,保留各"邦"宪法、议会,还保留退出与加入联邦的权利；

　　三、国防、外交、铸币权上浮，交联邦政府，其他权利沉降，保留于各"邦"；

　　四、除联邦税外，各"邦"自行确定地方税种；

　　五、为平衡联邦政府有常备军，民间保留拥有枪支的"历史权利"；

　　六、联邦军队无地方议会同意，不得擅入地方，干预民政；

　　七、各"邦"自行选举行政首长，非联邦政府任命；

　　八、联邦政府三权分立，分别对应柏拉图、亚里士多德总结的"政体三原则"：总统对应君主制，最高法院对应贵族共和制，议会及总统直选对应民主制；

　　九、联邦政府每四年换"届"，以"届"纪年，取消以"代"纪年。

　　删繁就简，九九归一，这就是本文开头所叙的"新型国家"。1787年，那道让华盛顿头疼不已的第二难题，就是这样解决的。

　　此前人类不是没有过联邦，如瑞士山区早有联邦，那是小国寡民，不在这一问题域。此前北美也有过邦联，却是"用沙子结成的绳索"（华盛顿语），软弱无力。这个"新型国家"定名为 United　States，是地方各邦"平面"横排，再不是某朝某代"垂直"竖立。那十三个 state 继续存在，与其说化和反应，不如说是物理连接，单数变复数，加一个"s"，成十三"国"联合体——US而已。面对这项难题，汉诺威王朝解错了，后来所有的朝代帝国都解错了，从奥斯曼到俄罗斯，那就只能一崩再崩，一裂再裂。只有北美解对了，"合众国"不断"合"，持续"合"，"合众"至今日五十"国"，还不见英国式分离，即郑非所言"国家分裂"。所谓"新型大国"，关键就在这地方"新"，这才是真正的"独联体"。正是这一"新型国家"而不是"新朝世袭"，解决了"大"国"众"民如何导入民主，而又不被民主造成分裂、再分裂的难题，所谓"大"国"众"民，民主行吗？这一"现代性难题"，至此方得确解。

　　当年 US 刚问世，欧洲人普遍看不懂，只有托克维尔例外，他在新大陆旅行6个月，终于看出门道：这个"新型国家"的根不在纽约、波士顿，而在各"邦"的小城小镇，有"小民主"自治，才有"大民主"联邦，根根须须扎根于"小"，地面之上才有树大迎风。至于那个在中国称为"中央政府"的东西，只能称"联邦政府"，不可提"中央政府"，一提"中央"，美国人要跟你急！由此亦可见，115年前同盟会翻译这个 US，水准比今人高，译为"合众国"恰如其分，能引导后人理解"新型大国"究竟"新"在哪里。"合众国"者，合"众国"也，再不是"秦王出，四海毕"，化成一个

"始皇帝"!

　　US如此多娇,引无数英雄竞折腰。先是美国人自己想得太多,想把"美国梦"对外延伸:既然北美洲能"联",为什么五大洲不能"联"?不就是将state变成nation,US变成UN吗?第一次世界大战后"国联",第二次世界大战后"联合国",就是这样被美国人想出来的。殊不知那同文同种的state能"联",不同文不同种的nation却不好"联",事关"文明的冲突",UN不是US,非我族类,其心必异,美国佬为此吃尽了苦头。用中式英语说,那才是too young, too simple, too naive! 中国数千年朝代竖立,二十四史代代有序,比他们世故得多,早就看出这"美国梦"太萌、太憨、好糊弄。威尔逊首提"国联",壮志未酬先气死。罗斯福搞成了"联合国",没想到"联合国"变成独裁者俱乐部,有一年居然把发起者开除出"人权委员会"。请神容易送神难,纽约居民现在对UN很烦,多次上街游行,欲驱"联合国"而不能。列宁、斯大林也想学US,他们搞成个大家伙——苏维埃社会主义共和国联盟! 加盟各"州"直接称"国",各"国"在"联合国"还要有独立席位,比"美国"还"美国"。可惜可大不可久,一朝崩溃,地球上多出十几个独立国,饮恨1989! 欧洲则如美人迟暮,对后起之"美"一直"即羡且憎",现在想通了,也学US,搞出一个"欧盟"。从煤钢一体到申根协定,各国主权学美国,可下沉者沉至地方议会,可上浮者浮至欧洲议会,明显看出汉密尔顿之遗迹。不过,欧洲要搞"这世界是平的",还是很吃力。已见它废列国制钱,行"欧元",却见它去年希腊债务危机,今年叙利亚难民冲击,祸乱不断。"欧盟"是过了分娩难产这一关,但可能是不足月早产,难在难产的后面。唯有英国是英国,它还端着1775年的老绅士架子,不废英镑,不签协定,看欧盟"自成一局",仍作壁上观。

　　历史如此吊诡,犹如孩子手里的万花筒,一抖一动,就会出现一幅又一幅不同图案。独立战争是母与子第一次内战,南北战争又何尝不是兄与弟第二次内战? 南方持《独立宣言》要求独立,北方以国家统一起兵平叛,那一幕差点看到北方成为伦敦,南方成为波士顿,林肯则变成乔治三世之转世灵童。只是到南北战争后期,林肯"易帜",将"国家统一"换成"废奴主义",才扭转这一可怕逆转。当罗斯福在开罗、雅尔塔有意冷落丘吉尔,亲近斯大林,内心一半是现实主义,另一半也真心认为丘吉尔帝国主义老派令人生厌。如果让罗斯福活得足够长,看到"二战"后美国民主党逼蒋介石行宪、迫孙立人在节骨眼上停战,以致"失去中国",此后不得不在朝鲜战场、越南战场补交更多美国大兵"郊原血",他是否会后悔? 及见今日奥巴尔之窝囊,于乌克兰、叙利亚及中东危机步步退缩,面对普京招架无力,228年前的建国之父们是否会悔恨?面对这个野蛮与文明严重失衡的世界,是否还是英国的间接管治而不是美国的直接卷入更好、更明智?

这"世界"究竟是"平"着好还是"竖"起来,这是个常说常新的话题。"驴"愿干涉,"象"愿孤立,从北美建国第一天就开始争,争到今天也未平。杰斐逊、汉密尔顿、华盛顿,他们犯有很多错,此后的人还会犯错,但所有的错误都抵消不了这群人开辟的历史起点。即使这一起点在文明世界得而复失,就像2500年前雅典为马其顿所灭,后世人们还是会回到波士顿、费城,凭吊这里曾经发生过第二期文明。当年为丛林世界,人类以各自王家徽号为标志,才能有效辨认各自的丛林边界。唯有美国是例外,那些人在那时从事的那场试验,一开始也仅仅是为了解决他们的空间争议——母邦与子民是"竖立"还是"平放"。当他们无意中完成那场试验,才发现这是个时间问题:人类可开启"新型国家",以结束某家某史某"朝代",前者以换"届"纪年,后者以血缘传"代",称一代、二代。是"届",还是"代",人间究以何者纪年?事关"史前""中世纪"或"现代""后现代"。228年前,人类就是在"打出来的天下,谈出来的国家"这个逗点之间转弯。马克思当年盛赞北美试验为"迄今为止最高形式的人民自治",当有深意焉?能否建立"新型大国的关系",而不是"新型的大国关系",就看你能否认清这一"划时代"。什么叫做"划时代"?此前有"朝代"无"国家",后才有可能有"国家"无"朝代"。

(序郑非著《帝国的分裂:美国独立战争的起源》,广西师大出版社2016年4月版)

尼克松政府的环境外交

夏正伟

夏正伟,1955年生。曾师从复旦大学著名历史学家金重远先生攻读世界近现代史。1980年至今在上海大学文学院历史系从事历史学(世界史)教学和研究工作,任教授、硕士生研究生导师,曾任历史系副系主任。主要研究领域为世界近现代史、西方文化史(文明史)等。主讲的课程中,"西方文化史"为上海市重点课程建设项目、上海大学精品课程。曾参与上海市教委和上海市旅游局有关上海市旅游决策咨询研究课题,有关成果为上海市政协所采用。主编《古希腊罗马的艺术文化》《全球视域下美国研究》等图书;在《世界历史》《国际问题研究》《历史教学问题》等刊物发表学术论文30余篇。为上海市世界史学会理事。

外交领域是美国前总统尼克松研究中一个备受重视的话题,其重点一直是他打开中美外交关系和美苏缓和等。然而,尼克松政府的环境外交亦独具开拓性,不论是环境外交行动还是国际环境合作治理方面。通常,尼克松主义所体现的外交政策成为尼克松时期美国外交的主要标记,人们对尼克松在环境领域的外交主张和举措所论不多。[①] 不仅文献资料披露有限,而且尼克松总统在国

---

① 关于这个题目的国内外研究,直接以尼克松环境外交为主题进行研究的是斯蒂芬·霍普格德的《美国环境外交政策与国务院的权力》(STEPHEN HOPGOOD. American Foreign Environmental Policy and Power of the State. Oxford New York: Oxford university press, 1998)。其他的研究则以尼克松国内环境政策为主,涉及了一些环境外交的内容,如J. 布鲁克斯·弗立本的《尼克松与环境》(J. BROOKS FLIPPEN. Nixon and the Environment. Albuquerque: University of New Mexico Press, 2000),丹尼斯·L.索登的《环境总统》(DENNIS L. SODEN. The Environmental Presidency. State University of New York Press Albany, 1999),罗伯特·A.雪莱的《总统影响和环境政策》(ROBERT A. SHANLEY. Presidential Influence and Environmental Policy. Greenwood Press,1992),以及特里·L.安德森和亨利·I.米勒的《美国外交政策的绿色》(TERRY L. ANDERSON, HENRY I. MILLER. The Greening of U. S. foreign Policy. Hoover Institution Press, 2000)。所幸的是美国国务院有关尼克松时期环境外交档案新近解密(U. S. Department of State. Foreign Relation of the United States, 1969–1972: Volume E–1. Washington, D. C: Government of Printing Office, 2006. Website: http//www.state.gov/),因而提供了比较详细的资料和文件。

际环境领域的想法和政策也很少被提及。本文试图从20世纪60年代末70年代初尼克松环境外交的构想与举措，美国环境外交产生的背景及特点等方面，来说明尼克松政府是如何应对当时的国际环境形势的，以窥见尼克松政府环境外交背后的意图，以及它对环境领域的国际关系演变所产生的影响。

一、尼克松政府推行环境外交的原因

美国学者沃尔特·罗森伯姆将美国的环境政策划分为两个"时代"。第一个环境时代开始于20世纪60年代，包括尼克松总统宣称的环境十年的70年代，一直延续到80年代。第二个环境时代是90年代。① 从历史上看，美国在大部分时间里是国际环境外交领域的最主要的国家。而尼克松时期的环境外交构成了早期国际环境外交史研究的重要内容。

关于环境外交的界定，国内外存有不同看法，不过，它基本上是从外交学的范畴来确定其属性的。综合《牛津英语词典》和外交学著作对"外交"的定义，环境外交可界定为以主权国家为主体，通过其官方代表，使用交涉、谈判、缔约和其他和平方式对外行使主权，以处理国家之间的环境关系和参与国际环境事务，是一国维护本国利益及实施其对外环境政策的重要手段。② 而《美国对外政策百科全书》在给环境外交所作概括中特别强调了缔约，即一国或多国运用外交手段达成控制自然资源利用的条约和控制污染的条约。③

尼克松执政时期，通过北约、欧洲经济合作与发展组织以及联合国等国际组织，提出了一个较为完整的环境外交的设想，采取了一系列的环境外交行动。尼克松实施环境外交的原因是多方面的。

首先，尼克松上任后在环境领域里的外交行动显然受到美国国内生态环境问题凸现及环境治理需要的推动。第二次世界大战后，经济腾飞迎来了美国的黄金时代。然而正是由于这种高污染、高消耗的生产和生活方式加剧了环境的恶化。其环境问题主要表现在资源的过度开发和消耗，以及工业污染日趋严重，

---

① 转引自：PAUL G. HARRIS. The Environment, International Relations, and U. S. Foreign Policy. Washington, D. C. : Georgetown University Press, 2001: 5.
② HAROLD NICOLSON. Diplomacy. Oxford University Press, 1950: 15; 鲁毅，黄金祺等. 外交学概论. 北京：世界知识出版社, 2004: 5.
③ US Foreign Policy Encyclopedia: Environmental Diplomacy. http://www.answers.com/Environmental%20Diplomacy.

灾难性的环境事件频频爆发。美国温室气体排放是世界上最高的。1966年夏天纽约的一场空气逆温中有80人死于烟雾。1969年1月2日,桑塔巴巴拉市附近的近海石油钻机意外地向加利福尼亚海岸灌注了上百万加仑的石油,杀死了许多野生动物,原油浸透了整个海岸。而"爱河"(Love Canal)是美国历史上最骇人听闻的环境悲剧事件之一。生态环境的恶化和灾难性环境事件的频发唤醒了人们的环境意识,推动了美国环保运动的发展。"50年代,保护主义(Conservation)在美国人的生活中已成为创立起来的一支社会力量。到70年代,它发展成为一场特殊的、大范围的环保运动。"[①] 1962年,美国海洋生物学家拉舍尔·卡逊的名著《寂静的春天》极大地唤醒了人们的环境保护意识。人类生态学家加内特·哈丁在美国《科学》杂志上发表了《共同的悲剧》,激发了全球环境意识,影响巨大。20世纪60年代末,美国主流媒体如《时代》《生活》《观察》等杂志和报刊纷纷发表大量有关环保的新闻及封面故事。生态学已成为一个尽人皆知的字眼,并催生了一大批新的全国性环保组织。1970年4月22日的"地球日"(Earth Day)更是美国环境保护运动的高潮。美国国内环保运动风起云涌,给美国社会造成了极大的冲击,使尼克松政府深刻认识到环境意识和环保主义已深入人心,环保运动已发展成了一股强大的社会势力。迫于公众的呼声,尼克松政府对环境问题给予了高度重视。[②] 1965—1970年间盖洛普民意调查显示,人们把空气和水的质量当作重要问题的意愿在增加,认为:这是(1)值得政府注意的事(从17%增加到53%),(2)被访问者的生活中很严重的事(从28%增加到69%),(3)他们最不希望的被消减的政府开支领域(从38%增至55%),人们甚至愿意缴纳适当的税收来解决污染问题,同意这一观点的比例也从44%增至54%。[③] 1970年2月,尼克松总统在环保问题上采取了一项有历史意义的行动,向国会提交了关于环境问题的第一个年度咨文,从而开创了美国总统每年就环境问题向国会提交咨文的先例。同时,尼克松政府制定了大量的环境保护法案,

---

① 查尔斯·哈珀. 环境与社会——环境问题中的人文视野. 肖晨阳等,译. 天津:天津人民出版社,1998:360.

② 一些美国学者支持这样的观点,即理查德·尼克松对环境的兴趣是出于回应公众利益的政治动机。如:WALTER ROSENBAUM. Environmental Politics and Policy. 3rd ed.. Washington, D. C.: CQ Press, 1995: 79-80; JACQUELINE VAUGHN SWITZER. Environmental Politics: Domestic and Global Dimensions. New York: St. Martin's, 1994: 16; MARK K. LANDY, MARC J. ROBERTS, STEPHEN R. THOMAS. The Environmental Protection Agency: Asking the Wrong Questions. New York: Oxford University Press, 1990: 30-33; RICHARD E. COHEN. Washington at Work: Back Rooms and Clean Air. New York: Macmillan, 1992: 15-16.

③ 查尔斯·哈珀. 环境与社会——环境问题中的人文视野. 肖晨阳等,译. 天津:天津人民出版社,1998:362.

并建立新的环境保护机构,即环境质量委员会和环境保护署,从而对美国国内环保运动的发展产生了重大影响,初步构筑了美国政府环境保护措施的基本框架,为美国实施环境外交,参与国际环境合作,并最终建立以美国为主导的国际环境治理机制打下了基础。正如1970年尼克松总统所说:"在国际方面,对环境的关注和采取的环境行动正快速地与日俱增。我们许多最紧迫的环境问题是没有政治边界的。"①

其次,跨国环境污染呼唤全球环境治理。20世纪60年代中期,环境退化几乎在所有工业化国家都成为一个新的、尖锐的社会问题。其中最引人注目,也最具有震撼性的是灾难性的环境公害频频发生。最典型的是发生在日本的四大污染公害事件。20世纪60年代起,加拿大东南部上空污染浓度成倍增加,造成酸雨不断,引起美加之间长达30年的酸雨外交摩擦。层出不穷的环境灾难教育了人类,特别是跨国环境污染事件推动了环境保护意识的全球化。环境问题的解决、防止环境污染和生态退化给人类健康和生命财产带来灾难性的破坏,需要全世界各国的联合努力。正如汤因比在20世纪70年代初说,"人类若要避免毁灭自己,只有从现在起彻底治理自己造成的污染,并不再使其发生。我相信,这只有靠世界规模的合作才能实现"。② 在尼克松政府看来,美国未来的安全、繁荣和自身环境问题的解决同整个世界有着不可分割的联系。美国人的生活受到全球环境变化的影响将愈来愈明显。在解决有关安全、发展和环境问题的国际合作方面,"美国还能为世界上许多国家树立榜样。如果它在国际环境保护领域里起表率作用,那么其他国家就会紧随其后。"③与此同时,美国在环境外交方面的作为事关在国际环境合作中美国的地位。因此,尼克松环境外交的出现既是对世界环境形势的一个顺应,也是美国国内外环境形势的一个共振。尼克松在很多场合表达了"美国需要和其他工业国家合作带领20世纪的人类与环境和谐共处"的愿望。这表明,环境问题促进了全球环保意识的形成。

第三,尼克松环境外交是美国对外政策战略调整的现实需要。尼克松总统上台后,面对西欧和日本的经济竞争和严重消耗国力的越南战争以及苏联日益

---

① Public papers of the presidents of the United States. Ricard Nixon — Containing the Public Messages, Speeches, and Stateements of the president 1970. Washington: United States Government Printing Office, 1971: 660.
② 池田大作,汤因比:展望21世纪:汤因比与池田大作对话录. 北京:国际文化出版公司, 1985: 33.
③ PAUL G. HARRIS. The environment, international Relations, and U.S. Foreign Policy. Washington, D.C.: Georgetown University Press, 2001: 4.

增长的实力,亟待调整其全球战略。在此背景下,"美国有意识要选择缓和作为自己的战略,用缓和战略来处理超级大国之间的敌对关系,也就是要改变过去那种到处插手,导致冷战对峙和危机迭起的代价高昂的政策,在和缓一些程度上,以较小的代价谋求保护美国的利益。"①为了改变美国的不利处境,积极调整对外战略,在环境问题这些"低政治"领域里的合作,往往可以起到缓和紧张气氛和消除双方互相猜疑的作用,从而为更为根本的政治问题的解决提供有利的条件。尼克松政府时期,美国试图通过环境领域里的合作,一方面调整与其西方盟友的战略关系,另一方面增加东西方之间的信任,从而为推行尼克松主义赢得广阔的空间。另外美国也希望通过环境外交来协调各国间的关系。生态环境问题会影响到美国与其他国家包括与发展中国家的关系,因为环境问题具有世界性、普遍性,污染不受国界的限制,而世界任何地区对有限资源需求的增长都会给地球其他的资源状况造成压力,任何一个国家在环境问题上的不合作,都会给整个世界环境带来危害。

二、尼克松政府在国际环境合作上的外交努力

自尼克松上台后,全球和地区的环境问题逐渐被关注,而美国的有关环境外交和环境政策也浮出水面。基于不同的环境议题,尼克松政府施行不同的对策。

(一)尼克松政府在北约和经济合作与发展组织的环境设想

尼克松上台不久,环境外交已初露端倪。1969年4月4日,在北约成立20周年纪念大会上,尼克松总统发表重要演讲,提出了一个处理现代人与环境关系的设想。其基本思想就是呼吁工业发达国家,加强国际合作,调动已达到的技术和知识条件来控制自然环境的退化。该设想包括三点:第一,建立在科技进步基础上的工业化确实对自然环境的退化产生了影响,而同样的技术本应该提供一个机会去创造一个更伟大、更有意义的社会环境;第二,现代人类已具备相当可观的技术和知识方面的积累,如果投入足够多的精力和决心,将能够使工业社会停止并扭转自然环境的退化;第三,北约国家,在二十年的军事同盟和政治磋商中,已经学到了政府管理的技能(governmental skill),这将可以使它们能够在有关自然与社会环境的国际行动方面展开合作,这也将是对多国联合努力

---

① 斯帕尼尔.第二次世界大战后美国的外交政策.段若石,译.北京:商务印书馆,1992:240.

的最好响应。① 尼克松在演讲中提出了他环境外交的动议,即在北约机构内部设立一个有关环境事务的附属机构——现代社会挑战委员会,以讨论和研究人类环境问题;定期举行副外长级会议;设立特别政治计划委员会。美国提出在北约设立现代社会挑战委员会是基于这样的考虑:

(1) 北约国家在环境领域上的协调与合作是美国实施其全球环境政策的基础,这也是美国建立现代社会挑战委员会的主要动因。西方发达工业国是一个重要的环境污染源,更有着治理污染必要的资金、技术和经验,没有他们的支持与合作,要解决全球环境问题是不可能的。在美国看来,这是一个美欧新的伙伴关系的合作框架,是美国在大西洋联盟中采取实质性环境行动的最合适的平台。正如尼克松所说:"环境已经在我们共同的技术胜利中严重退化。……毫无疑问,我们正处在抗击这些全球问题的最前沿。"②

(2) 面对20世纪70年代初国际冷战局势的缓和,北约亟待减弱其军事对抗性的功能,增强和扩展其政治联合与合作的社会职能,进一步扩大和增强北约在国际缓和形势下的社会作用。尼克松认为:"国际环境合作是我们时代的基本需要。这种合作现在已经在现代社会挑战委员会开始了。"③通过建立现代社会挑战委员会的环境合作专门机构,美国既可统辖对其欧洲盟友在环境领域里的事务,更能推动在北约内部就环境问题的国家研究。

对尼克松总统的倡议,大多数北约成员国政府(除希腊和土耳其外)对北约进入环境领域是否明智持怀疑态度。他们担心北约现代社会挑战委员会的行动会因苏联和华沙条约国集团的对立而实际上损害了国际环境活动,而且经济合作与发展组织和欧洲经济委员会已经在环境领域里十分活跃了,他们担心"会在该领域引起不受欢迎的领导关系的竞争"。④ 不过,最终在美国努力促成下,1969年12月8日,北约现代社会挑战委员会成立。它在宣言中阐明了宗旨,即该委员会的目标是提高全世界人民的福祉;对现代社会出现的环境问题,北约成

---

① U. S. Department of State. Foreign Relation of the United States, 1969 – 1972: volume E - 1. Washington, D. C: Government of Printing Office, 2006: 297 [2006 - 09 - 05]. http//www. state. gov/.

② RICHARD NIXON. Building for Peace. A report by President Richard Nixon to the Congress. february 25, 1971. from revolution to reconstruction: Presidents: Rechard Nixon. Website: http://www. let. rug. nl/usa/P/rn37/index. htm.

③ RICHARD NIXON. First Annual Report to the Congress on United States Foreign Policy for the 1970's. February 18th. Website: http//www. presidency. ucsb. edu/ws/index. php? = 28358 $ st = Environmental $ st1 =.

④ U. S. Department of State. FRUS, 1969 – 1972: E - 1. Doc. 296.

员国将身体力行,加强彼此合作和推动全球范围内的国际合作。现代社会挑战委员会将其职能分为两个方面。一是加强西欧、北美等北约国家内部在环境领域里的合作,共同面对战后西方世界经济高速发展所带来的环境污染和生态退化等负面后果。二是将加强与已建立的国际性或区域性环境保护组织的合作,共同致力于全球环境的保护工作。① 尼克松在 1970 年 1 月给国会的第一次年度报告中称:"我们已建立了一个工作步骤,即每个国家在一个特别的领域提供试验性的研究,并负责为环境行动提出建议。现已确认八个方案。它们是道路安全、灾害援助、空气污染、海洋污染、内陆水污染、科学知识和政府决策、团体和个人动机、地区计划。美国是前三项研究的试点国家。"② 对于现代社会挑战委员会的工作,联邦德国和加拿大最先参与进来。比利时和意大利尽管最初很谨慎,但也参加了现代社会挑战委员会的特别环境项目。英国答应支持其中一个计划。连最先反对最激烈的法国也参与了它的一个环境项目,同意主持一项"环境与地区发展战略"的研究计划。现代社会挑战委员会第一次会议的美国代表墨尼汉在写给总统的备忘录中称,"现在大多数北约国家都认真地参加到了其中一个或多个计划","现代社会挑战委员会所取得的成果比这类其他的国际组织都要多"。③

美国实施其环境外交第二个国际合作对象是经济合作与发展组织。经合组织的前身是欧洲经济合作组织。其成员国囊括了所有西欧国家,外加美国、日本和加拿大。美国一直是经济合作与发展组织最大的财政贡献国,提供大约 25% 的运行预算。该组织在环境领域里的最大特点是,它的研究侧重于经济发展与环境问题的关系。对美国而言,经合组织是在环境领域开展工作多年的现成机构,进行环境合作似乎顺理成章。一份总统备忘录明确指出,"美国作为一个主要的贸易大国,在经济合作与发展组织的工作中有重大利益,尤其是在其环境领域的特别行动上,诸如空气污染、水资源管理、杀虫剂滥用、噪音、城市发展与交通政策等问题上有重大利益。"④ 而且,诸如环境等的世界性问题并不局限于大

---

① 许海云. 北约简史. 北京:中国人民大学出版社,2005:180.
② RICHARD NIXON. First Annual Report to the Congress on United States Foreign Policy for the 1970's. February 18th. Website: http∥www. presidency. ucsb. edu/ws/index. php? = 28358 $ st = Environmental $ st1.
③ Daniel Moynihan updates President Richard M. Nixon on efforts by the preparatory group to draw up a charter for NATO's Committee on the Challenges of Modern Society. http://galenet. galegroup. com/servlet/DDRS? txb = Daniel + Moynihan&slb = KE&vrsn = 1.0&locID = tradeshow1&srchtp=basic&ste=3.
④ U. S. Department of State. FRUS,1969-1972:E-1. Doc. 295-3.

西洋地区,美国需要有一个国际机构建立更广泛的联盟。这时,经合组织机构内已建立了一个环境委员会。该委员会的主要工作是评估环境措施对国际贸易、发展和改善经济指标和社会福利的可能影响,分析资源转换与环境退化的冲突是如何影响经济增长和生产的,其目的是为成员国提供特殊的政策导向和行动建议。1970年初经合组织开展了一个环境计划。该计划在以"关于国际环境政治各领域的指导原则"为题的报告中,就不同的环境问题达成一致,报告建议确定更为严格的环境标准。尼克松政府大力支持改善经合组织的能力,支持该组织把重点放在环境事务的经济问题上,并极力寻求建立与国内环境法规广泛一致的国际法规。美国的做法是基于这样的考虑:一,美国不想国内的环境法规受到来自国际环境条例的掣肘和约束。美国的做法实际上是对统一的国际环境法规标准的拒绝。曾是美国首届环境质量委员会副主席的戈登·麦克唐纳对美国国家环境标准能被成功用来保护国内工业很是赞赏。① 二,美国担心,国际环境标准或其他国家的国内标准会组成非关税壁垒,从而影响美国的国际贸易环境。

  尼克松执政初期不久就实现了其国际环境战略构想中的两个目标,即通过经合组织和现代社会挑战委员会推行其环境外交的政策。这时美国对欧洲的环境外交设想和行动,可以看出几个显著的侧重点,第一,尼克松在任期间,美国签署生效的与环境有关的国际条约达到高峰。② 但是,参照美国国务院有关环境的外交档案,尼克松政府环境外交的重心并不是通过双边或多边国际谈判所达成的与环境有关的国际条约。正如美国国务院在发给美国驻北约和经合组织及欧洲各国大使的报告中所明确指出的,美国将"首先在北约,继而在经济合作与发展组织,接着在(联合国)欧洲经济委员会实现我们的目标"。③ 第二,这时尼克松环境外交的重心放在西方发达国家身上,把美国一直所倚重的北约和经合组织放在突出位置,即由西方工业化国家组成的组织在国际环境政治中发挥强有力的作用。正如1970年1月1日尼克松在签署1969年美国环境政策法案的发言时所说,"就像你们所看到的,我关注于与所有主要工业国家政府领导人,例如日本的佐藤、英国的威尔逊、德国领导人勃兰特、法国领导人、意大利以及其他

---

① STEPHEN HOPGOOD. American Foreign Environmental Policy and Power of the State. Oxford New York: Oxford university press, 1998: 66.
② TERRY L. ANDERSON, HENRY I. MILLER. The Greening of U. S. foreign Policy. Hoover Institution Press, 2000: 67.
③ U. S. Department of State. FRUS, 1969-1972: E-1. Doc. 291.

所有有着同样(环境)问题的国家领导人进行会谈"。①第三,尼克松政府执政初期在与西方国家的环保合作中,美国显然处于环境外交活动的主导地位,换言之,无论是提出的环境设想还是环境行动的实施,美国在国际环境合作中表现出更多的主动性和对有关政策的深思熟虑。就像美国代表墨尼汉在谈到现代社会挑战委员会的成果时所说,"迄今为止,所发生的一切都是美国推动的结果"。②

(二) 尼克松政府在联合国推行的环境外交政策

联合国是美国开展国际环境合作的一个重要舞台。美国主要是通过在联合国框架内推动和召开国际会议来推行美国的环境外交政策,确立美国环境外交的国际地位。在尼克松执政时期,美国在两个重要的国际环境会议上推行其环境政策,即布拉格会议和斯德哥尔摩会议。

1967年欧洲经济委员会第22届全体会议上通过了一个决议,要求其执行秘书采取各种必要的措施筹备召开一次各成员国政府专家会议,以讨论各国共同的环境问题。最后决定于1971年在捷克斯洛伐克首都布拉格召开环境会议,并以此作为次年联合国人类环境大会的预备会议。布拉格环境会议为尼克松政府实施环境外交提供了有利的契机。美国国务院称:"我们已经建议把欧洲经济委员会当作加强东西方环境合作的论坛,因为它在建立有益的环境工作上,和与东西方成员国在已经建立的组织中一起工作是更合适的,而不是企图为此目的召开一次特别国际会议。"③尼克松认为,"由欧洲经济委员会召开的布拉格会议将在推动东西方就环境问题的合作中起着重要的作用"。④

为了在布拉格会议上发挥更大的影响力,1970年3月2—5日在日内瓦召开了为讨论决定布拉格环境会议的议题、议程、会议级别和与会资格等问题的预备会议,美国派出了以国务卿环境事务特别助理克里斯坦·A.赫脱为组长的工作组,并向预备会议提出提高布拉格环境会议的会议级别,将其升级为部长级会议的建议。美国的提议得到了与会者的赞同。鉴于布拉格环境会议的与会各国

---

① Public papers of the presidents of the United States: Ricard Nixon — Containing the Public Messages, Speeches, and Stateements of the president 1970. Washington: United States Government Printing Office 1971: p. 1.
② Daniel Moynihan updates President Richard M. Nixon on efforts by the preparatory group to draw up a charter for NATO's Committee on the Challenges of Modern Society. http://galenet. galegroup. com/servlet/DDRS? txb = Daniel + Moynihan&slb = KE&vrsn = 1.0&locID = tradeshow1&srchtp=basic&ste=3.
③ U. S. Department of State. FRUS, 1969 - 1972: E - 1. Doc. 295 - 3.
④ RICHARD NIXON. Building for Peace. A report by President Richard Nixon to the Congress. february 25, 1971. from revolution to reconstruction: Presidents: Rechard Nixon, Website: http://www. let. rug. nl/usa/P/rn37/index. htm.

多数都是来自东西方的发达工业国,工业污染是各国环境污染的一个重要的污染源。与会者一致同意,布拉格环境会议的基本议题定为城市和城市化地区的人类环境,会议将集中讨论发达工业国,尤其是欧洲各国的环境问题。

美国在会前的筹备工作中,明确制定了布拉格环境会议的与会目标,共有六点,其中第一条就是,在会议上建立一个永久性的高级环境顾问组,以指导和协调各种环境活动,贯彻实施布拉格环境会议的决议。① 美国建立环境顾问组的立场与西欧多数国家的看法可谓不谋而合,而该建议并未引起东欧国家和苏联的异议,于是第25届欧洲经济委员会全体会议最终通过了该决议。高级环境顾问组成为欧洲经济委员会的主要辅助机构,被命名为欧洲经济委员会环境问题政府高级顾问组。

但是,在成立不久的高级环境顾问组召开的会议上,捷克斯洛伐克和苏联代表先后提出了民主德国与会资格问题。民主德国的与会资格问题成了东西方两大阵营争论的焦点,成为布拉格环境会议的主要障碍。这也为斯德哥尔摩环境会议埋下了伏笔。为了挽救会议,欧洲经济委员会执行秘书长,南斯拉夫人斯坦诺维奇提出一个折中的办法,把布拉格环境会议降格为专家研讨会,民主德国代表以捷克斯洛伐克政府嘉宾的身份应邀与会。

布拉格环境研讨会是东西方两大阵营在冷战背景下进行的首次国际环境会议,尽管会议被降格为专家研讨会,但它仍体现了各国对环境问题的关注及参加国际环境合作、共同改善人类环境的愿望。各国专家讨论了与环境有关的各种社会经济问题及环境信息交换的国际安排,探讨了通过地区和国际行动改善环境的各种手段。布拉格环境研讨会作为斯德哥尔摩环境会议的预备会议,在组织模式、主要议题等问题上为斯德哥尔摩会议提供了经验和借鉴。

关于召开联合国人类环境会议的提议最初是由瑞典驻联合国大使斯沃克·埃斯通于1967年11月提出的,瑞典提出召开环境会议的动机是遏制酸雨问题。1968年,联合国大会正式采纳2398号提案,决定1972年在斯德哥尔摩举办第一届联合国环境会议。为了有效地组织会议,确保会议成功,1969年联合国决定成立斯德哥尔摩会议秘书处和筹备委员会。斯德哥尔摩会议第一次反映了"各国家将地球的质量和对地球的保护作为一个整体而集体负责"②的思想的出现。这次会议选定了"只有一个地球"为主题,用以强调这样一个事实,即"人类

---

① U. S. Department of State. FRUS,1969 - 1972: E - 1. Doc. 308.
② LYNTON K. CALDWELL. international environmental policy: emergence and dimensions. Durham,NC: Duke University Press, 1990: 55.

及其周围的一切生物及非生物都是一个互相依赖的系统的组成部分。如果人类由于轻率地滥用(资源)而损害自己周围的环境,他将别无寄身之处"。①

1969年9月18日第24届联合国大会上,尼克松发表演讲,明确支持1972年联合国人类环境会议,承诺将为其做出实质性的贡献。在美国看来,会议能"提供一个综合考虑联合国范围内所有人类环境问题的框架"。它也为了"确认对那些只能或者最好通过国际合作和协商的(人类环境)的诸方面"。② 从美国的角度看,虽然美国没有获得第一届人类环境会议的主办权,但是,美国很早就开始为斯德哥尔摩会议作筹备,主要的工作就是制定政策。1970年尼克松总统确定了斯德哥尔摩会议制定政策的正式班子,即由环境质量委员会和美国国务院领导的名为国际环境事务委员会的任务小组组成。由约翰·W.麦克唐纳和克里斯蒂安·A.赫脱领衔。尽管在尼克松任期内,白宫与国务院一直龃龉不断,但美国国务院事实上成为斯德哥尔摩会议政策制定的主导者,从美国在斯德哥尔摩会议上和美国为此作出的准备中,可以看出美国环境外交多种政策和国际环境战略的意图和设想。在为斯德哥尔摩会议做准备时,由27个国家参加的筹备委员会从大量的关于环境问题的研究资料中筛选和提炼出100多项具体建议。将所要讨论分属6个主题范围,即(一)对人类定居的规划和管理;(二)自然资源管理的环境问题;(三)世界性污染的监测与控制;(四)环境领域的教育、宣传及社会文化因素;(五)环境与发展的关系;(六)行动建议所涉及的国际组织问题。而事实上,斯德哥尔摩会议所讨论的核心议题基本上反映了美国在会前所作准备和意图。在美国看来,斯德哥尔摩会议要达到4个主要目标:即达成人类环境宣言和环境保护行动计划;设立环境基金和成立新的环境机构。美国在会议上几乎所有的外交活动是围绕这4个方面进行的,而且有着明确而详细的政策主张。

第一,尼克松总统于1972年1月在给国会的环境咨文中首次正式提出了设立环境基金的设想,并承诺美国将从1974财政年度起,给予该基金3年实质性的支持。"该基金将给斯德哥尔摩会议提供一个提出实质性国际行动计划的机会。"③ "基金将通过支持联合国在环境领域集中的协作活动,帮助促进环境问题的国际合作。它还将有助于获取新的财力通过诸如监测和清洁海洋和大气

---

① 王之佳.中国环境外交.北京:中国环境科学出版社,1999:103.
② STEPHEN HOPGOOD. American Foreign Environmental Policy and Power of the State. Oxford New York: Oxford university press, 1998:59.
③ U.S. Department of State. FRUS, 1969-1972: E-1. Doc. 315-3.

的各种活动来应对日益增长的世界范围问题"。① 尼克松政府清楚地认识到,如果没有一定的基金作保障,任何重大国际环境行动都可能流于形式,甚至变为一纸空文,在"低政治问题"的环境领域里的国际合作更是如此。而且,在美国看来,"这个行动是为满足美国基本的国际环境目标和提高联合国机构对该领域做出反应的效力而设计的,是美国参加1972年联合国环境会议的里程碑……国际环境努力将因美国自愿承担必要的财力而得到明显的增强,美国将在其中扮演重要的领导角色"。② 当然,美国也决不会全部买单,它希望其他国家,尤其是西方发达国家提供相应的资金与之匹配。拉塞尔·特雷恩和亨利·基辛格在他们给总统的备忘录中,提到总数为1亿美元的基金足以为斯德哥尔摩环境会议提供"心理推动力",而美国承担50%的分配额度,会激励其他国家的捐赠,同时也会强化美国的领导地位。③ 最终,由于美国财政部的反对,美国承诺提供4 000万美元,而非原先的5 000万美元。在斯德哥尔摩会议上,加拿大、日本、瑞典、英国、丹麦、挪威、西班牙、尼日利亚、瑞士、联邦德国和博茨瓦纳承诺承担不同的份额。④

第二,设立国际环境新机构的提议是1972年3月在纽约召开第四次准备会上提出的。约翰·麦克唐纳称,美国提出的新机构包括一个行政理事会和一个秘书处。前者是美国所希望的对联合国经济和社会委员会负责的机构,后者是被贴上"微型"标签的秘书处。在美国看来,虽然基金是首要的,但新机构和秘书处是管理基金的。在建立新机构的努力中,美国代表团获得了极大的成功。如美国所愿,会议未经投票就批准了制度建设决议:(1)成立一个由五十四国组成的行政理事会,它的主要任务将是促进"在环境方面的国际合作和为在联合国范围内使各种环境计划互相配合和协调提供方针";(2)由联合国建立一个环境问题秘书处,其目的是"集中管理在环境方面的行动和联合国各机构之间的协调工作",该理事会对联合国经济与社会理事会负责。这个秘书处的总部将在下一届联合国大会上决定;(3)另外建立一个协调理事会,由执行秘书长主持。⑤ 在这

---

① Congressional Quarterly. Nixon: the fourth year of his presidency. Washington, D. C.: Congressional Quarterly, 1735 K Street, N. W., 1973: 23.
② U. S. Department of State. FRUS, 1969-1972: E-1. Doc. 312.
③ STEPHEN HOPGOOD. American Foreign Environmental Policy and Power of the State. Oxford New York: Oxford university press, 1998: 84.
④ STEPHEN HOPGOOD. American Foreign Environmental Policy and Power of the State. Oxford New York: Oxford university press, 1998: 103.
⑤ 联合国环境会议今天建立一个协调未来环境活动的基本的国际机构. 参考消息,1972-06-18(4).

个问题上,美国唯一的遗憾是,美国原先希望把行政理事会的成员国限制在27个以内,最终却扩展到58个。

上述美国所主张的联合国基金和新机构设置成为1973年成立的联合国环境规划署和联合国环境基金的雏形。从国际环境外交的发展历程看,联合国环境规划署和联合国环境基金的设立,是世界各国国际环境合作走上正轨的标志性事件之一。

第三,由于联合国环境行动计划在会议上毫无争议地被通过,美国所实现的另一个目标是关于会议的环境宣言。这也是斯德哥尔摩环境会议主要的议题。"人类环境宣言"是会议的主要文件。这次会议能否取得成功,在很大程度上取决于这篇宣言。会议上曾有许多政治话题影响了会议宣言的起草,比如,发展中国家普遍反映的贫困、发展、种族歧视、越战以及关于核武器试验的问题等。虽然多数国家并不认为宣言草案是完美的,但为了维护环境会议的成功,最终大会通过语义修辞上的创造性发明而获得一致。6月16日联合国环境大会上以口头表决通过了宣言的25项原则,大会接受了作为一个整体的宣言。《联合国人类环境宣言》是这次会议取得的最重要的成果。它表达了世界各国对日益严重的环境问题的高度重视和联合实施国际环境合作的诚意。该宣言确立了指导国际环境活动的两个最重要的原则,即国家环境主权原则和国际环境合作原则。

此外,美国还在其他方面实现了会前的设想,其中最主要的是设立了世界遗产信托和美国所赞同的延期捕鲸。还有是美国有着优先利益的海洋污染和全球环境监测问题,其中包括起草关于海洋污染公约的草案。这项议案在斯德哥尔摩会议被讨论,最后于1972伦敦会议上解决的。

斯德哥尔摩会议是一次真正意义上的全球环境会议。会议秘书长莫里斯·斯特朗在闭幕式上说:"我们在人类未来的旅程中已经迈出了头几步,斯德哥尔摩环境会议的基本任务是做出能使国际社会按照地球上物质方面的相互依赖性共同采取行动的政治决定。"[①]会议宣称环境将在未来几十年里占据外交的主要地位。斯德哥尔摩会议提高了公众和包括美国在内的各国政府对国际环境合作重要性的认识。斯德哥尔摩会议的主要讨论的议题在以后的国际环境外交中仍然是重要的议题。它包括这样的问题:全球污染主要是贫穷问题还是富裕问题? 北方国家和南方国家对全球环境退化的负责如何平衡? 就这一点来说,斯德哥尔摩会议开启了人类环境保护历程的大门,从此以后,环境问题逐渐走上国

---

① 王之佳.中国环境外交.北京:中国环境科学出版社,1999:303.

际舞台,成为国际关系领域里的一个热门话题。

在联合国的舞台上,尤其是斯德哥尔摩会议,美国扮演了主要角色并有着强烈的主导环境会议的意图。不仅会议前四次预备会议中的三次在美国举行,而且在为斯德哥尔摩会议的提案建议中,美国为此曾大费心思。正如美国环境质量委员会主席特雷恩在给基辛格的备忘录中称,"我们坚信,美国目前在将要构建的环境事务方面拥有强有力的领导地位,我们特别需要提出不仅对工业化国家而且对发展中国家都有利的明确且实质性的提案"。① 阿兰·斯普林格尔在分析美国外交政策与斯德哥尔摩环境会议的关系时强调,斯德哥尔摩环境会议通过的环境宣言中的 21 条原则与美国的环境政策有关。② 可以看出,尼克松在联合国的环境外交姿态主动而又深思熟虑。然而联合国的环境外交舞台不像之前的美国外交的努力那样容易驾驭。这里面既有合作,更有冲突。无论是联合国会议的进程还是结果,美国不可能像在北约和经济合作与发展组织上那样听到那么多赞同的声音。

三、尼克松政府环境外交的特点

20 世纪 60 年代末 70 年代初尼克松政府的环境外交是在世界环境危机频发、环保意识觉醒,因越战而引发的国内危机以及美苏冷战加剧的背景下展开的,因而被打上了深刻的时代印记。就环境外交的内容而言,尼克松政府通过其所偏爱的国际组织采取谈判、交涉或缔约等形式,围绕环境保护、环境监管和污染治理等主题进行外交活动。尼克松政府的环境外交传递了美国多方面国内外的政策取向,因此,具有明显的自身特点。

第一,尼克松的环境外交表明美国的国家利益和战略目标越来越多地渗透进环境因素。环境问题无国界,世界环境问题的解决关乎美国的繁荣与发展。美国积极参与世界环境治理是实现美国国家利益的重要途径。1970 年 10 月 14 日,美国国务院在评估美国参与环境领域国际合作的效用时断定,"美国通过继续实质性地参与联合国、经济合作与发展组织和北约在环境领域里的活动的必要性,并能从中受益。每个组织提供了一个便利美国与其他国家合作的重要

---

① STEPHEN HOPGOOD. American Foreign Environmental Policy and Power of the State. Oxford New York: Oxford university press, 1998: 76.

② JOHN E. CARROLL. International Environmental Diplomacy. Cambridge: Cambridge University Press, 1988: 4.

框架。美国应根据全面的美国计划尽力协同执行它们的环境活动，以便于确保有效利用有限的财力和人力资源，促进美国利益"。① 又指出，美国将坚定不移地在联合国、经合组织和北约这三个主要的国际环境机构中行使领导权。特雷恩在格登·麦克唐纳于1970年10月访问亚洲五国所写的报告中称："最为重要的观察是，尼克松总统在环境方面的领导地位被各国政府、学术团体和媒体广泛认可和承认。尼克松政府采取的有力的且实质性的行动被认为确立了美国在环境方面的世界领导地位。"② 从尼克松政府环境外交的结果看，美国几乎实现了所有的政策意图和目标，初步确立了它在世界环境治理上的主导地位。此外，美国在国际环境合作领域的行动背后，都有美国国家利益的影子，其中，最突出的是试图在国际环境领域抢占国际环境技术的制高点，为美国获取众多利益。特雷恩在白宫内部的备忘录中透露，在向斯德哥尔摩会议的提案中，美国的国际贸易和国际商业利益始终是环境官员头脑中最重要的。在所列的美国"在改善国际环境有着重要的自身利益"的清单上，特雷恩称："……让其他国家提高环境标准（同时也就提高了他们的生产成本）和强化他们对这些标准的实施是美国的竞争利益之所在。"特雷恩又说道："……国际上对环境的关注为美国对污染治理的技术出口……工业数据估计将达到每年2.5—4.0亿美元提供重要的和潜在的市场（一个完全以美国清除污染技术为核心的贸易展览11月6日在东京开幕）。"③

第二，尽管尼克松政府的环境外交在美国外交一盘棋中显然处于辅助性的地位，并没有成为美国外交政策的核心，但是尼克松的环境外交表现出尼克松主义外交的基本思想和步调，因而构成了尼克松外交的重要组成部分。换言之，尼克松环境外交依然运行在旧的模式中，传统的外交内容及其方式依然占据主导位置，即外交活动更多关注于诸如维持军事平衡，或者防止敌对联盟等"重大政策"的问题。尼克松主义是美国外交战略的一次阶段性调整，体现了美国"伙伴关系、实力和谈判"的"新的和平战略"。尼克松政府实施环境外交带有明显的"工具性"，意在通过实施"低政治"领域的环境外交来推动美国对外战略的全面调整。"低级政治关注的重点不是无政府社会冲突的本质，而是国家在特定功能

---

① U. S. Department of State. FRUS, 1969 - 1972: E - 1. Doc. 301.
② STEPHEN HOPGOOD. American Foreign Environmental Policy and Power of the State. Oxford New York: Oxford university press, 1998: 76.
③ STEPHEN HOPGOOD. American Foreign Environmental Policy and Power of the State. Oxford New York: Oxford university press, 1998: 86.

领域中进行合作的环境。"①从深层次看,环境外交成为美国现实尼克松主义外交的平衡器。20世纪60—70年代,面对欧洲盟友的离心倾向和大西洋联盟出现的裂痕,尼克松政府试图利用环境外交来协调并推动美国对欧洲的战略调整。尼克松上台伊始就把与西欧盟国建立"伙伴关系"作为对欧政策的核心。尼克松曾经把他的外交"新维度"归结为"现代科学和技术革命的崛起",而这正是美国与西欧共同的迎接环境危机的科学技术的基础。因此,美国环境外交起到消除隔阂、增加互信的作用。正如荷兰首相对美国代表墨尼汉所说的,"现代社会挑战委员会正在为大西洋联盟的进一步发展作出重要贡献"。② 与此同时,美国试图通过环境问题打开东西方对话,布拉格会议是尼克松加强东西方的国际环境合作的一次主要尝试。1972年5月尼克松访问苏联,环境成为美国寻求突破美苏双边关系的重要因素。尼克松在访问中,一方面试图打消苏联抵制斯德哥尔摩环境会议的念头,另一方面拓展与苏联的关系。尼克松在苏欢迎宴会上称:"一些双边的问题将成为我们的出发点:我们两国可以在探索空间、征服疾病、改善我们的环境方面共同努力。"③在会谈中,双方签署了美苏环保协议,确认将在两国空气和水源污染、城市环境、北极生态系统等11个领域进行友好合作。这无疑为之后双方签订《苏美关于限制进攻性战略武器的某些措施的临时协定》和《苏美关于限制反弹道导弹系统条约》等作了铺垫。

第三,美国环境外交凸现了尼克松政府行政部门的职能和作为。这时美国环境外交和国际环境政治的设想和提案、行动几乎都来自尼克松政府的行政部门。无论是环境质量委员会,还是国务院和现代社会挑战委员会等部门和机构,他们在尼克松政府的环境外交政策制定和实施过程中起了支配地位。哈维·R.谢尔曼说:"既然联邦权力的划分赋予总统负责国际事务很大的责任,美国在前面所述采取的大量措施表明动议权是在行政部门,同时归属于参议院。不过环境问题独有的和超越国家的视角和环境问题本身使得整个国会较之于其他外交政策问题来能更充分地参与到制定和实施国家环境义务中来。"④但是,尼克

---

① 詹姆斯·多尔蒂,小罗伯特·普法尔茨格拉夫.争论中的国际关系理论.阎学通,陈寒溪等,译.北京:世界知识出版社,2003:549.
② Daniel Moynihan updates President Richard M. Nixon on efforts by the preparatory group to draw up a charter for NATO's Committee on the Challenges of Modern Society. http://galenet.galegroup.com/servlet/DDRS? txb = Daniel + Moynihan&slb = KE&vrsn = 1. 0&locID = tradeshow1&srchtp=basic&ste=3.
③ 尼克松在苏欢迎宴会上讲话.参考消息,1972-05-26(2).
④ STEPHEN HOPGOOD. American Foreign Environmental Policy and Power of the State. Oxford New York: Oxford university press, 1998: 110.

松政府时期,美国国会很大程度上游离于尼克松环境外交政策制定和实施之外。通观斯德哥尔摩会议的全过程,美国国会几乎没有参与到斯德哥尔摩环境会议政策的制定过程中来。众议院主要的听证会到1972年3月15—16日才举行,而参议院举行的有关国际环境的主要听证会则在1972年5月初。这时距离斯德哥尔摩环境会议6月5日召开的日子不远了。此外,美国工业和环境团体在为斯德哥尔摩会议政策制定过程中也很少反映美国国内民众的意愿。缺乏国际环境问题的大众利益是斯德哥尔摩会议后两位高级环境主义者在国会的证词中所凸现出来的。事实上,"直到20世纪80年代中,公众才明确地集合在环境保护主义者周围。"[1]尼克松的环境外交有着较为强烈的行政色彩至少应从两个方面加以理解。一、在美国政治体制下,"外交政策操作主要由总统来负责","他又是与外国或国际组织谈判条约或协定时的美国主要代表"。[2]从尼克松总统政治生涯看,外交是他所偏爱的领域。因此,要想在环境事务上有所作为,外交是尼克松总统不贰的舞台。因此,尼克松很少显示其环境外交记录,但却衬托着他一生中大力宣传的访问中国之行或结束越战等更为重要的事件。二、分裂的政府是当代美国政治舞台的正常现象。整个尼克松政府时期都处在分裂的政府状态。"分裂的政府也可以迫使总统向政治中心迈进,这里正是国际主义外交政策最自然最合适的位置。"[3]20世纪60年代中期以后,世界环境危机和对环境治理的呼唤,使得环境成为国际政治的热点问题。从这个意义上讲,尼克松的环境外交成为美国具有国际主义外交政策的表现。"这样,一个想把自己大部分时间奉献给国际事务,而对环境很少关注的总统发现他成了空气、水和森林的不情愿的保护者。"[4]

第四,从尼克松的环境外交可以看出,美国在国际环境舞台上谋求自身利益和主导意图与第三世界为实现符合发展中国家利益的环境主张形成了明显的对照。尼克松政府认为,为了实现美国利益,在国际环境合作中美国必须处于领导地位。通观尼克松政府期间的环境外交,美国在与北约和经合组织的环境合作中获得了执牛耳之势。在联合国,美国的意图更是明显。如倡导成立联合国环境基金,其意图正如美国国务院的一份外交报告所言,美国将在环境领域扮

---

[1] DENNIS L. SODEN. The Environmental Presidency. State University of New York Press Albany, 1999: 180.
[2] 李庆四. 美国国会与美国外交. 北京:人民出版社,2007:163.
[3] 李庆四. 美国国会与美国外交. 北京:人民出版社,2007:175.
[4] J. BROOKS FLIPPEN. Nixon and the Environment. University of New Mexico Press, 2000: 62.

演重要的领导角色。同样在关于联合国基金问题的争论中,会议最大的分歧是关于"额外"基金的话题。加拿大、日本和英国在会上提出增加对发展中国家的资助以帮助解决环境问题。这遭到美国的极力反对。美国从一开始就认为,联合国基金主要是为环境监测和信息收集提供支持,而不是给那些美国视为与其他联合国机构有环境联系的计划予以财政支持。《华盛顿邮报》报道说:"在美国包含在立场文件中的非常明确的指示下……美国代表团来到此不仅严厉拒绝额外(基金)的原则,"而且还"坚决反对与美国特殊立场相对立的建议"。① 不过,美国在国际环境合作中遭遇到最主要的问题是在关于环境保护和经济发展所引发的不同立场和对立。在斯德哥尔摩会议上,美国环境外交的最大挑战主要来自发展中国家的压力和不满。由于苏联和多数东欧国家的缺席,会议的冷战气氛大大降低了,但却凸现了发达国家与发展中国家的分歧和矛盾。据统计,共有141人在斯德哥尔摩会议上发言。持反越战立场的瑞典首相奥利弗·帕尔梅对美国提出了不点名的批评,他宣称:"不分青红皂白地轰炸以及大规模使用压路机和除草剂而造成的巨大破坏,是一种有时人们称之为生态灭绝的暴行,这需要国际社会的紧急注意。"②中国代表团则谴责美国在印度支那的战争政策所造成的环境灾难:"中国政府和人民坚决谴责美帝国主义的掠夺政策、侵略政策和战争政策对人类环境的严重破坏。坚决谴责美帝国主义侵略越南和印度支那,使用化学武器,杀伤印度支那人民,破坏人类环境。"③这是中美环境外交史上的首次交锋。在斯德哥尔摩环境会议上关于联合国环境规划署总部地点投票中,肯尼亚首都内罗毕的获胜是发展中国家的一个不小的胜利。在国际环境合作问题上,美国与发展中国家在环境与发展问题的交锋不只是政治理念上,还在于具体的环境政策上。很显然,尼克松政府在推行其环境外交时,一味片面地强调发展中国家的经济增长和发展是世界环境的主要威胁之一,忽略发达国家在其工业化进程中危害环境的历史责任,反而要求发展中国家承担环境责任。发展中国家首先关注的是经济发展问题,认为经济发展才是当今不发达国家的当务之急,环境问题只是发展的衍生品。贫穷国家的环境问题与富裕国家的环境问题有着天壤之别。在斯德哥尔摩人类环境大会上担任重要职位的英迪拉·甘迪认为,"贫穷是最坏的污染"。巴西驻美大使阿劳霍·卡斯特罗称,"第三世界政府在斯

---

① STEPHEN HOPGOOD. American Foreign Environmental Policy and Power of the State. Oxford New York: Oxford university press, 1998: 103.

② 瑞典首相帕尔梅星期二(六日)把关于越南问题的不调和的调子带进了联合国人类环境会议. 参考消息,1972-06-09(4).

③ 王之佳. 中国环境外交. 北京:中国环境科学出版社,1999:106.

德哥尔摩会议上达成了广泛的一致,即北方国家要对全球环境危机负责。而得偿工业化恶果的北方国家现在却要对南方国家关闭大门。"许多南方国家将北方国家对环境的关注与更大北南关系模式联系在一起。阿劳霍·卡斯特罗又称,"解决北方国家环境问题的方案,如果强加在南方国家身上,那将是无效的或糟糕的。"[1]在斯德哥尔摩环境会议上,争论最激烈的是关于联合国环境规划署总部地点的投票,最后反映发展中国家的愿望占了上风,肯尼亚首都内罗毕获胜,这是发展中国家的一个不小的胜利。

---

[1] KEN CONCA, GEOFFREY D. DABELKO. Green Planet Blues. Colorado: Westview Press, 1998: 21.

细节与成败：奥斯曼帝国改革的深水层

王三义

王三义，1968年生，甘肃清水人。1991年毕业于陕西师范大学，获学士学位；2002年毕业于南开大学，获硕士学位；2005年毕业于西北大学，获博士学位；2005—2007年在南京大学做博士后研究；2013年在英国伦敦大学亚非学院（SOAS）做访问学者。2015年3月入职上海大学文学院，现为历史系教授、博士生导师。主要研究领域为世界近现代史、帝国兴衰史。出版有《工业文明的挑战与中东近代经济的转型》《英国在中东的委任统治研究》《晚期奥斯曼帝国研究(1792—1918)》等专著，另有译著《伟大属于罗马》，文集《学问与饭碗》《兴废与进退》等。在《世界历史》《历史研究》《复旦学报》《南京大学学报》等刊物发表学术论文80余篇。为中国世界近代史研究会理事，中国中东学会理事。

奥斯曼帝国的西化改革，常常被当作落后国家自强革新失败的例证。事实上，改革取得的阶段性成就是明显的。从1792年至1876年，改革是逐步扩展也不断深化的。起初引进西式武器和西方军事技术，后来深入到经济改革、政治改革，扩展到司法、管理、税收、社会习俗各个方面。1878年之后哈米德二世专制30年，也没有放弃经济、教育、社会习俗等改革。经过几代统治者的努力，革新和进步的观念深入人心，社会面貌发生了较大变化，尤其"坦齐马特"时期（1839—1876），除了引进西方科技，还模仿西方政治和法律制度，希望使奥斯曼帝国从东方专制国家转化为现代法治国家。通过法令的形式，明确宣布保障所有臣民的生命、荣誉和财产安全；确保赋税的定期征收和所有国税的分配；改组了征兵方式。① 设立混合法庭、编制国家预算、建立现代银行，都是西化改革的

---

① ALFRED BONNE. State and Economics in the Middle East, A Society in Transition. London: 1998: 13.

重要成果。不过,学界对奥斯曼帝国的改革局限于做定性分析,要么肯定其取得的成效,正面评价改革的积极意义,要么着眼于改革目标未能实现,批评西化改革的失误,大多属于空疏之论,不利于揭示问题的本质。在研究奥斯曼帝国西化改革时,至少有这样一些问题被忽视:其一,改革者的腐化和权力滥用,其二,统治者的改革动机和民众愿望不一样,其三,早期的许多改革措施都算不上革新,仅仅是恢复"常识",第四,有人批评帝国政府依附西方,也指责西方国家"插手"奥斯曼政府的改革。对这样一些细节问题,本文试做分析。

一、改革者的腐化与权力滥用

改革是不容易的,因为要除旧布新,触及既得利益。推动改革是艰难的,历史上那些矢志改革的政治家,不仅具备才干,而且有魄力、有担当,史书中持褒奖倾向的较多。就奥斯曼帝国而言,自塞利姆三世改革以来,一百多年里,有数位苏丹因触动旧势力而被废黜,不少改革家被流放或谋杀,为改革付出了代价。推动改革事业的政治家如雷希德、米德哈特等,不但有改革的决心,也有改革的能力,热情和胆略,加上实际的从政经验,在一个保守、落后的多民族大帝国开创出一片新天地,实属不易。关键是,改革之初支持者较多,并且都把改革的前景想象得美妙,一旦实践中遇到挫折,连当初坚决支持的人也起而反对,怀疑甚至否定改革本身。有时,改革带来的好处并不明显,问题倒是暴露出不少,对改革不满的人,就把矛头指向改革者,仿佛一切都是改革惹出的祸。从这个意义上说,改革者们值得尊敬。

然而,必须看到,奥斯曼帝国的改革者们并非"出淤泥而不染",行事方式并非超然于帝国体制之外。具体来说,阻挠改革和支持改革的官员,大都具有以下情形:第一,任人唯亲,重用自己的亲信和利益集团内的人,排斥异己;第二,在奥斯曼帝国官场,行贿受贿不是违规,而是官场"习俗",改革者也一样不能免"俗";第三,改革者也徇私舞弊,为自己谋私利;第四,掌握行政大权的改革者,也独断专行,滥用权力,甚至能够操纵苏丹废立。

"坦齐马特"时期的改革家雷希德(拉希德)帕夏,有担任外交官的经历,也有行省任职的经历,属于思想开明、有改革魄力的高官,但他有一个重要的特点是"本人容易受贿"。至于他的用人方式,也是受到非议的。一心帮助雷希德改革的英国人斯特拉特福德·坎宁博士,起初对奥斯曼政府的改革和雷希德抱有很大希望,但看到"周围都是些贪污腐败的官员,连他的朋友雷希德本人都已腐化堕落,并任命了一些不称职的和臭名昭著的人担任高级官职",①失望至极的坎宁博士决意返回英国,不再到奥斯曼帝国去了。从官员腐败来看,阿卜杜·麦吉德时期已经比较严重,到阿卜杜·阿齐兹时期更糟。出好主意的官员,被那些贻误国事、贪污腐化的人弄得哑口无言。雷希德帕夏有时软弱,未能激浊扬清。

尽管"坦齐马特"时期的改革效果明显,但行贿受贿之风蔓延。《在君士坦丁堡四十年》的作者埃德温·皮尔斯1873年初到奥斯曼帝国首都,吃惊地发现,整个城市普遍流行的是行贿受贿。几乎每一件事,无论大事小事,都要送礼,不行贿办不成任何事。皮尔斯和他的同伴在这座城市生活不久,每个人能讲出许多行贿受贿的有趣故事。令皮尔斯印象最深的是两件事:政府要在伊斯坦希尔(即君士坦丁堡)的港口投放浮标,购置浮标这样一件简单的事,经过几个中间环节,每个浮标竟然要花费150英镑,等安装时发现,浮标存在质量问题,根本不能用。在伊斯坦希尔不远处搭建了一座木桥,耗资8 000英镑,建成不到两周就塌了。②这种情况,到哈米德二世时期更严重。皮尔斯的回忆录里描述,一位律师告诉他:"如果你想与法官取得联系,你要找到这个人并与他做交易,法官就从他们自己人当中选出。"③连主持公正的法官都是这样,立法机关也成为严重腐化的机构,整个官场的情况可想而知。

从马哈茂德二世(1808—1839年在位)开始,奥斯曼政府就推行官制改革,除了把旧衙门变成新的政府机关,还有一个目标是提高行政效率。裁撤冗员是其后历次改革的重要议题,但官员数量有增无减。到阿卜杜勒·哈米德二世时期(1876—1909年),奥斯曼政府核心机构中带有高级职衔、官衔、荣誉头衔的高官就有数百名(有40位元帅,60位维齐,13位部长,180名高级官衔的职员,390名增补的高级职员,21位有帕夏头衔的副职,125位名誉副官,31名担任实职的侍从)④,这么多高级官员,人人享有高级待遇,人人想得到更大的私利。哈米德二世发现,苏丹的政令不能到达各个行省尤其边远行省,而且,社会上弥漫着奢侈风气。哈米德二世也想反对奢侈,反对官场不良习气,但他明白,精简行政机构几乎是办不到的事,索性放弃了官制改革。

奥斯曼帝国在改革之前政治腐败,宫廷阴谋不断发生。自从塞利姆三世倡

---

① 西·内·费希尔著.中东史:上.姚梓良,译.北京:商务印书馆,1979:411,413.
② EDWIN PEARS. Forty years in Constantinople. The Anchor Press, Ltd., Tiptree Essex, England, 1915:6-7.
③ EDWIN PEARS. Forty years in Constantinople. The Anchor Press, Ltd., Tiptree Essex, England, 1915:226.
④ Sultan Abdülhamit Siyasi Hatıratım. İstanbul: Hareket Yayınları, 1974:71.

导改革之后,"改革"变成国策,也成为整个国家的"大事业",权力斗争从后宫转移到前台,每次政权更迭都"伤筋动骨"。塞利姆三世在1807年5月的政变中被废黜,由他的堂兄继位,称穆斯塔法四世。改革派和保守派争权,新苏丹不能操控政局,第二年7月,阿莱姆达尔·穆斯塔法帕夏率领军队进入伊斯坦布尔,迅速控制了局面。在军队围攻皇宫时,穆斯塔法四世派人在宫中杀死了塞利姆三世。王子马哈茂德设法逃出王宫。1808年7月28日穆斯塔法帕夏宣布拥立马哈茂德为苏丹,称马哈茂德二世。于是穆斯塔法帕夏一派因"拥立"有功而得势。三个多月后,这位实权人物穆斯塔法帕夏在镇压叛乱时身亡。改革派官员聚拢在马哈茂德二世周围,继续推行改革。1839年马哈茂德二世病逝,传位给年仅16岁的阿卜杜·麦吉德。阿卜杜·麦吉德坚持改革,把奥斯曼帝国的改革推向高潮。不过,史书上说他"被国内有势力的大臣所左右"。客观地看,阿卜杜·麦吉德在宫女和宦官的陪伴下长大,未受过正规的学校教育,对国内政治和社会了解不多,①依靠他身边的一批改革派大臣,才能延续他父亲马哈茂德二世的改革事业,尤其是保持了政局的稳定。阿卜杜·麦吉德努力限制自己的权力,他在位时没有处决任何一个大维齐。②这位苏丹38岁时死于肺结核病,由阿卜杜·阿齐兹即位。当政十五年后(1876年5月),正处于壮年(46岁)的阿卜杜·阿齐兹在政变中被废黜,穆拉德被拥立为新苏丹,称穆拉德五世。6月5日阿卜杜·阿齐兹死亡,死因不明(或自杀或被谋杀)。8月,在苏丹宝座上未坐稳的穆拉德五世被宣布"精神失常"而废黜。体弱、胆小的阿卜杜·哈米德被扶上苏丹的宝座,称哈米德二世。除了1807年的政变之外,在其他的几次政变中发挥重要作用的往往不是旧势力、反对派或阴谋家,而是掌握实权的改革派人物,比如米德哈特,他能在一年内先废黜阿卜杜·阿齐兹,扶持穆拉德五世,3个月后又废黜穆拉德五世,把哈米德二世推上台,可见他完全能够操纵苏丹的废立,权力之大可想而知。

  可以说,马哈茂德二世、阿卜杜·麦吉德、阿卜杜·阿齐兹的改革,主要依赖得力的改革家,如穆斯塔法·雷希德帕夏、阿明·阿利帕夏、富阿德帕夏、侯赛因·阿维尼帕夏、尼迪姆帕夏、米德哈特帕夏等③,没有这些改革家,就没有奥斯

---

 ① CYRUS HAMLIN. My Life and Times. Boston: The Pilgrim Press, Chicago,1893:199.
 ② TEZCAN BAKI. Lost in Historiography: An Essay on the Reasons for the Absence of a History of Limited Government in the Early Modern Ottoman Empire. Middle Eastern Studies, 2009, 45(3): 485.
 ③ SINA AKŞIN, DEXTER H. MURSALOĞLU. Turkey: From Empire to Revolutionary Republic. London: Hurst & Company, 2000: 29.

曼帝国的西化和进步。但同样应看到，这些改革家滥用权力，任人唯亲，有的还贪污腐化，行贿受贿。改革达不到预期目标，可以找到许多原因，改革措施不力，或是改革不彻底，或是客观环境影响，但也不能忽视，支持和参与改革的官员也有操守问题和权力滥用的问题。

让人吃惊的是，1908年恢复宪政之后，掌权的青年土耳其党人公开行使权力，树立威信，以强硬态度治理国家，清洗哈米德二世时期提拔的官员，没收皇室的财产，①其强硬、专断的作风，比哈米德二世专制有过之而无不及。青年土耳其党人擅长的是恐怖行为、暗杀活动，②执政后依然热衷于"非正常手段"，不完全相信议会的作用，把议会变成了一个摆设。

二、改革的宏愿与统治者的私利

奥斯曼帝国的改革是从上层开始的，是"逼"出来的西化改革。比如1792年塞利姆三世提出改革军队，各个政治派别一致同意，臣民也支持，因为俄国人已经打到黑海了。奥斯曼帝国与俄国打了一个世纪的仗（17世纪末至18世纪末），没有赢过一次，若不改革军队，就要亡国了。所以，塞利姆三世的改革得到上下的一致支持。而当马哈茂德二世小心翼翼地继续推进改革时，埃及行省穆罕默德·阿里的改革已经取得明显成效，亚历山大造船厂已能造出大型战舰了。1839年阿卜杜·麦吉德继为苏丹时，埃及的军队已经威胁到帝国的安全了，不改革不行了；颁布《古尔汗法令》（亦称《御园敕令》）也是让西方人看的。1876年颁布宪法、实行宪政，也是1875—1876年巴尔干地区的严峻形势催逼的结果。所以，奥斯曼帝国的改革，几乎都在内忧外患、危险迫在眉睫时进行的。因为改革的动力来自外部压力，一旦危机解除，改革就会松懈。

如果把"富国强兵"作为改革目标，那就要努力发展经济和军事，实际上，改革过程中为了保持稳定，或者因为权力斗争，把维护苏丹权威放在了首位。最初的改革是上层推动的，与普通民众关系不大，他们并不关注改革结果。后来的改革触及社会生活各个方面，民众都盼望改革立竿见影，给自己的生活带来新变化。在改革中得到好处、得到实惠的毕竟是少数，人口占主体的穆斯林对改革感

---

① ERIK J. ZÜRCHER. Turkey: A Modern History. London, New York, 1993: 105.
② SINA AKŞIN, DEXTER H. MURSALOĞLU. Turkey: From Empire to Revolutionary Republic. London: Hurst & Company, 2000: 66.

到不满，统治阶层中也有人对改革不满。客观地说，改革虽未达到富国强兵的预期目标，但并不表明改革没有推动奥斯曼社会的进步。奥斯曼帝国的社会经济没有因为改革而迅速发展，政治局面没有出现良性循环，但是，军事、经济、司法、教育等领域有不少建设性的成果，到19世纪晚期奥斯曼社会的许多方面明显进步了。

问题在于，改革的宏大愿望与统治者的私利并不完全一致。富国强兵是统治者希望的，但苏丹首先要考虑的，并不是臣民生活水平的高低，而是臣民是否忠诚于苏丹。苏丹要求各级官员的，并不是独立办事，而是俯首听命。透过改革的表象，可以看到每位苏丹眼睛盯着"君主权力"。由于帝国与俄国进行战争，苏丹不得不依赖地方贵族的帮助，不得不笼络贵族，助长了地方贵族的力量。马哈茂德二世时期，主要的目标是恢复中央集权。旧军队的威胁解除了，地方的反抗势力出现了。马哈茂德二世进行改革得到乌勒玛及社会上层支持，但也遇到反对，例如反对派指责他1829年败给了俄国，指责他没有能阻止希腊1831年的独立。① 对苏丹来说，如何掌握和运用权力，比改革本身更要紧。他的改革措施中，人口和土地的普查登记、税制改革、道路修筑，是为了在整个帝国建立直接控制。"马哈茂德二世的臣民们，无论穆斯林还是非穆斯林，都极大地承受了他的集权政策带来的恶果：成百上千的应征入伍者，有的未上战场就死于军营中的流行病；成千上万的士兵在镇压起义的战斗中死在了伯罗奔尼撒半岛、塞尔维亚、瓦拉几亚、阿拉伯半岛、埃及。"② 马哈茂德二世在执政后的若干年里，尝试用各种办法削弱地方贵族的权力。对那些忠于苏丹的贵族给予奖赏，允许贵族子弟继承父辈在当地的权力，条件是接受中央的严格控制。忠于苏丹的贵族，他们的子弟也可能被任命到政府重要部门担任公职，于是贵族子弟变成了政府的官员。③ 对那些与中央政府不合作的贵族，苏丹采取威吓和惩治的方式。苏丹会指示行省的管理者压制不服从的贵族，对他们造成威慑。对不忠诚的贵族，苏丹会毫不心慈手软，有的贵族被处死。马哈茂德二世在剥夺那些军队独立、财政和司法独立的贝伊和帕夏的权力的同时，也努力削弱宗教势力，从根本上提高对行省的控制，重申苏丹对全国的统治。对马哈茂德二世这种使用一切手段集权的

---

① ITZCHAK WEISMANN, FRUMA ZACHS. Ottoman Reform and Muslim Regeneration. London, New York: I. B. Tauris, St. Martins Press, 2005: 23.
② GÁBOR ÁGOSTON, BRUCE NASTERS. Encyclopedia of the Ottoman Empire. New York: Facts on File, 2009: 347.
③ M. ŞÜKRÜ HANIOĞLU. A Brief History of the Late Ottoman Empire. Princeton: Princeton University Press, 2008: 60.

做法,后世有人批评,说他开创的是"独裁式的现代化"①。到"坦齐马特"时期,君主权力并未削弱,仍然是延续了"独裁式的现代化"。

"坦齐马特"时期颁布《古尔汗法令》和《改革法令》,宣称帝国臣民"平等",其实,所谓的"平等"也大打折扣。一位外国观察家讽刺说:"在他看来,奥斯曼帝国存在的唯一理由,似乎是要保证四五十家土耳其富豪以及同样数目的富裕的亚美尼亚、希腊和犹太银行家能够榨取农民辛勤劳动的果实。"②例如,《古尔汗法令》宣布服兵役是帝国所有居民的义务,为建立公平的征兵制度提供法令依据,但这一制度没有完全推行,只有少数基督徒青年被纳入奥斯曼帝国的军队系统。"坦齐马特"时期的兵役制也不规范,有些地区大量征兵,另些地区则不征兵;职业兵制度也只是局部实现了。③

西化改革在政治上就是引进西方的制度,包括限制君主的权力。但奥斯曼苏丹拒绝限制自己的权力。哈米德二世上台推行宪政后发现:设立议会,实行选举,就是要让议员们参与国策,这就意味着国家大事不能由苏丹一人做主,宫廷不再是帝国唯一的权力中心。这个结果哈米德二世不能接受,于是解散议会,把国家权力重新收回到自己手中,推行了三十年的专制统治。苏丹集权后,各省总督就争相表现对苏丹的"忠诚",基层官员则热切表现对省部级长官的"恭敬",花钱买官,各级官员为升官而行贿,必然变相敲诈勒索下层民众,大大削弱了改革所宣扬的积极意义。

除了牢牢掌握最高权力,苏丹及其宫廷还不忘享乐。改革过程中,军事技术的引进是有限的,西方生产技术更没有引进多少,但是,西方的建筑风格、家具、装潢技术、制作肖像的时尚等,很快就引入伊斯坦布尔。④ 例如,马哈茂德二世大兴土木,修建新宫殿——道尔马巴赫彻宫(Dolmabahçe Sarayı)。可惜他在1839年病死了,继位的苏丹阿卜杜·麦吉德于1853年放弃托普卡帕宫,搬到道尔马巴赫彻宫。这座宫殿很豪华,是法国风格,宫内的一些摆设和装潢也模仿凡尔赛宫。苏丹阿卜杜·阿齐兹访问巴黎和伦敦后,把他从欧洲看到的礼仪引入

---

① TEZCAN BAKI. Lost in Historiography: An Essay on the Reasons for the Absence of a History of Limited Government in the Early Modern Ottoman Empire. Middle Eastern Studies, 2009, 45(3): 477-478.

② 西·内·费希尔. 中东史: 上. 姚梓良, 译. 北京: 商务印书馆, 1979: 415.

③ SINA AKŞIN, DEXTER H. MURSALOĞLU. Turkey: From Empire to Revolutionary Republic. London: Hurst & Company, 2000: 28.

④ WAYNE S. VUCINICH. The Ottoman Empire, Its Record and Legacy. Princeton: Van Nostrand, 1965: 89.

宫廷，也让大臣们实践。而且，按照他西欧看到的那些建筑物的风格，在伊斯坦布尔仿制建造。19世纪奥斯曼的苏丹们还修建了其他宫殿，如，1856—1857年建造了库楚克苏宫（Küçüksu Kasrı），1865年建造了贝勒贝伊宫（Beylerbey Sarayı），1874年建成彻拉昂宫（Çırağan Sarayı），后来哈米德二世时期还修建了耶尔德兹宫（Yıldız Şale）。有宫廷的示范，欧式的家具和生活用品，如欧式的桌椅等，堂而皇之地摆在了官员和富裕市民的家里，大家互相攀比，奢侈风气蔓延。

这也难怪，改革数十年，行政管理效率没有提高，各级长官仍滥用职权，损公肥私，改革并没有使社会财富增长，也没有使人民生活水平提高。并不是没有人认识到西方物质的进步根源于西方人接受了自由、平等和人权的原则。萨杜拉帕夏（Sadullah，1838—1891）就把西方的成功归结为"科学的胜利，法律原则，教育的普及"。①但学习西方的观念，搬用西方的政治制度，引起奥斯曼社会的混乱甚至政治震荡怎么办？所以，西化改革的调子无论多高，最高统治者所想的是权力不被削弱，这是动不得的"私利"。指望上层推进政治制度的变革，本来就是错误的期待。

三、恢复"常识"与"破旧立新"

改革无非是"治病疗疾"或者"破旧立新"。奥斯曼帝国的改革，主要是"治病疗疾"，同时要引进西方的科学技术、法律制度，目标是成为西方式的现代国家。从改革的实际情况看，早期的改革几乎没有新举措，许多方面的措施都是为了恢复"常识"，即把被破坏的制度和规则复原。例如，"军队要进行严格训练"，"武器要统一配备"，"要加固边塞，保证军火及物资供应"，哪一样不是基本常识？既然是国家军队，"薪饷正常发放"，"士兵要穿戴统一的军服"，"缺乏能力的军官要撤换"，这些规定有何新意？可是，长期以来这些常识性的规则被破坏了。苏丹下大力气改革军事，就是要使旧军队恢复到"正常状态"，只有达到"正常状态"，才能提高军队战斗力。经济改革中，恢复币值，稳定物价，也不是什么新鲜措施。政治改革中，要求地方贵族服从中央政府，希望提高政府的办事效率，也不是什么高要求。

---

① WAYNE S. VUCINICH. The Ottoman Empire, Its Record and Legacy. Princeton: Van Nostrand, 1965: 91.

从塞利姆三世和马哈茂德二世改革所受的挫折可以看出,恢复"常识"并不比"破旧立新"容易。塞利姆三世军事改革,无非是这样几项:士兵要经过选拔和培训,军官的任用要经过严格考核;军队组织和管理方面的规定要制度化;颁布相关的法令,保证军官晋升的公正、有效等,目的是淘汰那些缺乏能力、缺少忠诚、办事不讲效率的官兵。派出督察人员检查海军管理状况,是为防止舰长以职权谋取私利,确保舰艇上的食物、设备、薪金公正地分配到各级海军军官和士兵手中。这样的改革,算不得革新,但足以说明奥斯曼帝国的军队腐败到何种程度。问题是,恢复常识的工作,效果也不明显:改革之后,军事管理没有改善,军人的素质没有提高,战斗力并未增强;部队各级长官继续滥用职权,损公肥私,隐瞒军队内部的实际情况。旧军队不可救药,马哈茂德二世才痛下决心,彻底解除旧军队,组建新军。可见,只有"另起炉灶"的做法才有成效。

马哈茂德二世的政治改革,重要措施是将原有的帝国行政机构改换成西欧模式的政府部门,设立内政部、外交部、财政部、农业部、外贸部、公共工程委员会,分别设立内务大臣、外交大臣、财政大臣等职位,这算是新举措。经济领域的改革,值得一提的是 1829 年实行了全国人口普查,较为准确的人口统计数据报送中央政府,这是奥斯曼帝国历史上的第一次。有了统计数字,中央政府就可以设计一套切实的税收制度。有了对居民财产的确切数据,政府就能事先对征税日期和应征税额进行估算。①本来一个国家实行人口普查是再正常不过的,在奥斯曼帝国却是新鲜事,这从另一个方面也反映出,以前的税收有多么混乱。还有一项成功的改革是废除了"蒂玛"制度,没收封建土地所有者的财产,削弱封建主阶级,拆除了改革道路上的深层障碍。②这些算是"除旧"或"破旧"。真正的"立新",是建立了工厂(军事工业为主),设立各类学校,开展西式教育,培养了社会所需的人才,还鼓励开办印刷厂,出版书籍,发行报纸,进行社会习俗改革,包括服饰改革等,许多方面取得了看得见的成效。不过,一些表面的东西改革了,而实质性的问题并未改变。例如,政府机构只是换了门面,各级官员穿着统一的大礼服,有自己的办公室,服务人员也是穿着整齐的西式服装,但官僚机构的传统习惯和作风,办事方式,等级和特权,依然没什么变化。社会习俗的改革有雷声有雨滴,但财产继承、婚姻、妇女地位等几乎没有触动。

---

① M. ŞÜKRÜ HANIOĞLU. A Brief History of the Late Ottoman Empire. Princeton:Princeton University Press, 2008:61 - 62.
② ALFRED BONNE. State and Economics in the Middle East, A Society in Transition. London:1998:10 - 11.

"坦齐马特"时期的改革,"破旧"较少而"立新"较多。《古尔汗法令》和《改革法令》承认所有奥斯曼臣民在法律面前一律平等,尤其给予非穆斯林重要的权利,这是极大的进步;《古尔汗法令》中规定要限制苏丹-哈里发的权力,国家的权力中心要逐步从皇宫移向政府①。《改革法令》"把人权、法规、自由、民主等观念引入奥斯曼土耳其社会,使土耳其人从此告别中世纪,进入新时代"。② 具体的司法改革措施中,1840年颁布新的刑法(仿照法国刑法制定),1841年讨论制定一部新的商法(原来的商法被停止执行),1850年颁布了商法,在此前后颁布新的民法,还建立民事刑事混合法庭。行政管理方面,1840年建立奥斯曼政府的邮政部,1855年在伊斯坦布尔建立"现代市政组织",仿照法国的府县制在省以下设立"桑贾克""卡扎""纳赫伊"三级建制。经济方面,富阿德当政时期建立财政预算制度,在帝国历史上第一次编制行政开支的预算,③1840年建立了第一个欧式银行,定期发行纸币。帝国在1840年创办土耳其语报纸,1855年有了电报,1856年开始修筑铁路。

真正把许多改革计划落到实处,是在哈米德二世时期。哈米德二世是有名的专制君主,但他坚持经济、教育、司法等领域的改革。哈米德二世时期帝国政府不断引进外资。外国资本投入公用事业,如铁路、公路、水、气、电等行业,新兴行业大都是外国公司承办和创建的,用的是外国技术。欧洲公司也主导奥斯曼帝国的资源开发。奥斯曼帝国的城市里不但出现许多西式银行、电话局、报社,还出现新式学校、孤儿院、诊所和医院,社会上吹进文明之风,民众感受到生活的便利。

总体来看,改革若以消除奥斯曼政治管理中的一些腐败因素为目标,困难重重而最后的效果有限;若在空白领域新起炉灶,往往会取得明显成效。在奥斯曼帝国这样积重难返的国度,恢复"常识"难,"除旧"难,"立新"反而容易一些,这是值得注意的现象。当然,推行一项新政策,要受到多方面的制约:"穆斯林、基督徒和犹太教徒是社会基础,政府的改革要考虑平衡各种力量,正视各派的反映,还要考虑欧洲人的态度。"④奥斯曼帝国地域广阔,交通运输落后,各地联系不紧

---

① ITZCHAK WEISMANN, FRUMA ZACHS. Ottoman Reform and Muslim Regeneration. London, New York: I. B. Tauris, St. Martins Press, 2005: 24.
② SINA AKŞIN, DEXTER H. MURSALOĞLU. Turkey: From Empire to Revolutionary Republic. London: Hurst & Company, 2000: 20.
③ GÁBOR ÁGOSTON, BRUCE NASTERS. Encyclopedia of the Ottoman Empire. New York: Facts on File, 2009: 554.
④ IRVIN C. SCHICH, ERTUGRUL AHMET TONEK. Turkey in Transition: New Perspectives. New York: Oxford University Press, 1987: 10.

密,经济落后,文化不普及,民众的信仰、习俗、语言的差异明显,改革确实不容易。

四、西方国家"干政"还是"帮助"

"坦齐马特"时期奥斯曼帝国的改革达到高潮,取得的成就较多,但后来的土耳其民族主义者批评"坦齐马特"时期的改革,指责热心改革的大臣们"亲西方",说改革的结果使奥斯曼帝国更加依附于欧洲国家。由于每次改革都能看到西方人的"身影",于是有人指出,西方国家"插手"甚至"干预"帝国的内政,包藏祸心。

客观地说,"坦齐马特"时期的改革得到西方支持,与西方交流是这一时期的主要特征。改革派大臣,大都是留学西方国家,或担任过使臣、外交官的"洋派"人物,改革要仿效西方国家,也需要西方政治家、军事家的实质性帮助,对欧洲大国的"依赖"不断增加也是事实。民族主义者的批评也不是无的放矢。帝国的改革就是在19世纪欧洲外交中所谓的"东方问题"的大背景下进行的。帝国历史上的改革,往往为欧洲的压力所驱使。具体来说,1839年《古尔汗法令》的颁布,前提是1838年《奥斯曼英国贸易协定》签订,英国愿意帮助奥斯曼帝国政府反对埃及。1856年帝国《改革法令》的颁布,也与《巴黎条约》有关。当时欧洲国家期望奥斯曼帝国通过改革来改善境内非穆斯林臣民的待遇。"坦齐马特"时期结束的这一年(1876年)颁布的宪法,是在伊斯坦布尔举行的国际会议期间草拟的,而这次会议是讨论"巴尔干问题"的会议。可以说,不同时期法令的颁布,都是欧洲国家所"需要"的,最终有利于巩固欧洲大国在奥斯曼帝国的经济利益和政治地位。帝国的政治改革像是对"东方问题"的回应,与奥斯曼帝国推进民主化不相关。[①]比如,《古尔汗法令》的颁布,重要的是"法令的内容欧洲人直接听到了"。在某种意义上,法令可以看作一个向欧洲强国的保证。为了使奥斯曼帝国得到认可,奥斯曼帝国国内会做相应的改革,与欧洲国家保持一致。[②] 以这些事实看,西方国家"插手"了奥斯曼帝国事务内政,也有"干预"内政之嫌。

不过,19世纪的国际环境对奥斯曼帝国推进改革是有利的。奥斯曼帝国衰弱,欧洲大国有瓜分它的打算,但西欧大国利益并不一致。俄国和奥匈帝国想肢

---

① TEZCAN BAKI. Lost in Historiography: An Essay on the Reasons for the Absence of a History of Limited Government in the Early Modern Ottoman Empire. Middle Eastern Studies,2009,45(3):487-488.

② M. ŞÜKRÜ HANIOĞLU. A Brief History of the Late Ottoman Empire. Princeton: Princeton University Press,2008:73.

解奥斯曼帝国,不希望奥斯曼帝国通过改革而强大。英国、法国、荷兰等国的态度不同,既不希望奥斯曼帝国被俄国和奥匈帝国肢解,也不希望欧洲国家为争夺奥斯曼帝国而引发大的冲突,所以支持奥斯曼帝国通过改革自强而保持帝国完整。当然,法国境内反对和敌视穆斯林的一部分人,不断进行反面的宣传和破坏,和政府的主张相反。

史实是,英、法等国几十年来一直抵制俄国和奥匈帝国,使奥斯曼帝国几次躲过了危机。例如,19世纪30年代埃及总督穆罕默德·阿里挑战苏丹马哈茂德二世的权威,发生过两次"埃土战争",英国和法国坚决打压埃及总督,迫使其让步。又如,70年代巴尔干民族闹独立,俄国从中挑拨,但英、法、德等国支持奥斯曼帝国。而且,每次俄国军队南侵,英、法等国不惜与俄国动武。在1877—1878年的战争中俄国打败奥斯曼帝国,英国、法国、奥匈帝国立即干预,德国宰相俾斯麦极力斡旋,在柏林召开国际会议并签订条约,试图化解矛盾。

在奥斯曼帝国的改革过程中,有不少法国、英国、普鲁士(1871年后为德国)的军事顾问、经济顾问、法律顾问,他们直接指导改革,而且,奥斯曼帝国改革每取得一些进展,西方的政治家和知识界总表示赞赏。例如,1839年奥斯曼帝国颁布《古尔汗法令》时,帝国所有达官显贵和外国使节聚集于古尔汗宫,听雷希德帕夏宣读这篇"上谕"。在场的除了苏丹阿卜杜·麦吉德,还有宗教领袖、政府要员、各界头面人物、贵族、外国使节和代表,其中有法国国王路易·菲利普的三儿子德·儒内维尔(de Joinville)。① 法国报纸上说,《古尔汗法令》为土耳其进入现代文明奠定了制度基础,是西方文明的胜利。1856年颁布《改革法令》时,欧洲大国的外交官正聚集在巴黎讨论如何结束克里米亚战争和安排近东事务。奥斯曼帝国颁布改革法令的消息,引起代表们极大的兴趣,"《改革法令》承诺在巴尔干行省实行改革"被写进《巴黎条约》中。所以,奥斯曼帝国的史书中有"向全世界宣布《改革法令》"的说法,也有"《改革法令》是《巴黎条约》(1856年3月30日签订)的基础或组成部分"②的说法。1876年奥斯曼帝国颁布历史上第一部宪法后,西方媒体做了积极的报道。

也就是说,英国、法国并不希望奥斯曼帝国迅速衰亡,对奥斯曼帝国的改革和进步表现出的热情,并非都是虚情假意。英、法两国主观上未必考虑帮助奥斯

---

① GÁBOR ÁGOSTON, BRUCE NASTERS. Encyclopedia of the Ottoman Empire. New York: Facts on File, 2009: 554; M. ŞÜKRÜ HANIOĞLU. A Brief History of the Late Ottoman Empire. Princeton: Princeton University Press, 2010: 72.

② YAŞAR YÜCEL, ALI SEVIM. Türkiye Tarihi: Vol. IV. Osmanlı Dönemi(1730-1861), Türk Tarih Kurum Basimevi — Ankara, 1992: 289.

曼帝国,客观上还是帮助了奥斯曼帝国。1888年威廉二世上台后,德国积极发展与奥斯曼帝国的关系,资金、技术、人才等方面给予奥斯曼帝国极大帮助,这是历史事实。当然,欧洲大国的"帮助"是出于各自的利益考虑,并不是为奥斯曼帝国的民众。奥斯曼帝国位于欧、亚、非三洲的交界处,战略位置过于重要,才这样幸运地得到欧洲大国的"帮助"。

结　　论

君主专制的大国有一个通病,就是只有社会问题堆积、国家机器锈蚀,几乎寸步难行时,才想到改革;或者外敌入侵,甚至有亡国之忧时才下决心改革。奥斯曼帝国也不例外。一方面,国家遇到很大难题,着手改革就是庞大的工程;另一方面,改革者总想走捷径、抄近路,或者想一劳永逸地解决问题。立志改革的君主大都迷信自己的魄力,只想成功不想失败,信誓旦旦,到最后往往收效不大,与最初的目标相距甚远。

既然奥斯曼帝国是到了危急关头才推行改革的,其改革必然带有极强的功利心。既然奥斯曼帝国强盛时期的制度和规则已经破坏,积弊已深,就不能指望依靠一两道改革法令解决问题。从某种意义上,奥斯曼帝国的改革不能达到预期目标应在意料之中。所以,在学术研究中,把问题看得太简单,或挖得太深,都是不合适的。比如,把"改革未达目标"表述为"改革失败",等于是把改革当作一场战役,似乎就是改革派和保守派的厮杀:失败了,说明保守势力或反对力量太强大;胜利了,表明改革家英明。又如,分析奥斯曼帝国自强革新不成功的原因,一下子挖掘到这个帝国没有中产阶级、没有自由制度的基础,像威廉·耶勒说的,"根本的因素是自由制度没有基础。只要农民、非工业化的城市工人仍然贫困,仍然受到压迫和奴役,自由制度不可能实现"①,这样的说法似乎是诠释过度了。

本文分析的只是几个细节问题,但足以说明改革过程的复杂,也说明一个落后的多民族大帝国推行西化改革的难度。勇于革新的政治人物腐化和滥用权力,似乎不是大事,但它表明改革者认可原来的办事方式,不打算破坏那些"潜规则"。总不能你自己在滥用权力,却要求别人约束权力、接受监督吧? 以违规的方式建立规则,新规则不可能建立起来。从改革的动因看,统治者的目标和普通

---

① WILLIAM YALE. The Near East: A Modern History. London: Mayflower, 1959: 43.

民众的愿望不可能一样。为了改革而失去权力,最高统治者当然不愿意。维护了权力而牺牲臣民的利益,这是专制君主随时都做的事情,和改革不改革没关系。一位专制君主,不能因为他愿意实行改革马上就变成明君,没有私心了。奥斯曼苏丹也很关心他的臣民,但真正关心的是"臣民是否对苏丹忠诚"。仅从本文中所分析的这两个细节看,奥斯曼帝国要实现"国强民富",几乎没有可能。

  本文分析的第三个细节,是改革的技术层面的问题:恢复"常识"比"破旧立新"或"另起炉灶"更难,不再赘述。第四个细节是另一个层面的问题。西方国家"插手"奥斯曼帝国的事务,不算什么秘密。西方的政治家关注奥斯曼政府的进步(西化程度),也在情理之中。西方的军事专家、经济专家、法律专家帮助奥斯曼帝国推行具体的改革项目,也是历史事实。帝国境内不断有人批评政府"依附西方",也不奇怪。改革是在欧洲国家强势的压力下开始的,目标是"西化"或欧化,手段是学习和模仿欧洲先进国家,改革的各个环节都扯不断与欧洲大国的关系。是东方大帝国的宿命?还是机遇?这取决于怎么看待国际局势和奥斯曼帝国的处境。"插手"还是"帮助",怎么理解都说得通,但是,把改革的不成功主要归咎于"外因",肯定是不恰当的。

[原载《复旦学报》(社会科学版),2016年第5期]

Endocrine Disruptors: an Evolving Health Concern in International Organizations

Iris Borowy

Iris Borowy,1962 年生,德国人。1989 年 7 月毕业于德国蒂宾根大学,获硕士学位;1997 年 1 月在德国罗斯托克大学获得博士学位。先后在罗斯托克大学担任助理研究员、研究员、助理教授、教授,并曾在法国国家科学研究中心下属科学史研究院、巴西奥斯瓦尔多·克鲁兹基金会(Oswaldo Cruz Foundation)下属医学史研究所、德国亚琛工业大学担任研究员。为"上海市千人计划"入选者、上海大学文学院历史系特聘教授。出版专著 4 部、编著 5 部;在 *Medical History* 等著名刊物发表学术论文 30 多篇。为国际卫生学界知名学者,担任 9 家国际著名期刊的同行评审专家。

In a complicated world full of risks that appear especially menacing for often being invisible, indirect and difficult to assess for the non-expert, people need experts to give them credible advice on the extent and the nature of risks and on reasonable ways to react. In the twentieth century, risk assessment has become an integral component of political and public life.[①] In a complicated full of experts, who often come to different conclusions using different methods and different criteria of evaluation, people need credible recommendations based on authoritative analysis of existing expertise. International organizations, supposedly standing above special national interests, are expected to act as experts of the experts. In more detailed terms, this role has been described as defining concerns and framing questions for

---

[①] ULRICH BECK. Risikogesellschaft. Berlin: Suhrkamp, 1986.

research, offering a forum for communication between experts and stakeholders, establishing state of the art understanding of an issue at hand and, as far as possible, creating consensus about it, and providing guidelines for suitable corrective and preventive action. ① By all means, this is a tall order. Faced with incomplete and often contradictory knowledge, international organizations have to strike a balance between too much and too little caution. They also have to manoeuver between vested interests as well as between the contradictory demands of science and politics, requiring on the one hand, scientific precision, using cautious language and providing adequate representation of doubts, and, on the other hand, unequivocal statements, which are sufficiently clear to be useful for policy recommendation.

Expectations are especially strong and began particularly early with regard to health. The need for international decisions on what did or did not constitute health threats and what to do about it can be seen as the origin of international health cooperation, and it was accepted by international health organizations (IHOs) early on. ② In 1946, the World Health Organization (WHO) specifically listed among its functions "to promote and conduct research in the field of health; ... to provide information, counsel and assistance in the field of health" and "to assist in developing an informed public opinion among all peoples on matters of health". ③ Several other organizations also issue verdicts on health-related issues, due to the proliferation of public and private organizations engaged in international health since the 1980s and to the multidisciplinary nature of health and its interaction with a broad range of social determinants. Complicated health issues that have no clear or simple

---

① MICHAEL N. BARNETT, MARTHA FINNEMORE. The Politics, Power, and Pathologies of International Organizations. International Organization, 1999, 53 (4): 699 – 732; PER – OLOF BUSCH. The OECD Environment Directorate. The Art of Persuasion and its Limitations. Working Paper 20, The Gobal Governance Project, 2006, http://www. glogov. org/images/doc/wp20. pdf; ERNST HAAS. When Knowledge is Power, Three Models of Change in International Organizations. Berkeley: UC Press, 1990.
② NEVILLE M. GOODMAN. International Health Organizations And Their Work. Edinburgh / London: Churchill Livingstone, 1952 (2nd extended edition 1971): 46 – 71; Iris Borowy. Coming to Terms with World Health. Berlin: Peter Lang, 2009.
③ Constitution of the World Health Organization, art. 2, 22 July 1946 [2014 – 01 – 23]. http://apps. who. int/gb/bd/PDF/bd47/EN/constitution-en. pdf.

cause-effect relation and touch on the responsibilities of several institutions present a special challenge for IHOs. This paper addresses a particularly complicated issue.

Endocrine disrupting chemicals (EDCs) are compounds believed to bring the endocrine system of living beings, including humans, into disorder by mimicking hormones. The endocrine system manages central processes in living organisms including growth, metabolism and reproduction. During fetal development hormones set the "program" for development of the growing being from birth to maturity so that their influence during gestation may only become visible many years later. It is a complex system, affected by numerous interacting elements, which evade simple cause-effect relations and fall into the areas of expertise of scientists that do not often talk to, let alone cooperate with, one another. The effects of a growing list of substances with possible endocrine disrupting qualities on human health have been the object of discussions and controversy since the 1990s. This list includes numerous substances that had already been the object of health concern before, at a time before there were EDCs.

For scholars of international health EDCs present a fascinating case study since they allow observing in real time how various stake holders negotiate a growing body of data from the first detection of a possible threat to evolving discussions, while possible assessments of its risk range between non-existent to dramatic. The story falls into two distinct periods: a first in which the conditions were set that both facilitated and obstructed the understanding of EDCs, and a second, in which the concept and scale of EDCs were debated. The second phase is far from over. This paper aims to be an early effort at disentangling the various actors and their concepts which have shaped the response of IHOs to the challenge of EDCs.

From the 1970s to the 1990s: IHO health work before EDCs

The two most spectacular examples of EDCs, so far, erupted long before this expression existed.

Thalidomide was first sold as a sedative by the German pharmaceutical company *Chemie Grünenthal* in 1957 and was subsequently marketed under approximately 60 trade names in many countries for numerous illnesses, ranging from insomnia and morning sickness to depression, premature ejaculation, tuberculosis, premenstrual symptoms, menopause, stress headaches, alcoholism, anxiety, and emotional instability. After some years, doctors began noticing a rising number of infants born with congenital deformations to mothers who had taken the drug during pregnancy. In December 1961, an article by the Australian doctor William McBride appeared in *Lancet* and Hamburg medical professor Widukind Lenz publicized his findings about a correlation in Germany, and by the end of the year the drug had been withdrawn from the market in most countries. More than 10,000 children worldwide are believed to have been born with deformed or missing limbs because of the effects of the drug. A large-scale court case against Grünenthal ended in 1970 with a dismissal of the case against a donation of the company to an assistance fund for victims. [1]

The number of affected people and the severity of the deformations made thalidomide an outstanding case of teratogenic damage, but its impact was limited by its relative direct connection between cause and effect, since abnormalities were immediately visible at birth. By comparison, the case of diethylstilbestrol (DES), a synthetic estrogenic substance, remarkably similar to natural female hormones, was more difficult to establish. Despite early indications of cancerogenic and teratogenic effects in animal tests and an initial rejection of admission in the USA, the drug was accepted for sales in the 1940s, and subsequently millions of women were prescribed DES as therapy during menopause and to prevent miscarriages during pregnancies. Many more people took in smaller quantities through their food when DES was fed to

---

[1] JERRY AVORN. Learning about the Safety of Drugs — A Half-Century of Evolution. New England Journal of Medicine, 2011 (365): 2151-2153; CARSTEN TIMMERMANN. Die Nachtseite des Wirtschaftswunders. FAZ, 25 Nov 2001 [2014-01-27]. http://www.k-faktor.com/contergan/artikel8.htm.

lifestock to accelerate weight gain. In 1971, doctors began to note clusters of rare vaginal cancers in women whose mothers had taken DES during pregnancy. By 2008, it appeared that of "the 2 million to 5 million children who were exposed to DES prenatally, nearly 95 percent of them have experienced reproductive tract problems, including menstrual irregularities, infertility, and higher risks of a variety of reproductive cancers."[①]

These two cases established two principles of the future discussions on EDCs: that a substance, which caused no harm to adults, could affect the development of the fetus, including in ways which might only become apparent decades later when the former fetus had reached adulthood, and that its effect did not follow a classical toxicological dose-response mechanism.

Both scandals were viewed as medical and pharmaceutical issues, and the World Health Organization (WHO) was the only IHO that reacted. The thalidomide disaster triggered the establishment of the WHO International Drug Monitoring Programme. First preparations began in 1962 and a pilot project with ten member countries ran from 1968 to 1971, when the program became permanent. It proceeded to grow rapidly and to issue policy guidelines, general publications and safety reviews of specific medicines, acting in response to national reports. In 1968, the Pilot project received 5645 drug reaction reports from ten countries. In 2008, the programme declared having some four million case reports from approximately 100 countries.[②] It formed a model case of an IHO providing information and guidance on a perceived health threat.

These challenges were constructed as strictly iatrogenic risks, i.e. as a function of monitoring medical drugs. For a long time, few people saw a relation to environmental and occupational hazards related to the explosive growth of the chemical industry. Global production of chemical products surged from 1.5 million tons in 1950 to 50 million tons in 1976 and 100 million

---

[①] NANCY LANGSTON. The Retreat from Precaution. Regulating Diethylstilbestrol (DES), Endocrine Disruptors and Enviornmental Health. Environmental History, 2008(13): 41 – 65, quotation 51.

[②] JAN VENULETL, MARGARETHA HELLING – BORDA. WHO's International Drug Monitoring — The Formative Years, 1968 – 1975. Drug Saf, 2010, 33(7): e1 – e23.

tons in 1989. In 2006, it would amount to 246 million tons, still growing. ① Large part of chemicals went into the production of plastics whose very plasticity made them useful for a sheer endless number of uses at little cost, ranging from packaging to hospital tubes and car parts. Plastic increased the sensation of growing affluence because it "promised abundance on the cheap."② But chemicals also became a substantial part of everyday life as pesticides, cosmetics, packaging, glues, clothes, electronic equipment, food additives and for countless other purposes. It soon became clear that chemicals could represent health risks during production, during usage and virtually ubiquitous presence in food, clothes, housing etc. and as waster after having been discarded. Therefore substances which, some decades later, would be considered EDCs first gained attention as occupational or environmental health hazards.

One of the most notorious and most researched examples involves polychlorinated biphenyls (PCBs). PCBs had been commercially produced since the late 1920s, and it had since been applied in plasticizers, surface coatings, inks, adhesives, flame retardants, pesticide extenders and paints. ③ During the 1920s and 1930s, workers in manufacturing plants repeatedly suffered severe, sometimes fatal chloracne. PCBs also emerged as agents of food poisoning in 1968, when 1,300 residents of Kyushu, Japan, became ill after eating rice-bran oil, which had been contaminated with PCB fluids. Fifty people died. ④ Meanwhile, Rachel Carson's *Silent Spring* regarding the consequences of massive use of pesticides in agriculture on birds, published in 1962, established chemicals such as DDT as an environmental

---

① http://www.chemgapedia.de/vsengine/media/vsc/de/ch/16/schulmaterial/mac/alltag/grafik/weltproduktion_kunststoffe.jpg, consulted 20 Jan 2014.
② SUSAN FREINKEL. Plastic: A Toxic Love Story. Boston: Houghton Mifflin, 2011: 7.
③ IPCS. Polychlorinated Biphenyls: Human Health Aspects. Geneva: WHO, Concise International Chemical Assessment Document 55, 2003: 4.
④ The History of PCBs. http://www.foxriverwatch.com/monsanto2a _ pcb _ pcbs.html; IPCS. Polychlorinated biphenyls and terphenyls//Environmental Health Criteria 2. Geneva: WHO, 1976; ERIC FRANCIS. Conspiracy of Silence. September/October 1994 issue of Sierra. http://www.sierraclub.org/sierra/200103/conspiracy.asp.

rather than a health problem. ①

IHOs got involved in discussions regarding chemical safety early on and with a rapidly growing number of programs. The International Labour Office (ILO) regularly addressed hazards of toxic substances as an issue of occupational health issues already during the 1920 and 1930s. ② After 1945 the ILO, the Food and Agriculture Organization (FAO) and the WHO, individually and jointly, addressed health repercussions of chemicals. The early focus was on pesticides. Prompted by a 1951 World Health Assembly resolution the WHO presented its first report in 1953. It concluded that, when properly used, existing pesticides did not appear to cause imminent health threats, though long-term effects or consequences of new substances needed to be observed. This finding was largely confirmed three years later by a joint ILO-FAO-WHO study group. Their report revealed their profoundly ambivalent view of pesticides: while it was acknowledged that pesticides might, under certain circumstances, present some risks and that it was preferable not to have any residues in milk or water, this was not always possible since the use of pesticides was found indispensable for several purposes such as the production and storage of food and for the fight against vector-borne diseases, notably malaria. ③ This view characterized the position both of joint FAO/WHO and ILO/WHO expert committees on pesticides throughout the 1960s. ④ An FAO/WHO meeting in 1963 resulted in a report that addressed 37 pesticides and suggested acceptable daily intakes of fifteen of them (which earlier reports had refused to do). Further meetings expanded this list and specified which fruit, vegetables and cereals the recommendations

---

① RACHEL CARSON. Silent Spring. Boston: Houghton Mifflin, 1962.

② A. GRUT. The Work of the International Labour Organization in Occupational Health. British Journal of Industrial Medicine, 1951 (8): 199 – 205.

③ WHO. Toxic Hazards of Pesticides to Man//Technical Report Series 114. Geneva: WHO, 1956.

④ Technical Report Series 240, Principles Governing, Consumer Safety in Relation to Pesticide Residues. Geneva: WHO, 1962; Organization of Occupational Health Services for Personnel Exposed to Toxic Pesticides. Ann. Occup. Hyg, 1964 (7): 285 – 297.

referred to. ①

Inadvertently, this act of setting standards affected not only domestic health regulations but also questions of international trade. Here, international assessments of chemical safety could help harmonize national health and trade interests if international standards were similar to national standards, and they could do substantial harm if they differed substantially in either direction. This connection provoked the involvement of the Organization for Economic Cooperation and Development (OECD), an agency designed to promote economic growth and prosperity through trade in undistorted markets. In 1966 it organized a workshop on "unintended occurrences of pesticides in the environment," to which the OECD invited the WHO to send a representative. ② The meeting started a three-year project. ③ Its final report made clear that the issue required more institutionalized long-term attention, and in 1971, the OECD created a long-term Sector Group on *Unintended Occurrence of Chemicals in the Environment*. This program aimed at the harmonization of testing methods and regulations and at ways to reduce related costs. The main driving force was the US government, which wanted to prevent European countries from using health concerns as trade barriers against the newer and more dynamic US chemical industry. ④

The scenery became even more complex when, in 1972, the UN Conference on the Human Environment in Stockholm raised international awareness of environmental concerns, including possible health effects of chemicals. As a results, the UN Environment Programme (UNEP) emerged as additional actor and the WHO initiated an *Environmental Health Criteria* (EHC) Programme, designed, among other tasks, to assess information on

---

① Pesticide Residues in Food//WHO Technical Report Series No. 370/FAO Agricultural Studies No. 73. FAO/WHO, 1967; Pesticide Residues//WHO Technical Report Series No. 391 / FAO Meeting Report P;: 1967/M/11. Geneva: WHO, 1968. [2014 - 01 - 25]. Following reports see http://www.who.int/foodsafety/chem/jmpr/publications/reports/en/index.html.
② De Groot van Embden to Candau, 19 April 1966, H II/80/2 (A), WHO archive (WHOA).
③ Timmons to Candau, 29 Oct 1970, H II/80/2 (A), WHO archive (WHOA).
④ PETER CARROLL, AYNSLEY KELLOW. The OECD. A Study of Organizational Adaptation. Cheltenham: Edward Elgar Publishing Inc., 2011: 220-226.

the relationship between exposure to environmental pollutants and human health, to identify gaps in pertinent knowledge, to provide guidelines for setting exposure limits and for toxicological and epidemiological methods in order to make research results internationally comparable. The first EHC report appeared in 1976, published, like its successors, under joint WHO/UNEP sponsorship.① Health concerns focused on cancer and possible damage to the liver and kidneys. The approach was solidly toxicological. Following the principle that the dose makes the poison, the assumption was that there was a threshold below which exposure to a substance was harmless and that, therefore, the task of an IHO was to provide authoritative information about what this threshold appeared to be and how pertinent studies should be conducted.

In 1974, the WHO established a study group on health hazards from new environmental pollutants. Reviewing information from toxicological data banks, clinical and laboratory work etc. it extended substantially the range of relevant chemicals to be considered, including plastics and plasticizers, fire retardants, metals, photosensitizers and pesticides. As a new feature, a draft on the harmonization of toxicological testing techniques mentioned, among others, risks of teratogenesis.② A 1977 resolution of the World Health Assembly further broadened the perspective. In view of the ubiquitous "growing use of chemicals" it called for studies on the problem and possible long-term strategies regarding " the acute and especially the chronic or combined toxic effects, not only on present but on future generations, that may result from exposure to chemicals in air, water, food, consumer products and at the place of work, particularly if combined with exposure to other chemicals, infectious agents and physical factors."③ Thus, the WHO clearly

---

① WHO/UNEP. Mercury. EHC 1, Geneva: WHO, 1976; WHO Task Group on Environmental Criteria for Carbon Tetrachloride, Published under the joint sponsorship of UNEP, ILO, WHO, 1999: ix.

② SOCRATES LITSIOS. The Third Ten Years of the World Health Organization, 1968 – 1977. Geneva: WHO, 2008: 264 – 266.

③ WHA30.47 Evaluation of the effects of chemicals on health, 19 May 1977, Handb. Res., Vol. II (2nd ed.), 1. 11. 3 [2014 – 01 – 25]. http://apps.who.int/iris/bitstream/10665/93210/1/WHA30.47_eng.pdf.

advanced the approach on the issue from that of mono-substance oriented short-term effects to long-term and multi-substance considerations, including effects on future generations, aspects, which would be crucial to the ECD discourse.

However, this was only one side of what remained an ambivalent and partly contradictory position of the WHO. Chemicals formed part of environmental health, and in the general WHO context, environmental health overwhelmingly referred to risks emanating from natural and organic sources such as infections resulting from bacterial contamination of water or from disease vectors. This perspective saw industrialization and chemicals as a solution rather than as a problem. Tellingly, in late 1969, Director General Candau regarded the upcoming Stockholm Conference on the Human Environment with suspicion, lest emotions on insecticides would obstruct WHO anti-malaria work. [1] In 1972, the WHO Bulletin published a study which demonstrated high levels of chlorinated pesticides, especially DDT, in the fatty tissues of people living in the Ferrara region, without even mentioning possible health repercussions. [2] And as late as 1988, the WHO representative, who interviewed future Director General, Gro Harlem Brundtland, about the publication of the Commission carrying her name, wondered if the report had not concentrated too much on man-made environmental problems "while in reality two-thirds of mankind were struggling against adverse natural conditions such as unsafe water, disease vectors, unfavorable climatic conditions, and so on."[3] This perspective of health hazards of chemicals as a pet complaint of the privileged rich and a potential impediment to satisfying the health needs of the poor would continue to burden considerations at the WHO may explain why different WHO department could take tangibly different positions on the assessment of the

---

[1] Note for the file, Conference on the Human Environment — 1972, 5 Dec 1969, H/II/86/3, WHO archive.

[2] L. PRATI, R. PAVENELLO, F. GHEZZO. Storage of chlorinated pesticides in human organs and tissues in Ferrara Province, Italy. Bulletin World Health Organization, 1972 (46): 363-369.

[3] Forum Interview with Gro Harlem Brundtland. Planet Earth — suicide or survival?. World Health Forum, 1988(9): 180.

health hazards of chemicals. Depending on their overall field of work, WHO staff could interpret their task either as highlighting the health risks of chemicals in order to protect populations from potential resulting health burdens, or as downplaying possible health risks of chemicals in order to prevent populations from losing crucial protection against existing health burdens.

This ambivalence showed in the second EHC paper, published in 1976, which reviewed available data in original scientific publications and national overviews on exposure levels and possible effects of PCBs and polychlorinated terphenyls on humans and on the environment. The paper clearly outline the extent of human exposure to the substance, estimating that the cumulative world production of PCBs since 1930 were about one million tons, about half of which were found in dumps and landfills from which they were slowly being released. They were well absorbed by mammals through the gastrointestinal tract, lungs, and skin, stored mainly in adipose tissue, and they passed the placental barrier. Most of the people tested had shown PCB levels up to 1 mg/kg body weight, though exposure, notably in work places, could be much higher. But the authors of the text were not overly alarmed by these findings. Man appeared to be the species most sensitive to PCB, and the contamination incident in Japan had suggested that 0.5 g (i.e. 500 mg) over 120 days represented the smallest dose to produce an effect.① These data suggested that, irrespective of their massive environmental presence, PCBs represented little danger to health, and the paper did not provide any policy recommendation.

The attitude contrasted with the precautionary approach taken by a WHO study group at the same time as well by the OECD three years earlier. Invoking the confirmed presence of PCBs in wildlife in many countries, the OECD had called for the international control of PCBs with a goal to minimize and — eventually — eliminate their escape into the environment.② This

---

① IPCS. Polychlorinated biphenyls and terphenyls. EHC 2, Geneva: WHO, 1976. http://www.inchem.org/documents/ehc/ehc/ehc002.htm#PartNumber: 9, retrieved 4 Dec 2012.

② C(73)1(Final), cited in Draft Decision Recommendation of the Council on Further Measures for the Protection of the Environment by Control of Polychlorinated Byphenyls ENV(86)22, 19 Nov 1986, OECD archive, 7.

recommendation was in line with US policy of the time, which had severely restricted the use of PCBs through the Toxic Substances Control Act of 1976 (four years after DDT) and banned its production in 1979. European countries followed suit. ① A WHO Technical Report, also published in 1976, went even further. The meta-study considered a substantially expanded spectrum of possible health risks, reviewing various methods to test mutagenicity, carcinogenicity, teratogenicity and ecological damage. Given the diffuse nature of these effects and the difficulties of experimentation with humans, warning signs were statistical and inherently problematic, since they required extensive and reliable registration of physical burdens and defects and had to consider numerous new synthetic substances in all fields of life. The concluding recommendations were bold: the introduction of new materials should not be permitted until their adverse effects, if any, had been adequately assessed. ② It was the most far-reaching demand with the most unequivocal endorsement of the precautionary principle voiced by an international organization, not paralleled before or later. It was the year when the Icmesa chemical plant, a subsidiary of Hoffman-La Roche, released large amounts of highly toxic tetrachlorodibenzodioxin into the environment at Seveso, Italy, injuring hundreds of people. ③ Chemicals were increasingly recognized as potentially serious health threats.

Shortly afterwards, the chemical industry got organized to present their perspective. The European Chemical Industry Ecology and Toxicology Centre was founded in 1978, an agency financed by the who's who of chemical companies, including BASF, Bayer, Shell, ExxonMobil, Honeywell, Procter & Gamble, Merck and others. On its 2014 website, it describes its task as developing and promoting top quality science in human and environmental risk assessment of chemicals and presents itself as the scientific forum where

---

① THEO COLBORN, DIANNE DUMANOSKI, JOHN PETERSON MYERS. Our Stolen Future, 91. Francis, Conspiracy. New York: Dutton Books, 1996.
② Health hazards from new environmental pollutants. Report of a WHO scientific group (WHO Technical Report Series, No. 586). Geneva: WHO, 1976.
③ P. A. BERTAZZI et al.. The Seveso studies on early and long-term effects of dioxin exposure: a review. Environmental Health Perspectives, 1998 (106): 625-633.

member company experts meet and co-operate with government and academic scientists, to evaluate and assess the available data, identify gaps in knowledge and recommend research, and publish critical reviews on the ecotoxicology and toxicology of chemicals, biomaterials and pharmaceuticals. ①

Its methods of work, reports and workshops, mimicked those of academia, and by posing as a forum for international and interdisciplinary exchange of scientific knowledge, the Centre claimed the ground of IHOs. In 1994, it changed its name to European Centre for Ecotoxicology and Toxicology of Chemicals (ECETOC), dropping its ties to industry from its name and thus increasing its impression as an IHO, in charge of providing authoritative information and recommendations. ② Apparently, organizers had decided that the best way to counter negative information coming from IHOs about chemical products was to act like an IHO and hope that some people would not tell the difference.

Meanwhile, international organizations increased their institutionalized cooperation. In 1980, the International Programme on Chemical Safety (IPCS), which had already provided an informal frame to joint WHO-UNEP publications for some time, added ILO to its participants and became firmly institutionalized. Its task was to organize and assess peer review processes to evaluate the risk to human health of (combinations of) chemicals and to develop and review methods for laboratory testing and ecological and epidemiological studies with member states. ③ In the following years, the IPCS became the authoritative voice of risk assessment, issuing a series of metastudies, designed to provide state of the art knowledge about a long and growing list of chemicals, addressing their possible carcinogenic effects as well as possible damage to internal organs, skin and respiratory irritation. ④ At the same time, the OECD Chemicals Programme was renamed the Environment,

---

① [2014-01-17]. http://www.ecetoc.org/overview.
② Timeline [2014-01-17]. http://www.ecetoc.org/history.
③ WHO Task Group On Environmental Health Criteria For Carbon Tetrachloride, ‖.. WHO: Action for Environmental Health, 16.
④ See e.g. IPCS studies on Beryllium (1990), on Alpha- and beta- hexachlorocyclohexanes (1992), on Hexachlorocyclopentadiene (1991).

Health and Safety (EHS) Programme moving closer to health-related work developing at the WHO and its cooperative organs with UNEP and ILO. ① Their expertise was acknowledged at the UN Conference on Environment and Development in Rio 1992. Agenda 21, its copious plan of action, described the problem in clear terms: 100.000 chemical substances existed, of which 1.500 represented approximately 95% of world production. Crucial data for risk assessment were missing "even for a great number of chemicals characterized by high-volume production."② Agenda 21, therefore, strongly underscored the urgent need for more research, calling on IPCS the OECD, FAO and the European Community (EC) in this regard. ③

Thus, by 1992, several IHOs were well alerted to chemicals as potential health risks. They had an elaborate infrastructure of joint inter-agency committees in place. This background of institutional collaboration certainly helped coming to terms with the new challenge of EDCs. However, the strict conceptual separation stood in the way of easy inter-sectoral communication: toxicological principle of dose-response was established for occupational and environmental health while a bio-systemic understanding was used in iatrogenic health risks, and the two spheres hardly intersected. These circumstances formed the background for the understanding of the emerging new concept of endocrine disruption.

From the 1990s to Today: IHO health work with EDCs

During the 1980s, evidence of disturbing phenomena emerged from a confusing range of seemingly unrelated contexts, ranging from laboratory experiments with uncontrollably multiplying cancer cells to fish of unclear sex caught near discharges of sewage treatment plants, and apparent increases in

---

① The OECD Environment, Health and Safety Programme: Achievements, Strengths and Opportunities, ENV/JM (2011) 17, 12 May 2012, http://search. oecd. org/officialdocuments/displaydocumentpdf/? cote=ENV/JM(2011)17&doclanguage=en.
② Agenda 21, § 11, http://habitat.igc.org/agenda21/a21-19.htm.
③ Agenda 21, § 15, http://habitat.igc.org/agenda21/a21-19.htm.

boys born with deformed genital organs.① In July 1991, zoologist Theo Colborn gathered a group of interdisciplinary scientists, including wildlife biologists, endocrinologists, immunologists and toxicologists, in Wisconsin, to discuss a series of disconcerting changes in the Great Lakes area. After long discussions they discovered a common theme among the various phenomena and coined the expression of "endocrine disruption" to mark diverse disorders related to hormone directed physiological processes.② For the first time, a categorization of a group of diverse substances was based on the presumed type of health damages they provoked. Subsequently, Colborn co-authored a paper, published 1993, which laid out the bases of the new concept:

> Convincing evidence exists that a variety of pollutants, some of which can disrupt endocrine development in wildlife and laboratory animals, is found in rain water, well water, lakes, and oceans, as well as freshwater, marine, and terrestrial food products. ...... Endocrine-disrupting effects are not currently considered in assessing risks to humans, domestic animals, and wildlife. Taking into consideration what is currently known about chemicals that disrupt the endocrine system, the effects 1) may be manifested in an entirely different way, and with permanent consequences, in the early embryo, fetus, and neonate from effects as a result of exposure only in adulthood; 2) can change the course of development and potential of offspring, with the outcome depending on the specific developmental period(s) of exposure; and 3) are often delayed and thus may not be fully or obviously expressed until the offspring reaches maturity or even middle age, even though critical exposure occurred during early embryonic, fetal, or neonatal life.③

---

① THEO COLBORN, DIANNE DUMANOSKI, JOHN PETERSON MYERS. Our Stolen Future. New York: Dutton Books, 1996: 122 – 135.
② SUSAN FREINKEL. Plastic: A Toxic Love Story. Boston: Houghton Mifflin, 2011: 92 – 93.
③ THEO COLBORN, FREDERICK S. VOM SAAL, ANA SOTO. Developmental effects of endocrine-disrupting chemicals in wildlife and humans. Environmental Health Perspectives, 1993, 101 (5): 378 – 384.

Drawing the connection to the DES case, the paper suggested a list of health disorders potentially caused by EDCs including preterm births, low birth weight, small skull circumference, cryptorchidism in infants, and cognitive, motoric, visual and behavioral deficits in children, breast and prostatic cancer and low sperm count in adults. In 1996, the book *Our Stolen Future*, also co-authored by Colborn, introduced the concept to the lay world. Virtually non-existent before, the use of expressions of "endocrine disruptor" or "endocrine disrupting" in written texts exploded within just a few years. ① It was the birth of a new health issue, and as fears of a diffuse danger especially to babies and children spread terror among young parents, the need for more information was obvious. Scientists turned to the issue with a vengeance. Pubmed listed merely four papers using the keywords "endocrine disruptors" in 1995. In 2011, there were 551. ②

The news about this new type of threat was sufficiently disconcerting for governments of industrialized countries to take note. A 1996 OECD survey showed that almost all member countries had done or were preparing national reports or reviews on the question. Alarmed both by data about wildlife and by toxicological studies, all twenty-two countries, which returned the OECD questionnaire, considered EDCs candidates for regulatory or advisory activities, and half of them considered the issue a major concern. Roughly half the respondent administrations felt well informed about what constituted an "endocrine disrupting substance" while the other half did not. The range of chemicals considered (potentially) hazardous included specific compounds as well as groups of substances as EDC suspects, revealing the potential scale of the challenge: phytoestrogens, PCBs and metabolites, phthalates, TBT, chlorinated hydrocarbons, chlorinated dioxins, alkylphenols, DDT and metabolites, organometals, pesticides, pharmaceuticals, food additives, bisphenol A, brominated flame retardants, optical brighteners, detergent

---

① [2014 - 01 - 15]. https://books.google.com/ngrams/graph? content=endocrine+disruptor%2C+endocrine+disrupting&year_start=1800&year_end=2000&corpus=15&smoothing=3&share=&direct_url=t1%3B%2Cendocrine%20disruptor%3B%2Cc0%3B.t1%3B%2Cendocrine%20disrupting%3B%2Cc0.

② [2014 - 01 - 20]. http://www.ncbi.nlm.nih.gov/pubmed/? term=endocrine+disruptors.

derivatives and steroid hormones.① If ever there was a case where IHO guidance was needed, this was one. The challenge was threefold: to assess if there were statistically significant unexplained changes in animal and human health, to determine whether these changes (if they existed) were linked to substances defined as EDCs, and to decide whether these health effects of EDCs (if they existed) were sufficiently serious to warrant specific policies.

IHOs reacted by recommending, commissioning and evaluating studies into the question, each taking different perspectives. Early approaches focused on wildlife, for which more data were available. In 1996 the OECD established a *Special Activity on Endocrine Disrupter Testing and Assessment* which initially addressed the economic repercussions of possible effects of EDCs on aquatic life for their consequences on commercial fishing.② The WHO was even quicker. Its 1993 EHC update on PCBs, a fat volume of 682 pages, which reviewed the findings of over 1000 original papers and several scientific conferences since 1976, included as a new feature, a very technical chapter, specifically entitled "effects on the endocrine system." While this chapter dealt exclusively with observations regarding effects on animals, the final conclusions also addressed effects on experimental animals, humans and the environment. The text acknowledged the wide distribution of PCBs in the environment throughout the world, its persistence and its accumulation in food webs. Human exposure continued to be largely from the consumption of contaminated food, especially mother's milk for babies, but also from inhalation and skin absorption. But firm findings continued to be inhibited by complications: PCBs were frequently found in combination with carcinogenic polychlorinated dibenzofurans (PCDFs), which appeared to exacerbate their toxicity but also made it difficult to establish clear cause and effect chains. Thus, none of the core questions could be answered, but the importance of

---

① Summary Report of the 1996 OECD Questionnaire on Endocrine Disrupting Substances, undated, unnumbered, OECDA, 1 - 4.

② Endocrine Disrupter Testing and Assessment. http://www.oecd.org/env/chemicalsafetyandbiosafety/testingofchemicals/endocrinedisruptertestingandassessment.htm, retrieved 5 Dec 2012.

asking them was confirmed. Tellingly, the conclusions of the text acknowledged the degree to which humans had become helpless victims of chemical exposure:

> It is clear from available data on polychlorinated biphenyls (PCBs) and polychlorinated terphenyls (PCTs) that, in an ideal situation, it would be preferable not to have these compounds in food at any level. However, it is equally clear that the reduction of PCBs or PCTs exposure from food sources to "zero" or to a level approaching zero, would mean the elimination (prohibition of the consumption) of large amounts of important food items, such as fish, but more importantly breast milk. ①

The logic of EDCs as unpleasant but unavoidable risk repeated a similar approach regarding pesticides some forty years earlier. Accordingly, recommendations appeared mild: more research, more standardization in research, disposal of the substance only in high-performance incinerators and monitoring sea mammal populations. ②

Soon after, the topic formed the subject of a remarkably broad-based conference. In late 1996, the European Centre of the WHO, the European Commission and the European Environmental Agency, the OECD and various national administrations co-organized a Workshop on *the Impact of Endocrine Disruptors on Human Health and Wildlife* in the English town of Weybridge, where experts in various fields pooled their knowledge. Participants were cautious regarding wildlife, where they saw "few cases within the EU ⋯ where effects could be clearly ascribed to endocrine disruptors", and even more so concerning human health. They agreed that there was sufficient evidence to establish that testicular cancer rates were rising and sperm counts falling in

---

① § 1. 1. 1. , IPCS, Polychlorinated biphenyls and terphenyls, 2nd ed. Environmental Health Criteria 140, Geneva, WHO, 1993. http://www.inchem.org/documents/ehc/ehc/ehc140.htm, retrieved 10 Sept 2013; see also http://apps.who.int/iris/handle/10665/38678.

② IPCS, Polychlorinated biphenyls and terphenyls, 2nd ed. Environmental Health Criteria 140, Geneva, WHO, 1993. http://www.inchem.org/documents/ehc/ehc/ehc140.htm, retrieved 4 Dec 2012.

some regions and that "existing exposure information was generally insufficient to definitely associate the human changes seen with chemical exposure". [1] More research was therefore needed to establish if, to what extent and in what way certain chemicals might interfere with animal and human health. As an important step forward, the workshop proposed a definition of an endocrine disrupter as "an exogenous substance that causes adverse health effects in an intact organism, or its progeny, *consequent* to changes in endocrine function". [2] It was an early attempt at giving a more precise meaning to a phenomenon whose effects might be limited to wildlife and whose very existence was in doubt for humans.

This caution was understandable, because for international organizations, this new categorization of health issues was a mixed blessing. On the one hand, it provided a theory for the physiological processes in which chemical compounds might cause the rising incidence in an array of health problems, otherwise difficult to explain. But this theoretical precision made scientifically sound conclusions exceedingly complicated because it required explaining mechanism which contradicted the rules so far assumed to determine the health risks of chemicals. During the preceding decades the health repercussions of chemicals had been assessed in toxicological terms: the toxicity of a given substances was a function of the dose of exposure ("dose-response"), and its specification required a reproducible relation between a causative agent and its outcome. Both principles were violated by research regarding EDCs. The concept of endocrine disruption through chemicals assumed that the effects of the substances in question did not depend primarily (or not at all) on its dose but, as with endogenous hormones, on the time and condition of exposure, on possible complex interaction with other substances and on tissue-specific effects such as receptor selectivity. Accordingly, results of exposure tests could vary widely, depending on circumstances.

Although this mechanism was well established for drugs like DES, many

---

[1][2] European Workshop on the impact of endocrine disruptors on human health and wildlife. Conclusions and recommendations, 2 – 4 Dec 1996. http://ec.europa.eu/environment/chemicals/endocrine/documents/reports_conclusions_en.htm#, retrieved 10 Sept 2013.

toxicologists were unwilling to accept it for environmental exposure. And, since experiments with humans were out of the question for ethical reasons, establishing authoritative expertise was difficult. Initially, the majority of data derived from biologists rather than medical scientists, and it was unclear to what extent findings about deformations in fish and mollusks were relevant to humans. Reliable epidemiological data, especially on long-term development of exposed individuals, were often difficult to establish and even more difficult to correlate to exposure levels to any specific example of a long list of chemicals with which people had been surrounded in the course of many years. Laboratory tests with animals raised the question of a suitable model while in vitro tests showed endocrine activity but were unhelpful to determine whether it was beneficial or harmful to the health of an entire organism. Thus, finding robust epidemiological data on humans and creating accepted methods for in vitro and clinical tests formed difficult and time-consuming but essential steps towards establishing reliable information on the effects of EDCs for humans.

 A few weeks after the Weybridge conference, a meeting sponsored by the UNDP and the US Environmental Protection Agency (EPA), with participants from the same agencies and from numerous individual countries and of industry, demonstrated the difficulty of placing the issue in a global health context. The workshop largely confirmed the Weybridge conclusions, but participants from low-income countries in the South pointed out that, despite some awareness of possible health hazards resulting from chemical contamination, their governments "regarded the issue as too ill defined and esoteric to take resources away from other pressing public health problems."[1] Understandably, from a Third World perspective, the increase of testicular cancer by between two and four men per 100,000 in some Scandinavian countries hardly merited redirecting funds from illnesses which killed millions of people in their countries every year. However, the global and long-term perspective differed: if wildlife in remote corners in different

---

[1] International Workshop on Endocrine Disruptors, 22 – 24 Jan 1997. http://www.epa.gov/edrlupvx/Pubs/smithrep.html.

continents was affected by any given proportion of the rapidly rising number of chemicals, this hazard was ubiquitous. And if the human endocrine system was, indeed, affected by the same chemicals, this rise in cancer incidence might be just the tip of a gigantic iceberg.

The new challenge appeared to arouse a certain degree of inter-agency competition. A May 1997 WHA resolution called on the Director-General of the WHO to "take the necessary steps to reinforce WHO leadership in undertaking risk assessment" regarding chemicals to human health, and to promote and coordinate research "on potential endocrine-related health effects of exposure to chemicals". [1] But in reality, any far-reaching work had to be cooperative. No single agency possessed all the expertise and infrastructure of institutes and people for all fields from which information would have to be pooled: the OECD was strong in chemical testing, the UNDP in environmental information, including on wildlife, and the WHO was obviously the central body regarding human health.

During the following years, the IPCS, itself a multi-agency body, cooperated with the OECD to establish a Steering Group of renowned international experts who adopted the task of establishing the state of global knowledge on the field. The result was a major IPCS report, published under WHO auspices in 2002, which summed up the findings of data collection and research of the last years. Again, they amounted to more questions and doubts than robust findings. For instance, it cited documented correlation between some EDCs and neurological development and behavior, but it cautioned that similar effects could also result from chemicals inducing neurotoxicity rather than endocrine action. [2] Thus, pending further research, the report was very careful to point out that, so far, there was little evidence pointing to a serious public health issue. It was difficult to draw conclusions about effects on human health from statistical data alone since they were often too patchy and too

---

[1] IPCS. Global Assessment of the State-of-the-Science of Endocrine Disruptors. Geneva: WHO, 2002: vii.

[2] IPCS. Global Assessment of the State-of-the-Science of Endocrine Disruptors. Geneva: WHO, 2002: 3.

varied in experimental design to allow comparisons over time or between regions and often crucial data, notably regarding exposure during critical periods of development, were simply non-existent. Besides, the concentration and potencies of endogenous hormones was generally higher than that of exogenous chemicals, adding to complexity of interpretation. A decline of human sperm quality had been observed in several countries, but its relation to ECDs remained unclear, and metastudies were inconsistent. Similarly, connections to observed increases in deformations of male reproductive organs, to precocious puberty, impaired neurological development and immune functions and several cancers remained unclear. Testicular cancer rates in Northern Europe had begun rising at the beginning of the twentieth century before the industrial production of chemicals and, therefore, could not be explained by EDCs alone, if at all. ① Thus, in several fields there was sufficient credible evidence to establish changes in human health to raise concern, but not enough to draw a firm connection to EDCs. Yet, as one important result, the report narrowed the definition of EDC down to a more precise form to "... an exogenous substance (or mixture) that alters function(s) of the endocrine (hormonal) system and consequently causes adverse health effects in an intact organism, or its progeny, or (sub) populations."② It would become the standard definition, accepted by believers as well as skeptics of the phenomenon.

 As both epidemiological, laboratory and clinical research continued, though sometimes with contradictory findings, subsequent reports vacillated between different degrees of assertiveness. In 2003, an update on knowledge regarding PCBs, reconstructed the topic as a full-blown endocrine question. Though the text still pointed out the lack of unequivocal results due to the large range of possible confounding factors, it now listed an impressive list of disorders which had been observed in humans exposed to PCBs, alone or in combination with other substances, including reduced sperm mobility, fetal

---

 ① IPCS. Global Assessment of the State-of-the-Science of Endocrine Disruptors. Geneva: WHO, 2002: 3.
 ② IPCS. Global Assessment of the State-of-the-Science of Endocrine Disruptors. Geneva: WHO, 2002: 1.

growth and development, seriously impaired neurological functions of the offspring, such as reduced reflexes, memory capacities and IQ scores (though some deficiencies appeared to disappear later during childhood), increased incidence of cancers of the digestive system and increased susceptibility to some childhood diseases. ① Nine years later, in a WHO report on *Endocrine disruptors and child health*, conclusions were expressed in more tentative terms. They confirmed that several reproductive and other endocrine disorders had reached epidemic proportions to the extent of warranting a new term of *testicular dysgenesis syndrome* (TDS), describing cryptorchidism, hypospadias, testicular cancer and failure of spermatogenesis, and these disorders had been linked to exposure to some EDCs in animal experimentation. But evidence was still insufficient for unequivocal conclusions. Nevertheless, as a particularly disconcerting aspect, the text repeated the possible impairment of intelligence in child development. ② Another new item emerged in an EU report of 2011, which pointed out possible effects of EDCs on globally rising diabetes and obesity rates, though, as usual, firm assessments required more research. ③

ECETOC, the industrial ersatz-IHO founded in 1978, established an "Environmental Oestrogens Task Force" but otherwise remained outside the discussions for years except for an article, published in 2000, which suggested a "set of testing and screening tiers" which integrated natural EDCs into the picture and shifted attention away from epidemiological data. ④ It became more active after the EU issued regulations in 2009, which introduced considerations of risk of endocrine disruption into its admission criteria for chemical substances. ⑤ In

---

① IPCS. CICAD 55, Polychlorinated Biphenyls: Human Health Aspects. Geneva: WHO, 2003: 4-5.
② WHO. Endocrine disruptors and child health. Geneva: WHO, 2012.
③ ANDREAS KORTENKAMP et al.. State of the Art Assessment of Endocrine Disruptors, 2011 [2014-01-10]. http://ec.europa.eu/environment/chemicals/endocrine/pdf/sota_edc_final_report.pdf.
④ T. H. HUTCHINSON et al.. Ecological risk assessment of endocrine disrupters. Environmental health perspectives, 2000, 108(11): 1007-1014.
⑤ Regulation (EC) No 1107/2009 of the European Parliament and of the Council of 21 October 2009, Official Journal of the European Union, 24 Nov 2009, L 309/1-309/50 [2014-01-29]. http://eur-lex.europa.eu/LexUriServ/LexUriServ.do? uri=OJ:L:2009:309:0001:0050:EN:PDF.

response, ECETOC held two workshops and issued resulting reports which acknowledged the specific mode of action of endocrine disruption but, paradoxically, retained the idea of exposure limits. Insisting on the "science-based" character of its recommendations it called for more nuanced classifications depending on the nature of the damage caused by EDCs and between substances of low and of higher concern, depending on threshold values of potency. [1] A more radical line was taken by ECETOC members in contributions to a special issue to *Toxicology Letters*, published online in October 2013. As a case in point, Gerhard Nohynek (long-time employee at l'Oréal) et al., sought to exonerate personal care products by raising doubts about the entire concept of EDCs. In their arguments they contradicted conceptual as well as epidemiological tenets of the EDCs: far higher risks should emanate from substances with much higher potency, such as hormone contraceptives or clover; non-monotonic dose-relationship contradicted centuries of pharmacological and toxicological experience; screenings showing endocrine activities triggered by a substance were irrelevant until harm to health could be demonstrated; there was no scientific evidence for some major reported disturbances like declining sperm count, increased incidence in cryptorchidism and hypospadias, nor for a link between EDCs and increasing testicular cancer rates nor for synergistic effects of several substances. Indeed, the paper flatly denied that any link had been shown between a man-made EDC which posed "an identifiable, measurable risk to human health" adding, somewhat disingenuously, that "the adverse effects of iatrogenic DES were long known before the *endocrine disruptor* was coined". [2] Derisively, Nohynek et al. commented that "the hypothesis that the negligible exposure of humans to chemicals of negligible hormonal potency could have an effect on human fertility is absurd defying a scientific basis as well as common sense" and suggested vested interests of scientists working in the field, political

---

[1] REMI BARS et al., Risk assessment of endocrine active chemicals: Identifying chemicals of regulatory concern. Regulatory Toxicology and Pharmacology, 2012, 64 (1): 143 – 154. http://www.sciencedirect.com/science/article/pii/S0273230012001237.

[2] GERHARD NOHYNEK et al., Endocrine disruption: Fact or urban legend. Toxicology Letters, 2013(223): 295 – 305, 301.

correctness, a bias against everything man-made and the excessive sensitivity of male scientists to news about deformations of reproductive organs in male infants as reasons for the emergence of such an unfounded theory. ① Though the authors contrasted this apparent lack of evidence to the demonstrable relation between smoking and cancer, the strategy of creating doubt by denying or ignoring evidence and by smearing scientists in academia appeared eerily reminiscent of that used by the tobacco industry some decades earlier. ②

Such vehement repudiation of the idea of EDCs may have been prompted by the rising evidence in its favor. In 2013, an expert commissioned by UNEP and WHO, published an update on the 2002 report on the state of knowledge on the topic. While still cautious, it presented the issue in much firmer and also more urgent terms. ③ While approximately 800 chemicals were known or suspected of interfering with hormone receptors, only a small fraction were tested, and human exposure, especially to interacting combinations of chemicals, was now believed to be substantially higher than formerly assumed. The report qualified as strong evidence the link of some EDCs to non-descended testes in young boys, to breast cancer, prostate cancer and, somewhat less firm evidence to attention deficit/hyperactivity disorder (ADHD), cognitive and behavioral deficits and to decreased bone mineral density, and still insufficient evidence regarding adverse pregnancy outcomes, ovarian and testicular cancer, reduced semen in adult men, early puberty, diabetes and obesity. ④ The report also underscored in clear terms that EDCs represented a "special form of toxicity" which showed non-linear dose-response curves and depended on a variety of circumstantial factors. Refuting earlier perspectives of EDCs as pet health concerns of rich people, the report underscored the global relevance of the issue by relating it to international

---

① GERHARD NOHYNEK et al.. Endocrine disruption: Fact or urban legend. Toxicology Letters, 2013(223): 299.
② NAOMI ORESKES, MICHAEL CONWAY. Merchants of Doubt. New York: Bloomsbury, 2010.
③ WHO/UNEP, State of the Science of Endocrine Disrupting Chemicals — 2012, WHO/UNEP 2013: vii-viii.
④ WHO/UNEP, State of the Science of Endocrine Disrupting Chemicals — 2012, WHO/UNEP 2013: viii-x.

commitments to protecting vulnerable populations in the Millennium Development Goals. Despite a necessary attention to traditional environmental health risks such as malnutrition and infectious diseases emerging issues "should be prevented from becoming future tradition environmental threats."① Underscoring the ubiquity and urgency of the issue, the report flatly stated:

Endocrine disruption is no longer limited to estrogenic, androgenic and thyroid pathways. Chemicals also interfere with metabolism, fat storage, bone development and the immune system, and this suggests that all endocrine systems can and will be affected by EDCs. ...

It is plausible that chemical exposure in pregnancy will affect the health of several subsequent generations of people and wildlife that are not themselves exposed. ②

In 2014, the European Commission endorsed the findings of a major German-Danish study providing firm evidence of EDC interference with human sperm function and began a review of its policy on EDCs. ③ Similarly, a 2014 report on the European Division of WHO, reported the phenomenon of EDCs as a fact, though with varying degrees of certainty regarding different health disorders. Building on the 2012 WHO report, it bolstered its position on cases of perceived certainty and extended the list of suspected health effects, citing growing evidence that EDCs might "play a role in the development of chronic diseases (including hormone-related cancers, obesity, diabetes and cardiovascular disease)", all of which were rising concerns of the global burden of disease. ④ Within twenty years, the concept of EDCs in IHOs had shifted from virtually non-existent to a serious, potentially major, threat of global health.

---

　　① WHO/UNEP, State of the Science of Endocrine Disrupting Chemicals — 2012, WHO/UNEP 2013: iii.
　　② WHO/UNEP, State of the Science of Endocrine Disrupting Chemicals — 2012, WHO/UNEP 2013: XV, 15.
　　③ SH/HR Max Planck Society. Endocrine disruptors impair human sperm function. (2014-08-06) http://www.mpg.de/8201201/chemicals-fertility, 6 Aug 2014.
　　④ WHO Europe. Identification of risks from exposure to Endocrine-Disrupting Chemicals at the country levels. WHO: Copenhagen, 2014: 17.

Conclusions

For IHOs to establish firm positions regarding EDCs required major transformations of categorization and construction of physiologically active substances. The 1970s saw a shift in the view of chemicals from indispensable and essential ingredients of a modern and healthful life to important substances of everyday life and potential health threats. This shift was conceptually easy because it could draw on Paracelsus' toxicological principle that the does makes the poison so that it was possible to keep any substance within safe areas of usage if threshold values of safety could be identified and implemented. The main responsibility of IHOs, therefore, was to define threshold values as standards of chemical safety. At the same time, a different paradigm was in use for drug safety, which took into account of potential long-term mutagenic and teratogenic effects of drugs. Here, safety considerations of IHOs (as well of by national bodies) focused on comprehensive drug testing. Medical drugs were perceived as part of a distinctly defined sphere of medicine and pharmacology, clearly within the field of competence of the WHO. Chemicals, by contrast, were important in industrial production, agriculture, international trade, environment and health, touching on the responsibilities of various organizations, all of which became active in the area.

Thus, when seemingly unrelated evidence of changes in the environment, wildlife and in humans was reported, different organizations with different agendas began paying attention to different aspects of the phenomenon and making sense of emerging information required an unusual degree of inter-agency cooperation based on acknowledged inter-dependence. This process risked resembling the group of blind people who try to establish the nature of an elephant by each touching a different part of its body.

But such collaboration was greatly facilitated by a pre-existing tradition and infrastructure of inter-agency cooperation. Institutionally, there were a series of programs which could be put to use for the various components of ECD research: the OECD program on chemical testing, the EHC program within the WHO, the IPCS and programs for inter-agency cooperation, all prepared to assess chemical risks. Thus, being able to unite the environmental knowledge, emanating from UNEP and FAO, the laboratory expertise spurred by OECD, the experience with occupational health collected by ILO and the health competence of WHO, formed an immense benefit in constructing a multi-faceted phenomenon. Indeed, it may be speculated that without such a well-established network of joint commissions, establishing the state of existing knowledge on an international level would have been slowed down considerably.

But for all agencies, creating this new paradigm required reconstructing the views of chemical substances, including those in which work had been done for many years, shifting attention from toxic qualities to biomedical interference. This process was burdened by the rapidly increasing presence of the substances of concern to near omnipresence. Depending on perspective, this growing ubiquity of chemicals made their potentially dangerous character either highly improbable or highly alarming. In any event, it complicated identifying risks from the rising level of fuzzy noise. It also opened up opportunities for industry to use the working structures and the argumentation that public IHOs had been employing so far. Thus, by using selected epidemiological and laboratory data and insisting on prior toxicological paradigms, industry, through ECETOC, tried to strengthen their efforts to discredit gradually evolving knowledge on EDCs. The question was further complicated by the fact that a lot of relevant expertise was held within the chemical industry which, in turn, had an obvious interest in playing down possible health risks. Thus, research tended to show a "sharp division between those who report detrimental effects of ED at environmental levels (micro- to picomolar range) — mostly academic experts — and those who appear unable to do so at any concentration — industry corporations."[1]

The challenge for IHOs was how to react to a situation of risk uncertainty. The idea of the precautionary principle had entered WHO

---

[1] ANDRÉ MARQUES-PINTO, DAVIDE CARVALHO. Human infertility: are endocrine disruptors to blame. Endocrine Connections, 2013 (2): R15 – R29, R17.

language many years before the words had been coined for this purpose in Rio, and for medication it was implemented with a strong emphasis on drug safety. For chemicals, the sheer reality of a world awash in products made from new synthetic materials made this approach impractical, despite occasional declaration to the contrary. Thus, allegiances to the precautionary principle, once writ large, receded to the background. While in 1976, a WHO report had demanded that the harmless nature of chemicals be established before they were released, supposedly by manufacturers. Twenty years later, instead of demanding proof of harmlessness from chemical industry, several large international organizations assumed the responsibility of assessing the potentially harmful character of specific chemicals. This strategy was probably inevitable. Man-made material had grown too widespread to be treated according to a strict interpretation of the precautionary principle. But the attitude of IHOs was also a defeat of sorts. Instead of a general policy of industry having to prove the harmlessness of its products, the withdrawal of products from the market had required that independent scientists had provided substantial evidence of risk. IHOs appear to have had little influence on these strictly national decision making processes. However, IHOs can be credited for not shying away from stating suspected risks and making clear that careful wording resulted from an absence of evidence regarding risks rather than from evidence of their absence.

Thus, endocrine disruptors have been a global epidemic in the making, whose extent is still impossible to assess. In some ways, the situation is not unlike the first Sanitary Conferences between 1851 and the early twentieth century. The threatening diseases, cholera, plague and yellow fever, may have been more easily defined than the diffuse list of potential EDC related illnesses, but otherwise the is a very similar situation of international bodies expected to provide policy recommendations in the face of scientific uncertainty. [1] In both

---

[1] NORMAN HOWARD-JONES. The scientific background of the International Sanitary Conferences 1851–1938. Geneva: WHO, 1975; VALESKA HUBER. The Unification of the Globe by Disease? The International Sanitary Conferences on Cholera, 1851–1894. The Historical Journal, 2006, 49(2): 453–476.

periods, negotiations on international health focused on two key areas:

The scientific accuracy of cause-effect theories regarding health problems;

The suitable balance between precaution and risk in the face of different degrees of uncertainty.

Then as now, scientific disagreement has been affected by competing disciplinary approaches. Just like the outbreak of cholera could be assessed in terms of miasma theory or in terms of contagionism, calling for different preventive strategies, and the possible relation of chemical substances to increased incidence in testicular cancer could be assessed within toxicological or bio-systemic frameworks, leading to fundamentally different conclusions. And in both phases of international health organization (IHOs), erring on the question of risk could have serious outcomes: too much caution threatened to cause enormous economic losses (through the disruption of trade and/or of production in a major economic sector), too little threatened to cause deaths (through epidemics of infectious diseases or of slowly developing illnesses). In the 19th century, international cooperation was essential because combating diseases of a potentially contagious character while maintaining trade required agreeing on sensible precautionary strategies and regulations. In the 21st century, with "pathogens" being produced in some countries and marketed in many others, the situation may be not so different.

It is probably too early for an in-depth appraisal of the role of IHOs, individually and collectively, in the evolution of EDCs as public health issues. Tentatively, it appears that, initially, instead of setting the agenda they were taken by surprise by its rapid onset. They were then simply unable to undertake the necessary massive collection of epidemiological, clinical and laboratory data themselves. Their main function has been to receive, analyze and evaluate evolving knowledge into publications that took stock of the state of the art knowledge and — tentatively — issued recommendation. Given these circumstances, they reacted quite quickly, making use of the existing infrastructure of commissions, experts and inter-agency connections and, some evidence suggests, by some degree of inter-agency rivalry. Initial evaluation of available data was very cautious, apparently more concerned about being accused of alarmism in the face of insufficient evidence than of complacency in the face of sufficient evidence of health risks. Overall, it seems that this strategy has been sound. The IPCS definition of EDCs has been widely accepted as the standard, and (so far) none of the reports has been subjected to the accusations of unreliability, as, for instance, those of the IPCC have, though this difference certainly owes a lot to the perceived difference in sensitivity of the subject.

For the WHO, a strong policy has been weakened to some extent by a North-South gradient, whereby chemicals were no priority issue within its overall work program. However, this dichotomy appears to be weakening as the list of possible health effects is lengthening, increasingly including diseases like obesity or diabetes, issues of concern in high- as well as low-income countries. Increasingly, EDCs are being viewed as an issue of global concern. In 2014, 1.115 contributions to a UN crowd-sourcing platform on sustainable development from scientists around the world established a list of 96 issues they would like policy-makers to consider for action. "Large-scale increases in genetic mutations in humans due to accumulation of toxic chemicals in our environment and in food chains" was ranked eleventh. [1] If this momentum continues (which is uncertain right now), findings may well become more threatening to the chemical industry and to everyday life, as we know it. Should this happen, IHO credibility for setting standards, providing recommendations and fora for broad-based stakeholder deliberations will be crucial.

---

[1] United Nations. Prototype Global Sustainable Development Report. Online unedited edition. New York: United Nations Department of Economic and Social Affairs, Division for Sustainable Development, 1 July 2014, 21 - 22, http://sustainabledevelopment.un.org/globalsdreport/.

英国近代早期的劳工工资
问题与国家管制

柴 彬

柴彬,1970年3月生,甘肃天水人。2006年毕业于中国社会科学院研究生院,获历史学博士学位。2017年9月由兰州大学调入上海大学文学院,任历史系教授、博士生导师。主要研究领域为世界中世纪史、英国中世纪及近代早期社会经济史等。主讲课程有"西方文化史""全球史"等。出版专著、译著多部;在《世界历史》《史学理论研究》等刊物发表学术论文多篇,并有多篇论文被人大《复印报刊资料》全文转载。参与并主持国家社科基金重大招标项目、国家社科基金项目各1项。为中国世界中世纪史研究会理事、中国英国史研究会理事、中国世界近代史研究会理事、英国牛津大学访问学者、国家社科基金中华学术外译项目评审专家。

劳工工资问题是英国自中世纪晚期至近代以来的经济史、社会史和法律史诸领域中的一个殊为重要的问题,故而备受英美等国经济史家、社会史家和法律史家的重视和研究。① 对此问题加以探察,有助于加深我们对近代早期英国的

---

① 坎宁安的《英国工商业的成长》(W. CUNNINGHAM. The Growth of English Industry and Commerce. Cambridge, 1921)、利普森的《英国经济史》(E. LIPSON. The Economic History of England. London, 1934—1937)、赫克舍的《重商主义》(ELI F. HECKSCHER. Mercantilism. London, 1931)、彼德·拉姆齐的《都铎经济问题》(PETER RAMSEY. Tudor Economic Problems. London, 1963)、约翰·克拉潘的《简明不列颠经济史》(上海译文出版社1980年版)等著作从经济史角度研究了近代早期英国劳工工资问题,为后人的进一步探究奠定了基础;由明钦顿所编的《前工业时期英格兰的工资管制》(W. E. MINCHINTON. Wage regulation in pre-industrial England. David & Charles Ltd., 1972)和凯尔索尔所著的《学徒法令之下的工资管制》(R. K. KELSALL. Wage Regulation under the Statute of Artificers. London, 1938)两部著作则是迄今为止最为系统全面的研究劳工工资问题的成果,颇具参考价值。而詹姆斯·W. 汤普逊的《中世纪晚期欧洲经济社会史》(商务印书馆1996年版)、阿萨·勃里格斯的《英国社会史》(中国人民大学出版社1991年版)等著作则从社会史或经济社会史的视角分析了工资问题,研究方法较为新颖。此外,英国法律史家霍尔兹沃斯的《英国法律史》(W. S. HOLDSWORTH. A History of English Law. London, 1924.)、普拉克奈特的《普通法简史》 (转下页)

社会经济状况、国家职能的变化以及经济社会转型的特征等问题的了解和认识。关于这一问题,迄今国内未见专题研究。所以,笔者拟依据相关资料,对其进行初步探讨,并求教于方家。

一、劳工工资问题的产生与近代以前的工资国家管制

在英国历史上,劳工工资问题的出现与欧洲中世纪有名的黑死病有着密切联系,而英国政府正式对劳工工资进行管制也基本上肇始于黑死病时期。

(一)黑死病与劳工工资问题的产生

所谓的黑死病是一种传染病,因其使患者身上出现紫黑色的斑点而得名。后世也称其为"大瘟疫"。这种瘟疫源于中亚,1347年由十字军带回欧洲,然后从意大利蔓延至西欧。黑死病曾在1348—1349年席卷全欧洲,造成了欧洲历史上最严重的人口死亡。

黑死病于1348年8月出现在英国,这时正值英法百年战争时期,疫病最初由来自加来的难民带来,先在英国多塞特郡的港口登陆,翌年流行于不列颠。以后黑死病于1361年、1368年、1375年、1390年又数度肆虐。在这场大瘟疫中,英国的人口大幅锐减。据统计,当时有大约三分之一到二分之一的人口死亡。如有人就认为,英格兰的人口总数在黑死病大流行之前可能已经达到475万,但是在这一世纪末(指14世纪末),人口总数很可能降到了200万左右。① 当时在英国的广大农村,大量的土地、房舍、家畜都沦为无主之财;同时,由于劳动力奇缺,各地的庄园主被迫大幅提高工资来招募劳役工人,许多原先没有土地或拥有小块土地的农民以及茅舍农等随之成为依靠工资为生的劳动者。这些劳动者时常以离开为由来要挟雇主为他们涨工资,正如后来专门针对上述问题而制订的1349年《劳工条例》的序言所说:"鉴于大部分人民,主要是工人和雇工死于黑死病,并且某些人趁主人需要和缺乏雇工之机,要求主人付给他们极高的工资,否

(接上页)(T. E. T. A. PLUCKNETT. A Concise History of Common Law. London, 1940)等论著也从法律史的角度探察了劳工工资问题,极有新意。在原始材料方面,研究近代早期英国工资方面王室敕令的原始文献则有休斯和拉金的《都铎王室敕令》(P. L. HUGHES, J. F. LARKIN. Tudor Royal Proclamations. Yale University Press, 1964),是目前最为完整的都铎王室敕令汇编,为研究英国近代早期工资国家管制问题提供了宝贵的第一手资料。

① 阿萨·勃里格斯.英国社会史.陈叔平等,译.北京:中国人民大学出版社,1991:94.

则不愿为主人劳动……"①从而导致许多农村发生了农民骚乱。

在饱受黑死病蹂躏的同时,英国当时还遭受了频繁的农业灾害。1351年、1361—1362年、1369年、1374年、1377年都曾发生过严重的旱灾。而农业歉收势必导致食品供不应求,物价剧烈波动,从而使得劳工们要求加薪的呼声更为高涨。有人曾对此描述道:"……物价提高了,生产费用,无论是商品或服务费用都大幅度增加。农业劳动者、行会工人、家内仆从、教士,甚至祭司都罢工,要求提高工资。'第二年秋,谁也不能以少于8便士的工资(并管饭食)雇到一个割禾人;而雇割草者,至少要12便士并管饭食。由于无人从事收割,许多庄稼烂在地里……'"②与此同时,由于这时执政的爱德华三世(1327—1377年在位)实行了降低便士含银量的政策,从而造成当时劳工的实际工资收入明显下降,因而劳动者们也不断要求增加他们的工资。上述这些因素导致英国劳工的工资呈现不断上升的趋势。

据估计,在黑死病期间,英国劳工的工资上涨了50%之多。例如,爱德华一世(1272—1307年在位)时的一个盖屋顶工的助手的日工资大约是1便士,但在1350年他的日工资已增加为2便士以上。③ 在黑死病之后,雇工的工资仍持续上涨,如在14世纪中期至15世纪中期之间,像从事打谷、扬场之类农活的雇工工资就上涨了50%—75%,而建筑工匠的日工资上涨幅度则更大,达到了75%—100%。④ 雇工们不断高涨的工资无疑给他们的雇主们带来了巨大的经济压力,他们纷纷向政府和议会请愿和游说,要求制定法律阻止工资上涨的势头。

显然,在当时的经济生活中,劳工工资问题成为一个急待解决的基本问题。针对上述情形,英国政府采取了各种手段予以遏止,尤其是在立法方面颁布了许多法规,试图用国家强制的方式将工资标准保持在黑死病之前的水平上,从而保证各地的雇主们得到他们急需的劳动力。

(二) 近代以前的劳工工资国家管制

1349年的《劳工条例》(*Ordinance of Labourers*)和1351年的《劳工法令》(*Statute of Labourers*)是英国历史上最早规定了劳工工资的国家法规。它们都

---

① 詹姆斯·W.汤普逊.中世纪晚期欧洲经济社会史.徐家玲,等译.北京:商务印书馆,1996:532.
② 詹姆斯·W.汤普逊.中世纪晚期欧洲经济社会史.徐家玲,等译.北京:商务印书馆,1996:522.
③ 约翰·克拉潘.简明不列颠经济史.范定九等,译.上海:上海译文出版社,1980:166.
④ J. F. C. HARRISON. The Common People: A History From the Norman Conquest to the Present. London & Sydey, 1984:66—70.

要求所有身体健全的男人和女人,年龄在60岁以下者,无论有无契约,只要没有固定的谋生手段,就要按照旧的(黑死病之前的)工资报酬去接受服役并在他们的雇主处一直劳动到他们的契约失效为止。① 为保证上述法令的实行,英国政府当时还组织了一批专职的劳工法官②,由国王指派到全国各地去管制工资。值得指出的是,这些专司负责审理违反劳工法律的法官通常都是各郡的乡绅,有些人本身就是雇主,由于他们的自身利益与工资政策密切相关,因而他们在执行法律方面甚为卖力。当时对违反者的处罚非常严苛,包括戴枷示众、监禁及在额头烙印等。

但就这些法规的执行效果而言,后世的绝大多数历史学家都认为《劳工法令》是彻底失败的。③

首先,由于黑死病造成了劳动力极其缺乏,这样,数量有限的劳工就成了劳动力市场上的抢手货,他们的工资大幅上涨是必然的。为了雇到必需的人手,雇主们被迫竞相出高价雇用劳动者,这就导致政府防止工资提高的愿望势必落空。所以,仅靠立法来强行降低雇工工资的做法是与当时的社会现实完全脱节的。

其次,因为各地的劳工们经常逃跑和联合抵制,正如1376年的一份名为《禁止乞丐的下院请愿书》中所说:"……尽管已在数届议会上制订了诸项旨在惩罚劳工、技工和其他雇工的法令和法律,但这些人仍在狡诈并有预谋地逃避上述法令及法律的处罚。一俟他们的雇主斥责他们不尽力,或准备按照法律规定的标准支付他们报酬时,他们就逃逸或即刻离弃他们的工作和场所,……因此前述雇主不知该去哪里找寻他们予以补救或根据前述法律来控诉他们。……由于担心如此的逃逸,雇主们不再敢于冒犯或招惹他们的雇工了,只得给予他们所索要的工资,尽管这与法律和法令相抵触……"④所以法规也难以严格实行。

因此,尽管劳工法官们认真尽职,勤奋工作,但上述法规实际上仍然收效甚微。这些因素就导致了著名的1563年《学徒法令》(*Statute of Apprentices*)以及一系列相关法律措施的出台。

---

① G. B. ADAMS, H. M. STEPHENS. Select Documents of English Constitutional History. London: Macmillan Publishers Ltd. ,1901: 114—115.
② 后来并为治安法官。
③ E. LIPSON. The Economic History of England: Vol. 1. London,1934—1937: 115.
④ R. B. DOBSON. The Peasants' Revolt of 1381. London: Macmillan Publishers Ltd. , 1983: 73.

二、近代早期的劳工工资国家管制

(一) 1563年的《学徒法令》与工资管制

1563年的《学徒法令》是英国自近代早期至工业革命之前最为重要的关于劳工工资问题的法令之一,其颁布于伊丽莎白一世(1558—1603年在位)时代。这一法令围绕的中心议题就是工资管制及其执行问题。下面具体加以分析。

该法令的首要目的是通过强化政府的工资管制,使劳工的工资水平与当时不断上涨的物价相适应,以保护雇主和雇工利益,从而维护社会稳定。正如法令所说:"虽然以前所制订的许多有关农业上和其他行业上的徒工、仆人和工人的法令在现在仍然发生效力,但有些法令也确有其不完善和矛盾的地方,而主要是其中的许多法令所制定的工资和报酬在许多场合下过于低微。由于物价上涨,这些法令的执行必然引起贫苦工人和被雇者的极大痛苦和负担。……朕甚望本法令得到认真执行,它应当收到消除闲惰现象、发展农业的效果,而那些在活忙期或活闲期受人雇用的人们也能得到适当的工资。为此制定本法令……"

该法令最为重要的部分是关于工资厘定、批准和公布的程序以及执行等事宜,其明确规定:"各州郡的保安长官……在他们自己职权的范围内……各州郡的行政司法长官,城市的市长,司法长官或其他长官……城市范围内的保安长官……都必须在今年6月10日以前或在今后每年复活节后第一次举行的州郡会议上,或在复活节后的六个星期内的某个合适时间,召集本州郡或城市的端谨人士一起商议工作忙闲及其他有关事项,并在自己管辖范围内有权评定那些在以往已经评定或未经评定的工资或工人、仆役的工资。……工资的评定可以计年、计日、计周、计月,或按其他形式,工资评完后,须于每年7月12日以前,把评定的结果写成书面,说明理由,呈报大法官厅;由大法官厅呈报财政大臣,再呈报女王陛下……或呈报诸大臣或枢密院其他成员,将该文件付印,并于9月1日以前,送达各郡,……公布已经评定的工资等级,并下令一切人员严格遵守。各法官也必须同样严格遵守。……还要于米迦勒节(9月29日,追念天使长圣米迦勒的宗教节日,为英国四结账日之一)以前集市日子在公开的市场,予以公布,并在合适的地方出布告。如果各郡长官和治安长官在第一次州郡法庭上对去年评定的等级加以保留或改变,他们得于每年的7月12日以前把他们的决议呈请大法官厅加以批改发下,如果发下的该项评定无须改动,那么去年所做出的评定继续有效。"

此外,为监督治安法官等官员对法令的执行,该法令提出了严格要求:"为了使得本法令在今后一直得到良好的执行起见,兹规定各州郡保安长官分成几个地区,城市的或自治镇的市长或主要长官也如此,每年在圣米迦勒节和耶稣圣诞节和圣浸礼降生节之间……对本法令的各条条文及其执行情况进行专门和认真的调查。如有发现任何违误,严加惩戒,不得有任何偏袒或挟嫌报复。每个保安长官、市长或主要长官,每次为执行本法令开庭一天,可以得到5个先令的报酬,此款由本法令中的罚金中支付。"

该法令还对渎职官员规定了严厉的处罚措施:"评定工资时,治安长官缺席者处以25英镑罚金。"

为了威慑违反法令的雇佣双方,法令还规定了相应的惩罚措施:"雇主发放工资超过评定标准者,禁闭十天,并罚金5英镑。接受该工资者,禁闭二十一天"。①

1563年的《学徒法令》对近代早期英国的经济生活具有十分重要的意义,它不仅为都铎时期的工资国家管制提供了重要的法律依据,而且也是当时其他相关法规的主要立法依据。除了议会法令这一最高法律之外,这里特别需要指出的是王室敕令这一法律形式。所谓的王室敕令也被称为王室公告,它是一种盖有国玺(Great Seal)的,对公众所关心的事项的一种正式宣告。② 其由英国国王根据其特权,在枢密院的建议下制订并向全国发布,具有立法作用,是英王权力的象征之一。这种王室敕令在英国都铎时期的政治和经济社会生活中曾发挥过一定作用。

在都铎时期的工资国家管制过程中,议会法令主要体现了国家总体性的和宏观方面的指导原则,而微观方面和日常具体的监督则是通过王室敕令这一立法工具进行的。值得说明的是,都铎王朝的诸多工资敕令主要是基于1563年的《学徒法令》制定的,而且政府颁布它们的主要目的就是为了确保这一法令的顺利执行。

(二)工资敕令与工资管制

在都铎时期,工资问题是工业领域里颇受王室敕令关注的焦点之一,为此大量相关敕令应运而生。下面首先就这些敕令的情况作概要介绍:

---

① 齐思和,林幼琪,选译.中世纪晚期的西欧.北京:商务印书馆,1962:207—216.
② 戴维·M.沃克.牛津法律大辞典.李双元等,译.北京:法律出版社,2003:910.

1. 工资方面王室敕令

前已提到,都铎时期关于工资方面的敕令主要是依据1563的《学徒法令》来制定的。据统计,伊丽莎白一世时期的工商业敕令中有1/5之多是依据该法令来评定工资的。当时这种工资敕令的形成过程大致如下,首先由各地治安法官制订出当地的工资目录并在仿羊皮纸上正式誊写好,然后上报大法官法庭批准,再由枢密院下令将印制好的敕令复本送至各郡,最后由城镇里的郡守和其他官员予以公布之后正式执行。下面对这一时期的工资敕令进行梳理和分析,从中也可以了解都铎政府的基本工资政策。

首先,为了保证工资方面敕令的顺利实施,都铎政府不仅确立了以治安法官为主,包括郡守、市长和其他地方官员在内的工资厘定管理体制,而且还规定了工资敕令在生效颁行之前要经历司法公证,并向女王、枢密院等最高执政者及机构公布,以获得他们的批准的具体程序。根据1563年《学徒法令》颁布后的首项关于厘定工资的敕令——1563年6月7日的厘定拉特兰郡的工资敕令的规定:"在他们的若干治安委员会辖下的各郡、行政区、辖区的治安法官,或居住在同一管辖区内的其他治安法官们,和郡的郡守(如其方便的话),以及任何治安法官所在的任何市或城镇范围内的全体市长、行政官或其他官员,依凭该法令,根据该法令的要旨须集合起来,以谨慎地使限制、厘定,并规定技工们、手工艺人们、农民们、劳工们、雇工们、和工人们的工资的权限得以施行,并依据该法令所赋予的权威,将所制订的工资及税赋在该法令所限定的日期前在女王陛下的大法官法庭进行公证;因此在目前其对大法官和掌玺大臣而言是合法的,由此向女王陛下、她的继任者,或她的继承人,或她的枢密院大臣及其他成员宣布,将敕令向由治安法官和其他官员规定的若干工资等级所覆盖的郡及地区推行,以女王陛下的名义,命令一切人等立即遵守并施以该敕令和法令所限制和规定的惩罚和没收性质的威慑。"①

另外,还明确规定了应根据物价水平来厘定工资标准的基本原则。仍依据1563年6月7日的厘定拉特兰郡的工资敕令,其规定:"拉特兰郡内的治安法官被授权厘定技工、劳工和雇工的工资等级并征税……根据相关的法令,出于考虑到亚麻、羊毛、皮革、谷物和其他食物的高昂的价格……"②以后这一原则在其他

---

① P. L. HUGHES, J. F. LARKIN. Tudor Royal Proclamations: Vol. 2. Yale University Press, 1964: 21.
② P. L. HUGHES, J. F. LARKIN. Tudor Royal Proclamations: Vol. 2. Yale University Press, 1964: 212.

涉及工资问题的敕令中也得到了贯彻。

在工资厘定的标准上,当时主要是按照工匠的种类、性别、伙食档次等来规定各个手工业行业的工资标准的,这种做法被以后的敕令继承并不断完善。例如1563年6月7日颁布的厘定拉特兰郡的工资敕令中关于"从复活节到米迦勒节期间的技工、劳工和雇工的工资表"规定:"刈草工的日工资附带有肉食的为5便士,无肉的为10便士。男收割工的日工资附带有肉食的为4便士,无肉食的为8便士。女收割工的日工资附带有肉食的为3便士,无肉食的为6便士……"①

在其他工资方面的敕令中,有些不仅厘定了各种工匠的最高工资,还按技艺水平(最好的及二等的)和身份(工头及普通工)、季节(夏季及冬季)分等级确定他们的最高工资,并明确地规定了儿童的年工资,例如1563年6月8日的厘定肯特郡工资的敕令。在该敕令中规定"14至18岁的儿童的年工资是20先令,或其他的肉,饮料和布料,以及一个季度为6便士的工资"。②而鼓励雇佣童工的政策是伊丽莎白时期济贫事务的一个组成部分,目的是为了缓解社会贫困现象,这说明当时政府的工资管制措施已经与社会济贫联系起来了。

还有一些敕令在划定工资等级时以结婚与否为尺度,这说明敕令制定者考虑到了当时人们养家糊口的压力。例如1563年1月12日后的厘定新温莎的工资敕令中规定,"已婚的农场的男管理员的年工资不得高于46先令8便士,制服的费用是10先令;如果未婚则年工资不得高于40先令,制服是6先令8便士。"③

此外,有些敕令还专门规定了计件工人的工资,如1563年1月12日后的厘定新温莎的工资敕令中规定:"为1夸脱的新小麦脱粒者的工资是12便士,为1夸脱的大麦脱粒的工资是8便士。"④这说明当时政府工资厘定的标准越来越灵活多样,也日益贴近了社会生产实践。

由于同业公会在都铎时期的城市经济生活中实际上扮演着管理者的角色,所以政府在管制工资时非常注意发挥同业公会的作用,并从行业管理的角度来

---

① P. L. HUGHES, J. F. LARKIN. Tudor Royal Proclamations: Vol. 2. Yale University Press, 1964: 213—214.
② P. L. HUGHES, J. F. LARKIN. Tudor Royal Proclamations: Vol. 2. Yale University Press, 1964: 217.
③ P. L. HUGHES, J. F. LARKIN. Tudor Royal Proclamations: Vol. 2. Yale University Press, 1964: 219.
④ P. L. HUGHES, J. F. LARKIN. Tudor Royal Proclamations: Vol. 2. Yale University Press, 1964: 220.

厘定工资。例如1563年8月3日厘定伦敦工资的敕令即是如此。在该敕令中，政府从同业公会的角度详细地确定了各种工匠的工资限额。如对属于任何同业公会的工人、熟练工或雇工，按年度规定工资，并以年、星期或日为计量时段为同业公会的工匠们厘定工资。

毛纺织业是英国传统的民族工业，为保证产品的质量及在国外市场的竞争力，政府在工资厘定的过程中还注意将其与对羊毛产销环节中的质量及价格等的控制相结合。一些敕令就反映了这种做法。例如1576年9月24日关于厘定切斯特的工资的敕令。该敕令规定市长、市议员、郡守和市议会可以对羊毛的纺织、梳理、编织、摇摆、缩绒、染色过程中的等级、价格和重量做出规制和指导，并要求遵照执行。①

都铎时期随着手工业技术的发展，手工业的分工日益精细，这种情况相应地体现在一些工资敕令中。例如1565年8月的厘定里德、肯特的工资敕令所涉及的工匠种类之多，限制条款之严密都是其他工资敕令所不可比拟的，以至于在该敕令的最后还专门解释了其中的原因："上述工资标准的特殊的多样性之原因，部分是由于工匠们精妙的智识和技艺，部分是出于他们所运用的工具和器械较重的税负，部分也由于土地的多样性。"②

显然，都铎时期英国的工资管制较之前代逐步趋于严格和强化了。这一倾向除了体现在上述敕令的条文中之外，还集中表现在相关王室敕令发布的时间频率和覆盖地区方面。

2. 伦敦与工资敕令

据统计，都铎政府自1563年至1590年一共发布了50项工资厘定方面的王室敕令，在全国范围内有多达23个地区被纳入管制范围，其中，伦敦是都铎时期工资管制的重点地区。就所发布的工资敕令数量而言，伦敦无疑是全国之最，在全部50项敕令中，针对伦敦一地的就达17项，占到了1/3强。③ 之所以如此，首先是因为伦敦在全国经济格局中的重要地位。其次，通过对伦敦的工资管制，可以起到示范作用从而影响和带动全国。

英国经济史家麦克阿瑟曾从伦敦市的公会档案中收集到大量有关16世纪伦敦管制工资的珍贵资料。这些资料主要为敕令复本、证明书、评估书、会

---

① P. L. HUGHES, J. F. LARKIN. Tudor Royal Proclamations: Vol. 2. Yale University Press, 1964: 409.
② P. L. HUGHES, J. F. LARKIN. Tudor Royal Proclamations: Vol. 2. Yale University Press, 1964: 270.
③ 根据休斯和拉金的《都铎王室敕令》一书进行统计获得。

议通知等,起止时间从1564年至1590年。它们基本上反映了当时伦敦工资管制方面的活动,从而为研究伊丽莎白时期的工资管制情况提供了有力的证据。

麦克阿瑟通过研究这些材料发现:在1563年《学徒法令》通过之后的二十八年里,至少有二十一年的工资厘定活动都是根据该法令进行的。他的主要依据如下:

1. 在1564年5月30日和6月1日的市政档案中有一份王室敕令的复本及其证明书,在这份敕令复本上又记载有一份完整的工资评估表。将这一敕令复本与证明书相对证,可以确定其是1563年所制定的一份工资敕令的复本。

2. 在1576年的档案集中发现了附有一份完整的工资标准的敕令和证明书的复本。

3. 在1578年的档案中有一份工资敕令,该敕令含有一份日期是同年6月1日的完整的工资目录的证明书。此外,该敕令还附有一份日期为同年7月28日的令状。

4. 在1580年的档案中有一份日期为同年6月20日的令状的复本,同时还附有一份敕令及其证明书。

5. 在1583年的档案中有一份工资敕令的大部分内容。

6. 在1584年、1585年的档案中有一份敕令及其证明书,并附有一份记载有完整的工资标准的敕令复本。

7. 在1586年、1587年、1588年、1589年这几年里的档案中也发现了若干令状、敕令以及含有工资目录的证明书。

8. 在1590年的档案中有一份令状,其明确授权一份敕令可以规定前些年所制订的工资标准应予遵守。

根据这些资料,麦克阿瑟认为:"在伊丽莎白女王统治的大部分时间里,在伦敦这个王国最重要和享有最高特权地位的城市里,伊丽莎白工资法令被系统而认真地做了执行。"

最后,他得出的结论是:"毫无疑问,在伊丽莎白时期的大部分时间里,评定工资成为伦敦市的治安法官日常工作的一部分。"①

应该说,麦克阿瑟通过对伦敦原始档案的研究所得出的上述结论是有着充

---

① E. A. MCARTHUR. The Regulation of Wages in the Sixteenth Century. The English Historical Review,1900,(15)59: 445—455.

分事实基础的,因而也是令人信服的。

通过上述分析,我们有理由相信,在都铎时期的英国,都铎政府依靠治安法官等官员,以工资敕令为主要手段,以伦敦市为重点,对全国各地劳工的工资进行了长期的管制。

三、对劳工工资国家管制的本质的认识及其后果的评价

(一)本质

第一,"一切政府,甚至最专制的政府,归根到底都只不过是本国状况所产生的经济必然性的执行者。"[①]无论是中世纪时期的封建王国,还是处于从封建社会向资本主义社会过渡时代的都铎王朝,情况都是如此。

在中世纪的英国,农业是占据主导地位的支柱产业,构成了封建国家的经济命脉。到13世纪末年,广大的农业庄园中,传统的劳役地租和实物地租逐渐为货币地租所取代,[②]占有大量土地的封建地主阶层越来越多地使用雇佣工人的劳动。这样,由日益庞大化的雇主和雇工组成的社会集团对国家经济生活的影响也逐步增大,特别是农业雇主阶层更是成为中央集权的封建王朝必须依靠的重要经济和政治力量。而黑死病蔓延之后,英国的工人工资大幅度提高,这无疑增加了农业雇主等地主阶层的经济负担并影响到他们的经济利益,他们势必呼吁和要求统治者运用包括法律在内的诸项政策手段来控制工资增长的幅度,而王国政府以及议会此时也必定要竭力维护作为自身统治的重要支柱的雇主阶层的利益,所以"每当立法机关企图调解雇主与其工人之间的纠纷时,它的顾问总是雇主"。[③] 同时,当时食品及工业品价格伴随工资上升的趋势,也危害到广大国民的切身利益,从而危及社会秩序的稳定和国王的统治,所以统治者势必要通过法律等严厉持续的国家干预手段加以纠救。

都铎王朝也是如此,虽然其"是瓦解中的封建君主制和萌芽中的资产阶级君主制"政权,[④]但从其本质来看,它仍然是一封建专制政权,必然要维护其封建经济的基础。在都铎时期,农业仍是当时整个国家最重要的行业,全国有4/5的

---

① 马克思恩格斯全集:第38卷.北京:人民出版社,1965:364.
② 琼图洛夫.外国经济史.孟揆,译.上海:上海人民出版社,1962:138.
③ 亚当·斯密.国民财富的性质和原因的研究:第1卷.爱丁堡,1814:237.转引自:马克思恩格斯选集:第2卷.北京:人民出版社,1972:243.
④ 马克思恩格斯全集:第21卷.北京:人民出版社,1972:459.

人口直接或间接地以农耕为生。同时,大量王室封建地产及其他封建收入的存在,封建贵族势力的存在,重农轻商的封建意识形态的存在等因素,都使得传统的农本经济仍然在国家经济结构中居于主导地位,因此都铎王朝还需要继续奉行以前的农本政策。

在都铎时期的英国,掌握着大量土地的地主阶层是都铎统治者赖以依靠的主要社会阶层之一,他们在当时的国家政治和经济生活中扮演着重要的作用,因为"……在中世纪的封建国家中,也是这样,在这里,政治的权力地位是按照地产来排列的"。① 都铎君主们要维护自己统治的稳定长久,就必须依靠地主阶层的支持和拥护。应该说,当时的司法职能和行政职能实际上体现的是地主阶层等土地所有者们的土地所有权的属性,②这一本质属性鲜明地体现在都铎政府的总体政策上,其法律体系则是其总体政策的重要组成部分,因为"法律是一种政治措施,是一种政策"。③ 所以,都铎法律体系也必然要竭力维护地主阶层的既得利益,采取各种法律措施来捍卫他们的经济地位。因此,都铎政府的总体政策包括法律都是维护地主阶层利益的工具。

在都铎时期的英国,农业雇主阶层的经济和政治影响力比前代更大了。这是由于,随着商品货币经济的发展,在都铎时期的英国乡村中货币地租已占据了主导地位。各地的地主们在自己的庄园中日益广泛地使用雇佣劳动。同时,15世纪英国的乡村居民已经基本上由独立经营的自由农民所组成。较为富裕的农民或是从贫苦农民那里购买土地,或是从地主手中租借土地,然后也在他们的田地上雇佣雇工,自己则充当雇主。这些掌握着土地的农业雇主们人数不断增多,在国家经济和政治生活中的实力和影响也显著增强了,使得国家在制定经济、政治政策时必须充分考虑他们的利益诉求。都铎时期的英国政府针对劳工工资所进行的一系列国家管制措施即是如此。这些措施既延续了中世纪黑死病流行以来英国政府的传统工资政策,也是迫于都铎时期的特定经济状况而采取的非常性措施。

都铎时期经济变革频仍,社会动荡不安,严重威胁到王国的统治秩序,极为需要依靠国家予以控制,这是工资国家管制产生的重要历史前提。

16世纪英国的人口增长和价格上涨两大问题深刻地影响了国家的面貌。

---

① 马克思恩格斯选集:第4卷.北京:人民出版社,1972:168—169.
② "……这完全像司法职能和行政职能随着资产阶级社会的发展,同土地所有权相分离一样,而在封建社会,这些职能却是土地所有权的属性。"见:马克思恩格斯全集:第25卷.北京:人民出版社,1972:436.
③ 列宁全集:第23卷.北京:人民出版社,1972:40—41.

由于当时的农业生产力比以前有了明显提高,粮食产量和农民收入都有所增加,从而百姓生活水平得以改善。同时,该世纪里农业灾荒、瘟疫明显减少等因素,降低了民众的死亡率;而当时人们的婚育观念也发生了改变,独身者减少,婚龄下降,又使人口生育率明显上升。所以,这一时期的英国人口上升迅速。关于当时人口的增长情况,有人曾说,到伊丽莎白统治时期"英格兰已人满为患"。① 以伦敦为例,1559 年时其人口为 90 000,而到 1605 年,已达到了 224 000 人。②

人口的过快增长势必导致物价的上升,尤其是食物价格。据统计,在整个 16 世纪里谷价总共上涨了 300% 多。③ 欧洲其他国家也在这一时期出现了类似的物价飞涨现象,以至于被称为"价格革命"。由于物价飞涨,导致市场上投机垄断行为盛行,从而影响到国家经济秩序的稳定。

人口的过快增长还影响到了英国工人的生活。在英国的工业部门中,由于日益庞大的人口进入劳动力市场,导致城市工人的实际工资在整个 16 世纪里减少了几乎 50%。④ 再加上市场需求的剧烈波动,使得大批工人因为失业而处境艰难。

此外,亨利八世和爱德华六世时期的货币重铸政策导致了货币贬值,使得国家财富减少,国库空虚,劳工的实际工资收入下降,民众的财富也明显减少。

这一系列问题和危机对都铎王朝的社会统治秩序造成了巨大的威胁。为了维护正常的社会经济秩序,非常需要利用国家机器对工农业等领域实施有力的调控和管制。因此,"到都铎时期,所有阶层都一致认为为了促进工业和发展商业,政府的行为是必需的。"⑤在这种背景下,大量的经济法规,尤其是劳工工资方面的法规被都铎君主们频频制订和颁行,以维护农业雇主阶层的利益,从而巩固国家的统治根基。

第二,都铎政府对劳工工资的国家管制也是出于维护封建的传统工商业道德的需要。

在中世纪的社会经济条件下,西欧各国诞生了一种封建的传统工商业道德。其主要特征可以概括为:一个公平的工资,一种诚实的生产,一个公正的价格,

---

① J. D. CHAMBERS. Population, Economy and Society in Society in Pre-Industrial England. Cambridge, 1972:27.
② K. POWELL, C. COOK. English Historical Facts 1485—1603. London: Macmillan Press Ltd., 1977:198.
③④ P. WILLIAMS. The Tudor Regime. Oxford University Press, 1979:140.
⑤ W. CUNNINGHAM. The Growth of English Industry and Commerce: Vol. 2. Cambridge, 1921:20.

一个合理的利润。① 这种封建的传统工商业道德是当时社会经济状况的产物,这时各国生产力尚落后,生产和生活资料较为匮乏,为了保证所有社会成员的基本生活所需,大家必须恪守上述道德原则,才能维持和延续个体和社会集体的生存。其中,所谓合理的工资,即工人所得的工资应该与其生活支出相适应,而不得高于其生活成本,为保证这种合理的工资的形成和遵守,需要对生产者的工资由国家加以管制和厘定,通过限制生产者收入的政策,以维护雇主的利益。

上述中世纪的国家立法者所追求的理想实际上是一种道德上的理想,是中世纪社会生产力较为落后,人们的物质生活产品比较匮乏等客观条件的必然产物。在当时的情况下,工人们索取过高的工资,既会加大雇主的经济负担,还会引发市场物价的上涨,会扰乱市场秩序,从而导致社会动荡不稳。当时的立法者为维护社会的稳定和秩序,在一定程度上附和了民意,制定了一系列针对上述行为的法规并予以严格执行。

到了都铎时代,这种中世纪的立法思想并未消失,还继续对当时的经济立法者产生着潜移默化的影响,因而虽然中世纪的和都铎时期的立法者所处的时代不同,但他们的思想却在许多方面是一致的。例如,他们都认为,"再没有比一个管理不善而混乱的贸易对一个管理良好的国家危害更大的东西了"。② 所以他们都主张维护一种所谓合理的工资,维护雇主的利益,因而他们都反对雇工联合起来要求提高工资。显然,都铎时期的经济立法在某些方面仍然在沿用着中世纪的立法导向甚至法规。通过将 1349 年的《劳工条例》和 1351 年的《劳工法令》与 1563 年的《学徒法令》及诸多敕令相比较,可以发现它们之间的历史传承关系是十分明显的。无疑,前者为后者提供了雏形和基础,而后者则对前者作了继承和发展。总之,把三者联系起来看,英国政府对工资问题的国家管制日趋严厉和强化了。

(二) 评价

第一,积极意义:

首先,都铎政府通过厘定工人工资,使工人的工资与他们的生活费用相适应,并由政府规定工人的最低工资的做法,充分考虑了当时物价上涨对劳工生活的不利影响,正如 1563 年 6 月 8 日的厘定肯特郡工资的敕令中所说:"上述由治安法官和郡守厘定和征课的工资及标准是如此之高的原因和因素,仅仅是谷物、粮食、食品,以及其他必需品的缺少和匮乏,以至于此刻它们在该郡是如此之缺

---

①② W. S. HOLDSWORTH. A History of English Law: Vol. 4. London,1924: 317.

少和昂贵而致使穷人不能以合理的价格来获取他们的生活必需品。"①从而有助于保障劳工的基本生活水平。同时,由政府规定法定的工资标准,也在一定程度上抑制了当时物价上涨的势头,有助于稳定社会经济秩序。关于这一点可以以明钦顿对 1563 年《学徒法令》颁布后的年份里的英国若干郡的工资标准与小麦价格所作的统计来说明。以切斯特郡为例,该郡在 1570 年、1597 年的工资数值分别为 100,而在 1571—1581 年的小麦价格则同为 100;再以鹿特兰郡和德文郡为例,前者在 1563 年及后者在 1594 年的日工资、年工资、小麦价格均为 100;等等。②

其次,还保障了生产者免受雇主的过分剥削,从而在一定程度上调和了劳资关系,维护了雇主和工人双方的利益,维持了工业生产秩序的正常化。因此有人认为:"……这一法令对雇主和雇工有同样的影响。法令不仅禁止雇工要更高的工钱,也禁止雇主出更高的工钱。这些法律不可能从根本上解决问题,但却用防止工钱和价格完全失控的办法,成功地恢复了一定程度的稳定……"③

最后,在都铎时期的英国,"法的统治"(Rule of law)的理念已深入社会各阶层人士的心目之中,他们一致要求"世俗社会应以法为基础:法应该使世俗社会得以实现秩序和进步"。④ 而都铎君主们出于巩固自身统治的需要,也亟需建立新的法律秩序以维护正常和稳定的社会秩序。这种法律秩序不仅要求国家权力将整个国家的社会经济生活纳入严格的法律规制框架之中,而且也要求"国家必须永远在法律的形式下行使其管理权力"⑤。其最终目标即在全社会确立"法的统治",一切国家社会经济事务和人们的活动都必须而且只接受法律的统治。

正是在上述背景下,历代都铎国王利用法律等手段来规制和管理国家社会经济生活。在都铎时期的国民经济生活中,尤其是在工农业领域,国家的干预作用可以分为直接干预和间接干预。其中属于直接干预的措施包括对货币和度量衡的监督等;而间接干预则体现在工资厘定制度等方面。国家干预措施的施行或直接或间接地发挥了调节国家经济生活、规范各种经济行为的作用,从而在一

---

① P. L. HUGHES, J. F. LARKIN. Tudor Royal Proclamations: Vol. 2. Yale University Press, 1964:218.
② W. E. MINCHINTON. Wage regulation in pre-industrial england. David & Charles Ltd., 1972:81.
③ 佛雷德里克·F.卡特赖特,迈克尔·比迪斯.疾病改变历史.陈仲丹等,译.济南:山东画报出版社,2004:36.
④ 勒内·达维德.当代主要法律体系.漆竹生,译.上海:上海译文出版社,1984:38.
⑤ 乔治·霍兰·萨拜因.政治学说史:下册.刘山等,译,南木校.北京:商务印书馆,1986:731.

定程度上维护了英国经济结构的稳定性,调和了当时错综复杂的各种社会经济矛盾,保证了经济秩序的和谐,为都铎时期社会经济的顺利发展营造了较为有利的法制环境。

第二,消极面:

都铎工资国家管制具有一定的保守性。工资国家管制是都铎时期经济政策的组成部分之一。关于都铎时期经济政策的特点,许多经济史家都有过评断,其中以下面的观点最具代表性。如英国著名经济史家劳伦斯·斯通曾说:"安全,而非繁荣,是都铎经济政策的主要目标。"[1]拉姆齐也认为:"可以说在都铎时期,'经济问题永远是第二位的,经济性的措施往往是为非经济目的而服务的'。"[2]上述论断在我们对都铎工资国家管制进行定性分析时有一定的借鉴意义。

都铎王朝的根本政策是维持其统治的长期稳定及和平延续,这一政策是指导都铎专制王权所有经济社会政策的根本方针。因此,在都铎君主们的心目中,秩序和安全高于一切,而繁荣只是确保秩序和安全的手段和工具。有人曾这样评价亨利七世时期的政策特征:"国家政策的最高目标是和平和安全。他的政策一直是以政治,而非经济为主的,他或许重视的经济目标(除了加强他自己的经济地位)是从属于他的政治和外交目标的。"[3]其实,不独亨利七世的政策具有上述特征,应该说包括经济政策在内的都铎时期的总体政策,也都适用于上述论断。

都铎时期是一个大变革时代,人口增长、通货膨胀、宗教改革,解散修道院,圈地运动等重大事件都在这一时期发生,它们带来了大量严重而复杂的社会经济问题,并严重威胁到王国的统治秩序,急需政府利用国家强力予以控制,否则会危及王朝的统治。为了维护和稳固王朝统治的根基,保证都铎专制统治的顺利延续,维护王国的和平,不仅必须防止工人利用物价上涨而强迫雇主为他们涨工资,而且工人的法定工资需要每年由治安法官精心厘定。从指导都铎工资管制等政府行为的主导思想来看,其实质是以在任何特定时期下最为稳妥的方式来管理英国经济生活。都铎君主们的这种做法既是任何封建统治阶级的一种本能反应,但也从中暴露出一定的保守性和投机性。因为这些措施中的许多都只

---

[1] LAWRENCE STONE. State Control in Sixteenth-Century England. Economic History Review, 1947(17):110.
[2] PETER RAMSEY. Tudor Economic Problems. London:Victor Gollancz Ltd. ,1963:177.
[3] S. B. CHRIMES. Henry VII. Yale University Press, 1977:218.

是解决燃眉之急的权宜之计,它们的目的是竭力减轻王国的痛苦而不是找到长久的解决之道。①

上述方针和指导原则集中体现在都铎经济政策上并通过这些经济政策得以实践。而工资国家管制在其本质上也只是维护都铎国家秩序和安全的利用手段而已。因此其最终目标也是要服务于维护都铎王朝的专制统治,维持正常的秩序,巩固都铎君主们的统治基础的。所以,其也在一定程度上体现出这种保守性。

第三,都铎工资国家管制的效果的有限性:

全面地看,受各种客观历史因素的制约,都铎工资国家管制的实施,既取得了一定的成效,但其效果又是比较有限的。

首先,都铎时期对工资实行管制是建立在认为低廉的劳动力价格有利于国家利益这一前提之上的。在都铎政府看来,"廉价的劳动力,及其所带来的廉价的商品,是增加它们在国内或国外的消费的唯一手段",②而劳动力的廉价则势必扩大对劳动力的需求。同时,由国家对工资进行控制可以保护穷人和劳动者免受过分的压迫,从而维护社会的稳定。

但实际上,《学徒法令》以及一系列法规的颁行并没有也不可能彻底阻止工资的上涨,尽管由治安法官厘定和颁行的工资标准具有将收入较高的工匠的工资压低到普遍水平的暂时效果。③但由于这种工资标准没有在不同等级的技能之间进行区分,过于简单划一,因而在实际执行中缺乏可操作性。"因为,就是同一地方同一种类的劳动,也往往依照劳动者的巧拙以及雇主的宽吝,给付不同的价格。……而且,经验似乎告诉我们,法律虽屡次企图规定工资,但实际上,却从未作出适当的规定。"④同时,随着经济的发展,雇主们对劳动力需求的增加,他们时常被迫需要以超过法定的工资水平来吸引更多能干的工匠。以16世纪后半期的白金汉郡为例,当时在该郡付给工匠的工资有时是政府规定工资的两倍。⑤所以,由治安法官的季会法庭确定的法定工资与实际上的劳动力价格往往不一致。在那些法定的工资标准与普遍的劳动力价格相违背的地方,这些法定

---

① W. NOTESTEIN. The English People on the EVE of Colonization 1603-1630. Harper & Row Ltd.,1962:183.
② E. LIPSON. The Economic History of England:Vol. 3. London,1934—1937:273.
③ E. LIPSON. The Economic History of England:Vol. 3. London,1934—1937:274.
④ 亚当·斯密.国民财富的性质和原因的研究:上卷.郭大力,王亚南,译.北京:商务印书馆,1972:71.
⑤ J. E. T. ROGERS. A History of Agriculture and Price:Vol. 5. Oxford,1866:827—828.

工资常常得不到执行。尽管治安法官们竭力去执行他们厘定的工资,但是经常无济于事。

其次,在工资方面国家法规的施行过程中存在着一定的执行不力现象。这主要是指来自工资管制的最主要执行者——治安法官等执行环节的人为阻力。治安法官是都铎时期地方政权系统中最为重要的官员,但他们既非职业官僚,也无中央供给薪金,所以他们受命去厘定工资纯属义务性工作。虽然《学徒法令》规定他们可以在审理违反该法规的案件时得到一定金钱补偿,但其数目往往微不足道,与他们付出的辛劳极不成比例,所以他们对工资厘定法令的态度就可想而知了。对此,英国经济史家克拉潘曾说:"……治安法官往往缺乏主动性,因之,不断地把旧的工资评定额一再颁布。例如,肯特有'年度检定'工资的办法,可是从1562—1563年法案成立起到击败无敌舰队时止,工资额一直'没有改变过'。"①地方上治安法官对工资厘定事务的消极态度由此可见一斑。

此外,由于缺乏固定的常备军,都铎政府也不能强制推行其政策和意愿。自亨利二世(1154—1189年在位)的军事改革废除封建骑士军队之后,英国一直实行民兵制。国王仅拥有一支规模很小的皇家卫队。在应对国内叛乱和外敌入侵时,国王主要依靠的是临时招募的雇佣军或地方民军,所以政府缺乏必要的暴力镇压手段来强制推行其政策主张的能力,这在一定程度上也限制了都铎国家干预能力的施展。

最后,由于都铎时期的王室敕令在效力上要低于议会法令和普通法,在敕令的具体执行过程中不时受到执法者和民众的疏慢,这也在一定程度上影响了王室敕令在工资管制过程中作用的发挥。

综上所述,由于受上面这些主客观条件的制约,尽管都铎工资国家管制的初衷是良好的,其在执行上也取得了一定的成功,但这种成功是较为有限的。

(原载《世界历史》2007年第6期)

---

① 约翰·克拉潘.简明不列颠经济史.上海:上海译文出版社,1980:296.

业界利益与公共福利双赢：美国医学会与药品管理的联邦化(1891—1912)

张勇安

张勇安,1977年生,河南安阳人。2002年毕业于东北师范大学,先后获历史学学士及硕士学位;2005年毕业于复旦大学,获历史学博士学位。2005年6月入职上海大学文学院,先后任历史系讲师、副教授、教授及博士生导师,现任上海大学文学院院长、马斯托禁毒政策研究中心主任。曾任美国耶鲁大学访问学者、布鲁金斯学会客座研究员、英国斯科莱德大学客座研究员。主要研究领域为欧美近现代医疗社会史、国际禁毒政策史、冷战国际史。出版有《变动社会中的政策选择：美国大麻政策研究》《科学与政治之间：美国医学会与毒品管制的源起(1847—1973)》等专著;主编《医疗社会史研究》辑刊;在《中国社会科学》《历史研究》《世界历史》《欧美研究》(台湾)、International Journal of Drug Policy、Medical History 等海内外学术刊物发表中英文论文40余篇。曾主持完成国家社科基金项目、英国 Wellcome Trust 等项目,现主持国家社科基金项目、教育部重点研究基地重大项目、Wellcome Trust 等项目多项。曾获上海市哲学社会科学优秀成果奖著作类一等奖和论文类二等奖、上海市决策咨询研究成果奖二等奖。为教育部青年长江学者、教育部新世纪优秀人才、上海市社科新人、上海市曙光学者、上海市浦江学者。兼任中国美国史研究会副理事长兼秘书长、亚洲药物滥用研究会副监事长、国际毒品政策研究学会(ISSDP)技术委员会委员、上海市禁毒专家委员会委员、上海市自强社会服务总社理事长等职。

美国药品管理联邦化之源起,国际学界虽有论及,然多视其为哈维·威利

(Harvey W. Wiley,1844—1930)领导下的农业部化学局的丰功伟绩①,或"黑幕揭发者"和新闻杂志②、妇女组织③、工业界和商人团体④的积极参与。美国医学会则是"威利联合体"或"保护消费者联合体"的"迟缓的支持者"之一,而且影响"无足轻重"或"不具决定性"⑤。与这些研究相较,乔纳森·沃特沙夫特、詹姆斯·伯罗和保罗·斯塔尔等人的研究已然关注到20世纪初以来美国医学会参与联邦政府管理药品的过程,但研究的重心主要是借助这一"场景"来展现医学游说的源起、美国医学会史和医生职业化的"全景图"(panorama)⑥。

可以发现,既存的研究缺乏对美国医学会与药品管理联邦化之关系的专门探讨,因而难以阐明这一政策过程中美国医学会"政治—空间关系"的变化。正是基于国际学界研究的阙漏与歧见,本文以美国医学会机关刊物——《美国医学会杂志》(JAMA)刊登的年会报告、会议记录、决议、主席就职演说、社论以及美国参众两院的报告等原始档案文献的解读为基础,把美国药品管理联邦化的研究由"谁制订政策"拓展到"谁参与政策过程",考察政策过程的"垂直维度"之时,

---

① OSCAR E. ANDERSON, Jr.. The Health of a Nation: Harvey W. Wiley and the Fight for Pure Food. Chicago: University of Chicago Press, 1958; JAMES H. YOUNG. The Toadstool Millionaires: A Social History of Patent Medicines in American before Federal Regulation. Princeton, New Jersey: Princeton University Press, 1961; JAMES H. YOUNG. The Medical Messiahs: A Social History of Health Quackery in Twentieth-Century America. Princeton, New Jersey: Princeton University Press, 1967; JAMES H. YOUNG. Pure Food: Securing the Federal Food and Drugs Act of 1906. Princeton, New Jersey: Princeton University Press, 1989; CLAYTON COPPIN, JACK HIGH. The Politics of Purity: Harvey Washington Wiley and the Origins of Federal Food Policy. Ann Arbor: University of Michigan Press, 1999.

② JAMES H. CASSEDY. Muckraking and Medicine: Samuel Hopkins Adams. American Quarterly, 1964,16(1): 85 - 99; ARLENE FINGER KANTOR. Upton Sinclair and the Pure Food and Drugs Act of 1906. American Journal of Public Health, 1976, 66(12): 1202 - 1205.

③ LORINE S. GOODWIN. The Pure Food, Drink and Drug Crusaders, 1879 - 1914. Jefferson, North Carolina and London: McFarland & Company, Inc. , Publishers, 1999.

④ ILYSE BARKAN. Industry Invites Regulation: The Passage of the Pure Food and Drug Act of 1906. American Journal of Public Health, 1985, 75(1): 18 - 26; DONNA J. WOOD. The Strategic Use of Public Policy: Business Support for the 1906 Food and Drug Act. Business History Review, 1985, 59(3): 403 - 432.

⑤ PETER TEMIN. Government Actions in Times of Crisis: Lessons from the History of Drug Regulation. Journal of Social History, 1985, 18(3): 434 - 435; LORINE S. GOODWIN. The Pure Food, Drink, and Drug Crusaders, 1879 - 1914. Jefferson, North Carolina and London: McFarland & Company, Inc. , Publishers, 1999: 265; DANIEL P. CARPENTER. The Forging of Bureaucratic Autonomy: Reputations, Networks, and Policy Innovation in Executive Agencies, 1862 - 1928. Princeton, New Jersey: Princeton University Press, 2001: 2, 266.

⑥ JONATHAN D. WIRTSCHAFTER. The Genesis and Impact of the Medical Lobby: 1898 - 1906. Journal of the History of Medicines and Allied Sciences, 1958, 13(1): 15 - 49; JAMES BURROW. AMA: Voice of American Medicine. Baltimore: Johns Hopkins Press, 1963; PAUL STARR. The Social Transformation of American Medicine: The Rise of a Sovereign Profession and the Making of a Vast Industry. New York: Basic Books, Inc. , Publishers, 1982.

更多地关注"水平维度"上医学界"政策共同体"介入政策的过程,展现美国联邦药品管理政策源起的新面相,进而揭示进步主义时代美国社会改革的特征和运动机理。

一

1847年5月5日,来自40多个医学社团、28所医学院和22个州、哥伦比亚特区的医学研究机构的250名代表聚首费城自然科学院,召开全国医学大会,①这次会议正式宣布成立"美国医学会"。它的创建是美国医生职业化过程的里程碑,开创了美国医学的"新纪元"。②

同其他任何社团组织一样,草创时期的美国医学会,势单力薄,威望不高,对立法者的影响更是微不足道。③ 即使到成立十周年之际,"美国医学会之父"内森·戴维斯(Nathan S. Davis,1817—1904)医生仍不客气地指出,"我们国家是由30多个不同的州组成的;医学会自身不仅缺乏立法权,而且无法进入任何一个拥有管理整个国家职业教育和利益权力的立法机构"。④以此而论,美国医学会不仅自身虚弱不堪,而且与政府之间关系疏离。如何解决这一问题?"医学政治活动家"(medical politicos)对此给予了较多的关注和思考,认为只要能与华盛顿保持密切联系,就会为美国医学会赢得声望。⑤因此,创建初期的美国医学会为了改善医生的形象和提高社会威望,欢迎联邦政府成为有分量的合作者参与公共事务。⑥

这样,寻求到与华盛顿联系的媒介就成了解决问题的关节点。虽然"与医学事务相关的方方面面无不涉及美国医学会的利益",⑦但这一时期引起诸多关

---

① N. S. DAVIS. A Brief History of the Origin of the American Medical Association. The Journal of the American Medical Association (JAMA),1897,XXVIII(23):1117; N. SENN. The American Medical Association: Its Past, Present and Future. JAMA, 1897, XXVIII(24):1052.
② 科克汉姆. 医学社会学. 杨辉等,译. 北京:华夏出版社,2000:181.
③ HOWARD WOLINSKY, TOM BRUNE. The Serpent on the Staff: The Unhealthy Politics of the American Medical Association. New York: G. P. Putnam's Sons, 1994:69.
④ MORRIS FISHBEIN. A History of the American Medical Association, 1847 to 1947. Philadelphia & London: W. B. Saunders Company, 1947:65.
⑤ MORRIS FISHBEIN. A History of the American Medical Association, 1847 to 1947. Philadelphia & London: W. B. Saunders Company, 1947:76.
⑥ DAVID MUSTO. The American Disease: Origins of Narcotics Control. New York: Oxford University Press, 1999:57.
⑦ DAVID HYDE, PAYSON WOLFF. The American Medical Association: Power, Purpose, and Politics in Organized Medicine. Yale Law Journal, 1954, 63(7):959.

注的食品和药品的掺假问题,为美国医学会参与公共卫生事务提供了绝好的机会,而美国医学会一直关注的专利药品问题更是契合了医学界的切身利益。

事实上,美国医学会欢迎联邦政府介入药品管理事务,进而敦促国会通过联邦立法,主要考虑有三:借助联邦政府权力打击竞争者,保护医学界的经济利益;消除治疗虚无主义的影响,确立医生在药品市场和患者之间的战略看门人的地位,树立医学界的"文化权威";借此强化正规医生的认同感和加强医学界内部的团结。可谓"一箭三雕"。或正是基于诸多的益处,美国医学会通过其多级组织对医学立法表达看法,开始被视为"医学界的分内之事"。[①]

提交参议院讨论的纯净食品和药品综合议案——"帕多克议案"(Paddock Bill)首先引起了美国医学会的关注。[②] 1890年10月,美国药商协会(The Druggists' Association)在弗吉尼亚州阿灵顿市的阿灵顿旅馆(Arlington Hotel)举行会议,出席这次会议的代表多为美国主要专利药品制造商代表。会上,"全美妇女工业联盟"(The Woman's National Industrial League of America)主席夏洛特·史密斯(Charlotte Smith)和秘书凯瑟琳·卑尔根(Catherine Bergen)就专利药品等问题向会议提交了一份备忘录,其中特别指出了"专利药品"制造商和贩卖者的掺假行为,认为专利药品由烈性的麻醉品、汞、掺假的药物及化学物质构成,这些成分多是正规医生不敢开列的,因此它们只能以虚假的名字出售。如,宣称用于治疗鸦片成瘾的专利药品通常含有吗啡溶剂,从而引起新的成瘾。鉴于专利药品的严重危害,全美妇女工业联盟号召就此问题颁布"严厉的立法"。[③]

显而易见,这种损害专利药品制造商利益的倡议,注定会在药商协会那里遭到冷遇。面对这样的窘境,她们仅能更弦易辙,另谋他途。通过游说,1891年2月14日,来自内布拉斯加州的阿尔杰农·帕多克(Algernon S. Paddock)参议员把"全美妇女工业联盟"的备忘录提交参议院农业委员会讨

[①] Council on Legislative Activities. History of the AMA's Legislative Activities. JAMA, 1960, 172(14): 1558.

[②] 1848年5月,美国医学会第一届年会,进一步把进口药品的掺假问题视为会议的主要议题之一,并起草请愿书敦促国会通过联邦立法。在美国医学会等的积极游说之下,1848年6月,国会最终通过了《药品进口法》。这一法案主要关注进口药品的质量问题,而无法阻止国内掺假药品的扩散和专利药品的兴盛。对此问题,笔者将专文探讨。

[③] "Memorial of the Woman's National Industrial League of America, Urging Legislation for the Prevention of the Adulteration of Drugs, Medicines, Foods, etc, February 14, 1891." 51st Congress, 2nd Session, S. Misc. Doc. 70, pp. 1-3. 该文所使用的美国参众两院的报告均来自: U. S. Congressional Serial Set (Digital Edition) (2007-05-20). http://infoweb.newsbank.com.

论。"帕多克议案"把"所有内服或外用药的使用"进行了重新界定,指出《美国药典》(USP)中没有包括的任何药品都将被视为是掺假药。意在指出,药品制造商不能随意在标签上列出药品中没有含有的成分。但是,这一立法没有要求专利所有者做任何事情。换言之,如果他选择根本不在商标上公布其成分,那么这是他的特权。而且还有特别的条款保护专利所有者不用公布其配方的内容。①

帕多克议案是国会考虑的第一道纯净食品和药品综合议案,目的是阻止食品和药品的掺假。② 这一议案对药品问题的关注,开始引起美国医学会的注意,并逐步意识到这是次参与公共卫生事务,彰显社团力量和拓展业界利益的机会,随之展开积极的游说工作。

议案在参议院进展缓慢,为了推动它的通过,1892年2月13日,《美国医学会杂志》专门刊发了社论和议案全文,把这一议案称为"进步主义启蒙运动的明证"。同时,美国医学会还采取"大规模选民动员"的方式③呼吁没有采取措施敦促国会议员的读者,希望立即推动此项工作。社论指出,在医学实践中,拖延多意味着患者的死亡;"如果你还没来得及做,写信给你的国会众议员和美国参议员,立即行动起来"。④ 在美国医学会和"全美妇女工业联盟"等组织的推动下,3月9日,帕多克议案在参议院获得通过⑤。

议案在参议院的成功令美国医学会深受鼓舞,继续推动议案在众议院通过就成为既定目标。4月30日,《美国医学会杂志》刊出了生理学和营养学分部秘书伊弗雷姆·卡特(Ephraim Cutter)医生致主编的信,呼吁所有的医生向众议员发送带有"我支持纯净食品议案并强烈要求其通过"字样和签名的明信片。主编也特别强调,卡特的信件非常重要,希望医生们立即采取行动帮助议案通过。⑥ 遗憾的是,这一议案在众议院表决时遭到了诸多反对,最终未能获得成

---

① Editorial. Adulteration of Foods and Drugs. JAMA, 1892, XVIII(7): 205-207; JAMES H. YOUNG. The Toadstool Millionaires: A Social History of Patent Medicines in American before Federal Regulation. Princeton, New Jersey: Princeton University Press, 1961: 227.
② THOMAS A. BAILEY. Congressional Opposition to Pure Food Legislation, 1879-1906. American Journal of Sociology, 1930, 36(1): 56.
③ 所谓"大规模选民动员"是指赢得大量选民的支持并向国会各议员表明在他们的选区中有成千上万选民热烈关注此一议题。参见:艾伦·赫茨克. 在华盛顿代表上帝:宗教游说在美国正体中的作用. 徐以骅等,译. 上海:上海人民出版社,2003: 54.
④ Editorial. Adulteration of Foods and Drugs. JAMA, 1892, XVIII(7): 205.
⑤ For Pure and Drugs: The Paddock Bill as Passed by the Senate. New York Times, 1892-03-10(3): 3.
⑥ Editorial. Pure Foods and Pure Drugs. JAMA, 1892, XVIII(18): 556.

功。诚如论者指出,反掺假议案虽已得到了很多州官员、科学家、农民和商业团体的支持,然而,这些声音缺少政治的一致性。换言之,"声音多但缺少联合",因此没有出现全国性的反对食品和药品掺假运动,联邦立法也就难以获得通过。①

美国医学会的游说活动虽没有取得最后的胜利,然而,却一定程度上强化了它积极介入公共卫生事务的信心。"无论是从商业的观点看,还是出于保护个人、保护合法工业、州际和对外贸易的考虑,或是某些方面出于公共卫生的立场,一部全国性的药品和食品法都是极为需要的。"②与此同时,美国医学会进一步认识到政治参与的重要性,开始由反对"医学政客"转向鼓励真正的"医学政治家"的出现,要求把他们置于能发挥其能力的地方。③ 1897年5月20日,《美国医学会杂志》主编约翰·汉密尔顿在伊利诺伊州医学会举行的一次会议上倡言,医学界应积极地介入政治,倡导"医学立法",因为这不仅仅代表医生的利益,而且代表公众的利益。"我们在立法机构没有确切地被代表,或者说在整个社会拥有基本的医学知识之前,我们从未期望出现正确的医学立法。而两者相较,后者在今天显然是不切实际的,仅有前者是可行的"④。换言之,汉密尔顿把医学立法的通过寄望于医学界自身的努力,而非公共意识一蹴而就的强化。1901年6月,查尔斯·里德(Charles A. L. Reed,1856—1928)主席在就职演说中也同样呼吁,"每位医生都应该成为一名积极发挥作用的政治家"。⑤ 美国医学会的领导层已经逐步达成共识,医生介入政治是必要的而且是可行的。

其后,类似的议案虽不断被提交众议院和参议院,但都难逃厄运。1897年12月18日,来自宾夕法尼亚州的马里奥特·布罗索斯(Marriott Brosius)参议员提出一项类似议案(H. R. 5441),虽在众议院得到部分的支持,但参议院对

---

① DANIEL P. CARPENTER. The Forging of Bureaucratic Autonomy: Reputations, Networks, and Policy Innovation in Executive Agencies, 1862 - 1928. Princeton, New Jersey: Princeton University Press, 2001: 204 - 205.

② Editorial. Food and Drug Adulteration. JAMA, 1895, XXIV(19): 95.

③ Editorial. The Medical Politician and the Medical Statesman. JAMA, 1901, XXXVII(22): 1467 - 1468.

④ JOHN B. HAMILTON. "Medical" Legislation and How to Obtain It. JAMA, 1897, XXVIII (22): 1005 - 1006.

⑤ CHARLES A. L. REED. The President's Address, Delivered at the Fifty-Second Annual Meeting of the American Medical Association, Held at St. Paul, Minn. , June 4 - 7, 1901. JAMA, 1901, XXXVI(23): 1602; CHARLES REED. Address of the President of the American Medical Association. Science, New Series, 1901, 13(337): 927 - 930.

此未予以考虑,1898年、1899年和1900年,类似议案也多次提出,然均遭遇失败。① 其间,美国医学会对于纯净食品和药品议案虽不乏直接与间接的支持,②但终因美国医学会政治影响力过于微弱以及内部的分歧,难以左右议案的颁行。世纪之交,美国医学会的领导层日渐意识到,实现内部的团结、力量的壮大与权势网络的拓展,是实现业界利益和击败国会保守派的必由之路。

二

经过了半个世纪左右的发展之后,美国医学会作为政治势力仍"处境可怜"。③据统计,19世纪后半叶,只有161名医生在国会中任职,且在众议院中没有一位医生获得任何卓著的声望。④ 1900年11月3日,《美国医学会杂志》称,国会中仅有两人乐意把自己视为医生:

> 似乎很奇怪,尽管医学界同民众的关系如此密切,这样一个文明集合体在我们立法者中的代表还不足0.5%,然而,另一个有学识的世俗的业界,法学界,却占据了全部立法者中的十分之九的份额。这不是因为立法机构不需要医学界的服务;在我们的立法机构中有足够的机会需要医学知识。据了解,没有哪一个拥有立法机构的国家政府,如此这般地将医学界排除在立法团体之外。⑤

无独有偶,查尔斯·里德在美国医学会主席就职演说中更是直陈,"美国医学会对于立法,无论是州的还是全国的,施加的影响都微不足道"。⑥ 美国医学会"不得不开始重新审视其作为科学组织和医学政治组织的角色"。它能否兼具这双重的身份?结果无疑与美国医学会自身在未来能否成为医学界的核心权威

---

① "Pure Food, March 7, 1906." 59th Congress, 1st Session, H. Report No. 2118, p. 6.
② Editorial. Foods and Drug Adulteration. JAMA, 1895, XXIV(3): 95; MISCELLANY. The Pure Food Bill. JAMA, 1897, XXVIII(9): 432; ROBERT W. HASTINGS. Human Food Laws. JAMA, 1898, XXX(9): 419-421; Editorial. The Relation of the Physician to the Purity of Drugs. JAMA, 1898, XXX(17): 992-993.
③ The Organization of the Medical Profession (I). JAMA, 1902, XXXVIII(2): 113.
④ JAMES BURROW. AMA: Voice of American Medicine. Baltimore: Johns Hopkins Press, 1963: 55.
⑤ Editorial. Medical Men in Politics. JAMA, 1900, XXXV(18): 1161.
⑥ CHARLES A. L. REED. The President's Address, Delivered at the Fifty-Second Annual Meeting of the American Medical Association, Held at St. Paul, Minn., June 4-7, 1901. p.1601.

密切关联。①

可以肯定的是,美国医学会既想担当"医学之声"(voice of medicine)——医学代言人,又希望扮演其作为"医学政治组织"的特殊角色。事实上,二者相辅相成,并行不悖。然而,要确立文化权威,彰显政治影响力,需解决的首要问题是实现其内聚力的强化。20 世纪以来,"倡导医学立法的执行需要依靠组织化业界(organized profession)"而非个人的单打独斗已是大势所趋,②组织化业界成为"治疗这些立法执行不力的真正良药"。③

尽管到 1900 年,美国医学会已拥有 8 445 名会员,但所有医学社团的会员,包括地方、州和全国的医生约有 33 000 名,另有 77 000 名医生不隶属于任何社团,美国医学会会员人数仅占全美医生的 7.7%。④ 美国医学会作为政治势力"处境可怜"是不争的事实。伯罗曾这样指出,"在经历了五十多年的挣扎之后,美国医学会的地位依然不够稳定。它既不能代表整个医学界,也不能代表这个国家任何地区的传统医学的执业者。尽管美国医学会要比其他医学会组织更强大有力,但实际上却远未成为美国医学界的代言人"⑤。

导致其作为组织化政治势力"处境可怜"的原因或许是多重的,然而,正如查尔斯·里德指出的那样,"华盛顿立法委员会的软弱既不是个人的问题也不是合作问题,而仅源于没有有效的组织这一事实,没有组织也就不能迅速和有效地对会员和参议员施加影响。同样的困难是数个州面临的组织上的类似缺陷"。⑥ 换言之,"医学界的内部分隔、竞争与地方主义都使建立一个高度集中且高效的组织相当困难"⑦。然而,这一时期,无论是主观方面还是客观方面都为改变这种组织上的缺陷提供了可能。

一方面,美国医学会希望把自身建设成更具有代表性和行动更为高效的全国性组织,进而改变其在联邦和州立法上影响甚微的局面。另一方面,随着铁路

---

① ROSEMARY STEVENS. American Medicine and the Public Interest: A History of Specialization. Berkeley and Los Angeles: California University Press, 1998: 54.

② T. J. HAPPEL. Enforcement of Medical Laws Dependent on an organized Profession. JAMA, 1901, XXXVII(20): 1302.

③ Editorial. Enforcement of Medical Laws. JAMA, 1901, XXXVII(20): 1321.

④ The Organization of the Medical Profession (I). JAMA, 1902, XXXVIII(2): 113.

⑤ JAMES BURROW. AMA: Voice of American Medicine, Baltimore: Johns Hopkins Press, 1963: 19.

⑥ CHARLES A. L. REED. The President's Address, Delivered at the Fifty-Second Annual Meeting of the American Medical Association, Held at St. Paul, Minn., June 4-7, 1901. p. 1605.

⑦ JAMES BURROW. AMA: Voice of American Medicine. Baltimore: Johns Hopkins Press, 1963: 14.

和汽车、电报和电话等现代化交通和通信工具的出现,美国开始打破地方原有的孤立状态,推动了全国市场的形成,工会和社团、商业协会和托拉斯的兴起,均代表了一个更加宽广的社会潮流。毫无疑问,要求把权力转移给集团,成为20世纪初美国社会结构开始发生改变的内在原因。①

正是基于这些需要,1900年6月,美国医学会大西洋城年会宣布成立"改组委员会",专司医学会的改组工作。改组委员会的组建拉开了美国医学会改组的序幕。②

经过改组,1901年,美国医学会形成了由县医学会、州医学会、新的立法机构——代表大会(The House of Delegates)、理事会和全国性官员等组成的"多重结构"形式。这样,美国医学会是州医学会的联合体,州医学会是州辖区内县医学会的联合体,而县医学会则是"整个上层建筑的基石"。③ 美国医学会的改组是机制性的,它不是要把现有的层次整合起来,而是要把相互独立的、地方的不同产物联合起来,是一个联盟的过程而非集中。④

与此同步,美国医学社团在州层面迅速发生转型。1900年到1905年间,按照新的美国医学会章程的要求,除了3个州和地区医学会外,其他州医学会都根据统一的计划进行了改组。它们把此前独立的县医学会纳入地方分会,给予其会员在州决策机构中的代表权,确定其会员费。经过改组,许多州医学会开始出版自己的医学月刊,雇佣带薪工作人员而非志愿者。医学会社团在州层面的改组效果是显著的。⑤

从县到州再到全国层面的等级权威的出现,推动了医学会力量在垂直与水平维度上的扩张,实现了美国医学会结构性的改组和医学界内部的团结,使美国医学作为"全国性"组织获得了真正的权力。⑥ 就其会员人数而言,从1900年仅有8 445人,增加到了1905年的17 570人,1910年的33 032人。十年

---

① PAUL STARR. The Social Transformation of American Medicine: The Rise of a Sovereign Profession and the Making of a Vast Industry. New York: Basic Books, Inc. , Publishers, 1982: 111.
② MORRIS FISHBEIN. A History of the American Medical Association, 1847 to 1947. Philadelphia & London: W. B. Saunders Company, 1947: 197.
③ Preliminary Report of the Committee on Organization. JAMA, 1901, XXXVI(21): 1450.
④ The Organization of the Medical Profession (IV). JAMA, 1902, XXXVIII(6): 460 - 461; ROSEMARY STEVENS. American Medicine and the Public Interest: A History of Specialization. Berkeley and Los Angeles: California University Press, 1998: 10.
⑤ J. N. MCCORMACK. An Epitome of the History of Medical Organization in the United States. JAMA, 1905, XLIV(15): 1213 - 1218.
⑥ ROSEMARY STEVENS. American Medicine and the Public Interest: A History of Specialization. Berkeley and Los Angeles: California University Press, 1998: 28 - 29.

间,美国医学会会员人数增加了四倍,成为"世界上医学界最大或最有影响的组织"。①

美国医学会与州医学会改组时间表

州	改组时间	州	改组时间	州	改组时间
阿拉巴马	1873	肯塔基	1902	北达科塔	1904
亚利桑那	1904	马里兰	1904	俄亥俄	1902
阿肯色	1902	密歇根	1902	宾夕法尼亚	1902
加利福尼亚	1902	明尼苏达	1903	罗得岛	1904
科罗拉多	1902	密苏里	1903	南达科塔	1903
康涅狄格	1904	密西西比	1903	田纳西	1902
佛罗里达	1903	蒙大拿	1903	得克萨斯	1903
爱达荷	1901	内布拉斯加	1903	佛蒙特	1901
印第安那	1903	新泽西	1903	西弗吉尼亚	1902
爱荷华	1903	新墨西哥	1904	威斯康星	1903
堪萨斯	1904	北卡罗来纳	1903	美国医学会	1901

资料来源:J. N. MCCORMACK. An Epitome of the History of Medical Organization in the United States. *JAMA*, 1905, XLIV(15):1213-1217.

为了强化其作为医学政治组织的影响力,美国医学会不仅实施了一项组织扩展计划,而且尝试着使医学界成为一个"重要的压力团体"。在促使个体医生在立法机构中寻求位置之时,美国医学会考虑对政治实践可能施加的潜在影响力,进一步强调有效机制的确立。1899年6月7日,美国医学会第50届年会通过决议,创建"全国立法委员会"(The Committee on National Legislation)②,这是医学会为推进其政治目标、建立持久机制迈出的第一步。③ 这个委员会加强了美国医学会与州医学会之间的联系,并鼓励它们对政治事务的兴趣。11月10日,委员会在华盛顿召开预备会议,规划委员会未来的政策。1900年5月1日至2日,委员会正式会议在华盛顿如期举行,敦促州医学会委派立法委员会,建立辅助委员会,评估州和国会所提议的悬而未决的医学议案。这一会议"为立法者提供一个更好地理解整个国家关于医学问题愿望的媒介"。④ 事后,

---

① JOHN B. MURPHY. Organized Medicine:Its Influence and Its Obligations. *JAMA*, 1911, LVII(1):1.
② Report of Committee on Medical Legislation. *JAMA*, 1899, XXXII(23):1337-1338.
③ JAMES BURROW. AMA:Voice of American Medicine. Baltimore:Johns Hopkins Press, 1963:56.
④ Report of Committee on National Legislation. *JAMA*, 1900, XXXIV(24):1547-1548, 1552.

它成为美国医学会位于华盛顿的"全国立法顾问班子"(National Legislative Council),负责随时同提交国会的与医学界相关的各项重要措施保持密切接触。①

全国立法委员会是美国医学会的第一台政治机器:一个跨越全国的医生网络,医生可以自愿与其州和联邦的立法者联系,"通过任何令人尊敬的方式"获得职业利益。② 其职责是遵照所有被提议的全国、州或地方的立法采取行动,"改善和保护公共卫生",保护"医学界的物质或道德福利"。③ 里德注意到,时至1901年,"有证据表明华盛顿已经能听到来自医学界的声音"。④

美国医学会的改组与建制,不仅为力量的壮大、权势网络的拓展与业界利益的维护奠定了基础,而且为它参与政治活动提供了制度保障,里德可以集合全国立法委员会和全国立法顾问班子的力量随时为任何"医学立法"提供支持。⑤ 而与"进步主义运动"相伴随,这一时期,公共卫生事务备受关注,恰与美国医学会通过反对专利药品的欺诈行为来保护医学界的利益紧密相连,对医学界而言,"在对有害掺假和商业欺诈问题的关注上,药品占据特殊的位置"⑥。美国医学会逐步成为"进步主义医生"运动的中心。

三

19世纪末20世纪初,是美国历史上"大转折的年代",⑦其间,"新兴的中产阶级"寄望于"政府不断地介入"来保护其利益。⑧ 医生作为新兴中产阶级的一分子,同样希望通过联邦政府的管理来限制"庸医"药品的获取,迫使专利药品制

---

① J. W. HOLLOWAY, Jr.. The Bureau of Legal Medicine and Legislation//MORRIS FISHBEIN. A History of the American Medical Association, 1847 to 1947. Philadelphia & London: W. B. Saunders Company, 1947: 1018-1020.

② HOWARD WOLINSKY, TOM BRUNE. The Serpent on the Staff: The Unhealthy Politics of the American Medical Association. New York: G. P. Putnam's Sons, 1994: 69.

③ By-Laws, Chapter VII, Sec. 3. JAMA, 1901, XXXVI(23): 1646.

④ CHARLES A. L. REED. The President's Address, Delivered at the Fifty-Second Annual Meeting of the American Medical Association, Held at St. Paul, Minn., June 4-7, 1901. p.1601.

⑤ DANIEL P. CARPENTER. The Forging of Bureaucratic Autonomy: Reputations, Networks, and Policy Innovation in Executive Agencis, 1862-1928. Princeton, New Jersey: Princeton University Press, 2001: 104.

⑥ DONNA J. WOOD. The Strategic Use of Public Policy: Business Support for the 1906 Food and Drug Act. Business History Review, 1985, 59(3): 409.

⑦ 19世纪末20世纪初的进步主义运动时期称为是"大转折的年代",参见:李剑鸣. 大转折的年代:美国进步主义运动研究.天津:天津教育出版社,1992.

⑧ ROBERT H. WIEBE. The Search for Order, 1877-1920. New York: Hill and Wang, 1967: viii.

造商透露药品中含有的酒精、麻醉品和其他成瘾物质。这部分地源于专利药品对公共健康的危害,同时也因专利药品作为医生服务的一种替代品对正规医生构成了一定的竞争威胁。①当然,反对专利药品的斗争也"反映了医学界在进步主义时代感受到的超强的、新的信心和权力"。②无论是出于业界利益的最大化还是为了保护公共健康免受威胁,美国医学会作为进步主义医生运动的中心,使一批志同道合的领导者认识到,领导医学界与专利药品行斗争责无旁贷。

与此同时,美国医学会改组之后的力量日渐壮大,参与公共卫生事务的信心与日俱增,"改善公共卫生和促进医学界的利益"遂成为医学会的两大目标。③ 1901年6月,美国医学会圣保罗年会上,乔治·科伯(George Kober)医生发言时强调,为了公共卫生的利益,医学界应该呼吁充分的立法。④ 6月5日,医学会章程和议事日程改组委员会的报告提交大会讨论,其中章程的第二款也明确指出,美国医学会的目标包括确保医学立法的颁布和执行。⑤ 敦促联邦政府出台纯净食品和药品法成为"整个医学界热望的目标"⑥。

为了凸显作为医学政治组织的角色和实现其目标,美国医学会非常希望能在国会或联邦政府高层寻求到对食品和药品运动有影响力的代言人和支持者,而哈维·威利无疑是不二人选。1883年,威利开始担任农业部化学分部首席化学家以来,就一直致力反食品掺假的斗争。然而,他敦促国会颁布联邦立法的努力同样徒劳。因此,他也希冀能团结更多的支持者向国会的反对者施压。共同需求为双方的联合提供了可能。实际上,尽管时任美国医学会主席的查尔斯·里德医生在1901年已经和威利结为重要的同盟,⑦但需要指出的是,两者

---

① MARC LAW, GARY LIBECAP. Corruption and Reform? The Emergence of the 1906 Pure Food and Drug Act and the 1906 Meat Inspection Act. International Center for Economic Research, ICER Working Paper, 2003(20): 17.

② PAUL STARR. The Social Transformation of American Medicine: The Rise of a Sovereign Profession and the Making of a Vast Industry. New York: Basic Books, Inc., Publishers, 1982: 134.

③ JONATHAN D. WIRTSCHAFTER. The Genesis and Impact of the Medical Lobby: 1898-1906. Journal of the History of Medicines and Allied Sciences, 1958, 13(1): 15.

④ GEORGE M. KOBER. The Progress and Tendency of Hygiene and Sanitary Science in the Nineteenth Century, Oration on State Medicine before the Fifty-Second Annual Meeting of the American Medical Association, Held at St. Paul, Minn., June 4-7, 1901. JAMA, 1901, XXXVI(23): 1622.

⑤ Constitution, Article II. JAMA, 1901, XXXVI(23): 1643.

⑥ CHARLES REED. Summary of Legislative Affairs at Close of Congress. JAMA, 1906, 47(2): 130.

⑦ DANIEL P. CARPENTER. The Forging of Bureaucratic Autonomy: Reputations, Networks, and Policy Innovation in Executive Agencies, 1862-1928. Princeton, New Jersey: Princeton University Press, 2001: 266.

关注的问题各有侧重。与里德强调药品掺假问题不同,威利更关注食品掺假问题,①而"对专利药品问题鲜有关注"。②可以肯定的是,与威利的结盟为美国医学会参与到食品和药品改革运动提供了更为便捷的途径。

1903年12月8日,来自爱荷华州、时任州际与对外贸易委员会主席的威廉·赫伯恩(William P. Hepburn)众议员向第58届国会提出H. R. 6295号议案,这一议案得到了来自北达科塔州的波特·麦坎伯(Porter McCumber)参议员的鼎力支持,与此前纯净食品和药品议案不同,赫伯恩在议案中对药品的界定超出了《美国药典》认可的范围,把"用于治愈、缓解或防止疾病的任何物质"都纳入了药品的范围,实则这一界定包含了所有的药物和"专利药品"。专利药品因此第一次成为需要关注的"一个主要问题"。③

H. R. 6295号议案的提出立即引起了美国医学会的关注,时任全国立法委员会主席的里德团结了医学会会员,积极地动员医生游说参众两院的议员,对议案表示支持。1904年1月20日,这一议案在众议院以201:68票获得通过。④

随后议案提交参议院,由参议院制造业委员会主席韦尔顿·海伯恩(Weldon B. Heyburn)参议员负责。为了敦促议案在参议院的通过,2月11日,美国医学会全国立法顾问班子召集会议,建议由各州代表组成的辅助立法委员会的每位成员致信海伯恩参议员、众议员和其他参议员,表达对H. R. 6295号议案通过的兴趣。同时,委员会还提议辅助委员会的成员敦促县医学会通过决议以及要求地方报纸刊登社论等方式来支持议案,把这些支持性决议和报纸上的支持性报道一同呈递给海伯恩参议员。⑤

在以美国医学会为代表的组织的积极游说之下,3月5日,海伯恩参议员开始不满足于H. R. 6295号议案现有的相关规定,提出了一项新的替代法案,明确要求把"非药物制剂"纳入管理范围。⑥ 对于海伯恩参议员的行动,美国医学会感到非常满意,同时给予了积极的回应,"希望能抵消来自威士忌酒和专利药

---

① STEPHEN J. CECCOLI. Pill Politics: Drugs and the FDA. Boulder, Colorado: Lynne Rienner Publishers, Inc. , 2004: 60.
② CLAYTON COPPIN, JACK HIGH. The Politics of Purity: Harvey Washington Wiley and the Origins of Federal Policy. Ann Arbor: University of Michigan Press, 1999: 60.
③ CLAYTON COPPIN, JACK HIGH. The Politics of Purity: Harvey Washington Wiley and the Origins of Federal Policy. Ann Arbor: University of Michigan Press, 1999: 59.
④ THOMAS A. BAILEY. Congressional Opposition to Pure Food Legislation, 1879 – 1906. American Journal of Sociology, 1930, 36(1): 60.
⑤ Report of the Committee on Medical Legislation. JAMA, 1904, XLII(24): 1577 – 1578.
⑥ LORINE S. GOODWIN. The Pure Food, Drink, and Drug Crusaders, 1879 – 1914. Jefferson, North Carolina and London: McFarland & Company, Inc. , Publishers, 1999: 242.

品托拉斯的反对"。①《加州医学杂志》也刊出社论呼吁：如果读者在收到本期杂志之时，国会还没有对"海伯恩纯净食品与药品议案或 H. R. 6295 号议案"采取最终的行动，"您应立刻致信尊敬的海伯恩参议员、华盛顿特区的美国参议员，让其相信您同意该议案的热忱"。同时也要"立刻致信两位参议员，敦促其为议案的通过采取必要的行动"。②

然而，与美国医学会参与积极的游说不同，威利起初并不愿意支持这一议案，他担心药品界定的扩大会招来更多的反对而致使议案不能通过。威利的估计无疑是正确的，无论是专利药品工业还是通过刊登专利药品广告而从中获利颇丰的出版界均反对这一议案。美国医学会与威利及其同盟者的歧见影响了游说的效力，"海伯恩议案"最终未能提交参议院讨论。③

12月初，第58届国会第3次会议召开之时，海伯恩和麦坎伯参议员转而希望把 H. R. 6295 号议案提交参议院讨论和进行表决，美国医学会对此表现出同样的热情，里德领导医学会的政治机器采取了进一步的政治行动。④ 然而为时已晚。H. R. 6295 号议案最终未获通过。

面对议案的失败，美国医学会和威利都进行了反思，重新评估了能够确保议案顺利通过的要素。在威利看来，议案的失败应归罪于药品界定的扩大，认为取消这一界定将会减少在参议院招致的反对。同时，他也注意到，单纯地安抚药品工业不足以解决问题，议案的通过需要广泛的公共压力。⑤

实际上，这一时期，"黑幕揭发者"开始把医学界对专利药品罪恶的揭露公开化，如《妇女家庭杂志》(Ladies Home Journal)的主编爱德华·博克(Edward Bok)1903年开始第一次提醒公众注意专利药品问题，批判秘方小贩的不道德的活动。⑥

---

① Report of the Committee on Medical Legislation. JAMA，1904，XLII(24)：1578.
② The Pure Food and Drug Bill. California State Journal of Medicine，1904，2(5)：138.
③ JACK HIGH, CLAYTON COPPIN. Wiley and the Whiskey Industry Strategic Behavior in the Passage of the Pure Food Act. Business History Review, 1988, 62(2)：297；CLAYTON COPPIN, JACK HIGH. The Politics of Purity: Harvey Washington Wiley and the Origins of Federal Policy. Ann Arbor: University of Michigan Press, 1999：59－60.
④ JAMES BURROW. AMA: Voice of American Medicine. Baltimore: Johns Hopkins Press, 1963：76.
⑤ CLAYTON COPPIN, JACK HIGH. The Politics of Purity: Harvey Washington Wiley and the Origins of Federal Policy. Ann Arbor: University of Michigan Press, 1999：61－62.
⑥ 博克在其自传中这样写道："对于一系列的欺诈和造假药品，《妇女家庭杂志》打响了第一枪。公众和专利药品者均没有对此给予更多的关注。但是随着专利药品的增加和证据的倍增，公众开始评论，秘方药制造者开始感到不自在。" Patent Medicine//ARTHUR, LILA WEINBERG, eds.. The Muckraker: The Era in Journalism that Moved America to Reform —— The Most Significant Magazine Articles of 1902－1912. New York: Simon and Schuster, 1961：176－177. 然而，值得注意的是，揭发专利药品罪恶的证据则更多地依赖于医学界的早期揭发。

1905年7月8日,《科利尔周刊》(Collier's Weekly)亦宣布不再刊登专利药品广告,同时刊登长文向公众解释原因。① 这些揭发活动"切断了专利药品业的温床"②,推动了全美的妇女组织加入到了反对这一罪恶的行列。而威利突然间发现专利药品问题成为他寻求到更多支持的突破口,转而热情地支持把专利药品纳入新的议案,同时,积极地聚拢各种妇女组织和美国医学会联合反对专利药品。

  随着威利认知上的转变,美国医学会与威利及其同盟者的合作寻求到了更为坚实的基础。为了打击罪恶的专利药品,1905年2月3日,美国医学会建立了"药学和化学委员会"(The Council on Pharmacy and Chemistry),威利应邀担任委员会成员。威利领导下的农业部化学局与药学和化学委员会之间以"半官方"的形式展开了更为密切的合作,联手与专利药品制造工业进行战斗。与此同时,美国医学会全国立法委员会主席里德和《美国医学会杂志》主编乔治·西蒙斯(George H. Simmons, 1852—1937)等领导者开始以各种方式来支持威利,威利进一步认识到美国医学会强大的号召力。因此,尽管威利不愿与整个专利药品工业为敌,然而同时他也不愿公开挑战另一个更强大的利益集团。③

  结果,美国医学会、妇女组织、黑幕揭发者和威利领导的政府机构实施联手,为国会通过新的立法管理食品和药品的掺假问题提供了强大的公共支持。其间,美国医学会以自己的方式向总统和参众两院的议员施加压力。

  1905年5月20日,《美国医学会杂志》刊出社论指出,医学界绝不是什么"特殊利益集团",但是,在下届国会召开之时将会发现,"医生们会对每一位参议员和众议员对待纯净食品运动的态度特别感兴趣"。社论向医生们呼吁,夏季休会期间去拜访参议员和众议员,直接表明您希望他们投票支持纯净食品议案。④ 事实上,美国医学会试图以此来提醒参众两院议员,他们对待纯净食品和药品议案的态度可能会影响到其政治前途。

  11月14日,里德与妇女俱乐部总会(GFWC)的代表,以及数位食品专员在华盛顿举行会议,经过讨论,联合起草了一份请愿书,要求西奥多·罗斯福总统建议国会颁布立法禁止所有食品中的有害物质及在标签上列出所有无害的掺

---

  ① JONATHAN D. WIRTSCHAFTER. The Genesis and Impact of the Medical Lobby: 1898-1906. Journal of the History of Medicines and Allied Sciences, 1958, 13(1): 41.
  ② J. M. ANDERS. The "Patent Medicine" and Nostrum Evils. JAMA, 1906, XLVI(4): 267.
  ③ CLAYTON COPPIN, JACK HIGH. The Politics of Purity: Harvey Washington Wiley and the Origins of Federal Policy. Ann Arbor: University of Michigan Press, 1999: 77.
  ④ Editorial. The Senate Plot Against Pure Food. JAMA, 1905, XLIII(20): 1619.

假。与请愿书一起,他们还准备了一份公众强烈要求此类立法的证据。翌日,请愿书与相关证据一同呈交农业部长詹姆斯·威尔逊(James Wilson),并希望威尔逊部长在下次内阁会议上把相关材料提交罗斯福总统。①

美国医学会和妇女组织等的游说活动效果是显著的。罗斯福总统开始放弃把纯净食品和药品法案视为是"极端"改革家"不切实际的理想"②的成见。12月5日,罗斯福总统正式表示支持这一运动,他于国情咨文中呼吁国会颁行纯净食品和药品法案,"我建议颁布一项立法,对州际贸易中的伪造和掺假的食品、饮品和药品进行管理。这项立法将保护合法的生产和贸易,也将保障消费者的健康和福祉。次品或掺假的食品交易将危害健康或欺骗购买者,应该被禁止"。③罗斯福总统的支持性声明可以说"迟来而未晚",小安德森的研究认为,总统"最后的行动是重要的"④。罗斯福总统的国情咨文虽没有明确提到专利药品,但是,改革者和专利所有者都认为直指专利药品。当罗斯福把其简短的信息呈递给国会时,公众为此大为兴奋。⑤ 罗斯福总统的支持把《纯净食品和药品法》的颁行送进了快车道。

四

12月6日,韦尔顿·海伯恩参议员把新起草的S. 88号议案提交第59届国会第1次会议,呼吁"阻止掺假、假冒、有毒或有害食品、药品和酒类的制造、销售和运输,管理其交易或用于其他目的"。美国药品管理正式踏上了纳入联邦管理权之下——联邦化——的道路。

美国医学会对这一议案给予了强有力的支持。12月18日,里德致信威利,询问参议院就此议案举行听证会的相关情况,声称全国立法委员会希望届时到

---

① LORINE S. GOODWIN. The Pure Food, Drink, and Drug Crusaders, 1879 – 1914. Jefferson, North Carolina and London: McFarland & Company, Inc., Publishers, 1999: 163.
② LORINE S. GOODWIN. The Pure Food, Drink, and Drug Crusaders, 1879 – 1914. Jefferson, North Carolina and London: McFarland & Company, Inc., Publishers, 1999: 211.
③ THEODORE ROOSEVELT. The Annual Message of President, United States Department of State//Papers Relating to the Foreign Relations of the United States, with the Annual Message of the President Transmitted to Congress, December 5, 1905. Washington: Government Printing Office, 1906: LII.
④ OSCAR E. ANDERSON, Jr.. The Pure-Food Issue: A Republican Dilemma, 1906 – 1912. American Historical Review, 1956, 61(3): 552.
⑤ JAMES H. YOUNG. The Toadstool Millionaires: A Social History of Patent Medicines in American before Federal Regulation. Princeton, New Jersey: Princeton University Press, 1961: 237.

华盛顿举行全体会议,以示支持。① 1906年1月9日,S. 88号议案提交参议院讨论的前一天,②美国医学会全国立法委员会如期在华盛顿举行会议,威利应邀出席,里德发言时专门讨论了"纯净食品和药品议案",强调指出,这一议案得到了代表2 000多个县医学组织的"一致支持",而且已经把请愿书和信件呈递给海伯恩参议员,供参议员开会时使用。③

围绕S. 88号议案,参议院展开了长期而激烈的争论,而专利药品则是中心的议题。麦坎伯和海伯恩使用美国医学会、威利等人提供的材料要求严惩秘方药罪恶,但是,他们在控制药品商标的制剂声明应严厉到什么程度上存有分歧。④

美国医学会对于强化议案中对专利药品管理的态度是坚决的,一方面,里德敦促医学会会员向海伯恩等参众两院议员写了上千封信,敦促国会通过S. 88号议案。而且,为响应医学界的号召,1月21日,来自纽约市和波士顿市的名医们还通过《纽约时报》刊出了他们致纽约州和马萨诸塞州参众两院议员的请愿书,认为"这一议案对美国公民的健康极为重要",敦促国会通过S. 88号议案。⑤ 另一方面,西蒙斯主编通过《美国医学会杂志》随时向医学会会员通告议案的进展情况。同时,借助医学会杂志的影响力积极进行动员,1月27日,医学会杂志刊出了安德斯(J. M. Anders)医生批评专利药品和秘方药罪恶的文章,特别指出,要迫使所有的专卖药品制造商在瓶子上标识配方,通过立法解决问题将更为有效。⑥

2月21日,即S. 88号议案投票表决的当日,美国医学会向每一位参议员呈递了一份批准S. 88号议案的请愿书,指出,这一请愿书代表了来自2 000个县13.5万名医生的意见。事实上,医生的行动不仅代表自己,而且还动员了他们

---

① JAMES BURROW. AMA: Voice of American Medicine. Baltimore: Johns Hopkins Press, 1963: 78.

② ARLENE FINGER KANTOR. Upton Sinclair and the Pure Food and Drugs Act of 1906. American Journal of Public Health, 1976, 66(12): 1203; C. C. REGIER. The Struggle for Federal Food and Drugs Legislation. Law and Contemporary Problems, 1933, 1(1): 10 (The Protection of the Consumer of Food and Drugs: A Symposium).

③ National Legislative Council. Preliminary Meeting of the National Committee on Legislation, Proceedings of the Meeting, held at Washington, D. C., January 9 - 11, 1906. JAMA, 1906, XLVI(3): 210 - 211.

④ JAMES H. YOUNG. The Toadstool Millionaires: A Social History of Patent Medicines in American before Federal Regulation. Princeton, New Jersey: Princeton University Press, 1961: 238.

⑤ For Pure Food and Drugs: Two Petitions from Well-Known Physicians of New York and Boston. New York Times, 1906 - 01 - 21(7).

⑥ J. M. ANDERS. The "Patent Medicine" and Nostrum Evils. JAMA, 1906, XLVI(4): 269.

治疗的患者和朋友对参议院施加压力。里德甚至威胁如果必要将会把议案诉诸"党派政治"。① 诚然,这一议案也遭到了代表罐头制造商利益的埃尔南多·莫尼(Hernando D. Money)参议员、代表"专利药品"利益的詹姆斯·海明威(James Hemenway)参议员、代表威士忌酒利益的约瑟夫·福勒克(Joseph Foraker)参议员和代表专利药品利益的詹姆斯·索瑟德(James H. Southard)众议员的反对。对此,美国医学会和里德领导下的全国立法委员会亦不甘示弱,积极地动员医学会会员,向这四人施加压力,最终"把他们全部从公共生活中清除出去","完成了一次漂亮的清洗"②。参议院最终以 63∶4 票通过了 S. 88 号议案。

威利和美国医学会首先在参议院打了漂亮的一仗。论者指出,"毋庸置疑,美国医学会和其追随者承担了战胜参议员的主要责任","如果不是因为美国医学会的游说,将不知怎样或何时才能战胜来自另一方的游说"。③ 然而,即使是参议院通过了这一议案,其流产的威胁并没有完全消除,该议案能否跳出"一院通过一院否决"的历史怪圈还是未知数。对此,久经考验的美国医学会、威利及其同盟者均心知肚明。3 月 3 日,《美国医学会杂志》刊发的一篇社论就明确指出,现在的战斗仅"取得半程胜利","如果我们因这次的成功就让自己陷于麻痹之中,我们将全盘皆输"。④ 除此之外,麦坎伯和海伯恩参议员迫于其他参议员的反对和专利药品制造商的强大压力,被迫对议案做出修正,致使参议院通过的议案没有给药品的管理以足够的关注,实与美国医学会支持议案的初衷相违。因此,无论是出于确保议案在众议院顺利通过的需要,还是考虑到需要进一步强化议案对药品的管理,美国医学会都认为有必要进一步申明立场。

2 月 28 日,里德致信威利,确认众议院是否已经决定考虑 S. 88 号议案或 H. R. 4527 号议案,表示其委员会要在投票的当天给每位议员呈递请愿书,如同其在参议院的请愿一样。其后,里德与威利随时就此事保持密切联系。⑤ 希

---

① Food and Drugs Legislation 1850 – 1930. Congressional Digest, 1934, 13(3): 67; MARK SULLIVAN. Our times: The United States, 1900 – 1925: vol. II. New York: C. Scribner's Sons, 1927: 533.
② 引文是里德医生接受记者采访时的声明。参见: EDITORIALS. An Object Lessons in Public Policy and Political Action. JAMA, 1909, LII(2): 139 – 140。
③ EDWARD B. LOGAN, SIMON N. PATTEN FELLOW. Lobbying. Annals of the American Academy of Political and Social Science, 1929, 144(Supplement): 7.
④ Editorial. The Pure-Food Bill. JAMA, 1906, XLVI(9): 661.
⑤ JAMES BURROW. AMA: Voice of American Medicine. Baltimore: Johns Hopkins Press, 1963: 79 – 80.

望借助议案在众议院的讨论,强化对专利药品的规制。

这一时期,《美国医学会杂志》刊出了一系列的社论与文章,挞伐专利药品的罪恶,呼吁医生向国会议员施加压力,为众议院修正议案制造舆论。3月3日,《美国医学会杂志》专门刊发社论,进一步阐明了医生对于专利药品立法所担负的责任,指出,"我们强调这样的事实,反对'专利药品'本身既不明智也没有必要","但通过必要的立法反对'专利药品'中的欺诈行为以保护公众,特别是反对那些含有诸如可卡因、鸦片或其生物碱,三氯乙醛和退热冰毒药的专利药品却是没有争议的"。同时"呼吁州、县医学会和医生应积极地支持州和地方的反专利药品立法活动"。① 同期刊发的另一篇社论更是号召"每位医生都应致信众议员,要求其支持纯净食品议案;一两句话足矣。如果美国一半的医生这样做,对通过全国纯净食品议案将大有帮助"。②

S. 88号议案提交众议院州际与对外贸易委员会之后,由威廉·赫伯恩和詹姆斯·曼(James R. Mann)众议员共同负责议案,两人作为议案的积极支持者,感到正面出击的时机已经成熟。3月7日,詹姆斯·曼向国会提出报告,希望以 H. R. 4527号议案取代参议院的 S. 88号议案。与 S. 88号议案相较, H. R. 4527号议案已以各种方式多次修正并完善。二者相较, H. R. 4527号议案主要出现了以下新的变化:(一)"药品"包括《美国药典》或《国家处方集》(NF)认可的内服或外用的所有药品和制剂,用于治疗、缓解和预防人或动物疾病的任何物质或混合物;(二)如果开列的药品的强度、质量或纯度与《美国药典》或《国家处方集》认可的标准不一致,或者与其出售所声明标准或质量不一致,均被视为"药品的掺假";(三)商标中没有注明含有任何酒精、鸦片、可卡因或任何有毒物质的数量或比例,将被视为"药品贴假商标"。③ 新修正的 H. R. 4527号议案虽然遭到了委员会少数议员的反对与质疑,但却得到了多数议员的支持。④

同期,美国专利协会为保护专利药品制造商的利益,组成"专家委员会",试图修正 H. R. 4527号议案,削弱议案中与药品相关的条款。4月7日,《美国医

---

① Editorial. Our Duty Regarding "Patent-Medicine" Legislation. JAMA, 1906, XLVI(9): 658-660.
② Editorial. The Pure-Food Bill. JAMA, 1906, XLVI(9): 660-661.
③ "Pure Food, March 7, 1906." 59th Congress, 1st Session, H. Report No. 2118, Part 1, pp. 1-3.
④ "Pure Food, March 7, 1906." 59th Congress, 1st Session, H. Report No. 2118, Part 2, pp. 1-20.

学会杂志》主编对此提出严厉抗议,谴责"单纯主张这些毒品,诸如鸦片、吗啡、海洛因、水合氯醛和其他的麻醉品可以因其以极少分量的出现而得以豁免,是极其不道德和愚蠢的。颁布这类立法的目的事实上将批准奴役人的毒品在稀释的状态下不受限制地出售"。①

为向美国专利协会施压,美国医学会还积极地动员美国专利协会总部所在地的报刊进行回击。4月12—14日,《芝加哥晚报》《芝加哥论坛报》和《芝加哥日报》相继刊发社论支持管理"专利药品",谴责美国专利协会提出削弱纯净食品和药品议案的修正案。② 4月21日,《美国医学会杂志》刊出了三大报纸的社论③,同期还刊发社论再次强调,专利药品"以阴险的小剂量、逐步增量,或在一定时间使用一定剂量,都有潜在的危害",美国医学会对此的答复是:"绝不应该对犯罪妥协。"④5月5日,《美国医学会杂志》又专门刊发了一组文章,讨论专利药品问题。这一组文章实为芝加哥医学会召开的"专利药品和秘方药罪恶研讨会"部分文章的摘登。⑤

虽然美国医学会推动议案通过的决心甚为坚决,然而晚至6月2日,美国医学会对于议案能否顺利通过仍心存疑虑,《美国医学会杂志》刊发的一篇社论对此表露无余,"很有可能纯净食品议案的反对者再次获胜","除美国医学会外,没有其他代表人民的组织来向负责议案者施加压力;与此不同的是,反对议案的组织却非常多"。既包括威士忌酒托拉斯,还包括"专利药品"协会和各种利益相关的制造商,所有这些组织,以集体或个人的名义不断地进行游说。因此,社论不无担心地认为,"如果议案的院外倡导者没有做出特殊的努力,它能否进入这次国会会议就值得怀疑"。⑥

6月4日,里德就纯净食品和药品议案向美国医学会波士顿年会提出一项动议,敦促众议院通过搁置的H. R. 4527号议案。同时,将这些决议拍电报给

① Editorial. Tinkering with the Pure-Food Bill. JAMA, 1906, XLVI(14): 1036 - 1037.
② Kill This Evil Amendment. The Chicago Evening Post, 1906 - 04 - 12; Hiding the Sale of Poisons. The Chicago Tribune, 1906 - 04 - 13; Another Attack on the Pure Food Bill. The Chicago Daily News, 1906 - 04 - 14.
③ Newspaper for "Paten-Medicine" Legislation. JAMA, 1906, XLVI(16): 1221.
④ Editorial. Protection against Dangerous Medicines. JAMA, 1906, XLVI(16): 1208 - 1209.
⑤ GEORGE H. SIMMONS. Proprietary Medicine, Some General Considerations. JAMA, 1906, XLVI(18): 1333 - 1337; J. H. SALISBURY. The Subordination of Medical Journals to Proprietary Interests. JAMA, 1906, XLVI(18): 1337 - 1338; N. S. DAVIS. Effect of Proprietary Literature on Medical Men. JAMA, 1906, XLVI(18): 1338 - 1339; W. A. PUCKNER. The Nostrum from the Viewpoint of the Pharmacist. JAMA, 1906, XLVI(18): 1340 - 1341; JULIUS STIEGLITZ. The Problem of the Synthetic Chemical Compound. JAMA, 1906, XLVI(18): 1341 - 1342.
⑥ Editorial. The Pure Food Bill. JAMA, 1906, XLVI(22): 1701 - 1702.

赫伯恩众议员,请求其提交众议院、议长和程序委员会。① 截止到6月21日,美国医学会已经有7份请愿书进入了《国会记录》。② 美国医学会通过请愿书、医生的信件和决议等形式同时向众议院的议员施压,敦促其投票支持议案,众议院议长约瑟夫·坎农(Joseph G. Cannon)最终放弃了对议案的反对,6月23日,众议院以241∶17票的压倒性多数通过了议案。

因参众两院的议案存在明显的差别,众议院和参议院不得不开会就其分歧寻求和解,6月27日,威廉·赫伯恩、詹姆斯·曼和威廉·瑞恩(William H. Ryan)等三位众议员向众参两院召开的大会提交了第一份会议报告,③ 29日,海伯恩、麦坎伯和阿斯伯里·拉蒂默(Asbury C. Latimer)等三位参议员向大会提交了第二份会议报告,④ 两份报告保留了 S. 88号议案和 H. R. 4527号议案的重要内容,强调了与药品相关的规定,增加了"如果包装商标上没有声明包含了任何酒精、吗啡、鸦片、可卡因、海洛因 α 或 β-优卡因、氯仿、印度大麻、水合氯醛或退热冰,或任何衍生物,或任何类似物质的数量或比例",都将被视为贴假商标药品或食品。然而,众议院要求创建食品标准的规定被取消。⑤ 当日,参众两院大会通过了会议报告,30日,罗斯福总统签署了这一法案,是为《纯净食品和药品法》。1907年1月1日,法案正式生效。⑥

《纯净食品和药品法》共13款,联邦法律中第一次规定了食品或药品掺假和贴假商标为非法。这里的药品包括《美国药典》或《国家处方集》认可的内服或外用的所有药品和制剂,用于治疗、缓解和预防人或动物疾病的任何物质或混合物;要求所有出售给公众的药品或食品,如果里面含有任何酒精、吗啡、鸦片、可

---

① AMA. Official Minutes-House of Delegates, Proceedings of the Fifty-Seventh Annual Session, held at Boston, June 4-8, 1906. JAMA, 1906, 46(24): 1860-1861.
② Congressional Record, 59th Congress, 1st Session, June 21, 1906, p. 8917; JONATHAN D. WIRTSCHAFTER. The Genesis and Impact of the Medical Lobby: 1898-1906. Journal of the History of Medicines and Allied Sciences, 1958, 13(1): 46.
③ Conference Report on Bill to Prevent Manufacture, Sale, or Transportation of Adulterated Foods, Drugs, and Liquors, June 27, 1906. 59th Congress, 1st Session, H. Report No. 5056, pp. 1-9.
④ Conference Report on Bill to Prevent Manufacture, Sale, or Transportation of Adulterated Foods, Drugs, and Liquors, June 29, 1906. 59th Congress, 1st Session, H. Report No. 5096, pp. 1-9.
⑤ Conference Report on Bill to Prevent Manufacture, Sale, or Transportation of Adulterated Foods, Drugs, and Liquors, June 27, 1906. 59th Congress, 1st Session, H. Report No. 5056, pp. 7-8; Conference Report on Bill to Prevent Manufacture, Sale, or Transportation of Adulterated Foods, Drugs, and Liquors, June 29, 1906. 59th Congress, 1st Session, H. Report No. 5096, pp. 7-8.
⑥ Report of Committee on Medical Legislation, June 4, 1907. JAMA, 1907, XLVIII(23): 1966.

卡因、海洛因α或β-优卡因、氯仿、印度大麻、水合氯醛或退热冰,或任何衍生物,或任何类似物质,都必须在标签上注明。初次违法,将被处以500美元以内罚金或一年以内的监禁,或二者并罚;对再犯者则处以1 000美元以内的罚金或一年以内的监禁,或二者并罚。① 同时,这是联邦政府第一次出于医学和健康目的提醒消费者关注掺假和贴假商标的专利药品,开创了联邦管理药品使用的先河。而联邦政府第一次借助《美国药典》和《国家处方集》的合法认可,通过了药物、化学制剂和药品的确切标准,标志着一个新时代的来临,② 成为联邦政府反对秘方药、保护公众的第一步。③

五

议案通过之后,支持者对此给予了高度赞誉。《纽约时报》的社论指出,法案的通过标志着"联邦政府对国内生产者和消费者态度的重要转变"④,它在这一时期的出现确保了"什么药品应该被生产和什么药品应该被购买的选择权完全交到了私人生产者和消费者手中"。换言之,法案潜在的前提是通过基于市场的力量揭发欺诈行为,把"骗子"逐出商业领域。⑤ 有学者更是指出,专利药品作为医学成瘾的主要原因,《纯净食品和药品法》的颁行导致了"专利药品工业的终结"。法案对于标签的要求解决了对鸦片生产和分发的管理问题,保护公众免受无知的危害,实际上把专利药品工业驱逐出了商业领域。⑥

虽然《纯净食品和药品法》的颁布敦促联邦政府在治理专利药品方面有了重大的改进,但并非意味着医学欺骗的终结。⑦ 因为法案本身就是妥协的产物,难

---

① United States Statutes at Large. 59th Congress, 1st Session, Chapter 3915, pp. 768-772; The Pure Food Bill. JAMA, 1906, 47(2): 128-130.
② C. S. N. HALLBERG. Pharmacists and Physicians and the Food and Drugs Act. JAMA, 1907, XLIX(17): 1413.
③ MORRIS FISHBEIN. A History of the American Medical Association, 1847 to 1947. Philadelphia & London: W. B. Saunders Company, 1947: 245.
④ Congress's Busy Session; Rate, Pure Food, and Meat Inspection Its Most Notable Measures. New York Times, 1906-07-01(1).
⑤ STEPHEN J. CECCOLI. Pill Politics: Drugs and the FDA. Boulder, Colorado: Lynne Rienner Publishers, Inc., 2004: 64.
⑥ RICHARD J. BONNIE, CHARLES H. WHITEBREAD, Ⅱ. The Forbidden Fruit and the Tree of Knowledge: An Inquiry into the Legal History of American Marijuana Prohibition. Virginia Law Review, 1970, 56(6): 985.
⑦ JOHN PARASCANDOLA. Patent Medicines and the Public's Health. Public Health Reports, 1999, 114(4): 321.

免有先天的缺陷。就管理条款而言,农业部化学局并没有被授予阻止药品错误广告的法律权限。专利药品制造商正是利用了这一漏洞,确定了他们的商标,宣称他们的产品现在得到了《纯净食品和药品法》的"保护",产品因此可以如同以前一样继续做广告。批评者指出,它是个典型的进步行为,不是依赖严厉的执法,而是依赖道德的控诉和公开。① 照此推理,通过这一过程"联邦管理商业变成了联邦为了商业而进行管理"(federal regulation of business became federal regulation for business)②,论者因此指出,时间将表明,通过在商标上列出成分或声明的广告以试图保护公众将是无用的。③ 同时,《纯净食品和药品法》的执法权被分割到数个部门,包括农业部、商务部、财政部、司法部和劳工部,反对错误广告的执法任务留给了联邦贸易委员会,④这种执法权的条块分割同样为法案的执行制造了难局。⑤

如何完善法律和克服难局成为法案通过之后必须面对的问题,诚如论者所言,"经过多年的立法领域的斗争之后,这一斗争开始转移到了管理领域"。⑥ 美国医学会很快意识到,解释和执行新的立法同它的颁布一样困难。⑦ 国会在处理食品和药品掺假问题上的不充分,为美国医学会领导有效的政府管理提供了契机。医学会认识到,这一过程中不仅需要强化立法和执法机构,而且需要击败部分制造商和加工互助会逃避执法和放宽执法的企图,通过司法解释来支持新的立法。⑧

---

① STEPHEN FOX. The Mirror Makers: A History of American Advertising and Its Creators. Urbana and Chicago: University of Illinois Press, 1997: 65.
② GABRIEL KOLKO. The Triumph of Conservatism: A Reinterpretation of American History, 1900-1916. New York: Macmillan, 1963: 285, 305.
③ MORRIS FISHBEIN. A History of the American Medical Association, 1847 to 1947. Philadelphia & London: W. B. Saunders Company, 1947: 245.
④ STEPHEN J. CECCOLI. Pill Politics: Drugs and the FDA. Boulder, Colorado: Lynne Rienner Publishers, Inc., 2004: 63.
⑤ "制订和推行保护消费者权利的政策,这毕竟是一项开创性的工作,未能尽善尽美,也是情理之中的事,不必因此苛责于罗斯福或国会的立法者。"参见:李剑鸣. 伟大的历险:西奥多·罗斯福传. 北京:世界知识出版社,1994:188.
⑥ C. C. REGIER. The Struggle for Federal Food and Drugs Legislation. Law and Contemporary Problems, 1933, 1(1): 15.
⑦ 劳弗·海斯和弗兰克·拉夫认为,导致1906年《纯净食品和药品法》的执行"异常困难"的因素有三:一是法案对违法本质的界定;二是工业特征的影响;三是联邦法的商业条款限制。参见:LAUFFER HAYES, FRANK RUFF. The Administration of the Federal Food and Drugs Act. Law and Contemporary Problems, 1933, 1(1): 16 (December 1933) (The Protection of the Consumer of Food and Drugs: A Symposium).
⑧ JAMES BURROW. AMA: Voice of American Medicine. Baltimore: Johns Hopkins Press, 1963: 85-86.

《纯净食品和药品法》实施以来,威利领导下的农业部化学局成为法案实际的执行者,然而关注的重心仍限于食品的掺假问题,到1911年上半年,与这一法律相关的案件达1000件,其中仅有135件与专利药品相关。① 而135件案件中,多数案件又备受争议。这样,司法机构特别是位于金字塔顶的联邦最高法院对法案的司法解释将直接影响到法案的推行。

实际上,在有争议的案件之中,司法机构常成为限制行政机构执法的重要因素,②而1911年5月29日,联邦最高法院于"美国诉约翰逊案"(U. S. v. Johnson)③中的判决对《纯净食品和药品法》更是构成了直接的挑战。《纯净食品和药品法》第8款这样界定"贴假商标","所有药品或食品……包装或商标上对其或其成分或包含物质的任何声明、设计或图案出现的任何细节的错误或误导"。显然,尽管法律条款指出包括"任何细节"的错误和误导性声明,然而并没有明确指出是否包括药品药效声明。被告正是基于这一点,指出药品商标上声明它是一种治愈癌症的药品并没有违法。这种情况之下,联邦最高法院的司法解释就起着至关重要的作用。与立法者和执法者意图不同,联邦最高法院把"贴假商标"解释为仅适用于食品和药品特性或质量的错误声明,而不是说明其治疗或医疗效果。④

《美国医学会杂志》认为,法院的判决是对法律的不可容忍的削弱。法院把"任何细节的错误或误导"解释为"某些特定的'错误或误导'"。而从判决中,获利者"将在法律的保护下如骗子团伙那样肆无忌惮","癌症骗子……根据法律以前的解释已经被逐出商业领域,而现在又可以自由地开始其该死的没有麻烦的贸易"。事实上,这种秘方药"完全没有价值,是彻头彻尾的欺骗"。社论呼吁国会应该采取行动解决这一法律漏洞。⑤

与美国医学会的批评不同,"美国诉约翰逊案"裁决的最大受益者——"专利药品"利益集团全力支持法院的解释。6月17日,美国专利协会提交了一封信

---

① JAMES H. YOUNG. The Medical Messiahs: A Social History of Health Quackery in Twentieth-Century America. Princeton, New Jersey: Princeton University Press, 1967: 41.
② LAUFFER HAYES, FRANK RUFF. The Administration of the Federal Food and Drugs Act. Law and Contemporary Problems, 1933, 1(1): 30 - 31.
③ United States v. Johnson, 221 U. S. 488, 1911.
④ The Propaganda for Reform: Supreme Court and the Food and Drugs Act. JAMA, 1911, LVI(24): 1832 - 1835; ROBERT L. RABIN. Federal Regulation in Historical Perspective. Stanford Law Review, 1986, 38(5): 1231.
⑤ Editorial. The Supreme Court on the Food and Drugs Act. JAMA, 1911, LVI(24): 1819 - 1820.

来支持"约翰逊案的合法性",声称:"因为疗法方面不存在科学,医学行医基于观点而不是基于确切的科学事实——任何关于药物、化学制剂或药品的治疗活性声明主要是'观点问题'"。因此,按照美国专利协会的意见——或者说"专利药品"制造商的意见——"最高法院裁决的影响没有特别地改变或削弱食品和药品法"。①

然而,这一裁决实与财政部、农业部、商业和劳工部三部部长1906年10月17日共同签署的《纯净食品和药品法》执法规章的相关规定意见相左,②与国会的主要意图相悖。为了阻止这一裁决引起的解释上的"严重差异"③和可能会导致的"蝴蝶效应",造成政府在法院对积压的同类案件审理过程中的失败,美国医学会积极地游说威廉·塔夫脱总统,希望总统敦促国会迅速通过一项法案来弥补漏洞。

6月21日,塔夫脱总统正式地认识到最高法院的裁决对《纯净食品和药品法》的打击,他向国会递交特别声明敦促通过修正案,完善法案,而且必须能恢复法律此前的效用。总统指出:

> 一项威胁人民全面健康的罪恶企图打破国家的生活方式。我认为……出售的药品故意错误地声称其药效构成了一种罪恶,请准许我呼吁国会对此事给予关注。
>
> 故意谎报秘方药的治疗价值不仅是对消费者的欺骗,而且对公共健康明显构成威胁。除了受到疾病折磨的患者外,没有人会如此地轻信它。迫切需要立法来阻止迅速治愈严重疾病的错误的幻想,因为当他们的病症过程未经检查时,疾病依赖的只是错误的声明和毫无价值的混合物。
>
> 当然,正如最高法院指出的,任何努力通过立法来反对单纯的意见表述将遭到失败;但,如果对制剂的药效故意地谎报应该反对之,罪恶严重的部分将被纳入管制范围。④

---

① Editorial. The President and the Food and Drugs Act. JAMA, 1911, LVII(1): 29.
② United States Department of Agriculture. Rules and Regulations for the Enforcement of the Food and Drugs Act. 59th Congress, 2nd Session, Senate Document No. 252, pp. 7 - 20, esp. Regulation 7, p. 9.
③ MITCHELL FISHER. The Proposed Food and Drugs Act: A Legal Critique. Law and Contemporary Problems, 1933, 1(1): 80 - 81(The Protection of the Consumer of Food and Drugs: A Symposium).
④Editorial. The President and the Food and Drugs Act. JAMA, 1911, LVII(1): 29.

塔夫脱总统在其特别声明中显然不同意"专利药品"制造商的看法,他声称:"我担心如果没有在这届国会批准修正法案,对那些秘方药已经完成的良局将会失效,这个国家的人民将被剥夺强有力的预防危险欺诈的权利。"①

与此同时,美国医学会开始采取实质性的行动推动国会以修正案的方式来弥补《纯净食品和药品法》存在的漏洞。6月22日,美国医学会洛杉矶年会上,来自马萨诸塞州的惠特利(F. G. Wheatley)医生提出一项议案,呼吁国会修正《纯净食品和药品法》,规定任何类型的错误声明都将是违法的。该项议案随即被提交"医学会立法和政治行动仲裁委员会"讨论。②

经过审议,医学会立法和政治行动委员会建议医学会秘书长把医学会的决议以电报的形式告知美国总统、副总统、众议院议长,同时把其复件呈交美国参众两院的议员,鉴于新近美国最高法院的裁决,美国医学会决定:

(1) 1911年6月26日,美国医学会代表大会于加州召开的年会,谦恭地请求国会在这次会议能修正全国食品和药品法,确保商标、函件等中出现的任何形式的食品和药品的错误声明均属违法。

(2) 我们真诚地赞同总统向国会送交特别声明来敦促国会在这一问题上立即采取行动的行为。③

6月28日,来自科罗拉多州的休伯特·沃克(Hubert Work)医生建议,美国医学会应对塔夫脱总统提交国会的特别声明表示感谢,他提议,"以美国医学界和美国人民的名义,美国医学会向塔夫脱总统表示诚挚的谢意,感谢其为纯净食品和药品法做出的高尚的斗争……决定,学会秘书长应该把这一决议给美国总统拍份电报"。经讨论,这一议案被采纳实施。④

可以说,"美国诉约翰逊案"以来,美国医学会为了保护公众不因专利药品治疗效果的谎言而导致既失去健康又丧失钱财,"一直在呼吁关注联邦食品和

---

① Editorial. The President and the Food and Drugs Act. JAMA, 1911, LVII(1): 29.
② AMA. Proceedings of the Los Angeles Session, Minutes of the Sixty-Second Annual Session of the American Medical Association. held at Los Angeles, Cal. , June 26 – 30, 1911. JAMA, 1911, LVII(1): 87.
③ Report of Reference Committee on Legislation and Political Action. JAMA, 1911, LVII(2): 133.
④ AMA. Proceedings of the Los Angeles Session, Minutes of the Sixty-Second Annual Session of the American Medical Association. held at Los Angeles, Cal. , June 26 – 30, 1911. JAMA, 1911, LVII(2): 139.

药品法的失败"。而国会中一些更为进步的议员则开始计划一项纯净食品和药品法修正案,以明确禁止药品治疗效果的不真实的声明。7月1日,《美国医学会杂志》刊发社论积极地动员医学会会员游说议员支持修正法案,强调指出,"我们相信总统置于秘方药商业上的限制更可能得到公众的批准而不是'专利药品'制造商倡导的'完全开放的'政策"。社论最后疾呼:"修正法案!"①

美国医学会的动员和游说最终取得了胜利,1912年8月23日,国会通过了斯瓦格·谢利(Swagar Sherley)众议员提出的议案,是为《谢利修正案》。这一修正案部分地弥补了1906年法案的漏洞,提高了食品和药品商标和传单上做广告的标准,特别禁止专利药品上的错误的治疗声明和贴假商标。1914年,联邦贸易委员会被授权指控掺假和贴假商标,是年,国会又通过《哈里森麻醉品法》来限制成瘾药品。由此,美国社会较好地建立了食品、饮品和药品监管体系和标准。②

显而易见,美国医学会通过与政府的积极合作逐步实现了黑幕揭发者工作的"制度化"。③ 无怪乎,詹姆斯·扬把美国医学会称为是"新黑幕揭发者"(new muckrakers)④。美国医学会一方面让医学界认识到专利药品的危害,限制开列专利药品;另一方面,让公众更加了解专利药品可以防范公众通过"自我治疗"制造潜在的成瘾者;三是美国医学会对公共事务的介入,逐步扭转了医生的公共形象,确立了其在药品市场与患者之间的"战略看门人"的地位。

余 论

通过详细地考察1891—1912年20年间,美国医学会参与药品管理的政治活动,我们发现,以1901年美国医学会改组为分水岭,此前,其作为医学政治角色"处境可怜",因而对提交国会的食品和药品综合议案影响甚微。然而,经过改组和建制,美国医学会作为政治势力不断壮大,它通过动员内部的力量游说参众

---

① Editorial. The President and the Food and Drugs Act. JAMA, 1911, LVII(1): 29.
② LORINE S. GOODWIN. The Pure Food, Drink and Drug Crusaders, 1879-1914. Jefferson, North Carolina and London: McFarland & Company, Inc., Publishers, 1999: 226.
③ PAUL STARR. The Social Transformation of American Medicine: The Rise of a Sovereign Profession and the Making of a Vast Industry. New York: Basic Books, Inc., Publishers, 1982: 132.
④ JAMES H. YOUNG. The Medical Messiahs: A Social History of Health Quackery in Twentieth-Century America. Chapter 7. Princeton, New Jersey: Princeton University Press, 1967.

两院的议员,借助《美国医学会杂志》制造社会舆论,外部通过与妇女组织、"黑幕揭发者"的联合,以及与政府机构的直接合作等多种方式敦促国会最终颁布了1906年《纯净食品和药品法》和通过了1912年《谢利修正案》,管理国内药品的掺假和贴假商标,规制专利药品制造及贸易。美国医学会于药品管理政策过程中的"政治—空间关系"由此经历了从边缘到中心的转变,对药品市场的影响力得到强化,最终既保护了公众健康又实现了业界利益。

不管是以过程还是以结果而论,美国医学会对药品管理联邦化的介入都是成功的。《美国医学会杂志》的社论指出,虽然院外有部分力量为议案的通过做了很多工作。然而,毫无疑问,"其中最强大和最有效的是医学界"。因为,美国医学会作为医学界的代表,它"通过医学立法委员会、州和县辅助委员会,能够令全美的医生采取一致行动和产生有效的结果"。[1] 小安德森和伯罗的研究同样指出,参议院被迫放弃了多年来反对这一议案的立场,很可能就是因为美国医学会的政治压力,[2]约瑟夫·斯皮兰(Joseph Spillane)和威廉·麦克阿利斯特(William McAllister)的研究也认为,医学和职业推动力的合流最终保证了1906年联邦《纯净食品和药品法》的通过。[3] 如果说,《美国医学会杂志》的社论有"王婆卖瓜"之嫌,小安德森、伯罗、斯皮兰和麦克阿利斯特的断言则属溢美之词,亲历者海伯恩参议员在国会通过1906年《纯净食品和药品法》时同样坦言,"如果设有美国医学会强大的和有利的影响,这一时间最长、难度最大的为改革法而进行的斗争就不会成功"。[4] 被誉为"纯净食品和药品法之父"的威利同样指出,"医学界,美国医学会的14万会员和全国700个妇女俱乐部"是推动法案成功通过的两大主要的影响力量。[5] 可以肯定,美国医学会于药品管理联邦化过程中扮演了特殊而重要的角色。

美国医学会通过一系列的政治行动,推动联邦政府积极地介入地方和州的公共卫生事务,调整了转型年代"国家与社会的关系",限制了垄断企业,特别是

---

[1] Editorial. The Pure Food Law. JAMA, 1906, XLVII(1): 41-42; Editorial. The Pure Food Law. JAMA, 1906, XLVII(2): 116-117.

[2] OSCAR E. ANDERSON, Jr.. The Health of a Nation: Harvey W. Wiley and the Fight for Pure food. Chicago: University of Chicago Press, 1958: 180; JAMES BURROW. AMA: Voice of American Medicine. Baltimore: Johns Hopkins Press, 1963: 79.

[3] JOSEPH SPILLANE, WILLIAM MCALLISTER. Keeping the Lid on: A Century of Drug Regulation and Control. Drug and Alcohol Dependence, 2003(70): S6.

[4] Report of Committee on National Legislation. JAMA, 1907, XLVIII(23): 1966.

[5] JAMES H. YOUNG. The Toadstool Millionaires: A Social History of Patent Medicines in American before Federal Regulation. Princeton, New Jersey: Princeton University Press, 1961: 243.

专利药品制造工业为私利而无视公共健康和福利的现象。专利药品制造商,特别是那些大规模上市的药品不得不减少其中的麻醉品含量。① 同时,美国医学会对专利药品和其他欺诈行为等"黑幕揭发"的制度化,型塑了公众的卫生意识,这种意识的形成令庸医骗术再难大行其道,专利药品制造商和广告商宣传的"自我治疗"本质也日渐为公众所认识,公众自我的觉醒转而成为保护公共健康和福利的主要推动力。"黑幕揭发"工作的制度化和药品管理的联邦化,使医生可以利用其权力获悉患者是不是在专利药品的伪装之下使用了麻醉品,同时向聪明的购买者指出不加区别随意使用药品的危险。② 有证据表明鸦片成瘾从19世纪90年代的顶峰之时到1914年出现了适度的减少。③

与此同时,美国医学会借助对公共卫生事务的参与实现了业界利益。19世纪,无论是哪种类型的开业医师,都不是民众获取治疗的唯一来源。研究者发现,这一时期,对于大多数公众而言,拥有常识的平民好像要优越于受过训练的专家。新罕布什尔医学协会的一份委员会报告更是直陈,医生与公众之间的"敌对情绪如此强烈",以致公众认为"与对一个有学问的职业群体的依赖相比,对他们而言,秘方药和欺骗性的药品经营更值得信赖"。④随着药品管理的联邦化,"美国医学会的管理体系将抑制来自消费者的信息和通过医生改变药品的购买。这种转变意味着市场结构性的变化而不是单纯地改善了其功能,它让医生更多地分享其患者购买药品的权力"。⑤同样,伴随着美国医学界达到了政治组织的目标,医生们能够把其日渐上升的"文化权威"转化为合法的特权——经济的权力、高收入和高社会地位,医学界的社会威望与经济收入在20世纪第一个10年时间里取得了长足的进展。医生因此成为一个人们非常希望选择的职业。⑥

可以肯定,20年间,美国医学会通过与联邦政府的合作推动了国家与社会

---

① James H. Young. The Medical Messiahs: A Social History of Health Quackery in Twentieth-Century America. Princeton, New Jersey: Princeton University Press, 1967: 44.
② Physician and the Food and Drugs Act. JAMA, 1907, XLVIII(3): 241.
③ EDWARD M. BRECHER, the Editors of Consumer Reports. Licit and Illicit Drugs: The Consumers Union Report on Narcotics, Stimulants, Depressants, Inhalants, Hallucinogen, and Marijuana-Including Caffeine, Nicotine, and Alcohol. Boston: Little, Brown, 1972: 47.
④ JAMES H. YOUNG. American Medical Quackery in the Age of the Common Man. Mississippi Valley Historical Review, 1961, 47(4): 580-582.
⑤ PAUL STARR. The Social Transformation of American Medicine: The Rise of a Sovereign Profession and the Making of a Vast Industry. New York: Basic Books, Inc., Publishers, 1982: 133.
⑥ PAUL STARR. The Social Transformation of American Medicine: The Rise of a Sovereign Profession and the Making of a Vast Industry. New York: Basic Books, Inc., Publishers, 1982: 143-144.

关系的优化,继而实现了业界利益与公共福利的双赢。事实上,美国医学会的活动正是践履了《美国医学会杂志》主编约翰·汉密尔顿19世纪末的教诲:医学立法不独代表医生的利益,而且代表公众的利益①。

(原载《历史研究》2009年第1期)

---

① JOHN B. HAMILTON. "Medical" Legislation and How to Obtain It. JAMA, 1897, XXVIII (22): 1005.

"一·二八事变"与上海"自由市"计划始末

张智慧

张智慧,1999年毕业于东北师范大学日本研究所,获硕士学位;2005年毕业于日本大阪市立大学文学研究科,获日本文学博士学位。2006年7月入职上海大学文学院,现为历史系副教授。主要研究领域为日本近现代史、中日关系史、上海城市史。主讲课程有"日本近代史""启蒙思想家与日本近代化""世界通史"等。在《史林》《历史研究》《历史科学》《学术月刊》《军事历史研究》及《立命馆大学人文科学研究所纪要》等海内外刊物发表中文和日文学术论文10余篇。主持完成日本住友财团2010年度"亚洲诸国的日本研究助成"项目、日本国际交流基金2011年度日本研究项目、2014年上海市浦江人才计划项目等。

关于"一·二八事变"爆发的历史原因,以往的专题研究和论著[1]一般认为是日本为了转移国际上对日军侵略东北的关注,而在上海炮制了"一·二八事变",至于日本为什么能够在列强利益交错复杂的上海制造事端这一问题,却没有深入研究和探讨。事变爆发后,当时日本的内大臣牧野伸显就曾说:"如果我国在上海失败的话,至今为止的满蒙问题也将化作乌有。本来上海作为国际都市,各种事情复杂,微妙至极。"[2]可见当时日本的统治阶层内部也是不无担心。对于日本在上海制造事端的历史原因,也有研究[3]认为,上海的抗日运动使日本

---

[1] 沈予.日本大陆政策史(1868—1945).北京:社会科学文献出版社,2005;熊沛彪.近现代日本霸权战略.北京:社会科学文献出版社,2005;彭敦文.国民政府对日政策及其变化:从九一八事变到七七事变.北京:社会科学文献出版社,2007.等等。在日本史学界,则有:小岛晋治、丸山松幸.中国近现代史.岩波书店,1991;岩波讲座.日本历史20·近代7.岩波书店,1982;高桥孝助,古厩忠夫.上海史.东方书店,1995.等等。

[2] 原田熊雄述.西園寺公と政局:第2卷.岩波書店,1982:201.

[3] 陆伟.日本在沪资产阶级与一·二八事变.上海党史研究,1997(4).

经济遭受了沉重打击,上海的日本侨民各经济团体积极要求日本出兵,以保护其在华的经济利益。上海的抗日运动固然是促成"一·二八事变"的历史要素,然而却不能充分说明日本之所以能在国际都市上海制造事端的深层历史原因。

笔者通过对日本亚洲历史资料中心近来公开的大量档案资料的发掘,以及对《工部局董事会会议录》《申报》等一手资料的利用,认为日本政府和上海公共租界相互利用,企图把上海设置成"自由市",才是导致"一·二八事变"的深层历史原因。本稿拟通过对上海公共租界的统治危机及对策方案、日本外务省对上海"自由市"计划的积极推进、"自由市"计划受挫的历史原因等问题的具体分析,重新探讨"一·二八事变"爆发的历史缘由,填补学界关于上海"自由市"问题研究的空白。

一、上海公共租界的统治危机及对策方案

(一) 穷途末路的公共租界

众所周知,20世纪20年代后期,中国政府要求收回租界的呼声渐高,特别是上海在历经五卅运动以后,"上海是中国人的上海"这一思想得以广泛传播。上海各界民众通过罢市、罢工、罢课等形式与租界当局展开了不懈的斗争,使当时的上海租界陷入了深刻的统治危机之中。租界当局不仅要面对中国声势汹涌的反帝运动,还要面对北伐时汉口、九江等租界已被收回,缺口已被打开的巨大压力[①]。1927年7月,国民政府上海特别市的建立,形成了华界和租界分庭抗礼的局面,对于租界当局来说更是雪上加霜。1929年国民党中央宣传部又编印了《收回租界运动》的小册子,这些都不难看出当时来自民众和官方的收回租界运动达到了前所未有之势,使上海的租界当局感觉末日来临。

然而,在上海拥有巨大利益的英、美、法、意、日等国侨民并不甘心手中特权的丧失,想尽各种办法试图解决租界的危机。其中上海公共租界为了寻求租界继续存在的合理依据,工部局在1929年11月28日召开的董事会议上,一致通过了邀请资深法官费唐来沪考察租界制度的决议。费唐长期在南非联邦工作,曾经"负责英国政府和爱尔兰自由邦之间条约的谈判工作,也负责过英布战争结束后与南非联邦的签约工作",董事会一致认为"聘用费唐法官来协助工部局就

---

① 郑祖安.百年上海城.上海:学林出版社,1999:178.

上海未来地位问题提出建设性的建议,这对整个社会都是有益的"①。从1930年1月至1931年6月,费唐陆续发表了4大卷长达百万字的《研究上海公共租界情形报告书》。其基本思想就是强调有必要、也有可能继续租界制度,至少在几十年"过渡期"内租界不能交还中国,竭力为公共租界存在的合理、合法性寻找依据。值得注意的是,"一·二八事变"后,日本政府在推进上海"自由市"计划时曾多次提及费唐报告。

就在费唐报告出台后不久,九一八事变爆发。事变之后,工部局董事会会议频频对上海未来地位问题加以讨论,并且有建议提出"目前正是董事会可以作出努力,召开一次由中国政府和各主要的、与此事有关系的西方国家参加会议的良好时机",拟利用中国国内的危机形势来达到巩固上海租界地位的目的。

1931年11月19日,由于宁粤矛盾,十九路军进驻上海。对此,工部局更是大肆渲染租界的危机处境。11月30日,工部局董事会召开特别会议,总董麦克诺登在会上向诸董事汇报了27日他召集各国驻沪防军司令而召开的非正式会议的内容②。据麦克诺登所言,参加27日会议的有工部局总裁费信惇、上海公共租界协防区首席司令佛黎明、美国海军陆战队胡克、日本帝国海军登陆特遣队司令柴山、法国驻沪防军司令麦凯、上海公共租界万国商团司令汤姆斯、英国驻沪防军副旅长彭尼等。在会议上麦克诺登向各国驻沪防军司令解释了工部局的立场,"并就因东北目前局势的结果,万一租界及其附近地带发生或将发生严重的动乱,工部局究应采取何种行动,展开讨论"。麦克诺登向与会者说明了工部局的目的,就是"维护公共租界内的法律和秩序,如果可能的话,维持沪西地区直到铁路线为止的法律和秩序"。对此,各国驻沪防军司令都表示愿意全力支持。特别值得注意的是麦克诺登在会议上还提出了"建立一个中立地带"的建议,指出"万一出现严重的动乱,沪西越界筑路地区的范围,不足以有效地保证公共租界居民的生命财产安全"。对于麦克诺登的提议,各国驻沪防军司令认为尽管他们愿意跟各该国领事进行磋商,但鉴于该建议牵涉到政策问题,表示他们无权在会上加以讨论。

总董麦克诺登在汇报完27日会议的内容之后,宣称,"一项全面的协防计划已经制订,一旦工部局宣布租界处于紧急状态,该项协防计划立即付诸实施"。

---

① 1929年11月28日 工部局董事会会议//上海市档案馆.工部局董事会会议录:第24册.上海:上海古籍出版社,2001:585.
② 1931年11月30日 工部局董事会特别会议//上海市档案馆.工部局董事会会议录:第25册.上海:上海古籍出版社,2001:495.

并提醒诸董事对"所获知的本日会议的消息,对外千万保密"。由此可见,"一·二八事变"之前,工部局就已对将来可能发生的紧张局势有充分准备。不仅对各国的驻沪防军司令所应承担责任的防区作了明确规定,而且还提出了在出现严重动乱之前,"建立一个中立地带"的建议。

30年代初的上海公共租界已陷入了前所未有的统治危机之中,为了打破此僵局,工部局不仅积极寻求延续租界制度的理论依据,还迫切需要制造一些事端,利用紧张局势来获取探讨上海未来地位问题的契机。而"一·二八事变"不能不说就是在此历史背景下爆发的。

(二) 关于上海租界未来地位问题的提议和方案

"一·二八事变"爆发前,在上海租界当局逐步陷入统治危机的形势下,上海租界未来地位问题引起了各方的讨论和关注,其中既有来自外国政府的提议,也有上海租界外侨团体的计划和方案。

早在1927年北伐军入驻上海之际,驻中国的美国公使和驻汉口的美国总领事就依照美国政府的训令,分别向张作霖、蒋介石及孙传芳三方提出了美国国务卿关于上海中立的通牒文①。通牒文指出美国政府对目前中国的内乱给上海租界内美国利益所带来的影响颇感忧虑。现在的公共租界不仅其枝叶已延伸至中国全土,而且已经成为全世界商业网的一个基本中心,所以无论是中国人还是从诸外国人的利益出发,维护公共租界的秩序都是极度必要的。美国政府建议要把上海的公共租界排除在武力交战的区域之外,以给予美国人及其他外国人充分的保障。通牒文最后指出,有关公共租界未来地位的问题,美国政府已做好了与中国进一步交涉的准备。对于美国政府的这一提议,中国官方的反应态度比较强硬,国民政府代表陈友仁就明确表示,不光是美国,对于任何国家的有关上海中立的建议,国民政府都将视之为内政干涉。并指出国民政府统管上海之时,有充分的实力和诚意保障美国人及其他外国人的生命财产,所以没有在上海设置中立地带的必要。此外孙传芳方面也表示在上海会对所有外国人的生命财产负有保护责任,不需要特别设置中立地带。1927年美国政府关于上海中立的建议因遭到中国官方的反对而搁浅。

除了以上外国政府的建议外,上海租界内的许多外侨团体也不甘示弱,制定了各种计划和方案,比较有代表性的如1925年10月制定的《上海纳税人协会会

---

① 米国ノ上海中立提議//日本外務省外交史料館.分割2各国都市関係雑件/上海ノ部.Ref.B04121012400(アジア歴史資料センター).

员私案》[1]、1930年2月制定的《上海美国人提案》[2]等。其中《上海纳税人协会会员私案》主张要建立一个囊括淞沪、苏州、杭州在内的"大上海国",具体内容包括:大上海国作为中国的附属国,每年有向中国纳税的义务;其行政机关包括国家元首(中国人)、行政长官(外国人)、元老院(由议长和中外同数的议员组成);新国家内撤销治外法权,建立属于新国家管辖的法院等。《上海美国人提案》则主张建立"上海自由港",提案的主要内容包括:上海自由港政府遵循中国钦定的宪章,除关税、邮务及缔结条约权利之外,享有地方自治政府的特权;总督由国际联盟任命,公共租界代表(4名内中国人1名)、法租界代表(2名)及上海市政府代表的选定则和中国政府协商后决定;区域包括大上海市、公共租界、法租界及周边20英里的中立地带;自由港及周边中立地带的中立性由中国、列强和自由港之间缔结的国际条约来保障;自由港领域内各国永久放弃治外法权,自由港政府依照宪章规定,对区域内的所有人和物拥有管辖权;总督为维护自由港及中立地带的治安和防御外敌应组建必要的军队等。

以上论及的提议和方案中,虽然出现了"上海中立地带""大上海国""上海自由港"等不同的名称,但这些名称和而后成为议论焦点的"上海自由市"一样,其实质都是要使上海脱离中国主权的管理,从而把上海变成维护列强既得利益的"自由王国"。可以说日本政府就是利用了上海公共租界的统治危机和上海外国侨民极力谋求改变上海现状的动态,悍然发动了"一·二八事变"。

二、日本外务省对上海"自由市"计划的积极推进

(一)从"调停的中立地带案"到"永久的中立地带案"

事变爆发之前,日本政府就曾秘密制定过"中国五港中立案"[3],当时国民政府和列强之间正在就撤销治外法权问题进行着反复交涉。作为撤销诸外国治外法权的条件,当时日本提出了把上海、天津、汉口、广东、青岛设定为自治都市的提案。事变爆发后,日本政府首先就此提案和美国政府进行了交涉,当时美国各

---

[1] 上海納税者協会会員ノ私案//日本外務省外交史料館.分割2 各国都市関係雑件/上海ノ部. Ref. B04121012400 (アジア歴史資料センター).

[2] 在上海米人間ニ成リタル考案//日本外務省外交史料館.分割2 各国都市関係雑件/上海ノ部. Ref. B04121012400 (アジア歴史資料センター).

[3] 在華日本紡績同業会会長船津辰一郎書簡//日本外務省外交史料館.分割2 各国都市関係雑件/上海ノ部. Ref. B04121012400 (アジア歴史資料センター).

大报纸①都对此作了相关报道,其中2月9日的《纽约时报》认为"日本的提案是要把中国变为其保护国,可谓是一大时代错误"。2月10日的《华尔街日报》批判道:"世上还有此旁若无人之举吗?"对于日本政府为何在事变之初首先要提议"中国五港中立案",其与上海"自由市"计划又有何关联等问题还有待于今后的进一步探讨和研究。不过从笔者目前所掌握的档案资料中可知,日本政府在事变之初提议"中国五港中立案"的同时,已开始把焦点聚集于上海"自由市"的推进上。

1932年2月2日,驻东京的英、法、美三国大使拜访日本外相芳泽谦吉,针对上海的事变提出了五项提议②。值得注意的是,日本政府针对第四项"为隔离两国的战斗人员而设置中立地带"提议的决策。可以说三国大使的提议只是出于早日结束战争的考虑,其建立中立地带的提议具有调停之性质。但日本外务省在决策中却有意地把这一提议变成了永久中立的提案。

在接到三国大使的提议后,日本外务省就设置中立地带问题与驻中华民国特命全权公使重光葵进行了磋商。2月6日,在上海的重光于回函中向日本外务省提出了关于设置中立地带的意见③。重光指出:"虽然中立地带主要指闸北地区方面,但在当地的各国交涉中是有伸缩余地的,在与各国交涉中,应该制定把整个上海的周围地区设置成中立地带的方案。作为实施的具体步骤:首先,在和英美等领事团、工部局充分协商的基础上,强行要求中国军队撤退到租界境界线20英里以外;此目标实现后,在中国军队的撤退区域设置中立地带,中立地带若仅局限于闸北附近,已与现实不相符合,而设置中立地带又是各国共同之目的,应考虑到租界全体的利益。中立地带的警卫应由工部局警察承担,或者和中国公安局共同承担。此想法和费唐报告的旨趣相符,同时也是在沪各国居留民所共同希望的。"重光关于在上海设置中立地带的建议成为日本外务省处理上海问题的基本方针。

2月10日,在日本枢密院会议上,外相芳泽在汇报完"上海事件"的经过后,接受了富井顾问官的提问。④ 富井问道:"昨天的报纸报道了日本政府的中立地

---

① 上海事件ヲ外紙ハ何ウ観ル//日本外務省外交史料館.『国際事情』(320), Ref. B02030472700(アジア歴史資料センター).
② 上海事件ニ関スル報告//日本国立公文書館. 枢密院会議筆記・一、上海事件ニ関スル報告昭和七年二月十日. Ref. A03033731800(アジア歴史資料センター).
③ 中立地帯ニ関スル重光公使ノ意見//日本外務省外交史料館. 日支事件ニ関スル交渉経過(連盟及対米関係)第七巻19. Ref. B02030402300(アジア歴史資料センター).
④ 上海事件ニ関スル報告//日本国立公文書館. 枢密院会議筆記・一、上海事件ニ関スル報告昭和七年二月十日. Ref. A03033731800(アジア歴史資料センター).

带案，该案和调停案所指的地带案有所不同，欲要设置永久的中立地带。中国自不必说，美国也认为该案是分割中国的开端而加以反对，果有此事吗？"外相芳泽回答道："本官原本考虑的是在日中两军之间设立中立地带，使其退却到一定的距离。而后却变成了设置永久的中立地带。"对于芳泽的回答，富井接着问道："是要设置大规模的中立地带吗？"对此，外相芳泽回答道："关于你所询问的永久的局外中立地带设置案，实际上正在考虑之中，还未向外国政府发表日本政府的想法，只是通告了当地的我国代表们而已。"从以上两者的问答中可以看出，"一·二八事变"爆发后，日本政府有意把调停性质的中立案变成永久的中立地带案。

（二）对各种"自由市"方案的比较和探讨

在上海设置"永久中立地带"的基本方针确立后，日本外务省指示[①]道："上海圆桌会议能否召开还未明确，但我方要预先制定有关上海未来地位的大纲案，并展示给各国，以此对中国保有贷主之地位。"日本外务省在制定上海"自由市"方案的过程中，首先对上海外侨团体及个人制定的各种上海"自由市"方案进行了详细比较和分析。这些提案包括：《上海纳税人协会会员私案》（1925年10月）、《上海美国人提案》（1930年2月）、《上海外人有志者提案》（1932年3月下旬）、《法国人 D'auxion de Ruppe 案》（1932年2月下旬）、《大谷光瑞师案》（1932年4月中旬）等。目前笔者所掌握的档案资料中，只是介绍了各种提案的内容，对于提出以上方案的上海外侨团体及个人的分析，还有待于今后相关史料及档案资料的进一步发掘和利用。

关于上海"自由市"的各种方案，大多不为世人所知，而只有1932年3月下旬制定的《上海外人有志者提案》被当时的媒体公布于众，日本的各大报纸如《东京日日新闻》和《大阪每日新闻》都对该提案作了详细报道。[②] 两大报纸都提到此案是日、英、美、法、意等十多国有力团体中所选出的20人委员会，经过10多次的研究而制定的，并指出该案已经提交到国际联盟。根据两大报纸的报道，上海自由市计划的概要包括："1. 本行政团体与支那政府协力，并向支那政府交纳租税。2. 本行政团体设立的目的是避免上海地区遭受军阀的侵略、设置独立的法院、确立区域内的财政经济基础。3. 利用支那人及外国人组成的军警来防卫上列区域，而不是雇佣军队。"而其具体细则包括：

---

① 上海都市計画//日本外務省外交史料館. 分割 2 各国都市関係雑件/上海ノ部. Ref. B04121012400（アジア歴史資料センター）.

② 自由市建設. 东京日日新闻，1932-04-10. 列国実業団体の上海自由市案. 大阪每日新聞，1932-04-11.

(1) 地区范围：公共租界、法租界、上海特别市及水路。

(2) 附属保护区：以上海为中心 20 英里以内的地区。

(3) 名称：上海特别区。

(4) 行政团体名称：上海特别区工部局。

(5) 统治形式：本行政团体受支那政府及列国的委任实行该地区的统治。

(6) 期限：以三十年为期限，到期五年前如没有取消，申请则自动延长 10 年。

(7) 基本原则：由上海特别区工部局维持区域内的统治和安宁秩序，原则上不受任何政治干涉，并且不受任何国家及政府的支配，因此行政组织上不允许一国的绝对多数。

(8) 行政委员由下列团体选出：上海特别市、公共租界工部局、法租界公董局、支那总商会、上海一般商工会议所、纳税华人会、上海在留外人代表。

(9) 区域保障：由支那政府及列国保障该区域的安全。

(10) 上海特别区工部局与公共租界工部局、法租界公董局、地方行政区行政机关、闸北、浦东、吴淞的关系：以上各行政机关受上海特别区工部局的支配。

(11) 上海特别区工部局在筹集经费之际，有权向工部局和地方行政机关发行债券和税收。

(12) 国税：正当的支那国税可以在区域内征收。包括全国普遍征收之税和对上海特别区工部局和工部局、公董局征收的税金。

(13) 防备区域的警卫由带有国际性质的巡警和军警负责，另设置约 5 000 的支那军警。

(14) 土地租借法：上海特别区工部局有权制定行政区域内的土地租借法。

(15) 法院：区域内设置独立的法院。

(16) 领事裁判权独立：设置独立法院后，各国历来的领事裁判权应有所缓和。

(17) 海关邮电及其他：即使在上海特别区区域内，以下的事业由支那政府所管，即海关、邮电、广播（不允许检阅）、国营铁路。

(18) 安全区域：上海特别区工部局在区域内不允许任何国家使用兵力。

(19) 撤兵：上海特别区工部局成立后，支那及列国的驻兵应撤离到区域以外。

(20) 职务：上海特别区工部局排除一切国家差别，作为一地方行政机关行使地方政府的职责。

(21) 支那代表：支那政府可以派一名代表担任上海特别区工部局行政

委员。

对于上海外侨团体及个人所制定的五种上海"自由市"方案,日本外务省制定了八项评价标准,对诸方案进行了具体分析和比较①。值得注意的是在围绕每项标准所作具体比较之后,都进行了归纳和总结,凸显了日本外务省在制定上海"自由市"方案上的观点和立场。第一项"与中国领土权的关系"上,日本外务省认为"自由都市的设定,应该在列强和中国缔结的条约基础上,中国制定国内法规即宪章,或者把宪章作为条约的附属书,中国制定相同内容的国内法来予以保障";第二项"与国际联盟的关系"上,认为"把上海自由都市置于联盟的监督之下,虽然不是必不可缺的,但是如果借助国际联盟的权威容易让中国让步的话,可以在某种形式上承认联盟的监督权及保护权";第三项"区域划分"上,认为"虽然自由都市的管辖区域限于公共租界、法租界和大上海市,但为了自由都市的安全保障,应该在其周围设置保护中立地带";第四项"警备问题"上,认为"如果足以证明自由都市的治安能力值得信赖的话,作为终极之措施,同意放弃列国的驻兵及派兵权也是不得已的";第五项"中立性质"问题上,认为"对自由都市的安全威胁和保护地带的中立侵害,多源于中国的排外运动。此种情况下,列国以及成为排外对象的一国及数国,应该先谋求国际联盟的承认,之后在其委任之下采取自卫之手段";第六项"立法及行政机关"问题上,认为"有必要在三区域的行政机关之间设立某种形式的联络机关,严格意义上来讲并不是由立法机关来充当,而是应该设立由三行政机关代表所组成的委员会";第七项"立法机关及治外法权问题"上,认为"虽然撤消治外法权问题是颇为重要之事件,必须要慎重考虑。上海自由都市一旦成立,也没有必要一直反对撤消治外法权";第八项"维持治安的武装警察军备等"问题上,认为"为了保障自由都市的安全,理论上讲自由都市不应该拥有自己的军队,但是如此一来会出现无力阻挡中国军队进攻的缺陷,为了弥补该缺陷,应该在保证自由都市及保护地带的中立,以及在国际联盟的权威下,派遣国际军队或一国军队"。

虽然笔者目前所掌握的档案资料中并未发现日本外务省制定的上海"自由市"最终成案,然而从以上的论述中不难看出,事变后日本外务省不仅确立了设置"永久中立地带"的基本方针,还积极参考各种"自由市"方案,秘密推进日本政府主导的上海"自由市"计划,而且从档案资料中可知,日本政府希望召开"上海

---

① 各種上海自由都市計画案ノ比較//日本外務省外交史料館.分割 2 各国都市関係雑件/上海ノ部. Ref. B04121012400 (アジア歴史資料センター).

圆桌会议"来实现"自由市"计划,但鉴于中日停战还未实现之前,此种提议必然会遭到中国及英、美、法等国的反对,日本政府并未能大张旗鼓地推进上海"自由市"计划。

(三) 关于召开圆桌会议的交涉

1932年5月5日,随着中日停战协定的签订,日本谋求建立上海"自由市"的计划,主要以谋求召开"上海圆桌会议"的形式表现出来,即日本希望通过召开圆桌会议,与各国商讨上海"自由市"问题。

5月13日,日本外相芳泽谦吉召见英、美、法、意4国代表,提出了有关上海的善后问题。① 在对4国特别是英国在签署停战协定交涉中的尽力表示感谢后,芳泽提到"现在吾人最关心的是维护上海及其附近永久和平之问题,本件是涉及公共租界、法租界的各国共同之问题,特别是日、英、美、法、意5国最具利害关系。鉴于以往的经验,上海租界经常受到支那内乱之威胁,在日本断然撤兵之际,特别感到有恢复上海和平的必要,所以应速召开圆桌会议解决此问题"。作为召开会议的理由和根据,芳泽不仅提到了2月29日国联理事会所作的关于停战协定签订后召开圆桌会议的决议,而且提出中国的现实形势即广东派的反蒋活动、长江沿岸"共匪的跋扈"都使召开圆桌会议刻不容缓。而作为召开会议的具体步骤,芳泽提出了和英、美、法、意4国先在东京召开预备会议,来商讨上海问题的建议;并且提出预备会议不邀请中国参加,等5国之间大纲确立之后再和中国交涉。

然而就在芳泽召见四国代表的两天后,5月15日,日本国内法西斯军人和民间法西斯团体联合发动流血政变,首相犬养毅被杀。5月26日,退役海军大将斋藤实出任首相,并且身兼外相一职。斋藤内阁期间,对于上海事变的善后处理问题,基本上沿用了前外相芳泽的外交政策和方针。在英、美、法、意4国代表就芳泽提出的建议而请示本国政府之际,日本外务省对四国可能会提出的疑问作了周密推测,日本外务省认为在根本问题上,4国可能会以日军还没有完全撤退、中日间的关系还很紧张等理由,提出召开会议的时机还未成熟的意见。而在枝端问题上,四国可能会提出召开预备会议不应排除中国、预备会议的召开地点定在东京欠妥等意见。

值得注意的是,对于英、美、法、意4国在答复中可能提出的疑问和意见,日

---

① 上海圆卓会议二関スル件//日本外務省外交史料館. 分割3 各国都市関係雑件/上海ノ部. Ref. B04121012500 (アジア歴史資料センター).

本外务省制定了颇为严密的答复预案①,根据日本外务省公开的秘密外交档案,其主要内容包括以下8个方面:1. 强调本次圆桌会议的召开是根据2月29日国际联盟理事会决议所定的;2. 强调根据2月29日国际联盟理事会的决议,各国有推进圆桌会议召开的义务;3. 停战协定签订后,广东派的反蒋运动明显,加上长江沿岸及福建省等地"共匪活动猖獗",上海未来的形势不容乐观;4. 我方已决定陆军全部撤回,近期内会预期完成。随着停战协定的签订和我陆军的撤回,中日间的关系也将有所缓和;5. 不同意满洲问题与上海问题共议,满洲问题与上海问题是全然不同的两个问题,而且2月29日国际联盟理事会决议明确提出,圆桌会议仅以恢复上海地区的和平为目的;6. 我政府提出预备会议排除中国及召开地点定在东京的主张,是出于对圆桌会议成效的考虑,和各友好国家有进一步商讨的余地;7. 1924年上海发生的卢永祥、齐变元两将军交战之时,外交团于同年12月22日向北京外交部提出永久转移军阀争夺的目标,即江南制造厂和龙华弹药厂,使上海附近避免卷入战争的建议。对此,北京外交部于1925年1月17日命令把江南制造厂改造为普通工厂,同时1月15日的执政命令宣布永久禁止在上海及吴淞驻屯军队;8. 维护上海地区的永久和平是各国的夙愿,如果列国间充分努力,1925年上海附近的孙传芳、张宗昌两军的对峙、1927年广东军的北上引起的动乱,以及这次十九路军的骚扰都可以避免,如果列国重复1925年过失的话,唯恐中外人士几十年来苦心经营的国际都市将会消失。以上的8项内容即是日本外务省针对英、美、法、意等国有可能提出的疑问和意见而精心制定的答复预案,其目的就是强调上海的危机形势,说服各国顺利实现圆桌会议的召开,从而推进上海"自由市"的设置。

（四）公共租界与日本的里应外合

日本之所以在上海制造事端,致使事变爆发,不能不说其背后有上海各外国团体,特别是公共租界当局的大力支持。事变爆发后,公共租界当局更是与日本里应外合。事变后上海市长吴铁城曾向工部局提出抗议,认为"工部局听任公共租界被用作进攻中国部队的军事行动根据地",对此工部局于1932年2月6日召开董事会特别会议,商讨了如何答复上海市长提出抗议的事宜。会上工部局总裁费信惇提出"工部局作为一个团体,不能对那些能够共同保证租界中立的强国之一的侵犯公共租界的行为担负责任。日本作为这些强国之一,像其他有关

---

① 外務大臣応酬振//日本外務省外交史料館. 分割 3 各国都市関係雑件/上海ノ部. Ref. B04121012500（アジア歴史資料センター）.

的主要强国一样,对维持公共租界的完整感兴趣;任何强国的可以被解释为破坏这种中立地位的行为,其责任应由各该强国担负,而不是由上海公共租界工部局担负"①。工部局对于日军利用公共租界进攻中国部队采取了纵容的态度,工部局所主张的"中立",不是针对日本,而主要是针对中国的。

公共租界与日本里应外合的关系更可以从租界当局对事变爆发原因的认识中得以证实。1932年4月13日,工部局总董麦克登诺在上海公共租界纳税外人会举行的年会上作总结报告。麦克登诺在报告中称特区法院袒护抗日运动是致使上海中日之战爆发的主要原因,号召列强要鉴往知来,细密注意上海地位问题。并在报告末尾提出了在上海建立国际法庭等具体主张和建议。对于麦克登诺的报告,在上海的日本总领事村井仓松称其为"透彻之意见",而4月14日的《申报》则发表时评加以严厉抨击。时评指出"麦氏之着目点,不在于中日之战争问题,亦不在于特区法院问题,而在于所谓'上海问题'。比日以来,所谓'大上海'、'上海自由市'之呼声甚嚣尘上,麦氏之主张在上海组织国际法庭或其即为所谓'上海自由市'之先声耶"②,时评道破了麦克登诺报告的实质所在。对于麦氏所主张在上海建立国际法庭,进而实现上海"自由市"之意图,时评指出"且我民族今已有显然之觉醒,显然之进步,正处于积极争取自由平等之奋斗程途中。此种主张,亦断非我民族所能承认,所能容许其实现者"。该时评认为麦克登诺依然用30年前之眼光来看待今日之中国,可谓是一大时代错误。麦克登诺作为上海公共租界的代表,其报告中的主张无疑证实了公共租界和日本政府在推进"自由市"计划上是一拍即合的。

此外,值得特别注意的是,1932年5月13日,就在日本外相芳泽在东京召见英、美、法、意4国代表,密商召开圆桌会议以解决上海问题之时,上海的英国侨民也于同一天在上海召开英侨协会,并通过了促进圆桌会议召开的决议。决议指出:"兹因有数种事件,影响上海幸福与良好之政府,而为近今冲突与争端之原因,尤其是特区法庭、界外筑路之管理权,及武装兵队驻于上海及上海周围区域,本董事会之意,苟非上述悬案同时解决,则近今上海之中日争案,不能得永久满意之解决。故董事会决议,由本国领事与外交代表申请,由列强及中国尽速召集圆桌会议,解决影响上海幸福与良好政府之各悬案,上海工部局与法公董局,

---

① 1932年2月6日 工部局董事会特别会议//上海市档案馆.工部局董事会会议录:第25册.上海:上海古籍出版社,2001:505.
② 注意公共租界纳税外人会麦氏之报告.申报,1932-04-14.

亦得派代表出席该会议。"①英侨协会决定将该决议案送至上海外商各商会,以谋求全体商会的赞成之后,再经由各国外交机关转交各国政府。同时,英侨协会还决议要召集纳税外人特别会,来敦促工部局推进圆桌会议的召开。

由此可见,日本在上海制造事端,不仅有公共租界工部局的支持,也有上海各外侨团体,特别是英国侨民的后援。日本佛教中最大的宗派之一——净土真宗东本愿寺派法主大谷光瑞就曾在事变后直言不讳地谈到,是上海的英侨团体积极要求日本制造事端,来实现上海"自由市"计划②。正是由于公共租界及外侨团体的大力支持,日本才可以肆无忌惮地在上海制造事端和推进"自由市"计划。然而日本政府和上海公共租界所推进的"自由市"计划,最终却没有成功。究其历史原因,一方面由于上海各界民众以及国民政府的反对,另一方面也与美、英、法等国政府的态度密切相关。

三、"自由市"计划受挫的历史原因

(一)中国的反对

1932年4月10日,《上海外人有志者提案》被日本《东京日日新闻》公布于世,消息传到上海后,上海各界掀起了反对"自由市"的声浪。4月11日,中国青年救国会、各业工会联合会、中华民族自决会、中国学生救国会等团体联合发表声明,号召"凡我同胞,务须一致奋起,反对设置自由市"。同日,上海爱文义路九路商界联合会也发表宣言,声称"上海区域有设立自由市之传说,倘系确实,非特违背民意,抑且有害我国主权行政领土之完整。此项消息,无论系日方要求,或系汉奸主张,凡签此条约或赞成此举者,本会除誓死反对绝不承认外,并以对付国贼之手段对付之,并以全力与之周旋,虽至任何牺牲,亦所不惜,谨此宣言"③。4月12日,上海公共租界纳税华人会也发表宣言,认为"自由市之主张,直为侵略者之迷梦"④。

对于日本政府积极推进的"自由市"计划,不仅上海的各大团体奋起反对,而且也有中国学者对此发表意见。其中1932年4月17日、18日的《民国日报》,就连续登载了中山大学国际贸易学教授黄元彬对日本提建的上海"自由市"问题

---

① 英侨协会公然主开圆桌会议.申报,1932-05-20.
② 自由都市建設について 上海を語る.大阪每日新聞,1932-02-01.
③ 反对设自由市.申报,1932-04-11.
④ 纳税华人会发表重要宣言.申报,1932-04-13.

所发表的专题谈话①。黄元彬从学术角度介绍了"自由市"的起源、特征等,并重点阐释了"自由市"的种种弊端,指出"自由市""大背近代国民经济统一之思想""对于国内产业自属不利""终不免秘密输入之盛行"等。对于日本提出的上海"自由市"提议,黄元彬指出"其详虽未有所闻,想系以公共租界为范围,推其用意,不外欲操纵自由市,以便利日本之贸易而为独占中国市场之先声",指出了日本政府积极推进上海"自由市"建设的背后目的。

  停战协定签订以后,圆桌会议召开问题成为讨论的焦点。针对5月13日召开的英侨协会,上海各团体救国会联合发表了反对圆桌会议、纠正英侨协会建议的宣言。②该宣言指出:"有英人胡特海者,以英侨协会名誉,致各国商会一函,意欲怂恿各国政府,召集圆桌会议,解决上海今后之地位,其不顾国际公约,竟与日本同一狂暴,本会对于此种宣传,认为中英友谊最大之遗憾",该宣言痛斥英侨协会积极推进圆桌会议的主张与日本同出一辙,逐条驳斥了英侨协会决议中提到的特区法庭、界外筑路之管理权、驻上海及上海周围区域的武装军队等是影响上海和平诸因素之观点,并且表明了上海各团体救国会的态度,即① 圆桌会议之历史意义,为宗主国对殖民地而设者,此种名词有辱及我国家之独立,吾人断不能忍辱;② 上海事件与东省事件,系中日间之整个问题,绝不能单独解决,且如何解决,吾人在法理上所信任者,只有国联盟约及九国公约,不知其他;③ 上海为中国领土,反对任何人或任何国有变更我原有行政组织行政方式者之任何企图,以侵犯我主权,尤其反对企图产生所谓自由市之圆桌会议。上海各团体救国会还在宣言的末尾表示:"即使沦上海为荒废之墟,亦断不使所谓自由市出现。海枯石烂,此志不渝。"由此可见,上海各界团体的坚决反对成为"自由市"计划破产的重要原因。与此同时,国民政府所代表的官方态度也不容忽视。

  据3月6日的《申报》报道,有记者采访顾维钧,并向其问讯是否国民政府派其为上海圆桌会议代表,对此,顾维钧答道:"至圆桌会议,系日本方面之主张,中国方面从未赞成,且所云圆桌会议,究将讨论何种问题,亦未说明,则会议性质,既未明了,中国更难赞成,故代表出席一层,根本上更说不到矣。至上海问题,果有会商必要,自应与东三省问题一并讨论解决。"③此后,国民政府外交次长郭泰祺也对圆桌会议和"自由市"问题,回答了记者采访。指出"圆桌会议如能将中日整个问题完全解决,则吾国方面自当力促其成,若欲将东省与上海问题划为两途个别解决,则不

---

① 日本提建上海自由市问题 中大教授黄元彬之谈话.民国日报,1932-04-17,1932-04-18.
② 各团体救国会反对圆桌会议.申报,1932-05-24.
③ 顾维钧之谈话.申报,1932-03-06.

特全国民众均将反对,即中央当局亦决不致盲然附和也。至上海自由市之谬说,完全系少数外商资本家散放之空气,绝对无置信之价值,政府当局决计置之不理"。① 由此可见,国民政府坚持上海问题和东北问题同时解决的态度,并以此作为参加圆桌会议的必要条件,同时也明确否认了上海"自由市"之说。国民政府的态度也是对日本政府所倡导的上海圆桌会议和"自由市"计划的致命一击。

(二) 美、英、法等国政府的态度

对于日本政府和上海公共租界积极推进的上海"自由市"问题,美国政府的反对态度是明确的。当《上海外人有志者提案》被公布于世后,《东京日日新闻》就对此评价道:"自由市的提案是非常理想的,担心的是以九国公约为后盾的美国的反对。"②另外,上海公共租界纳税华人会在其发表的宣言中也说:"美国之反对,吾国人士实认为合法合理之举也"③,对美国反对自由市的立场加以肯定。从中日的媒体报道中,不难看出美国政府对上海"自由市"计划的反对态度。

而对于停战协定签订后成为焦点的上海圆桌会议召开问题,美国之外,英、法等国也没有对此作出积极回应。1932年5月26日,英国下议院的工党议员庄思,对于日本提议的上海圆桌会议问题向外相提出了质疑④。庄思提道:为了与各关系国讨论上海圆桌会议的议案,英国政府在和日本政府交涉中作了哪些声明? 是否制定了让中国政府参加会议的提案? 如果中国政府拒绝参加会议,英国政府是否也保证不参加会议? 等等。对此外务次官艾登答复道:"虽然对此并没有做明确的商议,但是最近日本外务大臣召见驻东京的某某国大使,提议要依照2月29日联盟理事会的决议召开上海圆桌会议。当然中国不参加是不可能召开此会的,而且会议的议题也没有明确审议。"可见英国政府认为中国参加是会议召开的必要条件。5月28日,美国国务卿和英国外相之间电话商讨了上海圆桌会议问题,⑤并取得了共识,决定以中国政府的参加为条件,接受日本的圆桌会议建议,对于召开地点,两者都希望在上海召开;而且两者都认为上海圆桌会议的召开还为时尚早。

7月2日,日本驻中华民国公使馆参事官矢野真向日本外相斋藤实汇报了

---

① 郭泰祺谈圆桌会议趋势. 申报,1932-06-04.
② 案としては理想的 気懸りな米国の輿論. 東京日日新聞,1932-04-10.
③ 纳税华人会发表重要宣言. 申报,1932-04-13.
④ 英下院の上海圓卓会議問題//日本外務省外交史料館. 分割3各国都市関係雑件/上海ノ部. Ref. B04121012500 (アジア歴史資料センター).
⑤ 在英斎藤代理大使より斎藤外務大臣宛電報//日本外務省外交史料館. 分割3各国都市関係雑件/上海ノ部. Ref. B04121012500 (アジア歴史資料センター).

与法国公使、美国公使就圆桌会议进行商谈的情况。① 法国公使表示没有中国参加的圆桌会议是毫无意义的。对此日方称:"不应该只因中国不赞成一事,而有阻会议的召开吧。"法国公使回答说:"当然召开圆桌会议是基于联盟的决议,但是该决议不能不让人感到,当时日内瓦的相关人士对中国形势并非有充分的认识,而且决议的最大目的是促进停战。"法国公使表示"虽然他本人充分认识到召开圆桌会议的必要性,但是感到时机并不成熟"。此外,美国公使表示从1860年起美国就与上海联系较深,这一点和英国并没有区别;但现在对于上海的美国人来讲并没有特别值得忧虑之事,"抵制外货""法院"等问题上也没有让美国人为难之事;虽然上海的美国人,在土地方面有广泛的利害关系,但是美国的对中国政策不会为这些利害关系所左右。所以美国对于上海问题,既没有可向中国要求的方案,"界外筑路"问题也没有急速采取措施的必要。以上英、法等国政府的消极态度,特别是美国政府的反对,无疑也成为上海"自由市"计划受挫的重要因素。

综上所述,日本政府利用上海公共租界的统治危机,肆无忌惮地在上海炮制了"一·二八事变",并企图推进上海"自由市"计划,获取租界当局的欢心和支持,加快侵略中国的步伐。而与此同时,上海公共租界也积极利用日本,通过制造紧张局势,来转移中国民众和国民党政府欲收回公共租界的视线,以此来延长租界的寿命。两者之间是互相利用,心照不宣的。但是由于上海民众、国民党政府的反对以及英、法、美等国政府的消极或反对态度,致使日本政府和上海公共租界积极推进的上海"自由市"计划最终归于流产。

虽然该计划没有实现,但影响深远。"一·二八事变"后,中日矛盾上升为中国的主要矛盾,客观上转移了中国对收回上海租界的关注,使租界延长了寿命。而日本的"远东宪兵"威力得到了上海公共租界的承认,事变后日本在公共租界的地位不断上升。然而值得注意的是,日本与上海公共租界的关系,并不等于日本与英、美等国家之间的关系。特别是美国,面对30年代初期日本在中国的侵略和扩张,积极利用华盛顿体系来抑制日本的野心。美国对日本建议成立"自由市"的反对态度,无疑使九一八事变后日、美两国之间的关系更加恶化。"一·二八事变"后,日本于翌年退出国际联盟,进一步加深了国际孤立,并开始滑向战争的深渊。

(原载《学术月刊》2011年第8期)

---

① 在中華民国日本公使館大使館参事官矢野真より斎藤外務大臣宛電報//日本外務省外交史料館.分割4 各国都市関係雑件/上海ノ部.Ref. B04121012600(アジア歴史資料センター).

越战时期美国与盟国的信任危机
——以约翰逊政府的"更多旗帜"计划为例

吴 浩

> 吴浩,2007年赴美国加州大学尔湾分校历史系任访问学者1年;2009年毕业于北京大学历史系世界史专业,获博士学位;2012年底进入华东师范大学历史系世界史博士后流动站从事研究工作。2015年入上海大学文学院工作,现任历史系副教授、上海大学美国研究中心副主任。主要研究领域为冷战与美国对外关系、美国农业史、唯物史观与现代化理论等。出版有专著《乡村借贷:内战后美国南部农业现代化启动的制度"瓶颈"》(人民出版社,2016年)1部及译著多部;在《史学理论与研究》《世界历史》《美国研究》《史学月刊》等刊物发表学术论文20篇。先后承担国家级科研项目1项、省部级课题4项。为中国美国史研究会理事、《史学理论研究》杂志同行评审专家。

第二次世界大战结束后,随着冷战的爆发,美国及其盟国在全球范围内建立了旨在遏制共产主义的冷战同盟。长期以来,美国领导下的冷战同盟一直是学术界研究的热点方向,特别是在后冷战时代,随着苏联解体,共产主义威胁大大降低,美国主导建立的这一同盟不仅没有消失,反而在新的国际格局下衍生出一系列新的特征。在这种情况下,研究这一历史问题对于我们深入把握当前美国的同盟体系运行机制,进而制定相应的对策与战略,无疑具有重要的现实意义。

然而,由于美国主导下的冷战同盟体系延续长达数十年,前后涉及众多纷繁复杂的历史事件,通常我们只能从总体上识别美国及其盟国在同盟中的各自角色,而很难从细节上把握其内部运行的逻辑,特别是美国及其盟国双方的互动机制。越战期间,美国及其盟国围绕约翰逊政府的"更多旗帜"计划而产生的纷争与信任危机为我们深入考察这一问题提供了一个极佳的个案。①本文在借鉴前人研究成果的基础上,主要运用美国国务院公布的《美国对外关系文件》(网络版)②,以及 Gale 公司的《解密文件参考系统》③、ProQuest 公司的《数字化国家安全档案》④和得克萨斯理工大学的《越南中心档案》⑤3 个数据库公布的美国政府解密档案,通过深入分析美国的主要盟国对"更多旗帜"计划的反应及其背后隐藏的行为动机,揭示越战时期美国所构筑的冷战同盟内部难以建立互信关系的深层次原因,以及这一同盟体系内部的运行机制。

一、"更多旗帜"计划的背景

1963 年 11 月 22 日,肯尼迪总统遇刺身亡,副总统约翰逊旋即就任为美国第 36 任总统。此后的几个月,南越形势日趋恶化。一方面,1963 年 11 月 2 日南越总统吴庭艳被杀后,南越政局日趋动荡,相继上台的军事领导人大多忙于争权夺利,其针对南越"民族解放阵线"(越共)的军事行动遭受严重挫折,南越民众与军队的士气日益低落;另一方面,随着北越援助力度的不断加大,越共的势力不断增强,其控制的区域不断扩大,所发动的军事行动规模与次数与日俱增。美国国防部长麦克纳马拉在 12 月 21 日从西贡返回后向总统提交的报告中悲观地指出,"局势极为糟糕","除非在随后的两到三个月中出现逆转,否则,从目前的形势来看,实现中立化已是最佳结果了,而更为可能的则是,共产党人将最终控制这个国家"。⑥

---

① 关于"更多旗帜"计划的专题研究主要包括:ROBERT M. BLACKBURN. Mercenaries and Lyndon Johnson's "More Flags": the Hiring of Korean, Filipino, and Thai Soldiers in the Vietnam War. N. C: McFarland, 1994; GARY R. HESS. With Friends Like These: Waging War and Seeking "More Flags"//DAVID L. ANDERSON, JOHN ERNST. The War That Never Ends: New Perspectives on the Vietnam War. Kentucky: University Press of Kentucky, 2007; STANLEY R. LARSEN, JAMES L. COLLINS. Allied Participation in Vietnam. Washington, D. C.: Department of the Anny, 1975. 然而,这些研究主要致力于还原"更多旗帜"计划制定的过程,而并没有将这一计划与越战时期美国建立的冷战同盟内部出现的信任危机联系在一起。除此之外,当时许多相关外交档案尚未解密,因此,这些研究对史实的还原也存在着一些错误。

② Foreign Relations of the United States (hereinafter cited as FRUS). Washington: United States Government Printing Office, 2014. http://history.state.gov/historicaldocuments.

③ Declassified Documents Reference System (hereinafter cited as DDRS). Gale Group, 2014. https://vpn2.nlc.gov.cn/prx/000/http/galenet.galegroup.com/servlet/DDRS? locID=nichina.

④ Digital National Security Archive (hereinafter cited as DNSA). ProQuest Information and Learning Company, 2014. https://vpn2.nlc.gov.cn/prx/000/http/nsarchive.chadwyck.com/home.do.

⑤ The Vietnam Center and Archive (hereinafter cited as VNCA). Texas Tech University, 2014. http://www.vietnam.ttu.edu/general/#center.

⑥ 罗伯特·S.麦克纳马拉. 回顾越战的悲剧与教训.陈丕西等,译.北京:作家出版社,1996:119.

南越形势的恶化使得国际社会与美国国内出现了对美国的越南政策的强烈质疑与批评。美国在"东南亚条约组织"中的重要盟国法国(同时也是北约成员国)与巴基斯坦,以及瑞典等西方中立国家的批评声音尤为强烈。①在美国国内,国会和执政的民主党内部也出现了对美国越战政策的质疑,如参议院多数派领袖曼斯菲尔德,以及参议员拉塞尔、埃伦德、格里宁、莫尔斯等人都反对美国干预越南事务,强烈呼吁美国从越南撤军。其中仅莫尔斯一人在1964年春天批判美国的越南政策的国会演讲记录就超过200页。②最后,由于1964年是总统大选年,越南问题必然成为大选最重要的议题之一,这势必要求约翰逊在这一问题上提出新的方案。

正是在这一背景下,约翰逊政府推出了"更多旗帜"计划,即通过最大限度地争取国际社会对南越政府的援助,向世界与美国民众显示,美国的越南政策得到国际社会的支持,美国主导下的越南战争是美国和其他自由世界国家保卫民主、自由和世界秩序的正义之战。这一方面可以提升南越军队和民众的士气,另一方面有利于消除国内外对美国的越南政策的批评造成的不利影响,从而为美国的越战政策在国际与国内社会获得合法性,并为11月的总统大选提前做好准备。

二、"更多旗帜"计划的运转及盟国的反应

"更多旗帜"计划的想法是由约翰逊在1964年4月23日的白宫记者招待会上正式向公众提出的。他指出,在越南,"我们将在那里看到另外一些旗帜(other flags)……我们可以联合在一起,全力阻止共产主义在这一地区的传播,以及他们试图毁灭自由的企图"。③"更多旗帜"计划的想法提出后很快就被作为一项正式的外交政策付诸实施。5月1日,国务卿腊斯克首先从东亚、拉丁美洲和欧洲挑选了28个国家与地区,向这些国家与地区所在的美国使馆发出了一份长达14页的电报,要求他们迅速与东道国政府接触,尽最大努力说服他们向南

---

① ROBERT M. BLACKBURN. Mercenaries and Lyndon Johnson's "More Flags": the Hiring of Korean, Filipino, and Thai Soldiers in the Vietnam War. N. C: McFarland, 1994: 14,29; LOGEVALL, FREDRIK. The Swedish-American Conflict over Vietnam. Diplomatic History, 1993, 17(3): 425.

② ROBERT MANN. A Grand Delusion: America's Descent into Vietnam. New York: Basic Books, 2001: 322-324.

③ LYNDON B. JOHNSON. The President's News Conference. (1964-04-23). Online by GERHARD PETERS, JOHN T. WOOLLEY. The American Presidency Project. http://www.presidency.ucsb.edu/ws/? pid=26182.

越政府提供经济、技术与军事援助。①这份电报标志着"更多旗帜"计划正式开启。

从腊斯克的电报来看,"更多旗帜"计划主要内容有两点:第一,它致力于争取更多的国家向南越政府提供经济、技术、医疗等非战斗性援助。因此,在实际运行中,往往更加强调援助行为本身所体现的政治意义,而不是援助的具体内容和数量。正如腊斯克所称,"援助行动本身要比援助物资的种类和数量更为重要。基本的目标就是让来自自由世界的各国政府在越南亮出他们的旗帜,表明他们对这场斗争性质的认可"。②第二,这一计划对于美国的重要盟国英国、联邦德国、菲律宾、泰国、澳大利亚、新西兰、加拿大、日本、韩国等国寄予了更高期望。约翰逊政府一方面希望他们能够提供规模庞大的经济与技术援助,另一方面也希望他们在军事人力援助(非战斗军事人员)或军事物资援助方面能够发挥更大作用。③

"更多旗帜"计划出台后,约翰逊政府开始全力推销这一计划。作为冷战后美国建立的旨在遏制共产主义扩张的最重要军事同盟组织,北约首先成为华盛顿极力争取的对象。然而,1964 年 5 月中旬,在海牙召开的北约部长级会议上,虽然腊斯克一再要求北约各国响应这一计划,但是各成员国对此大多反应冷淡。只有个别成员国表示同意提供适量的非军事援助,所有国家都拒绝提供军事援助。④

在拉拢北约失败后,约翰逊政府的目光转向了 1954 年日内瓦会议后美国建立的"东南亚条约组织"。这个旨在遏制中国和北越在东南亚地区扩张的同盟组织显然为美国及其成员国介入越南事务提供了充分的理由。5 月 25 日,总统国家安全事务助理麦乔治·邦迪在提交给约翰逊总统的备忘录中建议,由美国组织召开"东南亚条约组织"成员国高层会议,寻求各成员国向南越政府提供军事援助。⑤ 然而,由于该组织成员国法国和巴基斯坦强烈批评美国的越战政策,该组织作为一个整体同样难以对"更多旗帜"计划予以有力支持。

---

①②③ Circular Telegram from Secretary to Numerous Countries: Request for Foreign Military and Technical Support in Vietnam. 01 May 1964,VNCA,10390106046.

④ FREDRIK LOGEVALL. America Isolated: The Western Powers and the Escalation of the War//ANDREAS W. DAUM, LLOYD C. GARDNER, WILFRIED MAUSBACH. America, the Vietnam War, and the World: Comparative and International Perspectives. Cambridge: Cambridge University Press,2003: 183.

⑤ STANLEY R. LARSEN, JAMES L. COLLINS. Allied Participation in Vietnam. Washington, D. C.: Department of the Army,1975: 3.

在这种情况下,约翰逊政府只好采取通过逐个国家单独沟通的方式争取各国对这一计划的支持,其中英国、联邦德国、意大利、比利时、荷兰、加拿大、菲律宾、泰国、澳大利亚、新西兰、日本、韩国等盟国成为重点拉拢的对象。

作为联合国安理会常任理事国,以及北约和"东南亚条约组织"成员国,英国是美国在冷战时期最重要的盟国。英国对美国越战政策的支持,特别是军事援助,其意义举足轻重。在"更多旗帜"计划中,约翰逊政府尤其希望得到英国政府的全力支持。在1964年5月1日的电报中,腊斯克明确表明对英国的特别期望,并制定了争取英国援助的详细清单,主要包括工程营、战地医院、反游击战和警力行动的顾问团、贷款、医疗与采矿设备、工程学校和英语教师等军事、经济和技术援助。①然而,对于这一计划,英国政府并不热情。虽然英国的霍姆政府对"更多旗帜"计划表示支持,甚至承诺提供经济与技术援助,但是实际上承诺援助的数量大多只是象征性的。②

作为北约成员国和欧洲经济实力最强的国家,联邦德国同样是"更多旗帜"计划极力争取的对象。较之英国,联邦德国政府对于这一计划的反应比较积极。5月9日,联邦德国总理艾哈德在给约翰逊总统的信中承诺:"我们会尽我们既有的可能支持美国维持南越作为自由世界在东南亚的堡垒的努力。我们会继续在经济、政治与文化领域向南越提供援助。"③然而,由于联邦德国之前已经根据美国的要求向南越政府提供了大批的经济援助与贷款,并承担了驻西德美军的大部分费用,④艾哈德政府对这一计划的实际支持力度并不大。对此,美国国务院的官员抱怨道,德国的官员们"好几次在原则上同意增加对东南亚的援助,但是一直没有增加援助"。⑤与此同时,对于美国提出的军事援助要求,艾哈德政府

---

① Circular Telegram from Secretary to Numerous Countries: Request for Foreign Military and Technical Support in Vietnam. 01 May 1964, VNCA, 10390106046.
② 例如,7月29日英国首相霍姆向南越政府承诺提供的援助仅仅为价值5万美元的路况建设设备和价值6 000美元的船用柴油机。FREDRIK LOGEVALL. America Isolated: The Western Powers and the Escalation of the War//ANDREAS W. DAUM, LLOYD C. GARDNER, WILFRIED MAUSBACH. America, the Vietnam War, and the World: Comparative and International Perspectives. Cambridge: Cambridge University Press, 2003: 184.
③ Letter From Chancellor Erhard to President Johnson. May 9, 1964, FRUS, 1964 - 1968, Volume XV, Germany and Berlin, p. 81.
④ 例如,1963年2月联邦德国与南越签署了1500万德国马克贷款协议,并承担了驻西德美军的大量开支。EUGENIE M. BLANG. A Reappraisal of Germany's Vietnam Policy, 1963 - 1966: Ludwig Erhard's Response to America's War in Vietnam. German Studies Review, 2004, 27(2): 343 - 344.
⑤ FREDRIK LOGEVALL. America Isolated: The Western Powers and the Escalation of the War//ANDREAS W. DAUM, LLOYD C. GARDNER, WILFRIED MAUSBACH. America, the Vietnam War, and the World: Comparative and International Perspectives. Cambridge: Cambridge University Press, 2003: 184.

则一再表示婉拒。5月14日北约部长会议结束后,美国国防部长麦克纳马拉访问波恩,向艾哈德政府施加压力。在双方的会谈中,麦克纳马拉对联邦德国不能向南越政府提供军事援助的苦衷表示理解,因此只要求艾哈德向南越派遣一支军事性质的医疗队。即便对于这一要求,艾哈德还是以外交部对此类援助是否能扭转南越局势表示怀疑为借口予以婉拒。①

同样,其他盟国也大多对这一计划表达了口头上的支持,而实际态度并不热情。例如,比利时政府对美国的越南政策表示支持,但以刚果问题为理由婉拒了约翰逊政府的要求。意大利政府对于美国提出的官方援助要求婉言拒绝,表示可能会通过民间红十字会提供一些援助。荷兰政府以自己曾经被拒绝加入"东南亚条约组织"为理由拒绝提供援助。加拿大以自己是国际监察委员会成员国为理由对于向南越政府提供大规模援助表示顾虑。②

6月15日,腊斯克向约翰逊总统提交了一份备忘录,详细总结了19个国家与地区对这一计划的回应。其中,只有澳大利亚、新西兰、韩国、中国台湾对这一计划比较热情,表示愿意提供军事与经济援助。加拿大、德国、日本、意大利、马来西亚、伊朗、菲律宾、泰国表示愿意提供非军事援助。比利时、希腊、日本、英国的态度比较模糊,表示有可能会考虑提供非军事援助。挪威、巴基斯坦、荷兰则明确拒绝了这一请求。③

约翰逊对这一计划的进展非常不满。7月4日,他向11个态度尚不明确的盟国与地区的美国大使馆发出了一份措辞强硬的电报。在这份电报中,他首先对盟国的态度表达了极为不满的情绪,"虽然有些政府口头上的回应显示出他们的同情,但是实际的表现并没有表明他们已经认识到自己所要承担的那份义务,也没有认识到我们把他们履行这份义务看得多么重要"。约翰逊要求这些国家的美国大使馆将争取所在国参加"更多旗帜"计划列为目前最紧要的任务。他本人将定期对这一计划的进展予以审查。④

---

① FREDRIK LOGEVALL. America Isolated: The Western Powers and the Escalation of the War//ANDREAS W. DAUM, LLOYD C. GARDNER, WILFRIED MAUSBACH. America, the Vietnam War, and the World: Comparative and International Perspectives. Cambridge: Cambridge University Press,2003:184.

② Circular Telegram to Numerous Countries: Status Report from Various Countries to Provide Assistance to War in Vietnam. 18 May 1964, VNCA, 10390106052.

③ Memorandum for the President: Third Country Aid to Vietnam. 15 June 1964, VNCA, 10390112006.

④ Johnson Asks U.S. Ambassadors Abroad to Seek Assistance in Vietnam from the Foreign Countries. July 4, 1964, DDRS, CK3100185366.

然而,直到1964年11月,"更多旗帜"计划运转超过半年,依然没有达到约翰逊的期望。首先,从参与国家数量来看,只有13个国家与地区对这一计划予以响应。考虑到澳大利亚、加拿大、联邦德国、马来西亚、新西兰、韩国、菲律宾、英国早在这一计划出台前就已经向南越政府提供了人道主义援助,因此,真正响应"更多旗帜"计划,向南越政府提供援助的新国家与地区只有日本、意大利、泰国和中国台湾。其次,从各国援助的数量来看,大多数国家(包括美国的重要盟国)只是提供了象征性的援助,约翰逊所希望的"规模庞大和显著"①的援助并没有出现。

1964年8月初,"北部湾事件"爆发后,美国对北越实施了报复性空袭,并继续向南越增派特种部队力图增加"特种战争"的成效。在这种情况下,考虑到"更多旗帜"计划在大量吸引新的国家加入和大规模增加非军事援助方面不可能再有重大进展,约翰逊政府将这一计划的重点调整为争取重要盟国向南越派遣非战斗部队。② 英国、联邦德国、韩国、菲律宾、澳大利亚、新西兰等盟国成为重点争取的对象。③

12月8日,利用英国新任首相威尔逊访美的机会,在双方的会谈中,腊斯克要求英国政府支持美国的越战政策并向南越派遣非战斗部队。他说:"美国政府希望英国可以布置一批人到(南越)乡村。工程师、技术人员和军队都需要。……亮出旗帜是重要的。"英国外交大臣沃克对此予以拒绝,回应称,英国支持美国的越南政策,愿意为南越政府提供药品和培训军队与警察,但是由于英国已经在马来西亚派驻了4.4万人的军队,加之又是日内瓦会议的联合主席国,因此,无法派出军队前往越南。④

12月21日,在与联邦德国总理艾哈德的会谈中,约翰逊同样表达了希望联邦德国向南越派遣200名军用医务人员和一个1 000人规模的工程营的愿望。艾哈德再次婉言拒绝了约翰逊的要求。他回应称,自己并没有宪法赋予的派兵权力。联邦德国援助南越的问题只能通过民间自愿的方式来解决。⑤

---

① Johnson Asks U. S. Ambassadors Abroad to Seek Assistance in Vietnam from the Foreign Countries. July 4, 1964, DDRS, CK3100185366.
② 之所以没有要求盟国选择派遣战斗部队是因为虽然此时越南战争有所升级,但依然处于特种战争阶段,美国也没有派遣地面战斗部队开赴越南。
③ Meeting of Executive Committee on South Vietnam. December 1, 1964, DNSA, VI01370.
④ Memorandum of a Conversation. December 8, 1964, FRUS, 1964 – 1968, Volume I, Vietnam, 1964: 985 – 986.
⑤ Summary of a Meeting between President Lyndon B. Johnson and West German Chancellor Ludwig Erhard. Dec 21, 1965, DDRS, CK3100481693.

虽然英、德两国拒绝了约翰逊政府提出的出兵越南的要求,但是美国与韩国、菲律宾、澳大利亚的交涉却取得了一定的成功。12月19日,约翰逊致电韩国政府,要求对方向南越派遣一支非战斗部队。韩国总统朴正熙很快表示全力支持。1965年1月12日,韩国议会批准向越南派出一支包括工兵、运输部队及警备大队在内总数约为2 000人的部队。① 10月5—7日,利用菲律宾总统马卡帕加尔访美的机会,美国与菲方讨论了菲律宾向南越派遣2 000人工程兵部队的事宜。随后双方的正式谈判迅速展开。1965年2月,菲律宾政府最终同意派遣2 300人的民用工程兵部队前往南越。② 12月14日,约翰逊写信给澳大利亚总理孟席斯要求提供额外的援助,其中军事援助包括200人以上的军事顾问、扫雷舰和其他军事项目。③ 1965年1月,在总统国家安全事务助理麦乔治·邦迪访问堪培拉时,孟席斯最终同意了约翰逊的请求。④

然而,越战的形势很快又发生了变化。1965年2月,越共袭击了美军位于百里居市(Pleiku)的基地,造成7名美军死亡,约翰逊政府以此为借口对北越展开了大规模的空袭。随后,越来越多的美军地面战斗部队开赴越南,美国最终走上了对越南事务采取大规模军事干预的道路。在这一背景下,为了彰显美国在越南扩大军事行动得到了国际社会的支持,约翰逊政府感到更加迫切需要重要盟国向南越派遣地面战斗部队协同美军作战。为此,约翰逊政府再次对"更多旗帜"计划做出调整,将寻求重要盟国向南越派出地面战斗部队协同美军作战作为这一计划的重点。4月2日,国家安全委员会通过了国家安全委员会行动备忘录328号文件(NSAM 328),一方面正式做出了美国向越南派遣地面战斗部队的决定,另一方面,"总统批准紧急研究韩国、澳大利亚、新西兰政府从其现有的武装部队中迅速调集大规模战斗部队的可能性",⑤从而标志着这一计划转向的基本完成。

NSAM 328号文件出台后,美国迅速与之前对出兵越南做出积极回应的韩国、澳大利亚、新西兰、菲律宾展开磋商,寻求他们的进一步支持。1965年4月

---

① ROBERT M. BLACKBURN. Mercenaries and Lyndon Johnson's "More Flags": the Hiring of Korean, Filipino, and Thai Soldiers in the Vietnam War. N. C: McFarland, 1994: 38.
② ROBERT M. BLACKBURN. Mercenaries and Lyndon Johnson's "More Flags": the Hiring of Korean, Filipino, and Thai Soldiers in the Vietnam War. N. C: McFarland, 1994: 82.
③ President Lyndon B. Johnson Asks Australian Prime Minister Robert Menzies for Australia's Assistance in Vietnam. Dec 12, 1964, DDRS, CK3100155831.
④ ROBERT M. BLACKBURN. Mercenaries and Lyndon Johnson's "More Flags": the Hiring of Korean, Filipino, and Thai Soldiers in the Vietnam War. N. C: McFarland, 1994: 182.
⑤ National Security Action Memo No. 328. Washington, April 6, 1965, FRUS, 1964 - 1968, Volume II, Vietnam, January - June 1965: 538.

2日,腊斯克与澳大利亚驻美大使沃勒在会谈中提出了希望澳大利亚派遣战斗部队的请求。①4月6日,澳大利亚国防部和外交部经过讨论认为,出兵符合澳大利亚的战略利益。②随后,美、澳双方就出兵的细节展开协商,并很快达成一致意见。1965年6月2日,第一支澳大利亚特遣部队到达南越。4月20日,洛奇访问新西兰,寻求新西兰政府向南越派兵。经过将近一个月的内部激烈讨论,5月28日新西兰议会批准派遣战斗部队取代之前派出的工程先遣队,7月21日,一支120人规模的新西兰炮兵连到达南越。③美国与菲律宾关于派遣工程兵部队赴越的谈判早在3月就已经结束,只待菲律宾议会批准,而且菲律宾总统马卡帕加尔在1964年10月已经明确表示愿意向南越派遣战斗部队,④因此双方开启新的谈判本来看似并没有大的障碍。但是,1965年7月初,向南越派兵的议案在菲律宾参议院并未能通过。由于菲律宾年底面临总统大选,这一工作只能暂时搁置。⑤

除此之外,对于英国和联邦德国,约翰逊政府依然不愿意放弃希望,试图尽最大的努力寻求他们向南越派出军队。2月10日,在接到美国决定大规模轰炸北越的消息后,威尔逊紧急与约翰逊接通电话,希望阻止战争升级。约翰逊对于威尔逊政府一直拒绝向南越提供军事援助提出了尖锐的批评,指出自己已经在马来西亚问题上为威尔逊提供了尽可能多的资金和人力支持,但是在越南问题上英国却并没有向美国提供同样的帮助。约翰逊强烈要求威尔逊根据"东南亚条约组织"的承诺向南越派遣军队。面对约翰逊的质询,威尔逊再次以自己面临诸多困难作为英国不能向南越派遣军队的借口。威尔逊的态度彻底激怒了约翰逊。他强烈地回道:"……我不会告诉你如何处理马来西亚问题,所以你也不要告诉我们如何处理越南问题……如果你想帮助我们,那就给我们派些人过来对付这些游击队,并且向媒体宣布你们将向我们提供帮助。"⑥

---

① National Security Action Memo No. 328. Washington, April 6, 1965, FRUS, 1964 – 1968, Volume II, Vietnam, January – June 1965: Note. 7.

② Minute of the Defense Committee at a Meeting on 5th April, 1965. 06 April 1965, VNCA, 10390326011.

③ STANLEY R. LARSEN, JAMES L. COLLINS. Allied Participation in Vietnam. Washington, D. C.: Department of the Anny, 1975: 14 – 15.

④ Secretary McNamara and President Macapagal's Conversation. October 6, 1964, FRUS, 1964 – 1968, Volume XXVI, Indonesia; Malaysia-Singapore; Philippines, p. 663.

⑤ Memorandum From the President's Special Assistant for National Security Affairs (Bundy) to President Johnson. July 7, 1965, FRUS, 1964 – 1968, Volume XXVI, Indonesia; Malaysia-Singapore; Philippines, pp. 1159 – 1160.

⑥ Memorandum of Telephone Conversation Between President Johnson and Prime Minister Wilson. FRUS, 1964 – 1968, Volume II, Vietnam, January – June 1965: 231 – 232.

面对英国政府在出兵越南问题上的固执态度,约翰逊政府的许多高级官员纷纷建议利用英国陷入严重的英镑危机的机会,以提供紧急援助为条件迫使威尔逊政府向南越派兵。1965年7月25日,总统国家安全事务助理麦乔治·邦迪在与英国新任驻美大使帕特里克·迪安的会谈中,再次提出希望英国向南越派遣地面部队的要求,并由此暗示并"胁迫"迪安,在目前英镑危机的情况下,英国出兵越南可以换取几十亿美元的美国援助。①7月28日,麦乔治·邦迪向约翰逊总统建议以美国提供紧急援助缓解英镑危机为条件迫使威尔逊政府向南越派兵。他说:"我们务必使英国人记住,在英国的旗帜没有出现在越南……的情况下,保障英镑的安全对我们来说是没有意义的。我想说的是……在这个对英镑而言关键的时刻,英国在越南的一个旅会有10亿美元的价值。"②对于邦迪的建议,考虑到如果利用这种方式逼迫英国出兵越南极有可能会造成不利的国际影响,而且英镑贬值同样对美元极为不利等因素,约翰逊并没有接受。③针对邦迪对迪安的暗示与"胁迫",威尔逊并没有退让,而是直截了当地指出,"英国不会以接受向越南提供援助的额外要求作为美国政府对英镑提供短期援助的交换条件"。④

对于争取联邦德国向南越出兵,约翰逊政府则采取了另外一种"胁迫"手段。1965年12月15日,在北约部长会议期间,腊斯克与德国外长施罗德举行会晤。腊斯克以美国国会正在考虑美军撤出西德为由,"胁迫"联邦德国向南越派遣技术工程人员、医务人员,甚至警力部队。腊斯克指出,他本人和麦克纳马拉正在竭尽全力阻止美军从欧洲撤出,但是国会要求北约成员国为南越政府提供更大的援助以减轻美国的压力。⑤仅仅5天后,约翰逊在与艾哈德的会谈中再次要求后者向南越派遣一个工程营和一支医疗队,并在1966年1月1日以前向美国支付1亿美元的驻军费用和5 000万美元用于支持美国在越南的战争。艾哈德

---

① FREDRIK LOGEVALL. America Isolated: The Western Powers and the Escalation of the War//ANDREAS W. DAUM, LLOYD C. GARDNER, WILFRIED MAUSBACH. America, the Vietnam War, and the World: Comparative and International Perspectives. Cambridge: Cambridge University Press, 2003: 195.

② Bundy to Johnson. 28 July 1965, Bundy Vol. 12 (1/3), Box4, National Security Files Memos to the President-McGeorge Bundy, Lyndon Baines Johnson Library, Austin, Texas. 转引自: JOHN DUMBRELL. The Johnson Administration and the British Labour Government: Vietnam, the Pound and Eastof Suez. Journal of American Studies, 1996, 30(2): 222.

③ JONATHAN COLMAN, J. J. WIDÉN. The Johnson Administration and the Recruitment of Allies in Vietnam, 1964 – 1968. History, 2009, 94(316): 496 – 497.

④ Memorandum From the President's Special Assistant for National Security Affairs (Bundy) to President Johnson. FRUS, 1964 – 1968, Volume XII, Western Europe, p. 509.

⑤ EUGENIE M. BLANG. Allies at Odds: America, Europe, and Vietnam, 1961 – 1968. Rowman & Littlefield Publishers, 2011: 149 – 150.

再次以德国宪法禁止海外派兵为理由拒绝了约翰逊的请求。约翰逊对此极为愤怒,他详细列举了几十年来美国为德国付出的一切,告诉艾哈德现在是德国回报美国的时候了。美国在南越需要具体而可行的援助,联邦德国必须提供所能提供的一切。如果艾哈德政府不向南越派兵和支付驻西德美军的费用,美军有可能会撤出联邦德国。①

约翰逊的"胁迫"对于追随美国的艾哈德政府是一个沉重的打击,但是出兵越南的要求显然触犯了艾哈德政府可以承受的底线。对此,1966年1月底,艾哈德政府做出最终声明,明确拒绝向南越派遣任何类型的军事人员。②与此同时,为了不彻底激怒美国,留下周旋的余地,艾哈德政府还是决定向南越政府提供医用船作为战斗部队的替代品。美国国防部长麦克纳马拉对此抱怨说:"除了医用船以外,简直一团糟。(联邦德国驻美)大使有一天过来问我,作为战斗部队的替代品,医用船是否令人满意? 我告诉他,绝对不满意……"③

除了英、德两国以外,在出兵问题上,其他一些盟国也受到美国的"胁迫"。1965年12月中旬,利用北约部长会议的机会,美国国防部长麦克纳马拉以重新调整美国在欧洲的驻军"胁迫"北约盟国增加对南越的援助,特别是派遣战斗部队开赴越南战场。然而,麦克纳马拉的"胁迫"同样没有取得成功,所有的北约盟国都不愿意向南越派遣军队。④

北约的欧洲盟国对出兵越南问题的坚决态度,使得约翰逊政府认识到,"继续(向欧洲盟国)施加压力除了获得口头上的承诺以外,只可能会稍稍增加来自欧洲的非军事援助"。⑤在这种情况下,约翰逊政府最终放弃了争取这些欧洲盟国向南越派兵的想法,而将"更多旗帜"计划的重点放在争取韩国、澳大利亚、新西兰、菲律宾和泰国派出更多的战斗部队开赴越南。1965年12月底,马科斯当选菲律宾总统后同意向南越派遣一个工程营,双方的谈判重新开启。1966年6月,菲律宾国会批准了这一议案。9月,第一支菲律宾工程部队到达南越。⑥

---

① EUGENIE M. BLANG. Allies at Odds: America, Europe, and Vietnam, 1961 – 1968. Rowman & Littlefield Publishers, 2011: 149 – 150.
② EUGENIE M. BLANG. A Reappraisal of Germany's Vietnam Policy, 1963 – 1966: Ludwig Erhard's Response to America's War in Vietnam. German Studies Review, 2004, 27(2): 349.
③ Telephone Conversation between President Johnson and Secretary of Defense McNamara. FRUS, Volume IV, Vietnam, 1966: 80.
④⑤ Telegram From the Mission to the North Atlantic Treaty Organization and European Regional Organizations to the Department of State. FRUS, 1964 – 1968, Volume XIII, Western Europe Region, p. 287.
⑥ ROBERT M. BLACKBURN. Mercenaries and Lyndon Johnson's "More Flags": the Hiring of Korean, Filipino, and Thai Soldiers in the Vietnam War. N. C: McFarland, 1994: 85.

1965年7月,泰国总理他侬·吉滴卡宗(Thanom Kittikachorn)对美国驻泰国大使马丁表示"支持约翰逊总统直接向他本人提出的任何个人请求"。① 由于此时美国和泰国正在进行"B-52"轰炸机进驻泰国军事基地的谈判,为了不影响这一谈判,美方直到1966年12月中旬谈判结束后才向泰方提出派遣战斗部队的请求。双方最终在1967年1月达成协议。1967年9月21日,第一支1 200人的泰国战斗部队到达南越。②

三、"抛弃"与"牵连"视野下的同盟信任危机

从1964年4月23日到1968年底约翰逊总统离任,"更多旗帜"计划历时四年半,最终共有32个国家与地区参与这一计划,总计提供了132 427 014美元的非军事援助。此外,在军事援助方面,澳大利亚、新西兰、泰国、菲律宾、韩国5个国家先后向南越派出军队,到1968年底,上述5国驻扎在南越的军队人数分别达到50 003人、6 005人、7 661人、1 576人和516人。③

参与"更多旗帜"计划的32个国家与地区的非军事援助价值统计

(单位:美元)

联邦德国	25 732 500	比利时	329 760	乌拉圭	21 500
澳大利亚	14 040 277	马来西亚	317 000	卢森堡	20 000
加拿大	9 303 508	阿根廷	290 000	希腊	15 000
英国	5 971 843	巴西	183 000	老挝	11 167
日本	4 822 820	委内瑞拉	100 000	洪都拉斯	10 000
荷兰	2 744 000	丹麦	86 000	危地马拉	7 500
中国台湾	2 679 422	菲律宾	79 700	哥斯达黎加	7 000
新西兰	2 199 300	韩国	56 400	土耳其	6 000
意大利	996 800	利比亚	50 000	厄瓜多尔	2 160
泰国	461 170	突尼斯	48 000	摩洛哥	2 000
伊朗	442 500	西班牙	34 500	(总计)	132 427 014

资料来源: Economic and Social Aid to Vietnam, Republic of Vietnam, Ministry of Foreign Affairs, July 1, 1964 to December 31, 1968, VNCA, 0440513001。

从上文的分析来看,1964—1968年各个盟国对"更多旗帜"计划的反应大体

---

① ROBERT M. BLACKBURN. Mercenaries and Lyndon Johnson's "More Flags": the Hiring of Korean, Filipino, and Thai Soldiers in the Vietnam War. N. C: McFarland, 1994: 104.

②③ STANLEY R. LARSEN, JAMES L. COLLINS. Allied Participation in Vietnam. Washington, D. C.: Department of the Anny, 1975: 23.

呈现出两种迥异的行为模式：第一，虽然美国一再强烈要求并施加压力，但其大多数盟国，特别是英国、联邦德国、加拿大、巴基斯坦、巴西、以色列、伊朗、土耳其、意大利等重要盟国，对这一计划"阳奉阴违"，只是给予了口头上的支持，并大多只提供了象征性的经济与技术援助，①而对于约翰逊政府一直渴望的出兵援助，始终以各种托辞婉拒甚至直接拒绝。这在很大程度上引发了美国对这些盟国的强烈不满。第二，少数盟国对这一计划给予了较大支持，特别是在军事援助方面，澳大利亚、新西兰、泰国、菲律宾、韩国5个国家向越南派出了地面部队。

笔者以为，从美国与其大多数盟国围绕"更多旗帜"计划的纷争（第一种行为模式）来看，二战后美国精心构筑的冷战同盟内部实际上出现了较为严重的信任危机。那么，为什么会出现这样的信任危机呢？大多数盟国对这一计划共同的行为模式背后隐藏的行为动机又是什么呢？为什么美国建立的冷战同盟内部的信任危机最终并没有导致同盟的崩溃呢？这些问题值得我们深入思考。笔者以为，美国新现实主义国际关系理论家格伦·斯奈德的"同盟安全困境"理论为我们深入分析这些问题提供了一个极佳的视角。

斯奈德在分析同盟内部关系时使用了两个概念——"抛弃"（abandonment）和"牵连"（entrapment）。他认为，对于已经结成同盟的国家，国际同盟随时都会发生变化，因此，这些结成同盟的国家经常会担心被盟国"抛弃"。"抛弃"的形式多种多样，主要包括：解除盟约，甚至退出同盟而与敌方结盟，在突发事故情况下，没有按照同盟约定给己方应有的支持；另一方面，由于同盟形成的基础之一是针对某一敌国或敌对集团，因此，同盟的成员国又害怕由于盟国的利益而被"牵连"到一场与自身利益相悖或不甚相关的冲突中。斯奈德指出，在同盟形成之后，任何结盟国家的决策都不可避免地要在被"抛弃"和被"牵连"之间进行权衡。这是因为，被"抛弃"的成本是严重的安全缺失，而受"牵连"的成本则是完全失去自决。为了避免被"抛弃"，就必须以行动赢得盟友的信任，然而这样做势必会增加受"牵连"的风险；为了避免受"牵连"，就必须与盟友保持距离，甚至在盟友与敌国发生冲突时避免过深介入，但这种行为又可能会增加被"抛弃"的风险。这种既担心被盟友"抛弃"又担心受盟友"牵连"的顾虑就是"同盟安全困境"的含义。②

笔者以为，二战后美国建立的全球冷战同盟实际上是一种非对称性同盟，美

---

① 虽然参与"更多旗帜"计划的西方国家提供了相对较多的经济与技术援助，但是较之于美国每年支出1 000亿美元以上的战争经费，这些援助不仅微不足道，而且显然与这些西方国家的经济地位与实力不相符合。
② GLENN H. SNYDER. The Security Dilemma in Alliance Politics. World Politics, 1984, 36(4): 461-495.

国在同盟体系中占据了绝对主导地位。这种不对称的同盟双边关系使得盟国担心被美国"抛弃"和受其"牵连"的焦虑感贯穿于整个冷战时期。在越南战争中，围绕着"更多旗帜"计划，这种焦虑感变得更加突出。这是大多数盟国对这一计划在外交上公开表示支持，但是实际上却只提供象征性的物质援助，并以各种托辞拒绝约翰逊政府提出的出兵越南要求的一个重要因素。①然而，由于在美苏激烈对峙的全球冷战格局下，除了盟国的蓄意"背叛"等特殊情况外，并不存在美国主动"抛弃"盟国的可能。因此，这些盟国所担心的"抛弃"与斯奈德所界定的概念又有所不同，实际上是指美国有可能因为越南战争的压力而减少对盟国的安全保障，具体表现为削减驻扎在盟国的美军人数、减少或终止对盟国的军事与经济援助等形式，以及部分美国政界人士主张放弃对某些盟国的军事保护承诺。此外，在冷战与越南战争的大背景下，这些盟国担心受到的"牵连"较之斯奈德界定的概念无疑范围更加宽泛，主要包括三个层次：(1) 担心卷入与自身安全和利益并不相关的地区冲突；(2) 担心因为大规模卷入越战而与中、苏两国发生军事冲突的风险；(3) 担心因为大规模卷入越战而承担国内政治分裂与社会动荡的风险。

首先，越南战争的不断升级在很大程度上加深了盟国担心被美国"抛弃"的顾虑。在两极化的冷战格局下，加入美国构筑的冷战同盟的各个盟国最为关注的问题往往是自身的安全保障，最大的威胁依然来自苏联或本地区及周边的共产主义势力。在这种情况下，他们对于自己在美国全球冷战战略中的地位，以及美国提供的安全保障的变化极为敏感，尤其担心美国因为军事重心转向不断升级的越南战争而减少驻军人数、削减或终止军事与经济援助。② 除此之外，

---

① 由于"更多旗帜"计划涉及 32 个国家与地区，各个国家与地区对这一计划的态度显然是多种因素、多重动机共同作用而成，在这里，限于篇幅与主题，我们不可能对每个国家的行为动机逐一做出深入分析。本文主要从盟国担心美国降低安全保障承诺（"抛弃"）以及担心自身卷入毫无意义且风险极高的越战冲突（"牵连"）的视角，分析这一心态与大多数盟国对美国的越战政策，特别是"更多旗帜"计划的态度之间的内在关系。与此同时，本文并不否定各个盟国对"更多旗帜"计划做出决策的其他动机对这一计划最终结果的影响。

② 盟国的这一担心其实并非没有道理。例如，以越战期间美国参议院多数派领袖曼斯菲尔德为代表的部分参议员多次批评美国的重要盟国没有对美国的越战政策给予坚定的支持，因而主张美国从某些盟国撤军。1966 年 8 月 31 日参议院甚至单方面通过了建议美国从欧洲撤走驻军的"曼斯菲尔德决议案"（Mansfield Resolution）。除此之外，1965 年 12 月后，美国多次根据越战的需要将驻扎在西欧的部分军队与军事设备调往越南战场。这些行为无疑更加加深了盟国的顾虑。Memorandum From the Assistant Secretary of State for Congressional Relations (MacArthur) to Secretary of State Rusk. September 1, 1966, FRUS, 1964 – 1968, Volume XIII, Western Europe Region, pp. 458 – 460; Position Paper on the Status of U. S. Forces in Western Europe in Preparation for the 6/6 – 6/8/1966 NATO Ministerial Meeting in Brussels. Belgium, Jun 3, 1966, DDRS, CK3100646395.

1963年古巴导弹危机之后,为了避免核战争,美、苏两国之间的紧张关系有所缓和。特别是根据美、苏间的秘密协议,美国单方面决定撤走部署在意大利和土耳其的"朱比特"导弹,更是加深了美国盟国,特别是欧洲盟国的焦虑感。①他们大多将美国对苏联"缓和"关系的举措视为美国将注意力从欧洲转向越南,由此削减对欧洲安全保障的信号。国家安全委员会的一份内部文件形象地描述了欧洲盟国的这一心态。"我们的重要欧洲盟国现在已经理解我们动用大批军队来防止这艘船(指南越政府——笔者注)倾覆。但是他们极其担心是否我们有可能卷入到一场会削弱我们保卫欧洲的能力并最终造成完全令人不满意结果的大规模冲突。"②笔者以为,这种担心美国有可能降低安全保障承诺的顾虑在很大程度上使得大多数盟国虽然并不愿意卷入越战的旋涡,却又不能在这一问题上与美国公开对抗。这一心态是他们对美国的越战政策与"更多旗帜"计划往往会给予公开支持,并向南越政府提供部分物质援助的一个重要因素。

在冷战格局下,这种担心被美国"抛弃"的心态在两个重要欧洲盟国——英国与联邦德国身上表现得十分明显。

从英国的角度来看,二战后,由于军事实力的下降,英国必须借助美国的军事力量才能抵抗苏联的势力扩张与核威胁,从而确保英帝国的利益和国家安全。正是由于对美国提供的安全保障的依赖,使得英国政府确立了在全球事务中维系英美特殊关系,支持美国立场的外交政策。1964年10月,英国新任外交大臣沃克就对英国基于自身安全考虑对英美同盟关系的基本政策做出了清晰说明:③

> 英国外交政策的基础必然是重新反思与美国的同盟关系并对之进行协调。几乎所有的英国政策都是建立在与美国的关系上才会以这样或那样的方式发挥作用。我们必须对此协调,从中构建出一个有凝聚力的整体。如果我们依赖美国最终的核保护,我们必然要这样处理与美国的关系……在一些问题上,我们必须改变我们的观点以适应他们——以此换取美国在那

---

① 甚至那些致力于改善东西方关系的欧洲国家,如比利时、丹麦、挪威,也对美苏关系的"缓和"对欧洲安全的影响感到极为担心。K. BIRNBAUM. The Nordic Countries and European Security. Cooperation and Conflict, 1968, 3(1): 9 - 11.
② Paper Prepared by the National Security Council Working Group. November 21, 1964, FRUS, 1964 - 1968, Volume I, Vietnam, 1964: 919.
③ EUGENIE M. BLANG. Allies at Odds: America, Europe, and Vietnam, 1961 - 1968. Rowman & Littlefield Publishers, 2011: 159 - 160.

些对我们极为重要的问题上做出类似的让步。

从英国对越南问题的立场来看,威尔逊政府显然延续了这一外交思路。虽然英国政府对越南战争的前景极为悲观,并一直主张通过谈判和重新召开日内瓦会议解决越南问题,但是对于美国的越南政策,包括"更多旗帜"计划,还是给予了口头上的支持,并向南越政府提供了一定的经济与技术援助。[①]

从联邦德国的角度来看,二战后,柏林成为东西方对抗的第一线,联邦德国的安全危机感远远高于其他欧洲盟国。1961年柏林危机的经历使得联邦德国依然把苏联与东欧集团视为国家安全的最大威胁。在这种情况下,联邦德国对美国提供的安全保障有着强烈的依赖度。因此,对于美国减少驻军,以及降低对欧洲的关注,联邦德国政府的"神经"更为敏感。除此之外,实现两德统一是联邦德国最为关注的另外一个问题。在艾哈德政府看来,如果没有美国的强力支持,国家安全保障与两德统一根本不可能实现。正是基于这一点,艾哈德政府将美国视为最重要的盟国,由此确立了在全球事务中全力支持美国的外交政策。[②]对于越南问题,特别是"更多旗帜"计划,联邦德国的政策同样延续了这一外交思路。由于较之其他盟国更加依赖美国提供的安全保障,联邦德国对于这一计划不仅公开支持,而且根据美国的要求向南越政府提供了更多的贷款与物质援助。

其次,从美国的大多数盟国的视角来看,由于远离东南亚战场,越南战争与自身的安全和利益实际上并没有直接的关系,因此,无论欧洲的英国、联邦德国、比利时、荷兰,还是美洲的加拿大,乃至东亚的日本、近东的伊朗、土耳其,都很难切身感受到美国所宣扬的"多米诺骨牌"效应,以及北越共产主义带来的巨大威胁。在这种情况下,他们自然并不愿意受到"牵连"卷入这场与自身利益不甚相关的战争。对此,美国驻西贡大使馆外交官弗洛特深刻地指出,盟国不愿提供战斗支持的主要原因在于"并没有认清越南战争的紧要性"。[③]与此同时,对美国的大多数盟国而言,大规模卷入越战不仅与自身安全与利益不甚相关,而且还会带来巨大的风险。这一风险主要包括两个方面:(1)由于中、苏两国暗中支持北越,大规模卷入越战势必存在与中、苏两国发生对抗,乃至军事冲突的风险。

---

① FREDRIK LOGEVALL. Choosing War: the Lost Chance for Peace and the Escalation of War in Vietnam. University of California Press, 1999: 222 - 225.

② LLOYD C. GARDNER, TED GITTINGER eds.. International perspectives on Vietnam. College Station: Texas A&M University Press, 2000: 152.

③ JONATHAN COLMAN, J. J. WIDÉN. The Johnson Administration and the Recruitment of Allies in Vietnam, 1964 - 1968. History, 2009, 94(316): 491.

(2) 由于1965年越战大规模升级后,世界各国民众与政界人士的反战呼声日益高涨,也使得许多盟国不敢冒着国内政治分裂和社会动荡的风险卷入越南战争。这一点在美国的欧洲盟国英国、联邦德国、比利时、丹麦、瑞典、挪威、意大利等国表现得尤为明显。笔者以为,上述考虑是美国的大多数盟国并不愿意"牵连"到这场对自身毫无意义且风险代价极高的战争,因而对"更多旗帜"计划提出的大规模援助和出兵参战的要求始终予以拒绝的重要因素之一。

这种担心受到"牵连"的心态在英国身上表现得尤为明显。首先,由于本土远离越南,并且越南与英国在历史上并不存在殖民地—宗主国关系,英国政府并没有切身感受到越南战争对自身安全与利益的重要性,甚至认为"即便西贡陷落,西方不得不退到位于泰国的主要防御线,也不会造成大的灾难"。①其次,二战后非殖民化运动造成大英帝国殖民体系土崩瓦解的经历,使得英国政府对越南战争的前景极其悲观。1964年年底,新上台的工党政府甚至认定美国和南越政府战胜北越的希望极其渺茫,"南越距离胜利遥遥无期"。②在英国的外交决策者看来,越南战争并不是东西方阵营之间的生死较量,而是一场民族主义情感激发的民族解放战争。因此,对越南的军事干预不仅不会取得胜利,反而会更加强化越南的民族主义情感。③再次,由于中、苏两国对北越政权的支持,大规模卷入越战有可能会造成与中国乃至苏联发生对抗,甚至军事冲突。这势必会由此危及英国在亚洲的利益(首先是中国香港,其次是马来西亚、新加坡)以及欧洲的安全。最后,1965年越战大规模升级后,英国民众与政界人士的反战呼声日益高涨。一方面工会、知识分子与高校学生发起了反对越战升级的大规模抗议运动,另一方面工党内部围绕着越南问题也发生了激烈的争论。工党激进派强烈批评威尔逊政府对美国越战政策的支持,极力主张英国向美国施加压力促成谈判解决越南问题。④笔者以为,上述考虑是英国政府在面对美国的巨大压力下依然拒绝向越南派遣军队直接参战的重要因素。

从联邦德国的角度而言,担心受到"牵连"的心态同样十分明显。首先,由于

---

① EUGENIE M. BLANG. Allies at Odds: America, Europe, and Vietnam, 1961 – 1968. Rowman & Littlefield Publishers, 2011: 161.

② EFFIE G. H. PEDALIU. Transatlantic Relations at a Time When "More Flags" Meant "No European Flags": the United States' War in South-East Asia and its European Allies, 1964 – 1968. The International History Review, 2013, 35(3): 559.

③ EUGENIE M. BLANG. Allies at Odds: America, Europe, and Vietnam, 1961 – 1968. Rowman & Littlefield Publishers, 2011: 162.

④ SYLVIA C. ELLIS. Britain, America, and the Vietnam War. Greenwood Publishing Group, 2004: 57 – 60, 95 – 101.

越南远离德国本土,联邦德国并没有感受到北越与中国带来的威胁,越南战争的结果与联邦德国最为关注的国家安全与两德统一问题也不存在直接的利害关系,因而,在相当长一段时间内,越南问题并没有受到联邦德国政府的重视。一个突出的例子是,1963年11月,南越发生军事政变,南越总统吴庭艳被杀,联邦德国内阁对此漠不关心,甚至没有进行任何讨论。①其次,虽然考虑到联邦德国在安全保障和两德统一问题上对美国的依赖,1963年10月开始执政的艾哈德政府选择公开支持美国的越战政策与"更多旗帜"计划,并向南越政府提供了大量经济与技术援助,但是由于更加担心大规模卷入越战有可能会造成驻扎在东德的苏联与东欧军队实施军事报复,以及二战后联邦德国苦心经营的和平形象遭到破坏,从而令德国统一事业中断,艾哈德政府最终还是明确拒绝了美国提出的出兵越南的要求。②最后,20世纪60年代联邦德国的反战运动风起云涌,特别是强大的学生运动已经成为一支不可忽视的政治力量,也使得联邦德国政府不愿冒着巨大的政治风险向越南派遣军队。③

四、结　语

从上述分析来看,越战时期,美国与大多数盟国围绕"更多旗帜"计划的纷争与信任危机在很大程度上体现了同盟双方在冷战时期不同的利益诉求。笔者以为,这种利益诉求的差异进而决定了同盟双方冷战战略的偏差。二战后美国构筑的全球冷战同盟内部在越南问题上出现较为严重的信任危机的一个深层次原因就在于双方冷战战略的差异。具体而言,虽然遏制共产主义的扩张是冷战同盟双方共同的目标,但是双方各自的冷战战略却是基于不同的视野来考虑的:美国往往从全球冷战的视野审视越南问题,将北越对南越的进攻和中、苏对北越的援助视为全球共产主义扩张的重要组成部分;其他盟国则大多从自身利益出发,将自身与地区安全视为最为关切的问题。从美国的视角来看,建立冷战同盟的最主要目的在于遏制共产主义在全世界的扩张,因而将同盟关系覆盖的区域

---

① EUGENIE M. BLANG. Allies at Odds: America, Europe, and Vietnam, 1961 - 1968. Rowman & Littlefield Publishers, 2011: 136.

② Eugenie M. Blang. A Reappraisal of Germany's Vietnam Policy, 1963 - 1966: Ludwig Erhard's Response to America's War in Vietnam. German Studies Review, 2004, 27(2): 349.

③ 关于联邦德国学生的反战运动,详见: WILFRIED MAUSBACH. Auschwitz and Vietnam: West German Protest Against America's War During the 1960s//ANDREAS W. DAUM, LLOYD C. GARDNER, WILFRIED MAUSBACH. America, the Vietnam War, and the World: Comparative and International Perspectives. New York: Cambridge University Press, 2003: 279 - 298.

延伸到盟国之外，让盟国分担更多的责任自然"顺理成章"。从盟国的角度来看，加入美国构筑的冷战同盟的主要目的在于利用盟约拴住美国，使其长期承担起保障自身安全的责任，全力遏制共产主义在本地区的扩张与颠覆。笔者以为，这种利益诉求的差异实际上表明：冷战时期，美国奉行的是一种全球冷战战略，而盟国则奉行的是一种自身与地区安全为上的冷战战略。在冷战同盟体系中，美国往往希望盟国服务于自己的全球冷战战略，而盟国则希望美国服务于自己的地区冷战战略。这一冷战战略的偏差最终在越南战争问题上被进一步放大，从而导致双方围绕越南问题与"更多旗帜"计划出现了一系列纷争，最终造成美国建立的冷战同盟内部出现较为严重的信任危机。

然而，从大多数盟国对于"更多旗帜"计划在外交上予以公开支持，并确实向南越政府提供一定数量的非军事援助，以及美国并没有因为这些盟国对"更多旗帜"计划反应冷淡，甚至拒绝向南越派兵而放弃或大规模削减对他们的安全保障来看，冷战同盟内部的信任危机并没有导致同盟体系的崩溃。这表明，虽然利益诉求与冷战战略的偏差使得美国建立的冷战同盟内部出现了信任危机，但是同盟各方都不愿意看到同盟体系的瓦解，都在通过恪守同盟关系的最低限度的承诺来维系冷战同盟的运转。笔者以为，这是因为在两极化的冷战格局下，美国及其盟国依然面临着共同的目标——遏制共产主义，尽管这一目标分属于全球与地区两个不同的层次。从上述意义上而言，在美、苏对峙的冷战时代，美国与其盟国双方各自的利益诉求以及建立在此基础上的冷战战略，实际上是美国主导建立的冷战同盟内部运行的重要机制之一。

戴季陶における国民精神論の形成と教育実践
―「童子軍教育」を手掛かりに―

朱　虹

　朱虹,2004年6月毕业于上海师范大学日语系;2006年4月进入日本同志社大学社会学研究科教育学专业学习,师从冲田行司教授,2009年3月获教育学硕士学位,2015年3月获教育学博士学位。2015年6月进入上海大学中国史博士后科研流动站工作,2018年1月加盟上海大学文学院历史系,现任讲师、硕士生导师。主要研究领域为日本教育史、日本思想史、中日关系史、中日文化交流史等。主讲课程有"日本战后史""日本文化论""专业日语"等。在日本《亚洲教育》《教育文化》《基督教社会问题研究》等刊物发表学术论文数篇。主持2016年度上海市人民政府决策咨询研究课题"国际新媒体视阈下的上海城市舆论形象建构"及2017年度教育部人文社科青年项目"理念、技术、体系：留日生与中国医学之近代转型研究"等2项省部级课题;主笔的多篇决策咨询报告获中央政治局常委批示和中宣部、上海市委宣传部等采纳。

はじめに

　周知のように、中国の近代化は自発的なものではなく、西洋の衝撃を受けて胎動したものである。従って、中国の近代化論には「欧化」と「伝統」をめぐる様々な思想的葛藤が存在している。多くの中国知識人は「西洋の近代がもつ普遍性を認識すればする程、同時に伝統に対する自覚が生み出されてくる」①と思わ

---

①　沖田行司の指摘によれば、近代日本において「西洋世界の『近代』」が持つ普遍性を正当に評価し認識すればする程、同時にこうした『伝統』に対する自覚が生み出されてくる」とされる。(沖田行司：日本近代教育の思想史研究―国際化の思想系譜(新訂版). 学術出版会,2007：6)この文化的な自覚、つまり「伝統意識」は実際東アジアの近代化における共通な思惟方法とも言える。しかし、個人差に応じて、「伝統意識」の質と方向は様々で大きな違いを孕んでくる。

れる。しかし、この伝統意識の再点検は必ずしも一様ならず、個々人の価値観や原体験によって様々な様相を呈している。本稿では、孫文の秘書兼通訳を務め、三民主義を儒教的に再解釈し、後に中国国民党右派のイデオローグとして蔣介石政権を支えた戴季陶(1891—1949)に焦点を当てて、彼の伝統意識の様相及び近代化との関係を探りたい。

　対外的には、戴は多くの留日経験者の中で後に最も傑出した知日家となり、意味深い『日本論』を著し、国民党の対日政策の決定に力を発揮した人物である。対内的には、彼は国民党文教政策の重鎮として生前様々な教育活動に携わり、国民精神の再構築に心血を注いだ人物でもある。ところが、戴季陶を巡る評価は政治的原因から長年にわたり、両極端に分れている。「前期革新的な思想の持ち主」、「後期反共的な国民党右派の理論家」[1]、「超国家主義者」[2]、「戦闘的な共和主義者」[3]、「民族主義者」[4]など、それぞれの思想的、政治的観点からの解釈が行われている。また、従来の研究は戴の対日認識に焦点を当て、その政治路線における思想的変化の解明に重点を置く一方、その思想に内包された欧化と伝統の関係をどのように把握するのかを殆ど等閑視し続けている。その結果、短絡的な二項対立の議論に陥る傾向は免れない。

　中国の「自強」を前提とした近代化路線を唱え続けた戴にとって、国家統合という政治的課題と国民形成という教育的課題は表裏一体の関係である。教育は国家統合に必要なナショナルな意識を持った国民の育成という役割を担っている。戴によれば、国民が「対外的には国家を保持し、対内的には国家を改進する」[5]という重責を負うとされる。そのような重責を負う国民の形成において、国民の主体的自覚、即ち「国民精神」の確立は国家の発達に深く関わ

---

[1] 黎潔華,虞葦.戴季陶伝.広州：広東人民出版社,2003；范小芳,包東波,李娟麗.国民党理論家戴季陶.鄭州：河南人民出版社,1992.
[2] 髙綱博文.戴季陶の『共和思想』//松村潤先生古稀記念清代史論叢.東京：汲古書院,1994.
[3] 安藤久美子.辛亥革命前後の戴季陶の共和思想//孫文研究会.孫文研究,2007(40—41).
[4] 嵯峨隆.戴季陶の対日観と中国革命.東京：東方書店,2003；張玉萍.戴季陶と近代日本.東京：法政大学出版局,2011.
[5] 桑兵,黄毅,唐文権.戴季陶辛亥文集(1909—1913).香港：香港中文大学出版社,1991：1357.筆者訳(初出、署名天仇『国家精神論』『民権報』1912年12月21日付)。

っている①。従って、彼の「中国自強論」を裏付ける根拠である「国民精神論」をどのように捉えるのかによって、彼の歴史的役割の定位は大いに変わってくる。又、彼の「国民精神論」を問うのは欧化と伝統の狭間での彼の思想的模索を解明する一助となると考えられる。戴の「国民精神論」のあり様をより正確に把握しようとすれば、その教育思想を決して見逃してはいけない。しかし、戴の教育思想を捉えようとする試みは乏しい。管見の限り、戴季陶に関する伝記や資料集②の中では、彼の教育思想が少し紹介されているが、断片的な記述に止まり、彼の政治思想と結びつけて体系的に論じる研究は見当たらない。戴の教育思想を検討することを通して、彼の近代化構想を裏づける「国民精神論」を実証する研究は未だに手薄い状態になっている。

「童子軍教育」は戴が20数年間をかけて最も力を尽くした教育事業である。それは国民精神を再構築しようとする彼の一つの重要な教育的アプローチだと言ってもよい。本稿では、近代化の過程における中国の自立と中国人の主体性を確立するために、戴がどのような国民精神論を構築していたのか、さらに、「童子軍教育」を通してそれをどのように確立しようとしたのかを考察することに主眼を置く。彼の国民精神論の創出過程を解明することによって、「内なる近代化」を目指す戴の思想的営為の全体像を解き明かしたい。

一、共和政体樹立の難航と国民精神の衰退

1905年、14歳の戴は中国史上初の留学熱の最盛期に渡日し、それから日本で四年間の留学生活を送った。1907年、日本大学専門部法律科に入学し、法

---

① 桑兵，黄毅，唐文権. 戴季陶辛亥文集(1909—1913). 香港：香港中文大学出版社，1991：1024. 筆者訳(初出、署名天仇「民性更始論」『民権報』1912年7月16日付)。国家と国民精神の関係性について、戴は次のように説いている。

> 一国の発達はすべて国民の精神及び能力に頼る。国民は国家を強める一途に注目すれば、国力を拡張しない者は未だにない。国民は国家を豊かにする一途に力を尽せば、国民の経済を発展しない者は未だにない。それ故に政治、法律が進化するか否かは、国民の品性の如何を視する。而して国力の発展ができるか否かは、即ち国民の精神の如何を視する

要するに、戴は国家の発達が「国民の精神」、即ち国民の主体的自覚の発展によって担保されると考えた。

② 例えば、范小芳，包東波，李娟麗. 国民党理論家戴季陶. 鄭州：河南人民出版社，1992；陳天錫. 戴季陶先生編年傳記. 台北：台北中華叢書委員会，1958；中国童子軍総会. 戴季陶先生與童子軍教育. 台北：華国出版社，1952. などが挙げられる。

律を学んだ。留学中の戴にとって、最も深く印象に残ったのは神道憲法学者と称される筧克彦の講義である。筧は日本の国体の精華を「古来の神道」とし、日本国家の権力を「神道唯一信仰のあらわれ」①として唱えた。筧の影響で、戴は「神権思想」を日本人の国体観念の根源として捉え、近代日本の立憲君主制の存立と日本国民の「神権思想」との密接な関係性を深く認識した②。この認識は戴の国家観を大きく規定したと考えられる。戴の目から見れば、清王朝の立憲とは「国民の精神を以て国家を表現するもの」③ではないため、立憲君主制による清王朝の立て直しが実現不可能である。従って、彼は清王朝の立憲運動に強く反発し、国民の意志を反映する共和制国家の創出を志向した。しかし、戴にとって、中国の共和政体は決して「北米十三州の模倣品」でもないし、「スイスからの輸入品」でもなく、その外部的組織即ち党派、代議等の事については西洋の様式を踏襲するものが多いにもかかわらず、根本たる国体においては大いに趣を異にするものであった④。彼は中国における「天下は一人の天下に非ず、天下の天下なり」という儒教思想の中から近代ヨーロッパで発祥した「共和」や「Democratic」に通じる理念を見出し、独自の共和制国家を確立しようと構想した⑤。

　1912年、中国は辛亥革命を契機に君主制から共和制に移行した。ところが、それは古代より続いてきた君主政治を終焉させ、アジアで初の共和制国家を樹立したところに意義が求められている一方、その結果、袁世凱の軍閥支配という新たな専制支配の確立に道を開くことになったのである。革命運動の挫折を重ねて行く中で、戴は中国における共和政体樹立の難航の要因を国民

---

① 戴季陶著,市川宏訳,竹内好解説.日本論.東京：社会思想社,1972：11.筆者訳。戴が筧の講義を通じて、日本人の国体観念に関する基本的な認識を得たと考えられる。彼は『日本論』の中で、筧克彦の指摘について次のように回顧している。

　　日本の国体は、万邦無比の模範国体であって、いつになっても、国体を破壊するものがあらわれることは絶対にない。日本の国体の精華、これ古来の神道である。日本国家の権力、これ神道唯一信仰のあらわれである。天皇すなわち最高の神のあらわれである。神を愛し、神を敬し、神に帰依し、神によってあらわされる力、これすなわち天皇の大権である。

戴はこうした実体験に基づき、日本における神道信仰の強さを実感した。
② 戴季陶著,市川宏訳,竹内好解説.日本論.東京：社会思想社,1972：18.筆者訳。
③ 章開沅,唐文権,桑兵.戴季陶集(1909—1920).武漢：華中師範大学出版社,1990：170.筆者訳（初出、署名天仇「社会主義論」『天鐸報』1910年12月4日付）。
④ 戴天仇.支那に於ける共和制体//東亜同文書院滬友同窓会.滬友.滬友会,1918：5.
⑤ 戴天仇.支那に於ける共和制体//東亜同文書院滬友同窓会.滬友.滬友会,1918：6—7.

精神の減退に求めた。1914年5月、第二革命の失敗で孫文とともに日本に亡命している戴は「支那に於ける共和思想」と題する論説を日本の雑誌『支那と日本』に寄稿した。中国社会の現状について、彼は次のように述べている。

> 我が国の現状は実に数千年来未曾有の思想上の大恐慌時代と云はなければならぬ。即ち数千年伝来の国民的共同思想が国民一般の脳裡より減退しつゝあつて、又現在の国体を尊重し之を発達せしむべき健全の新思想は未だ普遍的に発展して居ない、道徳は地に墜ち、国民の安寧幸福、国家の存在発達を保つ法律も更になく、全国の人民は凡べて現代的の悪風愚俗に囚はれて、精神上の慰を求める道がない、悉く恐惧、不安、悲哀、脅迫の如き凡ゆる精神的苦痛に迫られつゝある①

つまり、彼は思想的支柱を失い混迷を深める国民の精神状態に対して強い危惧の念を抱いていた。その上、彼は革命の失敗の原因を国民思想上より観察し、「今日の問題は政治にあらず、実業にあらず、国民の思想否国民の精神的統一にある」②と強く主張し、近代中国の国民精神を再構築する必要性を自覚した。

同年5月に、戴はまた「国家精神より見たる支那」という論文を執筆し、日本の雑誌『国家及国家学』に載せた。彼は「一国の将来」を「その国の歴史精神」と結びつけて、「我が東洋民族の国家精神として一国の存在は必ず其の国の歴史上の信仰と共に存在する」③と強調した上で、国家の存在・発達と国民共同信仰の関係性を詳細に分析した。

> 国家の存在は即ち此の国民共同信仰の存在にして国家の発展も此の国民共同信仰の発展である学術の進歩も政治の革新も実業の発達も凡て国民の事業として発達し行く事は此の国民共同信仰に由らざるものなし予は日本国を観察し日本国の存在発達の根本を論ずるに即ち此れを着眼点とするのである日本国のみならず凡ての国家には国民信仰の形式が

---

① 天仇(戴伝賢).支那に於ける共和思想//支那と日本.中華民国通信社,1914：25－26.
② 天仇(戴伝賢).支那に於ける共和思想//支那と日本.中華民国通信社,1914：26.
③ 戴天仇.国家精神より見たる支那//国家及国家学：第2巻第5号.国家社,1914：38.

違つても其の共同信仰なる本質は同然である①

　要するに、戴は固有の「国民共同信仰」の存在・発展を国家の存立、学術の進歩、政治の革新、実業の発達などすべての国民の事業の根本をなす要因と見做している。それは彼が日本を観察することによって得られた結論である。さらに、彼は歴史的に遡り、日中両国における共同信仰の状況を具体的に考察した。彼は「古代と云はず現代と云はず凡て此の天皇先祖神天に対して絶対的に疑惑せず研究せず尊重し信仰し畏服する」ことを「日本国民の共同信仰」として捉え、「日本国家の存在発達は依然日本固有の歴史精神に支配せらる日本国民の生活は依然日本国民の共同信仰に由つて満足せしむる」②と指摘している。
　それに対して、中国における国民信仰の現状について、彼は次のように説いている。

　　　　要するに古代に於て我が国家を維持発展せしむる精神統一力は三皇より以来の歴史的表現人格なる孔子によつて斯る国民的精神的の人格を一身に纏めて今まで吾が国の数億万の人民の精神を支配した孔子に対する国民信仰の減退しつゝあるのは只孔子に対する国民信仰の減退にあらずして実に吾国有史以来の歴史的人格に対する国民信仰の減退である国民の精神を支配する統一力なく国民全部は悉く各自の個性のみ発揮し自己の利益のみを計つて此の数億万の多数の人民は如何して国民全部の生活団体たる国家を組織し保存発達せしむる能力があるか（筆者中略）故に余は我が国の現状を観察し将来を考ふるに憂慮すべき点は決して政治の紊乱にあらず実業の不振にあらず兵力の微弱にあらず学問の進歩せざるにあらず予の深く痛く憂ふるのは只此の国民共同信仰心の衰退するにあるのである③

　即ち、戴は三皇や孔子に対する「国民信仰」の減退や「国民の精神を支配する統一力」の欠如を憂い、中国の不振の原因をそれらの衰退に求めた。彼は日本

---

①　戴天仇. 国家精神より見たる支那//国家及国家学：第2巻第5号. 国家社,1914：40.
②　戴天仇. 国家精神より見たる支那//国家及国家学：第2巻第5号. 国家社,1914：42.
③　戴天仇. 国家精神より見たる支那//国家及国家学：第2巻第5号. 国家社,1914：48—49.

の近代化の実態を踏まえて、中国固有の「国民共同信仰」たる儒教思想の存立こそが中国独自の共和政体を支える精神的基盤であると深く認識した。

周知のとおり、1916年6月、袁世凱の死が中華民国の混乱に更なる拍車をかけた。軍閥の混戦、列強の支配、封建社会の残存などの克服がなお課題として残っていた。これに直面する戴にとって、共和政体の確立を担保する国民精神の統合論理を如何に儒教思想に基づいて再構築していくのかは当面の急務となる。

二、新たな国民精神論の創出

戴の儒教的国民精神論は決してゼロから生まれた斬新の論理ではない。それは孫文の三民主義と切り離しては論じられない。三民主義とは言うまでもなく、孫文が提唱した中国革命の基本理念である①。1924年1月から8月にかけて、孫文が16回に亘って三民主義の連続講演を行った。それは革命運動において行動をともにした戴にどれほどの影響を及ぼしたか想像に難くない。講演の冒頭で、孫文はまず三民主義を「救国主義」と定義し、「三民主義を信念とすれば、絶大な力が生れてくるはずである。この絶大な力が中国を救いうる」②と呼びかけた。五四運動以降、儒教的伝統への決別を強いられていく気運が高まる一方、孫文は却って「民族主義」第六講の部分で「民族の地位をとりもどす」には、眠り込んだ中国「固有の道徳」、「固有の知識」、「固有の能力」をまずとりもどす必要がある③と強力に唱えた。この三つの「固有」について、孫文が次のように見解を示している。

第一に、固有の道徳として、孫文は「忠孝・仁愛・信義・平和」という四つの要素を取り上げている。そして、それぞれ独自の解釈を行った。まず、固有の

---

① 1905年、中国革命同盟会の綱領として採択され、後に中国国民党の政綱となった。第一次世界大戦後の中国ナショナリズムの高揚に伴い、孫文は中国国民党を結成し、さらに1924年1月に開かれた中国国民党第一回全国大会で新たに登場した中国共産党との間で国共合作を成立させ、民族統一戦線の結成を成し遂げた。大会宣言は同盟会以来民国革命の指導理念であった三民主義に新しい解釈を加え、帝国主義の侵略に反対して民族解放と国内諸民族の平等を(民族主義)、封建軍閥の専制に反対して民衆の自由と権利を(民権主義)、また土地集中と独占資本を制限して民衆の福利を(民生主義)唱えた。これが「新三民主義」と呼ばれるもので、「連ソ・容共・労農援助」の三大政策とともに、統一戦線の綱領となった。
② 孫文著，安藤彦太郎訳．三民主義．東京：岩波書店，1957：12．
③ 孫文著，安藤彦太郎訳．三民主義．東京：岩波書店，1957：116—131．

「忠」の概念に近代国民国家の理念を賦与し、「忠」の対象を「皇帝」から「国」、「民」へと方向転換をした。次に、「仁愛」の概念を再解釈した。彼は墨子が説いた「兼愛」をキリストの説いた「博愛」と同一視して、「仁愛」に対する中国人の実行力の欠如のみを外国に及ばない点と捉えた。さらに、「商業上の取引」や「他国への武力強迫」を例に取って、「中国のいう信義とは、外国よりもはるかに進んだもの」であると述べた。最後に、「外国はすべて戦争をとなえ、帝国主義によって他の国家をほろぼすこと」に比べて、中国だけは「平和を愛する」ということを称賛した[①]。

第二に、固有の知識として、孫文は『大学』に説く「格物・致知・誠意・正心・修身・斉家・治国・平天下」という「政治哲学」を取り上げている。彼は「誠意・正心・修身・斉家」の道理を「道徳の範囲」において説くのではなく、「智識の範囲」において捉えようとした。また、「格物・致知・誠意・正心」を「精密な知識」と見做し、「修身」の実践を通して、民族の精神を取り戻そうと主張した[②]。

第三に、固有の能力として、孫文は「羅針盤・印刷術・火薬」や「衣食住行」などの発明の功績を取り上げている。固有の能力の喪失こそが民族の地位を退化させてしまった要因であると述べた[③]。

ところが、孫文によれば、一切の「国粋的なもの」を取り戻しても、中国を「世界の第一級の地位」に進ませることはまだできず、「外国の長所」たる「科学」の最先端の要素を学ばねばならない[④]と述べている。即ち、孫文は中国固有の伝統を取り戻すことを西洋近代の科学技術を学び、帝国主義の侵略的企図を粉砕するための知的基盤として捉えていた。

従来の研究では、孫文の三民主義をもってマルクス主義の中国版とみなすもの、あるいはこれを否定して伝統的儒教主義に立脚するとなすもの、その根本思想を唯物論とみるもの、観念論とみるもの、またこれら両者の結合と考えるもの等、実に様々な解釈が行われている[⑤]。さらに、その三民主義と儒教の関係をどのように定位するのかという問題は常に議論の争点となっている。

---

① 孫文著，安藤彦太郎訳．三民主義．東京：岩波書店，1957；117—123．
② 孫文著，安藤彦太郎訳．三民主義．東京：岩波書店，1957；123—129．
③ 孫文著，安藤彦太郎訳．三民主義．東京：岩波書店，1957；129—131．
④ 孫文著，安藤彦太郎訳．三民主義．東京：岩波書店，1957；131—134．
⑤ 天野寛．三民主義と儒教について．斯文，1956(15)；29．

それは様々な立場から解釈されているが①、紙幅の関係で本稿では深く立ち入らず、別稿に譲る。ただ安藤久美子の論を踏まえて強調しておきたいのは、孫文の三民主義が「伝統精神にのっとりつつ、専制体制を支える思想を打ち砕き、共和革命の理念を支える思想を構築した」②という一点である。孫文は儒教に内在する伝統的徳目を西洋近代の倫理思想と接続可能なものへと読み替える作業を行い、国民的道徳の源泉を見つけようとした。孫文の三民主義が実質的に近代国民国家の統合論理の構造を示唆したと考えられるだろう。戴はこの論理構造を踏まえながら、孫文が唱えた儒教的な個人倫理に近代国民国家の概念を注入し、共和制国家の主体となる国民の意思統合を担保する帰属意識や価値観を新たに作り上げようと企図した。

　孫文の死後、求心力を失った中国国民党はより一層の国民統合の必要性に迫られた。国民革命における国民党の組織的純化と排他的指導性の維持を図るために、1925年、戴が『孫文主義の哲学的基礎』を著し、孫文の三民主義を儒教の継承と再解釈し、新しい国民精神論を完結した。その中には、反共主義的傾向が前面に押し出されているため、共産党から「戴季陶主義」と名付けられ強い批判を浴びた。本稿では「戴季陶主義」を巡る論争に深く立ち入らず、主に戴はどのように孫文の三民主義に儒教的解釈を加え、新しい国民精神論を構築したのかに着目したい。

　孫文自身は「余が中国の革命を図る際の主義の中にはわが国の固有の思想を踏襲する者があり、欧洲の学説事跡を模倣するものがあり、自ら独特な見解を創出するものがある」③と述べている。つまり、孫文の思想は中国固有の思想と近代西洋の理論を結合したものだと言える。しかし、それに対して、戴は1924年12月、『大阪毎日新聞』の連載「支那を救ふは国家主義」の中で、孫文の政治思想の根本は「非常な国家主義」であって、「誠心、誠意、修身、斉家、治国平天下の段階を規則正しく踏んで行く」ものだと説いた。戴によれば、孔子の思想は孫文の三民主義の根本をなし、支那を根本的に改造するために「無為自然

---

① 例えば：方便論：藤井昇三. 孫文の研究——とくに民族主義理論の発展を中心として. 東京：勁草書房, 1966; 本心論：島田虔次. 孫文の儒教宣揚の動機論をめぐって//山根幸夫教授退休記念明代史論叢. 東京：汲古書院, 1990; 政策論：竹内弘行. 中国の儒教的近代化論. 東京：研文出版, 1995. などが挙げられる。

② 安藤久美子. 民権主義と孫文思想. 史艸, 1994(35)：238.

③ 中国社科院近代史所. 孫中山全集：第7巻. 北京：中華書局, 1985：60. 筆者訳。

の主義から、国家主義に、即ち老子より孔子に帰らねばならない」①ということである。

さらに、彼は1925年6月に完稿した『孫文主義の哲学的基礎』の中で、孫文の思想を次のように断定している。

> 孫文の思想は完全に中国の正統思想である。即ち堯舜を継承して以て孔孟に至って中絶せる仁義道徳の思想である。こゝにおいてわれ等は孫文が二千年この方中絶せる中国道徳文化の復活なることを承認することができる。②

即ち、戴は孫文思想の正統性を儒教的論理によって根拠づけようとした。

その上、戴は孫文思想の構成を「能作」と「所作」に区分した。「能作」は「道徳に関する主張」であり、「古代中国の正統倫理思想を継承」したものである。「所作」は「政治的主張」であり、「現代世界の経済組織、国家組織、国際関係および種々の制度の認識によって創制」されたものである。彼は孫文の思想を「能作の方面において中国古代の倫理思想のこのやうな合致する点を継承したもの」と見なし、孫文の理論を「中国民族文化の結晶」と捉え、さらに孫文を「中国の過去を承け継ぎ将来を打開する聖哲」として位置づけた③。それに止まらず、戴はマルクス主義を教義として信奉した中国共産党と対峙するために、孫文の三民主義を「民生哲学」という哲学的次元にまで高め、儒教的論理を以て三民主義の体系化を試みた。彼によれば、「民生主義は共産主義と目的相同じく、哲学的基礎と実行方法とに於いて完全に相違」④する。哲学的基礎において、「共産主義は極めて単純にマルクスの唯物史観を以て理論的基礎と為す。民生主義は中国固有の倫理哲学および政治哲学の思想を以て基礎とする」⑤とされる。又、実行方法において、彼は次のように述べている。

> 共産主義は無産階級の直接の革命行動を以て実行方法とするが故

---

① 戴天仇.支那を救ふは国家主義(2)孔子に還れ―孫文氏の思想に就て―.大阪毎日新聞,1924-12-29付.
② 戴季陶著,中山志郎訳.孫文主義の哲学的基礎.東京：生活社,1939：33.
③ 戴季陶著,中山志郎訳.孫文主義の哲学的基礎.東京：生活社,1939：10.
④ 戴季陶著,中山志郎訳.孫文主義の哲学的基礎.東京：生活社,1939：48.
⑤ 戴季陶著,中山志郎訳.孫文主義の哲学的基礎.東京：生活社,1939：17.

に階級専政による階級の打破を主張する。民生主義は国民革命の形式を以てし政治的建設工作においては国家の権力によつて実行の目的を達する。故に、革命専政を主張し、各階級の革命勢力によつて階級勢力の拡大を抑止し、国家の権力を以て社会的共同経済組織を建設する。そして漸進的に階級を消滅せしむるのである。①

つまり、彼は階級闘争を否定し、儒教的伝統を引き継ぐ三民主義という一つの主義を通して国民全体の自覚を促すことを狙った。1925年5月19日に、戴は著作の形で初めて「民生哲学系統表」②と「民生哲学系統表説明」を公表した。この表と説明は孫文の理論を戴が初めて体系化したものであり、『孫文主義之哲学的基礎』の執筆の準備作業だと位置付けられている。戴は表の核心を次のように説明している。

　　　　天下の達道は三、民族・民権・民生である。之を行ふ所以のものは三、智仁勇である。智仁勇の三は天下の達徳である、之を行ふ所以のものは一、一とは何ぞ、誠である。誠とは善を擇つて之を固執するものである。③

---

① ③　戴季陶著,中山志郎訳.孫文主義の哲学的基礎.東京：生活社,1939：17.
②　戴季陶著,中山志郎訳.孫文主義の哲学的基礎.東京：生活社,1939：17.「民生哲学系統表」に基づき作成したものである：

誠〈民族精神の原動力〉	知(仁を知る)	知の能力	先知先覚　後知後覚　不知不覚	
		知の内容〈格致誠正修斉治平〉	学問	博学、審問、慎思、明弁
			経験	篤行
	仁(博愛)	倫理的方面〈民族精神の抽象的表現〉	忠孝・仁愛　信義・平和	
		政治的方面〈民族精神の具体的表現〉	三民主義	民族主義(民有)
				民権主義(民治)
				民生主義(民享)
	勇(仁を行ふ)	敢えてす(恐れず)仁と為す		
		敢えてせず(恐る)仁と為さず		

要するに、彼は「三達道」(即ち民族主義、民権主義、民生主義)を「所作」、「三達徳」(即ち智仁勇)を「能作」とし、さらに、智仁勇を構成要素とする「誠」を民族精神の原動力とした。嵯峨隆の指摘に従えば、「『中庸』においては、君臣、父子、夫婦、昆弟、朋友の交わりが『五達道』とされていたのであるが、戴にあっては三民主義がそのまま『三達道』として普遍的真理とされるに至った」①とされる。さらに、戴は「忠孝・仁愛・信義・平和」に代表される儒教的倫理観を三民主義という政治理論と有機的に結合させ、新たな「仁」という概念を創り出した。彼はこの儒教的論理によって体系化された三民主義をもって、「民族の自信力を恢復する」ことを狙い、「全民族の共同の努力により国民革命を完成し国民革命の勢力を集中し、国家資本主義を以て民国建設の基礎と為す」ことによって、「真正の民有・民治・民享の大同世界」、即ち近代国民国家の完成を期待した②。

戴は儒教を、封建体制から近代的国家体制に移行しても、即ち歴史的な社会構造の変容を超越しても有効性をもつ価値として認識し、共和政体の推進主体となりうる国民の精神基盤を再構築する根拠とした。彼は孫文の三民主義を裏付ける近代国民国家構想を踏まえつつ、儒教的道徳論を以て体系的に再解釈することによって、孫文が唱えた儒教的個人倫理の枠を乗り越えて、中国固有の「国民共同信仰」に一貫する新たな国民統合の精神基盤を創出した。

三、国民精神の再構築と「童子軍教育」への着目

戴にとって、この儒教的国民精神論を理論から実践に移す手段は教育を施すことにほかならない。実際1910年代初頭、ジャーナリストとして活躍した彼は既に教育の役割に注目していた。1910年11月13日、彼は「教育為国民之母」という論説の中で、「国家の発達の如何は国民のレベル向上の如何に関わり、教育に関わる」③という認識を示した。つまり戴にとって、国民意識を育成し、個々人を国民として国家へ統合することは教育のみによって実現されるのである。その中で、戴は初等教育を最も重要視した。1911年1月

---

① 嵯峨隆. 戴季陶の対日観と中国革命. 東京: 東方書店, 2003: 68.
② 戴季陶著, 中山志郎訳. 孫文主義の哲学的基礎. 東京: 生活社, 1939: 48.
③ 桑兵, 黄毅, 唐文権. 戴季陶辛亥文集(1909—1913). 香港: 香港中文大学出版社, 1991: 273. 筆者訳(初出、戴季陶「教育為国民之母」『天鐸報』1910年11月13日付).

13日、「小学教育」の中で、その重要性を具体的に説いている。

　　　　小学校教育は国民教育の根本である。今日の小学生は将来国事を担当する人になる。小学校教育が不振である場合は即ち一般国民のアイデンティティが固まらない。国家も滅亡となりかねない。わが国の今日の教育者は小学校の事に対して、皆思いのままに敷衍し、重要でないことと見做している。所謂小学校は形式が齷齪であり、内容が腐敗である。国民の精神を育成できないだけでなく、また教育の基礎をなすにも十分でない。ああ、小学校の教育はもしそうであるならば、わが国の前途が危うい。①

　要するに、中華民国成立当初、戴はもはや初等教育を国民教育の根柢に据え、共和政体樹立を確保する国民精神の再構築への期待を青少年教育に求めた。しかし、戴の目から見れば、戦乱に覆われる中華民国が成立して20年経っても、教育の失敗を繰り返し、国民は身体的にも精神的にも弱まる一方である。1930年12月20日、彼は「中国教育之根本建設」という講演の中で、「中国の教育方針、とりわけ小、中学校の教育方針はすべて間違っている。今の小、中学生は卒業後の進路も見えず、生活の技能も身に付けず、社会に奉仕することもまったくできない」と指摘し、「教育をよくするためには健全なる思想を構築する必要がある」②と改めて主張した。この「健全なる思想」は言うまでもなく、戴が創出した儒教的国民精神論を意味している。では、戴にとって、どのような教育のあり方が小、中学生向けの国民精神の構築に最も有効であったのか。1926年、彼は中山大学の学長として携わったその附属小、中学校の「童子軍教育」に実現の可能性を見出した。

　「童子軍」は「ボーイスカウト」の中国語訳である。1907年8月1日から8日にかけて、イギリス人のベーテン―パウエルがブラウンシー島で20名の少年を集めて実験キャンプを行った。これがボーイスカウト運動の原点・発祥とされている。1909年から、スカウト運動がアメリカをはじめ、世界各国へ伝

---

① 桑兵,黄毅,唐文権.戴季陶辛亥文集(1909—1913).香港:香港中文大学出版社,1991:467;小学教育.天鐸報,1911-01-13.筆者訳.

② 戴季陶.中国教育之根本建設講詞(1930年12月20日)//戴季陶著,陳天錫編.戴季陶先生文存:第2巻.台北:中央文物供応社,1959:515.筆者訳.）

わりつつあった。1912年2月25日、厳家麟が中国武昌における教会学校——文華書院①で「文華童子軍」を設立した。これは中国童子軍教育の発端と見做されている。「スカウト」とは「偵察」「斥候」の意をもつため、最初は「童子警探隊」や「童子斥候隊」、「童子義勇隊」、「少年義勇団」などと訳された。厳家麟がその名称を「童子軍」に統一した②。

『第一次中国教育年鑑』の記述に従えば、中国童子軍教育の発展は以下の三段階に分類されている③。第一段階は1912年から1915年までの模倣期である。この時期においては、英米のボーイスカウト制度を完全に模倣しながら、童子軍訓練を行った。「文華童子軍」の設立をはじめ、1913年から上海格致公学、華童公学、キリスト教青年会中学などの教会学校が次々と童子軍教育を導入した。さらに1915年、上海で「中華全国童子軍協会」が設立された。その後、「江蘇省童子軍聯合会」「広東童子軍事業研究会」「北平童子軍委員会」が次々と設立された。第二段階は1916年から1925年までの発展期である。童子軍教育は武漢・上海から中国全土へ広がりつつあった。中国童子軍が世界的な舞台に上がり、1920年にロンドンで開催される第1回世界スカウトジャンボリーと1924年にコペンハーゲンで開催される第2回世界スカウトジャンボリーに参加した。この時期は封建軍閥の混戦・割拠の泥沼に陥るため、各学校が各自で童子軍教育を行い、統一した訓練目標、誓詞規律、課程基準を持っていなかった。第三段階は1926年から1949年までの党化期である。1926年、中国国民党中央執行委員会青年部は「童子軍教育は義侠心を尚び、紀律を重んじ、革命性に富み、民衆武装の先導や戦線上の警備などの役割を果たすことができるため、青少年にとって最も重要な課外教育」④だという理由に基づき、「中国国民党童子軍委員会」の設立を決定した。それ以降、中国国民党の指導の下で、童子軍教育が8才から18才まで⑤の小、中学生を対象に新たな展開を見せた。

1924年8月にコペンハーゲンで開催された国際スカウト会議の決議によ

---

① 文華書院は1871年、アメリカ聖公会によって創設された教会学校である。それは博文書院、博学書院と並び、中国武漢の三大教会学校と呼ばれている。
② 呉耀麟，編. 童子軍教育概論. 上海：商務印書館，1936：1. 筆者訳。
③④ 中華民国教育部. 第一次中国教育年鑑. 上海：開明書店，1934：550. 筆者訳。
⑤ 「中国童子軍総会」の規定に基づき、中国童子軍が下記の四種類に区分される。1.（男子）童子軍：満12才の中華民国男子児童。2. 女子童子軍：満12才以上18才以下の中華民国女子児童。3. 幼童軍：満8才から12才までの中華民国幼児。4.（男子）青年童子軍：満18以上の中華民国国民。（満21才の青年童子軍が「服務員」と呼ばれる。）

れば、ボーイスカウト運動が「国家的、国際的、普遍的な性格を持つ運動」である。その目的は「肉体的にも道徳的にも精神的にも強い少年を育成する」だけでなく、「有為で健康な国民を育成する」①という色彩も帯びていた。戴にとって、ボーイスカウト運動のもつ性格及び役割は正に青少年教育を通して中国の国民精神を再構築する自分の狙いに応えられるものと言えよう。1920年代後半より、彼はボーイスカウト制度を参考しながら、中国童子軍教育事業の提唱者と実際の責任者として童子軍教育の整備に着手した。彼は童子軍教育を利用し、そこに自分の狙いを投影させようと企図したと考えられる。

四、「童子軍教育」への取り組み

　1928年、中国国民党中央訓練部の下で「中国国民党童子軍司令部」が設立された。翌年3月、中国国民党第三次全国代表大会で戴が中央訓練部長に任じられた。それ以降、戴が本格的に中央訓練部管轄下の童子軍教育に取り組み始めた。7月、「中国童子軍司令部」が設立されるとともに、「中国国民党童子軍」が「中国童子軍」に改名された。1931年、中国全土における童子軍教育の強化を図るために、戴が副部長何応欽らと「中国童子軍総会組織案」を提出した。翌年4月10日、「中国童子軍総会組織案」が可決され、蔣介石は会長に、戴季陶・何応欽は副会長に任命された。6月27日、戴が中国童子軍総会設立準備事務所を設立し、1933年10月に公布された「中国童子軍総章」や1934年11月1日に設立された「中国童子軍総会」の「組織規程」などの草案の起草に参画した。彼が中国童子軍教育の発展に多大な貢献を果たしたことはいうまでもない。もし厳家麟を童子軍教育の導入者と位置付けるならば、戴を童子軍教育の確立者と評価すべきだろう。

　では、戴はなぜ童子軍教育を重んじたのか。それを明らかにするために、彼は中国童子軍の本源たるイギリスのボーイスカウトをどのように認識したのかをまず問わなければならない。それについて、1944年6月25日、中国童子軍総会の職員に向かって行われた講演から窺い知れる。戴によれば、イギリ

---

① ロバート・ベーデン－パウエル著,財団法人ボーイスカウト日本連盟訳.スカウティングフォアボーイズ：よい市民性を教えるための手引書.財団法人ボーイスカウト日本連盟,1957：V.

スのボーイスカウトの特徴は以下の三点である。第一に、厳格な訓練を行うこと。第二に、平時も非常時も、国民が如何なる環境においても国民としての役割を果たせるよう訓練すること。所謂「允文允武」である。第三に、児童が短い間に豊かな生活常識と技能を身に付けるよう訓練すること。それは「イギリスの領土が世界各地に分布し、いつも侵略される危険性があるため、平時でも戦時の警戒心を持たなければならない」[①]という国情に関連している。つまり、戴はボーイスカウトをイギリス国家の需要に応じて生み出されたものと捉え、ボーイスカウト運動の世界的な拡大に伴い、多くの国は童子軍訓練と国民教育の融合化を進めているという事実に基づき、童子軍教育を「良善な国民を育成する最も有効な教育手段」[②]と理解した。

　イギリスの国情に応じて展開されたボーイスカウト運動はそもそも宗教的・軍事的な色彩を強く帯びている。しかし、中国の国情も歴史的背景もイギリスとは大いに異なるため、童子軍教育の方法や目的をそのままイギリスから導入することはできない。それを意識した戴は中国の現状に応じて、童子軍教育を再定位し、それに新たな役割を賦与した。童子軍教育は最初、教会学校を通して中国に導入されたため、西洋のキリスト教的な色彩を帯びる教育として刻印されることが不可避であった。それにもかかわらず、戴は童子軍を「終始宗教の団体ではなく、国民教育の団体」[③]として捉えなおし、童子軍教育の宗教性を払拭しようとした。彼は童子軍教育を「家庭教育・社会教育・学校教育を補助し、過去を承け継ぎ将来を打開する中華民国の継承者たる青年国民を訓練するもの」[④]として再定位し、童子軍教育に国民精神を再構築する機能を持たせようとした。

　そして、「救国」を第一義とする中国童子軍教育の中には、ボーイスカウトの特徴を引き継ぎ、軍事訓練を重んじる点も否めない。軍事訓練の重責を負うのは中国童子軍総会の副会長兼総司令を務める何応欽である。何は貴州軍閥の一員でもある。この側面から国民党が依拠した近代的な軍閥は童子軍教育

[①] 戴季陶.適応環境與創作環境講詞(1944年6月25日)//戴季陶著,陳天錫編.戴季陶先生文存：第2巻.台北：中央文物供応社,1959：862.筆者訳.

[②] 戴季陶.適応環境與創作環境講詞(1944年6月25日)//戴季陶著,陳天錫編.戴季陶先生文存：第2巻.台北：中央文物供応社,1959：863.筆者訳.

[③] 戴季陶.対控告厳家麟諸人之批示(1936年4月1日)//戴季陶著,陳天錫編.戴季陶先生文存：第2巻.台北：中央文物供応社,1959：834.筆者訳.

[④] 戴季陶.中国童子軍的精神講詞(1942年2月25日//戴季陶著,陳天錫編.戴季陶先生文存：第2巻.台北：中央文物供応社,1959：854.筆者訳.

に深くかかわったことが容易に窺える。軍閥の立場からすれば、童子軍は将来中国国民革命の予備軍のようにも思える。しかし、戴にとって、童子軍教育は決して単純な軍事訓練ではなく、心身ともに鍛えることによって共和政体の推進主体になりうるような国民を創出する教育だというべきであろう。彼は「修身・斉家・治国・平天下」の段階を踏んで、童子軍教育を受けたすべての青少年は将来「家族に対して責任をもつ子供、社会に対して役割を果たす人材、国家に対して忠誠を尽す国民、世界に対して中正・平和・円満を守る人間」①になることを童子軍教育の目的として掲げた。

では、戴はどのようにその儒教的国民精神論を童子軍教育の根底に据えたのか。1927年4月に南京で樹立した国民政府の方針は「国民」が「民権」を行使できるような政治的能力を政府が訓導する「訓政期」に突入していく。教育が一切の国家建設の基礎と考えられ、教育方針の確立が教育界の重要な課題とされていた。1928年5月、全国教育会議で戴が起草した「確定教育方針実行三民主義的教育以立救国大計案」は可決された。戴が儒教的に再解釈した三民主義は「国民教育の方針」として確立されることになった②。童子軍教育はこの教育方針に基づいて更なる展開を見せた。1931年1月19日、戴は広州市の童子軍服務員に向かって、「統一童子軍組織」と題する講演を行った。彼は「童子軍教育を本格的な国民教育、社会教育として発展させようとすれば、童子軍を組織的にまず統一しなければならない」と提唱した。つまり、彼は童子軍の組織、童子軍の教育を統一することによって、三民主義を根幹とする精神の統一を狙った。さらに、「童子軍制度を統一して国民党の指導下に置き、三民主義教育を以てその中核をなす」と述べ、「三民主義の下で新しい国民を育成」しようとする意図を表明した③。

三民主義の教育方針を徹底させるために、戴は中国の国情に応じて新しい童子軍教育の目的と訓練原則を定めた。彼は自ら起草した「中国童子軍総章」の中で、童子軍教育を「児童の生活能力を伸ばし、よい習慣を身に付けさせることによって、高尚な人格、豊富な常識、健全な体格をもち、智仁勇を兼備する

---

① 戴季陶.童子軍訓練的教育価値(1932年11月)//戴季陶著,陳天錫編.戴季陶先生文存：第2巻.台北：中央文物供応社,1959：810.筆者訳.
② 戴季陶.確定教育方針実行三民主義的教育以立救国大計案(1928年5月)//戴季陶著,陳天錫編.戴季陶先生文存：第2巻.台北：中央文物供応社,1959：436—437.筆者訳.
③ 戴季陶.統一童子軍組織講詞(931年1月19日)//戴季陶著,陳天錫編.戴季陶先生文存：第2巻.台北：中央文物供応社,1959：807—808.筆者訳.

青年の育成を目的とする」①ものとして明確に規定した。即ち、彼は童子軍教育を通じて民族精神の原動力をなす儒教の「三達徳」(智仁勇)を青少年の脳裏に植えつけ、国民精神を再構築しようとした。それに応じて、中国童子軍の誓詞(表1)と規律(表2)も新たに制定された。ボーイスカウトの誓いやおきてと比べてみれば、中国童子軍の誓詞・十二規律の中には中国固有の国民共同信仰たる儒教的道徳観が色濃く反映されている。戴は儒教倫理のコアをなす「忠孝・仁愛・信義・平和」を童子軍訓練の最高原則とし、青少年を始め国民全体の儒教的道徳観の回復を促そうとした。

表1

	童子軍の誓詞②	スカウトの誓い③
	私は国父の遺訓の遵奉を誓い、中国童子軍の紀律を厳守し、一生下記の三つの事を励行する	私は名誉にかけて、次のことに最善を尽すことを誓う
①	「忠孝・仁愛・信義・平和」の教訓を励行し、中華民国に忠誠を尽くすこと	神と女王に対する義務を果たすこと
②	いつも人を助け、公衆に奉仕すること	いつも他の人々を助けること
③	智識・道徳・体格の健全化に努めること	スカウトのおきてを守ること

表2

	童子軍の十二規律④		スカウトのおきて⑤
①	忠勇は愛国の本である	②	スカウトは女王、国、スカウト指導者、両親、雇い主、部下に忠実である
②	孝順は斉家の本である		

---

① 呉耀麟,編. 童子軍教育概論. 上海：商務印書館,1936；243. 筆者訳。
② 呉耀麟,編. 童子軍教育概論. 上海：商務印書館,1936；244. 筆者訳。
③ ロバート・ベーデン－パウエル著,財団法人ボーイスカウト日本連盟訳. スカウティングフォアボーイズ：よい市民性を教えるための手引書. 財団法人ボーイスカウト日本連盟,1957；vi.
④ 戴季陶. 中国童子軍的精神講詞(1942年2月25日)//戴季陶著,陳天錫編. 戴季陶先生文存：第2巻. 台北：中央文物供応社,1959；858. 筆者訳。1935年に、戴季陶の意見により、蔣介石がもとの中国童子軍十二規律(誠実、忠孝、協力、仁愛、礼節、公平、服従、快楽、勤倹、勇敢、清潔、公徳)を添削し、「孝順」と「平和」を加え、新しい十二規律を制定した。それは1935年11月の国民党第五回全国代表大会で国民党党員の規則と定められた。
⑤ ロバート・ベーデン－パウエル著,財団法人ボーイスカウト日本連盟訳. スカウティングフォアボーイズ：よい市民性を教えるための手引書. 財団法人ボーイスカウト日本連盟,1957；vi—ix.

続表

童子軍の十二規律		スカウトのおきて	
③	仁愛は交際の本である	④	スカウトは凡ての人の友であり、凡ての国、階級、宗派に属するスカウトと兄弟である
④	信義は立業の本である	①	スカウトの名誉とは人に信頼されることである
⑤	平和は処世の本である	⑥	スカウトは動物の友である
⑥	礼儀は仕事の本である	⑤	スカウトは親切で礼儀正しい
⑦	服従は責任の本である	⑦	スカウトはその両親、班長、隊長の命令に理由を問わずに従う
⑧	勤倹は服務の本である	⑨	スカウトは倹約をする
⑨	清潔は強健の本である	⑩	スカウトは考え方も言葉も行ないも清潔である
⑩	協力は快楽の本である	③	スカウトは役に立つ人になり、ほかの人を助ける義務がある
⑪	学問は救世の本である		
⑫	堅持は成功の本である	⑧	スカウトはどのような困難なもとでも微笑を浮かべ口笛を吹く

中国童子軍の誓詞・規律に限らず、中国童子軍三級訓練要綱①(表3)も再編成された。

表3

初級訓練		中級訓練		高級訓練	
① 総理略伝	② 党旗国旗	① 三民主義要略	② 奉仕	① 中国革命史略	② 奉仕
③ 童子軍史略	④ 誓詞規律	③ 方位	④ 歩操	③ 合図	④ 自然
⑤ 縄結び	⑥ 礼節	⑤ 手旗信号	⑥ 偵察	⑤ 救護	⑥ 調理
⑦ 軍事訓練法	⑧ 記号	⑦ 火おこし	⑧ 救護	⑦ 測量	⑧ 製図
⑨ 徽章	⑩ 衛生	⑨ 炊事	⑩ 礼儀	⑨ 水泳	⑩ キャンプ
		⑪ 縫い繕い	⑫ 洗濯	⑪ 旅行	⑫ 工事
		⑬ キャンプ	⑭ 貯蓄	⑬ 初級訓練	⑭ 童子軍組織法
				⑮ 貯蓄	

① 呉耀麟,編.童子軍教育概論.上海：商務印書館,1936：81—96.筆者訳.

戴季陶における国民精神論の形成と教育実践

　イギリスのボーイスカウトとは異なり、中国の童子軍教育は「総理略伝、党旗国旗、三民主義要略、誓詞規律」などの科目を根柢に置いていた。つまり、戴の手によって整備された後の童子軍教育は軍事訓練というよりも、むしろ精神訓練のほうに力点が置かれるようになったと言える。この一連の取り組みは正に戴の国民精神を再構築する意図に呼応する形で行われたのである。1934年、戴の提言に基づき、童子軍教育は教育部の管轄下に置かれ、さらに、中学校の必修科目として正式に導入されるようになった。彼は童子軍教育を学校教育の一環として位置づけ、その更なる普及と定着を図った。

　戴は童子軍教育を通して、「礼・義を知る人を育成」し、「個々人の立ち振る舞いが中国社会の一般的な模範」となり、その上、「民族主義という動力」を生み出すことを望んだ①。さらに、童子軍の精神を「童子軍の発展によって、全国全民族に普及すること」②を図ろうとした。戴は中国童子軍教育に携わった後、統一した組織制度、教育方針を定めることによって、童子軍教育の無統制状態に終止符を打った。それによって、中国童子軍は急速な発展を成し遂げ、組織が大きく変わった。『第二次中国教育年鑑』の統計データ③を調べて

---

①　戴季陶. 童子軍対於社会国家民族世界人類応負的責任講詞(1932年11月8日)//戴季陶著,陳天錫編. 戴季陶先生文存：第2巻. 台北：中央文物供応社，1959；814. 筆者訳。
②　戴季陶. 童子軍的志願是恢復固有道徳智能和迎頭赶上世界文化(1936年10月)//戴季陶著,陳天錫編. 戴季陶先生文存：第2巻. 台北：中央文物供応社，1959；837. 筆者訳。
③　中華民国教育部編. 第二次中国教育年鑑. 上海：商務印書館，1948；1337. 1928年から1947年に至るまでの童子軍、服務員、童子軍団の統計データは次のようである。

名称＼年度	童子軍 男	童子軍 女	童子軍 幼	服務員 男 (ママ)	服務員 女 (ママ)	童子軍団 男	童子軍団 女	童子軍団 幼
1928	925					17	2	
1929	5 225			671	43	75	2	
1930	17 061			1 231	151	199	10	
1931	26 026			1 106	186	290	16	
1932	10 951			871	70	173	7	
1933	19 297			866	92	154	6	
1934	25 712			660	170	275	17	
1935	73 355	10 484	843	1 974	229	516	57	
1936	102 985	35 017	3 596	2 093	340	810	87	
1937	88 212	19 731	5 750	1 924	208	600	62	26
1938	89 599	14 401	3 827	774	96	289	54	2
1939	90 987	9 071	1 824	1 132	184	302	41	9
1940	113 385	19 449	3 781	1 259	174	339	24	
1941	8 818	2 357	251	1 265	141	331	37	3
1942	1 705			1 225	67	282	17	4
1943	55 487	12 453	2 276	1 401	186	310	34	14
1944	51 902	11 821	2 294	1 302	184	429	38	11
1945	26 385	6 972	3 890	1 515	255	314	34	25
1946	7 265	2 336	1 859	709	118	73	6	6
1947	78 623	22 528	8 757	5 141	591	580	56	16 (ママ)
合計	893 905	166 575	38 948	27 120	3 485	6 358	607	134

みれば、わずか20年間の間に、正式に登録した童子軍の人数は1928年の千人以下から1947年の百万人以上に上ったということが分かる。さらに、1937年以降、戦火に巻き込まれた中国童子軍は「国を守る」という頑強な精神を発揮し、医療救護、戦時募金、難民支援など様々な活動を行った。彼らの活躍は童子軍教育の結実として帰結することができると言えよう。ただし、童子軍教育は都市を中心として展開されていたため、その影響力の広がりには限界があることに留意する必要がある。それは今後の検討課題としたい。

　以上に述べたように、戴はイギリス発のボーイスカウトの組織構造を借りつつ、中国童子軍教育の再編・整備を実行した。彼は中国の現状に応じて自ら儒教的に再解釈した「三民主義」をもって、童子軍教育に中国の伝統的な道徳規範や価値観を注入した。それによって、中国童子軍教育の重点は軍事訓練から精神訓練へと移りつつあった。これはボーイスカウトの「中国化」とも言えよう。彼は童子軍教育を国民教育の一つの手段として中国全体の国民精神の再構築を図り、国民の主体的自覚と力量の成長による共和政体の確立を期待した。

おわりに

　戴季陶は中国における共和制国家の確立と国民精神の再構築とは一体不可分の関係にあると深く認識した。天皇に対する尊敬心という「歴史精神」、「共同信仰」を通して「一国」に対する「愛国心」、「忠誠心」を国民一人一人に自覚させる日本から、彼は国民精神を再構築する際の参考になりうる貴重な理論的・思想的示唆をえて、近代国民国家の統合論理、即ち国民精神論の再構築に生かそうと模索した。日本の近代化の実態を踏まえて形成された彼の「伝統意識」が孫文の三民主義を儒教的に再解釈することによって、新たな国民精神の統合論理へと昇華した。それは彼の童子軍教育思想の中核をなしたとも言えよう。彼は童子軍教育を通して、国家統合に必要な国民精神を再構築し、「内なる近代化」の実現を期待した。従って、戴の童子軍教育への取組みは中国の近代化が孕む「欧化」と「伝統」の相剋を乗り越え、中国固有の伝統思想をベースに国民統合を図り、その上独自の近代国家のあり様を創出しようとする知的営為の産物であると考えられる。

另辟蹊径,以待来者
——评麦克尼尔著《瘟疫与人》

刘招静

  刘招静,1981年12月生,湖南益阳人。2006年毕业于湖南科技大学人文学院,获历史学学士学位;2008年毕业于东北师范大学世界中古史研究所,获历史学硕士学位;2012年毕业于复旦大学历史学系,获历史学博士学位。2013—2016年在上海大学中国史博士后流动站从事博士后研究工作。现为上海大学文学院历史学系讲师。主要研究领域为欧洲中世纪史,尤其集中于中世纪教会经济伦理、中世纪欧洲对"东方"的认知和中世纪欧洲历史编撰学。出版有《马可·奥勒留传》《牛津历史著作史(400—1400年)》(合译)、《宝库山世界历史百科全书》(合译)等译著;在《历史研究》《世界历史》《史学理论研究》《世界宗教研究》等刊物发表学术论文多篇。主持上海市哲学社会科学一般项目和上海市教委创新项目一般项目各1项。曾荣获上海大学2017年度人文社科与艺术类高端论文奖二等奖。

  人不仅有思维、情感和言行,还有身体。拥有身体这一点提醒我们,人一直以来都没有脱离大自然的怀抱,或更准确言之,人一直以来都置身于大自然的规律之中。与此同时,人又是社会的因子,故而在人身上,我们可以看到生物、物理、地理、化学、医学和社会等各种力量竞相、交织作用的情形,使人的身体俨然成了各方力量的作用场。而从另一角度即人的"能动性"来看,人的身体又充当了人类自身借以探索和认识这种"作用"机制的标本、入口和透镜。人、人类社会与自然的关系之广之深,毋庸赘言。然而,与这种广泛而密切的人类-自然关系的历史与现实不相匹配的是,在很长一段时期内,人们对这种关系的学术意识远没有达到它应有的广度和深度。除却其他相关学科的研究不论,仅就重在探索人类过往的历史研究而言,这种学术意识着实有待提升。

若让我们放眼整个人类历史(或曰整个"世界历史"),那么提升这种意识的要求将显得格外迫切。这种迫切性并不因前人有过一些相关思考而减弱,甚或改变。①正是基于对此情状的意识,后来成为世界著名历史学家的麦克尼尔(William H. McNeill)推出了他的经典之作,亦即他那部着眼于瘟疫、同时(在关注人的"社会性"维度之外)着眼于人的"生物体"维度的《瘟疫与人》(Plagues and Peoples)。②

麦克尼尔的《瘟疫与人》一书初版于1976年,几经再版,如今已逾40个年头。经历了40多年光阴的作品已然不"新",既然不"新",那为何我们还要再次提起它呢?换言之,40多年过去了,在该领域新著不断问世的今天,我们为何还要阅读它?如果说它对于今天的我们仍然重要,那么它的重要性究竟在哪里?在该著年岁又进入一个纪念性的时刻——刚过40周岁的当下,又适逢它的最新修订版(2018年版)中文译本问世,③笔者接下来便就该著详细回答这些问题。为了更好地回答这些问题,笔者拟从历史写作所涉及的基本问题如作者的问题意识、解释框架与内在逻辑、材料与方法等方面入手,一一进行解析。所谓问题意识,笔者主要指麦克尼尔所提出的问题有何独到之处、有何重要性(包括学术层面与现实维度),他的问题主要关注什么、不关注什么,以及在他的这种问题意识中"世界历史"呈现出何种特点、有何显性或隐性的趋向(如果说存在某种趋向的话)。所谓解释框架与内在逻辑,即指该著的整个历史叙事和逻辑论证是在何种框架下展开的,以及它的叙事和论证又是通过何种逻辑被整合为一个有机整体。叙事框架关系到作者的学术视野,而核心逻辑则关系到叙事和论证(或曰作者所讲述的一个故事)是否成其为一个完整、有机且逻辑上自洽的叙事,特别

---

① 严格说来,前人在此方向上有过相关思考,不过这种思考在时空视域或具体切入点上与后来的皆有不同,关于前人的思考,参见:FREDERICK F. CARTWRIGHT, MICHAEL D. BIDDISS. Disease and History. New York: Dorset, 1972; ALFRED W. CROSBY. The Columbian Exchange: Biological and Cultural Consequences of 1492. Westport, Conn.: Greenwood Press, 1972 (Praeger Publishers, 2003). 其中,关于克罗斯比的这一著作的问世情形,美国著名历史学家J. R. 麦克尼尔的说明颇具意味,他指出,克罗斯比这一著作的出版并不顺利,其书稿屡遭拒绝或推诿,由此投射出一种新型的研究路数一时难以被学界接受的现实。关于J. R. 麦克尼尔的说明,参见:J. R. MCNEILL. Foreword//ALFRED W. CROSBY. The Columbian Exchange: Biological and Cultural Consequences of 1492: 30th Anniversary Edition. Santa Barbara, CA: Praeger Publishers, 2003. 亦可见该版次英文原作的中文译本前言:J. R. 麦克尼尔. 前言:以生态观点重新解读历史//艾尔弗雷德·W. 克罗斯比著,郑明萱译. 哥伦布大交换:1492年以后的生物影响和文化冲击. 北京:中信出版集团,2018:i-ii. 关于克罗斯比等的研究与后人相关研究的相类与相异问题,笔者将在后文详细说明。

② WILLIAM H. MCNEILL. Plagues and Peoples. New York: Anchor Books, 1976, 1977, 1989, 1998. 中文译本有:威廉·H. 麦克尼尔. 瘟疫与人. 余新忠,毕会成,译. 北京:中信出版集团,2018.

③ 威廉·H. 麦克尼尔. 瘟疫与人·译者序. 余新忠,毕会成,译. 北京:中信出版集团,2018:xix.

是其中的核心概念能否用来有效解释各种相关的问题。所谓材料与方法，此处重在指作者的资料基础如何、其方法论意识与方法应用是否适应整个叙事目标，以及作者在这种材料和方法基础上，对各种具体历史现象的解释情况如何。麦克尼尔如何提出自己的问题？或者说他如何阐明自己撰写《瘟疫与人》一书的必要性？我们先来看他的核心问题意识。

一、《瘟疫与人》的问题意识

关于麦克尼尔为何会想到要撰写一部"瘟疫与人"的历史，以及此种历史与前人著述到底有何关系，人们可能会首先想到两部在出版时间上颇为接近的作品：一是麦克尼尔自己于1976年初版的《瘟疫与人》，另一部则是先于它4年出版的克罗斯比的《哥伦布大交换：1492年以后的生物影响和文化冲击》（以下简称《哥伦布大交换》）。同时想到这两部著作大概意味着它们之间存在某种相似性。毫无疑问，后续诞生的《瘟疫与人》在写作过程中对早先出版的《哥伦布大交换》的确有所引用和借鉴，①可见麦克尼尔是注意到并阅读了克罗斯比的作品的。而且，麦克尼尔也的确视克罗斯比为自己领域的研究专家，并且就《瘟疫与人》的写作曾和他有过学术上的交流。②但由此断定麦克尼尔的写作特别是其学术工作的根基——关于"瘟疫与人"这一问题的学术意识的诞生与成型，也都借鉴自克罗斯比，那就不符合事实了。因为通过细读二者的著作，我们即便不能排除麦克尼尔在构思的过程中，特别是在思考自己的问题时曾从克罗斯比那里受到某种启发，我们也不能就此认为麦克尼尔的整体问题意识、其写作框架和各种具体解释都没有自己的新意或独立（特）性。我们可以从两个方面来加以说明。其一，麦克尼尔早在20世纪五六十年代撰写他那部《西方的兴起：人类共同体史》(The Rise of the West: A History of the Human Community)③（以下简称《西方的兴起》）时，就已关注并思考"西班牙征服墨西哥"的故事。④可见，他后来

---

① 威廉·H.麦克尼尔.瘟疫与人·第一章注释14.余新忠,毕会成,译.北京：中信出版集团,2018：249.

② 麦克尼尔在《瘟疫与人》一书的"致谢"部分一开始就说道："本书初稿完成于1974年春夏，于1975年春季校订完稿。此间，书稿曾分别呈送下列专家，以求教正：……艾尔弗雷德·W.克罗斯比……" WILLIAM H. MCNEILL. Plagues and Peoples · Acknowledgements. 威廉·H.麦克尼尔.瘟疫与人·致谢.余新忠,毕会成,译.北京：中信出版集团,2018：xxii.

③ WILLIAM H. MACNEILL. The Rise of the West: A History of the Human Community. Chicago: University of Chicago Press，1963.

④ 威廉·H.麦克尼尔.瘟疫与人·引言.余新忠,毕会成,译.北京：中信出版集团,2018：001.

在《瘟疫与人》一书中再次对该问题加以关注，是其来有自而且由来已久的。当我们注意到麦克尼尔开始关注该问题的时间时，我们就不能以此下结论说，克罗斯比的工作一定先于他的工作。

其二就是两人核心问题意识的差异问题。不可否认，麦克尼尔和克罗斯比一样，都关注"西班牙人征服美洲印第安人"问题，并且就此问题得出了大致相似的结论，即传染病只对首次遭遇传染源、因而对疫病毫无抵抗力的美洲印第安人造成普遍性伤害，而对传染源携带者、久已适应该传染病的西班牙人无甚危害，从而成为西班牙人征服美洲印第安人的强大且致命武器。然而，我们也应同时看到，麦克尼尔在《瘟疫与人》一书中整体关注的问题，或者说他的整个问题视域，有远超克罗斯比的问题意识的地方。这种"远超"不仅体现在其问题的历史时空范围上，还体现在用它来看待或解释的历史现象（或事件）的丰富性上，更体现在它所涉及的"瘟疫"或"疫病"的丰富性以及"瘟疫与人"的关系的复杂性上。即使从二者著作的标题上，我们也能窥探出彼此的一大差异：《瘟疫与人》涉及的是整个"世界历史"，而《哥伦布大交换》则着眼于与"哥伦布大交换"相关的历史时空。

麦克尼尔从"瘟疫"角度重新审视了整个人类历史，由此开启了一扇用以观看人类历史或"世界历史"新风景的窗户。不过值得我们注意的是，他对于"世界历史"的书写并非事无巨细面面俱到，而是具有"选择性"。不难理解，历史写作都存在"选择性"现象，所不同的是，不同写作的选择性的性质和程度不同。如我们所见，有的选择性更多源自写作者的工（功）夫，在使用材料时，写作者粗暴裁剪，用其少而漏其多，又或疏于、懒于搜集与爬梳材料，所用寥寥，甚至干脆"蜻蜓点水"式取材，"听命于"某种抽象演绎。凡此选择性，可谓消极的选择性。与之不同的是，积极的选择性更多表现为在任何一位（群）写作者都无法绝对穷尽素材和问题的情况下，尽可能围绕自己的主题完整搜集、爬梳与利用材料，在尽可能坚实的基础上进行尽可能准确到位的解释。此外，积极的选择性还表现为写作者对历史写作这一学术工作本身特性的觉悟，并带着这种觉悟展开自己的写作。例如，写作者在阐明自己的特定主题时，不可避免要拥有自己的特定逻辑线索和解释框架，而一旦拥有特定的逻辑线索和解释框架，亦即一种方向性的或范围性的东西，那么用来支持它的材料（证据）、内容的详略分配甚至篇幅的大小，也就不可避免地一并具有选择性了。作为一个历史写作领域的作品，麦克尼尔的《瘟疫与人》体现出选择性，也就不足为怪了。相形之下，更值得我们关心的地方毋宁在于，这种选择性到底蕴含了他的何种考虑？因为根据他本人的说明，他

对此是有特定考虑的。这种考虑主要在于：①

> 由是观之，世界历史其实已经提供了许多与十六七世纪发生于美洲的这一幕类似的事例。本书就将描述这些**致命性遭遇**的梗概。我的结论可能会使许多读者大感意外，因为在传统史学中很少受到关注的事件将在我的叙述中占据**核心地位**。……
>
> 自然，传染病首次袭击某族群的著名案例从来没有被欧洲人遗忘，14世纪的黑死病就是突出的例子，其次是19世纪的霍乱大流行，后者虽然破坏性大为降低，但因更接近于现代而留下了比较完整的记录。尽管如此，历史学家却从未将其归为重大疫病暴发的**普遍模式**，因为那些人类与疫病惨烈遭遇的案例都已湮没于时间隧道中。……
>
> 本书旨在通过揭示各种**疫病循环模式**对过去和当代历史的影响，将疫病史纳入历史**诠释的范畴**。……
>
> 除了我必须描述的细节外，想必大家都会同意，更加全面深入地认识人类在**自然平衡**中不断变动的地位，理应成为我们**诠释历史**的组成部分。……
>
> ……在先祖那里，不时暴发的疫病不论以何种形式出现，都会给他们造成恐惧和无时不在的震慑力。尽管我们无法得到统计和临床资料（即便到19世纪也是零星的），以对19世纪以前瘟疫的发生情况做出准确说明，比如何种瘟疫在何时何地杀死了多少人，但是我们仍有可能把握这些疫病流行模式的**基本变化轨迹**。实际上，这也正是本书的主旨。

在麦克尼尔的考虑中，有几个要点值得我们特别注意，这几个要点在上述引文中皆有相应的关键词或字段表示。首先，他更关注人类历史上的"致命性遭遇"。须知在众多致命、不那么致命甚或完全不致命的事物与事件中，突出"致命性"一类本身就隐含了一种选择性，而这种选择性背后，则是一种对世界历史上的各种事物与事件的相对重要性，或"相对于世界变迁史的意义"的判断思维。而这种判断思维，在更深层次上又来自判断者自身脑海中有关世界历史的整体框架和逻辑线索的通盘考虑。换言之，具体的历史事件要想在世界历史上具有"意义"，需要这个事件在总的历史变迁轨迹中"找到"自己的位置，而这个位置，

---

① 见：威廉·H. 麦克尼尔. 瘟疫与人·引言. 余新忠，毕会成，译. 北京：中信出版集团，2018：003-005,013. 引文中的加黑加粗字段为笔者的处理，以示强调。

是书写者或判断者赋予它的;至于决定其位置的大小或高低的因素,则是它相对于阐明世界历史变迁轨迹这一总任务的重要程度,或者说它和这一总任务的关系的紧密度。

而"在传统史学中很少受到关注的事件"一语也道出了麦克尼尔的选择性考虑。这种选择性首先来自他的视角的独特性,或者说首先和他的视角选择有关。正是得益于"瘟疫"这一传统史学家很少意识到的视角,各种很少被传统史学关注的事件才有了在麦克尼尔笔下"翻身做主人"(对应麦克尼尔所说的"在我的叙述中占据核心地位")的机会。另外,传统史学很少关注的事件毕竟只是所有事件中的一部分(虽然这部分所占的比率并不小),所以率先关注并充分发掘这"部分"事件,自然是再一次体现了历史解释中的素材利用的"选择性"特点。如果说前述的选择性体现在麦克尼尔选择了传统史学家没有选择的,那么还有一种选择性在于,麦克尼尔并没有穷尽所有被传统史学忽视的事件(例如和他的主题不相关的事件),而是选择了更契合他的主题的那一部分,因为不难理解的是,麦克尼尔在书中所关注的所有重要事件,并不等同于所有被传统史学忽视的事件。

选择性的第三个表现在于麦克尼尔所考察事件的代表性。在麦克尼尔的关键词中,这种代表性的含义主要表现为事件的"著名""突出"与"重大"特点,能用来揭示某种"普遍"性意义。由于很早就关注西班牙人征服美洲印第安人问题,所以发生在十六七世纪的美洲的事件自然成为他关注的代表性事件之一。除了这一事件,同属"疫病"事件范畴的14世纪欧洲的黑死病和19世纪的霍乱大流行以及其他重要类似事件,也都进入了他的视野。为何格外关注这些事件?除了资料上的考量(例如时人或后人对这些事件所做记录的完整性问题),麦克尼尔还指出它们有助于揭示"重大疫病暴发的普遍模式"。无疑,麦克尼尔注意到并揭示了这些事件的新的一面,而这些面向在"传统史学"中是看不到的,虽然在利用诸如黑死病、西班牙人征服美洲印第安人和霍乱大流行这类事件一事上,麦克尼尔也并非第一人。

选择性的第四个方面体现在麦克尼尔的世界历史书写或叙事的详略问题上。麦克尼尔对自己的叙事想必有着充分的专业自觉意识,因为他在正式叙述世界历史这一宏阔的"故事"之前,就已告知读者他的描述乃是一种"梗概"。综观《瘟疫与人》全书,我们不难发现其"梗概"式特点。不过需要指出的是,麦克尼尔所说的"梗概"并不是"泛泛而谈"或"没有洞见"的代名词;恰恰相反,他的梗概式书写服务于他对自身写作的定位,即"把握疫病流行模式的基本变化轨迹";换言之,他的书写本来就是旨在把握世界历史之"大",为后人提供一个可供继续探索的指引,或开辟一方可供继续耕耘的园地。事实上,我们也无法否认,在整个人类的历史写作的长河中,前人的新辟田园式工作和后人的深耕细作式做法一样,都令人心生感佩。

和每一位历史编撰者一样,麦克尼尔在书写《瘟疫与人》一书时,或者说在他的问题意识中,也透射出一种"世界历史"观。在今日学界对"全球史"或"世界历史"书写的反思中,有不少相关领域学者的著作遭受批评,原因在于他们有的人颇具"欧洲中心论"问题而不自知,或者即使自知也难以突破自己;还有的人则仅仅停留于描述或展示世界历史上的各种"联系",而罔顾同类联系在不同地域或同一地域的不同历史时期,有着不同的历史文化背景(语境)作支撑的事实,结果,他们忽略了"联系"的复杂性,从而使自己的思考和写作失去了应有的深度。①那么,麦克尼尔的写作有无这方面的问题? 在提出这一问题时,或当我们把这一问题加诸麦克尼尔的《瘟疫与人》一书时,我们有必要事先意识到历史写作者所处的时代情境,尤其应注意不要一味用最新的学术进展和标准去衡量数十年前的作品;后人的识见再高明,也是建基于前人的积淀,而建基于前人的积淀,也就恰恰让后人有条件站在了智识的高点,如此,即使后人有机会窥见了前人的不足,也实属难免之事。难得的是,即使我们用今人的眼光和标准去看麦克尼尔的《瘟疫与人》,它也仍有让人眼前一亮、不同凡响之处,因而绝不可低估或无视。

曾有学者指出,麦克尼尔在自己的《西方的兴起》一书出版后,一再试图摆脱自己的"欧洲中心论"束缚。该学者以麦克尼尔和其他多位学者为例,意在表明"1945 年以后的世界史"一度存在明显的"欧洲中心论"问题。②根据该学者所提供案例的时间下限,我们可知麦克尼尔的《瘟疫与人》也在这一时间范围,因为被该学者视作麦克尼尔"试图摆脱"自身"束缚"的尝试正是他发表于 1988 年的一篇有关西方兴衰与世界历史的论文。③那么,先于这一时间问世的《瘟疫与人》的情形又如何呢? 和这位学者看到的图景不同,我们在《瘟疫与人》中看到的世界历史主要是以"瘟疫"与"人"的关系的演进为线索,更具体言之,它着眼的是瘟疫

---

① SEBASTIAN CONRAD. What Is Global History. Princeton, New Jersey:Princeton University Press, 2016:67-72.塞巴斯蒂安·康拉德. 全球史是什么. 杜宪兵,译. 北京:中信出版集团,2018:056-060.

② 该学者即为全球史学者塞巴斯蒂安·康拉德,关于他的评论,见:SEBASTIAN CONRAD. What Is Global History. Princeton, New Jersey:Princeton University Press, 2016:31-33. 塞巴斯蒂安·康拉德. 全球史是什么. 杜宪兵,译. 北京:中信出版集团,2018:027-028.

③ 此处即指 WILLIAM H. MACNEILL. World History and the Rise and the Fall of the West. Journal of World History, 1988(9):215-236. 可参见:SEBASTIAN CONRAD. What Is Global History. Princeton, New Jersey:Princeton University Press, 2016:31-33. 塞巴斯蒂安·康拉德. 全球史是什么. 杜宪兵,译. 北京:中信出版集团,2018:027-028.

这样一种天然"去(人类)中心化"的东西。在该书中,按照瘟疫的发生与变化逻辑,以及它与人的关系的变迁情形,世界历史很难说有什么总的"中心",更遑论经济、政治或文化意义上的"欧洲中心"。诚然,具体的疫病大抵都有自己的原发地、传染范围(如地理界限)和感染人群,但这种意义上的范围或核心区域(如原发地)在本质上是非经济性的、非政治性的或非文化性的,因为根据麦克尼尔所述,瘟疫的"中心"地带(如果一定要说它有的话)主要位于这个世界的最湿热地区,也即气候、环境和物种相对更为复杂的地带。这种"中心"是疫病发生意义上的中心,即生物、地理和传染病医学等意义上的中心。这种中心恰恰是异于经济、政治或文化中心的,因为大凡疫病最活跃、最原发的地区,基本都是地球上对人类居住、繁衍与文明创造构成最严峻挑战的地区,如热带雨林区。所以,麦克尼尔选取"瘟疫"视角来展开世界历史叙事,对于自己处理"欧洲中心论"问题(如果他有此意识的话),着实有巧妙、高明之效。

　　至于世界历史中的"联系"与"结构"(塞巴斯蒂安·康拉德语)的关系问题,麦克尼尔的处理也没有落入"简单"或"肤浅"的窠臼。在揭示疫病通过世界范围内的不同人群的流动而传播这种充满"联系"的图景时,他同样注意到了不同时期、不同地域和不同人群在面对疫病时,其反应既有相通性也有差异性的一面。对于这一点,我们只需撷取《瘟疫与人》中的一个案例即可明白。在该书中,麦克尼尔表明:在不同的历史时期,人类的食物供应能力有别,而食物供应能力的差别,在很大程度上影响了人类应对疫病的身体机能和机制;除了食物供应能力的差别,人类的智识与文化水平在不同的时期也自然有别,而孕育并建立一种新的抗疫病机制,就离不开一定的智识与文化储备;此外,同一种疫病对于不同地域的人的影响也有别,因为根据疫病的病理机制,以前遭遇过某一疫病的人可能已具备免疫能力,而首次遭遇此病的人则很可能面临致命性灾难。诸如此类的对"联系"与"结构"的双重、平衡处理,我们在《瘟疫与人》中屡见不鲜。

　　对于《瘟疫与人》的问题意识,我们除了可从上述视角考察外,还可留意另一种角度,即麦克尼尔是否将该书写成了一部让人乐观的"进步"史,或者是一部持相反基调的历史,又或是一部他样的历史。综观世界历史,疫病在发生、传染和影响人类方面情形如何?是日益缓解,愈发严峻,还是更复杂的情状?从过去到现在,人类应对疫病的机制和能力如何?是进展,衰退,还是其他?世界历史在疫病与人类的相互影响中如何变迁?人类与疫病的互动历史让我们看到了何种人类生命气象?凡此问题,都在《瘟疫与人》的关心范畴。而麦克尼尔的实际做法是,他不仅揭示了世界历史上重要疾病的发生与变化原理,疫病与人类接触时所带来的双重效应——既影响人类,也影响疫病本身,既影响自然世界,也影响人类社会,世界历史在这种双向与双重的作用与影响中变迁,还揭示了人类在应对疫病一事上所不得不面对的复杂现实与严峻未来。在历史写作的基调问题上,麦克尼尔的做法可谓是审慎的,因为他通过写作,不仅让人看到了人类"历史的突破"和"现代医学与卫生制度大放异彩",还让人看到了"现代医学并非无往不胜"。当我们读到他在全书结尾处写下的那句"技能、知识和组织都会改变,但人类面对疫病的脆弱,则是不可改变的。先于初民就业已存在的传染病,将会与人类同在,并一如既往,仍将是影响人类历史的基本参数和决定因素之一"时,我们就更没有理由认为他笔下的世界历史就是一部基调简单、色彩单一的历史了。

二、《瘟疫与人》的解释框架与内在逻辑

一部著作、一种叙事、一种解释,往往都需要有一个能起到提纲挈领或贯穿全局作用的总框架或核心逻辑,否则便难以构成一个有机的整体。如果说麦克尼尔的《瘟疫与人》成其为一个有机整体的话,那么是什么样的框架或逻辑让它实现了这一目标呢?

如果我们说是"瘟疫",那么我们就还没有触及该书框架和逻辑的更深处。诚然,瘟疫是《瘟疫与人》的标题关键词,也是该书的核心主题,但如果不对瘟疫本身加以分析和解释,没有对人类社会机制的观察,没有洞窥到瘟疫与人类社会之间的微妙、复杂关系,尤其没有意识到瘟疫所代表的自然力量和人类所代表的社会力量之间的变动不居的、因人(地)而异的复杂互动与联动关系,那么我们就谈不上对该书的逻辑有恰当的把握。作为作者,麦克尼尔自然深知"瘟疫与人"主题的堂奥,更能将前述问题纳入自己的整体构思。而让我们借以窥探他的整体构思和对该种奥妙的把握程度的,就是他在"引言"中着重提及并解释、在后续叙事中一再运用的一对关键概念——"微寄生"(microparasitism)与"巨寄生"(macroparasitism),以及二者分别对应的"微寄生物"(microparasites)与"巨寄生物"(macroparasites)概念。[①]通过对这一对概念的弹性解释与贯穿全局式运

---

① WILLIAM H. MCNEILL. Plagues and Peoples. 威廉·H.麦克尼尔.瘟疫与人.史帝芬·艾尔(Stephen Ell)与伍德罗·博拉(Woodrow Borah)分别在自己的书评中准确地"捕捉"到了麦克尼尔的这一对核心概念及其特定含义,见:STEPHEN R. ELL. Book Review: Plagues and Peoples by William H. McNeill. The Journal of Modern History, 1979,(51)1: 118 – 121; WOODROW BORAH. Book Review: Plagues and Peoples by William H. McNeill. The Hispanic American Historical Review, 1980, (60)1: 97 – 99.

用,麦克尼尔将自己对前述诸般问题的思考融入其中,并统摄自己对世界历史的整个理解和叙述。

在麦克尼尔自己的解释中,"微寄生"的要义在于:微小生物体(病毒、细菌或多细胞生物)能在人体组织中找到可供维生的食物源;某些微寄生物会引发急性疾病,结果很快杀死宿主,或者在宿主体内激发免疫反应,导致自己被消灭;又或者寄生于某个特殊的宿主,使之成为带菌者,能将菌体传染给他人,而自己却基本不受影响。此外,有些微寄生物往往与人类宿主达成较稳定的平衡关系,虽会消耗宿主一定的体能,却无碍于宿主的正常机能发挥。①可见,麦克尼尔所说的"微寄生"指的是人类与微寄生物之间的关系。而与"微寄生"一道被解释的,还有"巨寄生"。在麦克尼尔看来,只要人们理解了微寄生,巨寄生的含义也就很容易理解了,因为和微寄生物一样,巨寄生物"也呈现出类似的多样性":有些巨寄生物能迅速致命,比如狮子和狼捕食人或其他动物,而另一些则允许宿主无限期地生存下去。②可见,麦克尼尔是在运用类比和"隐喻"的方式解释巨寄生概念。③不过和微寄生有别的是,巨寄生所涉及的是人与微寄生物之外的事物的关系,例如人与人(人类内部)的关系,以及人与对人类构成威胁的动物的关系。

自《瘟疫与人》一书问世以来,学界对这一对概念、其在全书中的运用和这种运用的合理性问题多有评论。据笔者所见,评论主要呈现出两种态度。一种持总体的认可态度,并认为麦克尼尔在书中的一大核心观点——同一微寄生物对免疫宿主和非免疫宿主会造成截然不同的影响(即免疫人群基本无恙,而非免疫人群则普遍受害)这一结论引人注目、令人兴奋、具有新意,而且书中的"史前时代"章节尤其具有新意。④不过在总体认可之余,评论者也指出了一些细节性的不足,例如美洲印第安人在遭遇西班牙人这一"免疫宿主"之前,到底有没有经历疫病?如果有,又是何种疫病这一问题上,麦克尼尔的解释并非没有瑕疵;此外,他对部分涉及疫病或免疫问题的医学专业术语的运用也不够精确。⑤和总体认可的态度不同,另有评论者认为麦克尼尔对上述关键概念的运用的合理性不

---

①② 威廉·H.麦克尼尔.瘟疫与人.余新忠,毕会成,译.北京:中信出版集团,2018:006.

③ 关于麦克尼尔的这一"隐喻",可见学界的评论:WOODROW BORAH. Book Review: Plagues and Peoples by William H. McNeill. The Hispanic American Historical Review, 1980,(60)1: 97; BRUCE S. FETTER. History and Health Science: Medical Advances across the Disciplines. The Journal of Interdisciplinary History, 2002,(32)3: 437.

④ T. H. HOLLINGSWORTH. Book Review: Plagues and Peoples by William H. McNeill. The Economic History Review: New Series, 1978,(31)1: 167.

⑤ STEPHEN R. ELL. Book Review: Plagues and Peoples by William H. McNeill. The Journal of Modern History, 1979,(51)1: 118-121.

够充分,至少没有很好地考量这样两个问题:一,人类在经济、社会、政治与文化等诸方面的综合情况是否能用"巨寄生"这一概念来概括?二,在人类历史上,"微寄生"真的发挥了这么大的作用,或者说真的这么重要吗?①

对于学界的两种评述或立场,我们需要慎重评量。不可否认,麦克尼尔在一些细节性的问题上留有一些遗憾,这应该说已成了学界的基本认识。不过关于评论者针对"巨寄生"和"微寄生"概念及其运用的疑虑,笔者以为有必要做一点澄清性说明。关于"巨寄生"概念,笔者想说的是:评论者并没有否定麦克尼尔所说的两种"寄生"之间的相似性,亦即人与某些动物之间、人与人之间的依赖与被依赖关系,在某种意义上类似于菌体与人类的寄生与被寄生关系,既然如此,那么对之进行一种类比式、隐喻式运用,也就不失为一种解释方法或策略;至于概念和概念所指内涵之间的匹配性问题,可以认为在麦克尼尔这里不成其为一个问题,因为麦克尼尔并非意在用它来说明人与动物关系、人与人之间关系的一切内容,而是旨在说明这两种关系中的类似于"寄生"的维度。而关于"微寄生"概念,也即它究竟是否能够被用来分析和解释世界历史,尤其是它在我们的解释中,到底有没有可能占据麦克尼尔在书中所给予它的分量的问题,笔者以为它也并非像评论者所说的那般"严重",或曰那般成问题。我们不难知道,麦克尼尔并没有表示他要用"微寄生"来解释世界历史上的各种现象的方方面面;而且,他也并没有声明要让疫病在世界历史的书写和解释中占据主流位置,遑论让它充当解释世界历史的唯一"钥匙";他所做的,毋宁在于揭示前人未曾注意到或至少未曾充分注意到的方面,为了阐明这一(些)方面,他选中了"瘟疫与人"这一主题和相应视角。而一旦拥有特定的主题和相应的视角,历史写作也就免不了要有范围限定;既然如此,那么写作者在一部著作中专门用某一视角来看待问题,而不(过多)涉及其他主题或方面,也就成了一件很自然的事情;这种事情并不能成为写作者"夸大"所写主题和相应视角的重要性的证据,因为写作者专门从这一视角书写这一主题,并不意味着他无视世界历史上的其他重要主题和相应重要视角,更不意味着世界历史上就只有这一主题和视角。既然如此,那么麦克尼尔在用"瘟疫"视角讲述世界历史时,就并不一定非得承担以同等笔墨一并讲述世界历史的其他方面内容(哪怕非"微寄生"意义上的内容)的任务。简言之,前述评论者提出的两大问题,在麦克尼尔这里并不成其为问题,至少并不成其为如他们

---

① BRUCE S. FETTER. History and Health Science: Medical Advances across the Disciplines. The Journal of Interdisciplinary History, 2002, (32)3: 437.

所认为的那种严重问题。

通过提炼出"微寄生"与"巨寄生"这一解释工具,麦克尼尔随之将它运用到了自己的整个世界历史的叙述之中。其运用涉及世界历史上的诸大历史事件(现象)。和其他将时空视域限定在某一特定范围的疫病史学者不同,麦克尼尔的疫病史研究纵贯遥远的过去与距今较近的现代,不仅关注前人的疫病史所重点关注的欧美(北美),还将视野放诸较少被人们关注的拉美尤其是亚洲(重点为中国、印度)和非洲。如果说前述的"欧洲中心论"问题在空间视域上也有表现的话,那么麦克尼尔的《瘟疫与人》可谓又有了一重突破,因为如我们所见,他对非欧洲区域尤其是中国的关注,绝非一种无关紧要的点缀或陪衬,这一点我们从他花费在中国疫病史问题上的笔墨即可察见。通过麦克尼尔的微寄生与巨寄生视角,读者眼中的世界历史上的诸般问题,都呈现出了不同的面貌,且有了新的意涵。而仅就书中重点论及的问题而言,麦克尼尔对自己的概念的运用可谓达到了丰富的程度,这些问题主要包括:人类狩猎者与环境的相对稳定关系的建立(第一章第三部分);农牧业的兴起(第二章第一部分);新生活方式的出现与疫病的新情状(第二章第二部分);儿童病的出现与文明社会的疾病模式的形成(第二章第三部分);瘟疫与帝国扩张的范围局限(第三章第一部分);疫病与中国早期南方文明的发展程度(第三章第三部分);印度的表面富足与实际贫弱(第三章第四部分);地中海的微寄生与巨寄生的平衡(第三章第五部分);四大"疫病圈"的出现(第三章第六部分);疫病的地区间交流与影响(第三章第七部分);地方病的出现与文明社会疾病模式的新形势(第三章第八部分);蒙古帝国与鼠疫大流行(第四章);中国的鼠疫与欧洲的鼠疫(第四章第二、三部分);疫病平衡模式的重新建立(第四章第五部分);新大陆的发现与新大陆遭遇新疾病(第五章第一部分);印第安人与旧大陆疫病圈的变化(第五章第三部分);天花与欧洲(第五章第二部分);欧洲大陆的新疫病(第五章第四部分);人类疫病的均质化(第五章第五部分);疫病与现代西医的问世(第六章第一部分);疫病应对与近代世界人口的增长(第六章第二部分);天花接种的诞生与传播(第六章第三部分);霍乱的世界性影响(第六章第五部分);现代医学与卫生制度的创生(第六章第六部分);新疫病的出现与现代医学的局限(第六章第七部分);等等。

在世界历史上,从某种意义上讲,人类正是在不断面临新问题和不断应对新问题的情势下向前迈进。就"人"这一存在而言,所面临的问题和所需要应对的问题复杂多样,不胜枚举,不过在诸多复杂的问题当中,疾病与健康、可持续性发展的问题是一个历久弥新、常说常在的问题。麦克尼尔能在人类历史的繁复"经络"中发现并解释这一问题,可谓眼光独到且锐利。人类不断面临新疾病但最终还是生生不息,直至今日,应该说人类和微寄生物之间建立了某种(些)"平衡"关系(借用麦克尼尔的说法),尽管这种关系一直都是动态的、相对的。麦克尼尔能发现并揭示这一整体性的历史脉络,可谓做到了使自己的研究真正具有"世界"历史的味道,或者用评论者的话来说,他做到了真正放眼世界历史,目光"长远",使其他学者的眼光相形见"短",都成了程度不同的"近视"眼。①当然,正如学界的评论所表明的,麦克尼尔的"远视"也不免存在风险,特别是细节上的风险,例如在解释某国或某地区的疫病发生与传播机制时,他的推论与措辞皆不免留下了不够精确的遗憾。②而这,便涉及接下来我们所要探讨的历史写作的另一大问题:材料与方法。

三、《瘟疫与人》的取材与取法

在阅读麦克尼尔的《瘟疫与人》时,我们不能不了解它的取材(材料)与取法(方法)。而在今天,这种要求已变得格外迫切,因为无论是该著的材料使用情况,还是其方法论意识与实际的方法运用,都涉及当今历史写作的两个尤为重要且前沿的问题:"世界历史"/"全球史"的书写与跨学科方法的运用。

说"世界历史/全球史书写",此处重点说的是作为一部追求"世界历史"旨趣的史作,麦克尼尔的《瘟疫与人》在史料上做了何种尝试,以及相对于他的写作目标而言,该著在材料运用上是否实现了预期的目标。不可否认,麦克尼尔的世界历史或全球史书写是一种与传统历史编撰有所不同的历史写作,若以史料问题而论,这种"不同"便意味着他不得不面临一种新的挑战:不同于传统的颇具空间弹性且更显"笼统"意味的"断代史",也不同于比之更具时间与空间弹性的"通史",从诞生之初便具有鲜明的"话题"或"问题"性征的疫病史(以及在某种意义上与之有交集的医疗社会史),在史料获取上往往难度更大,之所以如此,主要原因即在于写作者需要从各色各样的、关涉各时期各地域的、形如瀚海的史料中去一一找寻自己的史料。而之所以要"找寻"(此种"找寻"不同于传统历史写作意义上的"找寻"),是因为作为知识的载体的史料,是按传统的分类方法留存与传承的,一个明显而典型的例证就是,疫病史学者往往不是在打上"疫病史"标签

---

①② 参见:STEPHEN R. ELL. Book Review: Plagues and Peoples by William H. McNeill. The Journal of Modern History, 1979,(51)1: 118-121.

的地方找寻史料,而是在标有其他领域标签(如"军事史""政治史""经济史""人口史""社会史"等)、其他学科标签(如"传染病学"或"医学")甚或"笼统"的"断代史"标签(如对应中国历朝历代的"正史")的地方摸索。如此一来,他(她)就需要抽丝剥茧般地获取自己想要的史料。这种工作的难度随着写作者历史时空视域的扩大而加大。无疑,这种挑战对于疫病史学者的考验是多方面的。而倘若再加上可能有的异国(域)语言与文化理解障碍,那么挑战的力度将空前加大。面对此种境况,麦克尼尔会如何应对呢?

以他对中国疫病问题的解释为例,我们可以窥见其中详情。麦克尼尔在《中文版前言》中说道:他不懂汉语,但需要尽力挖掘中国的瘟疫史料;他知道有两本专业的百科全书和所有正史都谈到了中国瘟疫暴发的地理区域和严重程度;他知道瘟疫在中国历史上的重要性是毋庸置疑的,因为涉及瘟疫的史料所覆盖的时间范围从公元前3世纪直到公元1911年。①作为一名世界历史或全球史书写者,麦克尼尔无疑有异国语言如中文方面的一些遗憾,但尤为可贵也令人起敬的是,他并没有因汉语障碍而留下中国瘟疫史书写的空缺,而是充分发挥学者间合作的长处,例如通过合作者的史料翻译来把握相关史料的要义,实现了尽可能覆盖相关领域重要史料的目标。②虽说从最严格意义上讲,阅读原始语言形式、原始文本形式的资料更符合我们所说的"原始资料"阅读要求,但作为一部关注世界历史之"大"、注重揭示"疫病流行模式的基本变化轨迹"的作品,《瘟疫与人》以此种方式利用史料,也未尝不能实现自己的目标。若我们再想到作为世界历史或全球史学者的麦克尼尔能够以尽可能开放的眼光和心态,并以尽可能大的努力关注作为非传统地区的亚洲、拉丁美洲和非洲,尤其是亚洲的中国、印度和日本等,我们便更加能感受到他在世界历史/全球史书写方向上所做出的新尝试与新突破。此外,仅就能够发现并指出"所有正史都谈到了中国瘟疫暴发的地理区域和严重程度"这一点,麦克尼尔有关中国疫病史的研究就已称得上"开拓性工作"了,因为不难想见,受这一发现的启发,后继学人可以在此方向上更好地深耕细作、进一步开拓进取,使之"发扬光大"。事实上,仅就目前国内学界的疫病史研究而言,有不少学人(包括一些声名显著的学者专家)都或多或少从麦克尼尔那里受到启发。③笔者相信,从麦克尼尔处受到启发的,应该不限于某一国、某

---

①② 威廉·H.麦克尼尔.瘟疫与人·中文版前言.余新忠,毕会成译.北京:中信出版集团,2018:xx-xxi.

③ 可参见国内中国疫病史、医疗社会史专家余新忠教授为《瘟疫与人》所作的《译者序》。威廉·H.麦克尼尔.瘟疫与人·译者序.余新忠,毕会成译.北京:中信出版集团,2018:ix-xix.

一地区。当然,这并不是说《瘟疫与人》在有关中国疫病问题的讨论上就毫无瑕疵或问题。事实上,经过疫病史尤其是中国疫病史专家的纵深与精细研究,《瘟疫与人》有关中国疫病问题的选材业已显露出一些问题,比如他倚重的"疫情年表"就显得有些粗糙;此外,他对中国传统医学语境中的"温病"等概念的理解还不够到位。这些问题对他的相关结论也有所影响。①不过,只要我们能够说麦克尼尔有关中国疫病问题的取材能够实现他的相关书写目标,那么我们也就能够说,他的取材瑕不掩瑜。

与自己的问题意识、解释框架与内在逻辑、取材情境等密切相关,麦克尼尔对研究方法的选择也颇具传统史学方法反思与学科对话(或跨学科)的意识。运用跨学科的方法研究历史问题会引发诸多"历史写作"层面上的话题,常说常新而又常说常在。就我们目前所知而言,跨学科研究能带给学界的主要有两大方面:一是,它往往能让读者眼前一亮,发前人之所未发,或至少发前人之所未尽发,给学界注入一股活力,起到别开生面的效果;二是,它往往也同时给研究者自身带来了争议和风险。例如,面对一项跨学科研究成果,来自不同学科领域的评论者往往会这样发问:研究者对相关或相邻学科的知识与方法的获取准确吗,及时吗?这种知识与方法和他自身所在学科的知识与方法实现了有机、有效的融合吗?或者更简单地说,他(她)有没有犯相邻或相关学科的常识性错误,其方法借鉴是否生搬硬套?等等。让我们关心的是,作为一部跨学科研究作品,麦克尼尔的《瘟疫与人》所得到的反馈又如何呢?

总体说来,学界对该著的跨学科方法认可有加,但对于其方法运用上的一些细节,也不乏批评之声。对其跨学科方法表示认可的学者重在表明其里程碑式意义。有学者认为,"麦克尼尔是第一位把历史学与病理学相结合,继而重新解释人类行为的学者,也是第一位把传染病列入历史重心,给予其应有地位的史学工作者。"②另有学者认为,"在学术史上,借由精深的研究,就某一具体问题发前人所未发,甚或提出某些不易之论,这样的成果虽然不易取得,但也不时可以见到;而那种能从宏观上洞察人类思维的某些疏漏,从而无论在方法上还是知识上都能给人以巨大启发和触动的研究,却总是微乎其微。麦克尼尔的《瘟疫与人》,可以说正是这类微乎其微的研究中的一种。'原来我们对历史的呈现和解读疏

---

① 威廉·H.麦克尼尔.瘟疫与人·译者序.余新忠,毕会成译.北京:中信出版集团,2018:xvi.
② 陈秋坤.人类造就了瘟疫——介绍麦克尼尔教授新著:《瘟疫与人》//陈胜昆.中国疾病史·附录.台北:自然科学文化事业公司,1980:251.关于该学者和陈秋坤的评论,余新忠教授已有评述,见:威廉·H.麦克尼尔.瘟疫与人·译者序.余新忠,毕会成译.北京:中信出版集团,2018:ix-x.

忽了如此之多！'……毫无疑问，它已成为我开展中国疾病医疗社会史研究最初乃至持久的动力之一。"①该学者还认为，"他从疫病史的角度对人们习以为常的众多历史现象所做的解释，往往与以往政治史、经济史、文化史乃至社会史的分析大异其趣。"②即便是某些对该书叙述细节持批评态度的学者，在该书的方法论问题上，也少有怀疑态度或批评意见。可见，麦克尼尔在该书中将历史学与病理学（或流行病学）方法相结合，尝试进行学科间对话的努力，着实得到了学界的认可，而且惠泽了广大学人。如果我们意识到作为一位历史学家的麦克尼尔能够跨出历史学的界限，主动汲取病理学等不同学科的营养，特别是先于其他历史学人做出这样的尝试，我们就更加能够体会到"率先"的意义和"不易"的内涵。

　　当然，或许正是因为个人的知识储备尤其是跨学科知识储备总难免有限，而且大抵"率先"之举总有不够周全之瑕，麦克尼尔在尝试运用跨学科方法进行研究时，在具体操作的细节上留下了某些遗憾。在这方面，评论者的意见主要集中于三点。一是，麦克尼尔书写的是一部宏大的世界历史，既然如此，那么他就需要具备更加丰富且优化的医学知识例如传染病学知识来充实自己的解释框架。③二是，麦克尼尔在某些细节上对医学知识的运用不够精确，对某些医学领域文献的引用尚未做到与最新前沿同步，总之，他对医学知识的借鉴还不够系统。④三是，麦克尼尔在解释世界历史上的疫病现象时，其笔下的疫病更像是一种自然现象，似乎这类现象能够独立运转（a quasi-autonomous phenomenon），而与人类社会的政治、经济和文化等方面没有太大的关系，故而成了一个让社会学家和历史学家难以"插嘴"的地方。⑤关于对医学知识等非本学科知识的吸收与利用，麦克尼尔事实上涉及的已不是具体某一个跨学科研究者的事情，而是每一个跨学科研究学人都会且都必须面对的任务，所不同的是，对于不同的跨学科研究者来说，所跨的具体学科不同。运用"更加丰富且优化的医学知识例如传染病学知识来充实自己的解释框架"，对于诸如此类的期待，麦克尼尔想必事先已

---

① 威廉·H. 麦克尼尔. 瘟疫与人·译者序. 余新忠，毕会成译. 北京：中信出版集团，2018：ix.
② 威廉·H. 麦克尼尔. 瘟疫与人·译者序. 余新忠，毕会成译. 北京：中信出版集团，2018：x.
③ T. H. HOLLINGSWORTH. Book Review: Plagues and Peoples by William H. McNeill. The Economic History Review: New Series, 1978,(31) 1：167；STEPHEN R. ELL. Book Review: Plagues and Peoples by William H. McNeill. The Journal of Modern History, 1979,(51) 1：118-121.
④ STEPHEN R. ELL. Book Review: Plagues and Peoples by William H. McNeill. The Journal of Modern History, 1979,(51) 1：118-121.
⑤ BRIAN STOCK. Book Review: Plagues and Peoples by William H. McNeill. American Journal of Sociology, 1979,(85) 3：685-686.

有自己的自觉意识，不过考虑到自己的书写目标，他将这种颇具弹性或者说总是会与日俱增的期待寄托在了他之后的相关领域学人身上。[1]跨学科研究总是难免存在学科对话上的风险，并在某种意义上对研究者提出了更高的要求。麦克尼尔的跨学科借鉴存在瑕疵这一点自然无疑，不过在具体的时空情境下，结合他的思虑和实践，我们仍有理由认为，他已做出了令人感佩的尝试和努力。至于他笔下的疫病更像是一种自然现象，而缺乏和人类政治、经济与文化维度的互动这一点，笔者以为有两点值得说明：其一，在《瘟疫与人》中，作者在政治、经济与文化等方面所花的笔墨尤其是关于这些方面与瘟疫的互动，的确比较有限；试想，如果能在这一点上稍再用力，全书的力量想来会更添几分，因为正如作者在书中已经揭示的，人类的政治、经济与文化活动往往与疫病的发生和流传密切相关。其二，从更深层次上讲，关于政治、经济与文化等维度和疫病互动关系的着墨问题，事实上涉及作者贯穿全书的解释框架与内在逻辑问题，因为按照麦克尼尔在开篇处的解释，这些维度正是"巨寄生"的内容。也就是说，麦克尼尔如果能在"巨寄生"这一端再增一分力气，并将之与"微寄生"一端充分勾连，那么他的解释框架与内在逻辑将会更加有力。

结语：开拓者与后来人

麦克尼尔的《瘟疫与人》是一部 40 余年前的著作，在对这样一部跨越近半个世纪光阴的著作进行评量时，我们的更妥当做法也许是按照两种不同的时间尺度来看待它的意义。第一个时间尺度指向它诞生的那个时代。在那样一个时代，麦克尼尔能想到并写出《瘟疫与人》这样一部著作，着实特别而又难得，因为在那样一个时代，人们并不严肃看待疫病与生态在人类事务中所扮演的重要角色，即便有人严肃看待这种问题，他(她)身边的人也未必能理解和接受，若非如此，和他处于同一时代的克罗斯比的《哥伦布大交换》一书的出版，也就不会有那般曲折的经历了。[2]而从另一角度来说，正是因为处在这样一种学术氛围下，麦

---

[1] 对此，可分别参见：威廉·H. 麦克尼尔. 瘟疫与人·中文版前言. 余新忠，毕会成，译. 北京：中信出版集团，2018：xxi；威廉·H. 麦克尼尔. 瘟疫与人·引言. 余新忠，毕会成，译. 北京：中信出版集团，2018：005.

[2] 对此，可参见 J. R. 麦克尼尔为克罗斯比《哥伦布大交换》一书所写的《30 周年新版前言》：J. R. MCNEILL. Foreword//ALFRED W. CROSBY. The Columbian Exchange: Biological and Cultural Consequences of 1492: 30th. J. R. 麦克尼尔. 前言：以生态观点重新解读历史//艾尔弗雷德·W. 克罗斯比. 哥伦布大交换：1492 年以后的生物影响和文化冲击. 郑明萱，译. 中信出版集团，2018：i-ii.

克尼尔的《瘟疫与人》的诞生显得不同寻常，因而在人类探索自身所处世界的学术长河中，具有了不为他者所具的"开创"之功。当然，"开创"也往往意味着开创者自身的工作仍有待后人来推进，因为开创者无法穷尽这个刚刚"显山露水"的研究地带，而之所以无法穷尽，原因之一即在于相对于这个刚刚显山露水的地带而言，开创者仍是一个探索者，仍处在探索阶段：一方面，正是因为有了他（她）的探索，这个地带才被勾勒出一个轮廓，而在此之前，则无从谈起；而另一方面，也正是因为正处于探索阶段，探索者并不如该领域的后来者那样熟习这个领域，对该领域充满越来越多且深的反思。或许正是因为后人有着知识不断积累的便利和优势，我们如今能够发现《瘟疫与人》一书在某些方面所留下的遗憾，例如，它在取材尤其是原始资料的最大化获取和利用（不仅仅指有关"中国"疫病史的部分）和对所跨学科的知识的最优化吸收与体现方面，就是两个比较显目的例子。诚然，"最大化"和"最优化"始终是一个充满弹性的指标与任务，不过也正是因为它充满弹性，这个领域或地带才需要后人不断推进，代代积累与超越。

我们用来评量《瘟疫与人》的第二个时间尺度便是自它诞生直至今天的学术史历程。不可否认，《瘟疫与人》已经启发了不止一代、不止一个国家或地区的学人，而且很有可能会在将来的时间里继续启发一代又一代学人。虽然随着时间的流逝，该著的某些具体观点可能会被人们修正，某些内容甚至可能会被改写，某些知识可能会被人们的新认识取代，后人在该领域原始材料的开掘和利用上可能已渐入佳境，对所跨学科的知识与方法的汲取可能会更加优化，解释框架与叙事逻辑可能会更加完满，但不论如何，《瘟疫与人》仍是我们跻身该领域研究的基点和重要参考。如果说时至今日《瘟疫与人》已不再让年长的学人感受到昔日的那种"欣喜""激动"与"震撼"，那么对于未曾与之谋面的年轻学人来说，"欣喜""激动"与"震撼"亦不无可能。更何况，该著率先开辟新视角，让世界历史上的诸般现象（事件）具有了新的意涵，从而使世界历史在人们面前呈现出新的面貌的尝试与努力，其所带给人们的影响，很可能会超过它所提出的那些具体的解说与观点。而这，更会使它在疫病史和世界历史的学术史上留下醒目的一笔。麦克尼尔开掘出了一条新的学术路径，而对这条路径进行拓宽、延长与进一步优化的任务，则落在了他身后的代代后来者的肩上。这种开掘与优化工作不仅仅存在于疫病史和世界历史领域，而是同样发生在每一个活跃着开拓者与后来者身影的学术地带。就此而言，麦克尼尔对我们的启发和激励意义，超越了历史研究的特定一隅和特定一域。

"可贵"的德国人：法占时期军政府德国公务员与非纳粹化

徐之凯

徐之凯，1987年生，江苏苏州人。2018年毕业于华东师范大学历史系，先后获学士、硕士及博士学位；曾于2012—2016年公派赴法国巴黎萨克雷大学攻读历史学联合培养博士。2018年9月入职上海大学文学院，任历史系世界史专业讲师、上海大学马斯托禁毒政策研究中心执行主任。主要研究领域为二战史、当代欧洲史、法德关系史、国际禁毒史等。出版有专著《大国合作的试验：盟国对德管制委员会研究》（黄山出版社，2015年；入选中宣部、国家新闻出版广电总局纪念中国人民抗日战争暨世界反法西斯战争胜利70周年重点出版物，为国家"十三五"规划项目），发表有CSSCI论文3篇。作为《澎湃》新媒体特约历史与欧洲问题作者，撰写并发表了大量学术讨论或时评作品。

第三帝国灭亡后，依照盟国对德管制委员会（ACC）的命令，[1]德国境内各盟国占领区中所有纳粹政权行政机构均须解散。作为四大占区之一，法占区（ZOF）同样存在着社会混乱、劳动力匮乏等问题，迫切需要重建治理结构，恢复正常秩序。法方军政府出于战后初期法国的现实主义外交立场，为维持稳定、开发经济，以温和开放的态度留用德国公务员，开始了一场颇具法国特色的"非纳粹化"运动。

---

[1] Law No. 2: Providing for the Termination and Liquidation of the Nazi Organization (10/10/1945)//Enactment and Approved Papers of the Control Council and Coordinating Committee 1945: Vol. 1. Compiled by Legal division, legal advice branch, drafting section office of military government for Germany. 1945: 131.

一、应急之举:法方占领军当局雇用德国公务员的缘起

自1945年4月起,法国新政权便已通过自由法国军队在德彰显存在。在1945年8月30日盟国对德管制委员会正式成立之前,所有德国领土名义上属盟军占领领土军政府(AMGOT)统一管辖,但实际控制权往往握于各盟国驻军自己手中。各盟国军事当局的行政权威为1945年6月1日《关于击败德国并在德国承担最高权力的宣言》所承认。据此,法兰西共和国政府可以"从此承担德国的最高权力,包括德国政府、司令部和任何州、市或地方政府或当局所有的一切权力"。①

于法国而言,这既是机遇也是挑战。与其他三大盟国不同,它是在被德国击败并被占领本土的情况下继续抗德斗争的,因此希望最大限度地剥夺或利用德国的经济潜力。与此同时,法国也是四大占领国中最后参与进盟国对德管制委员会的,它未从头接触对德管制策划事宜,也没有足够时间为德国行政改革做准备:1943—1944年间,有一系列内阁级别的部门间筹划委员会在华盛顿、伦敦及莫斯科运行,但巴黎的同等机构"德国及奥地利事务部门间协调委员会"(Le Comité interministériel des Affaires allemandes et autrichennes)却直到德国投降两月后,亦即1945年7月才匆匆成立。结果就是,法方人员是在1944—1945年间的冬季匆忙召集的,且大部分人只在巴黎索邦大学接受了四星期短期培训而已。这一项目的负责人科尔兹将军(Louis-Marie Koeltz)也抱怨称极缺人手,尤其缺乏有相应行政经验的人员。②这导致法方在德国行政重建问题上与其他盟国有不同意见,行政人员安排问题尤甚。

在公开场合,法方积极响应非纳粹化号召。依据盟军远征部队最高司令部(SHAEF)颁布的《德国军政府手册》(Handbook for military government in Germany),共有18类德国政府公务员须被解职或监禁。③ 而法军的同类文件还额外增添了3类德国公务人员。此外,在法兰西共和国政府的一份指导文件《在德行动指南》(Directives pour notre action en Allemagne)中,法方还列出了

---

① Declaration Regarding the Defeat of Germany//Enactment and Approved Papers of the Control Council and Coordinating Committee 1945: Vol. 1. p. 10.

② F. ROY WILLIS. The French in Germany, 1945 – 1949. Stanford University Press, 1962: 71-73.

③ Handbook for military government in Germany, Part Ⅲ, "Table B Political Officers and Civil Servants who should be Dismissed or Suspended". Washington D. C.: The army library, 1944.

其在德行政管理上的要点:

(1) 惩罚战犯。

(2) 肃清纳粹主义,至少要清除那些躲藏起来或持伪造证件的盖世太保、党卫队及纳粹党务人员。

(3) 监督建立起一套诚实、公正、快捷、高效的行政管理体系,保证各方面管制不致瘫痪。①

……

但在实际行动中,法方却并未真正贯彻这些方针。1945 年 4 月,在占领德国斯图加特市后,法国军方任命了一位著名的反纳粹主义者阿努尔夫·克勒特(Arnulf Klett)为市长,以组织一个旨在"清除"纳粹分子的市政委员会。但同时这名市长还被赋予了可保留"技术专家"的"特许令",而行使这一赦免权的唯一条件就是克勒特个人保证"这些专家'技术方面优异突出',[有着]无可指责的品质,[愿意]毫无保留地以反纳粹主义者的立场行事"。② 于是到 1945 年 7 月,该市便有十分之七的市政官员得以复职。

法国占领军当局之所以容许雇用这些本应被革职或监禁的德国公务人员,根源在于法方对德国战争罪责的独特视角:德意志民族"共同责任"与每个德国人"个别责任"的结合。与美、英强调追逐"纳粹罪犯"的非纳粹化实践不同,宏观上战后法国对德意志民族持全然不信任态度——法方认为纳粹党身份并非有效证据,非纳粹党不见得就无辜;德国成年人都不能信任,只有未接触纳粹毒素的青少年才是希望。③ 巴黎方面的一名负责再教育的法方官员凯撒·山德利(César Santelli)甚至宣称:"德国人过去背弃了使命,未来他们也会这么干。所以谈及被纳粹蛊惑的那几代人时,总体来看 12 岁以上的这几代已无可救药了。"④因此法方当局有意登记调查其占领地区全部 394.9 万德国成人,⑤而同期英、美当局仅仅要求身居相当职位的德国公务人员接受调查。这就是在法方文

---

① Document N° 1: Gouvernement provisoire de la république française: Directives pour notre action en Allemagne, 20 juillet 1945. Archives du Ministère des Affaires Etrangères Y, 1944 – 1949/433.

② PERRY BIDDISCOMBE. The Denazification of Germany: A History 1945 – 1950. Tempus Publishing Limited, 2007: 163.

③ MICHAEL BALFOUR. Four-Power Control in Germany and Austria, 1945 – 1946. Oxford University Press, 1956: 229.

④ F. ROY WILLIS. The French in Germany, 1945 – 1949. Stanford University Press, 1962: 148.

⑤ MARC HILLEL. L'Occupation Française en Allemagne, 1945 – 1948. Balland, 1983: 240.

件中,"非纳粹化"这一术语被表述为"肃清"(l'épuration)或"清洗"(la purge)的原因所在。①

而在涉及个人情况的微观层面,法方认为既然"希特勒是德国历史的逻辑,那么,作为追究个人责任的非纳粹化政策就没有任何意义了"②,并且相信"通过接触,就能识别谁在有人监督的情况下工作靠得住"。③故法方较之于德国人的经历污点更重视其个人能力,并青睐于以直截了当的办法来判断德国人员是否适合被继续雇用。最终法方形成了这样一种用人态度,即一名行政管理人员或经理所应具备的资质要比是否曾与纳粹有关联重要得多,只有在对这类资质进行长期观察鉴别后,才能做出留任、解职或监禁等处理决定。④用柏林管制委员会(Kommandatura de Berlin)法方负责人米歇尔·布克(Michel Bouquet)的话说:"我们不能无视收到的指令……但我们可以在稍多注意具体个人及其个别情况的条件下再对其做出解读。"⑤法方的这一态度被美国管制当局谴责,后又为历史学家所诟病,被认为是一种机会主义做法。⑥但就法方当时的视角而言,这一应急之举无非只是一项长期大规模肃清工作的初步措施而已。

从历史上看,法国人认为纳粹主义是普鲁士军国主义的化身,是德国历史无可避免的恶果,⑦因此德意志民族的非纳粹化与再教育将是一个漫长而深入的根除过程,需要长久的占领管制来实现。法占区总督柯尼希(Marie-Pierre Koenig)将军公开表示:"在确保民主意识牢牢扎根于德国人民之中前,我们是不会离开的。需要三十到四十年时间让德国人能够理解这一民主的优越性。"⑧

既然只是漫长占领的小小开端,何不权宜一下,利用德国公务员现成的人力资源来为战后困难条件下的行政管理服务呢?法国历史学家阿尔弗雷德·格鲁塞作出了这样一个对于德国公务员的历史定义,反映了该时期法方当局的总体看法:"在希特勒政权的早期,有着一种官方的说法,叫'经济上可贵的犹太人'

---

① FREDERICK TAYOR. Exorcising Hitler: The Occupation and Denazification of Germany. Bloomsbury Publishing Plc, 2012: 317.

②⑦ ALFRED GROSSER. L'Allemagne de notre Temps. Fayard, 1970: 35.

③ MICHAEL BALFOUR. Four-Power Control in Germany and Austria, 1945 - 1946. Oxford University Press, 1956: 176.

④ PERRY BIDDISCOMBE. The Denazification of Germany: A History 1945 - 1950. Tempus Publishing Limited, 2007: 158.

⑤ PERRY BIDDISCOMBE. The Denazification of Germany: A History 1945 - 1950. Tempus Publishing Limited, 2007: 159.

⑥ RAINER MÖHLER. Entnazifizierung in Rheinland-Pfalz und im Saarland unter französischer Besatzung von 1945 bis 1952. Mayence, v.; Hase & Koehler, 1992.

⑧ Déclaration du Général Koenig, 1946//cité par CYRIL BUFFET. Mourir pour Berlin, la France et l'Allemagne, 1945 - 1949. Paris, 1991: 20.

(Wirtschaftlich wertvoller Jude)。而在占领时期,同样也存在着'经济上可贵的纳粹'(nazis économiquement précieux)。"①为了筹备日后的"非纳粹化"事业,同期美、英依照战前计划在各自占区开展大规模"问卷调查""司法诉讼"等程序,②迫使德国公务员处在停职待查状态,大量行政事务不得不由占领军负担。对于在占领事务上准备不足的法方来说,闲置这些"可贵"的资源是他们所不愿付出的代价。

二、温和而独立的"自主清洗":法占区非纳粹化中的德国公务员

波茨坦会议后,盟国对德管制委员会随1945年8月30日《管制委员会第1号公告》发表而成立。③在此一个月前,亦即1945年7月,法国在德占领区也依照1945年6月5日的《关于德国占领区的声明》正式形成。④ 由于反对其他盟国的"集中统一化"管制思路,法国没有选择德国的传统政治中心柏林为占领区中枢,而是让新的法国军政府(GMF)依旧定都于先前军管的中心——巴登巴登。平心而论,新成立的法国军政府如其定都选择一般,承袭了先前驻军时期的大部分政策,在德国公务员问题上尤甚。但在盟国非纳粹化共同行动的压力下,法方除了执行外别无选择。不过他们在执行过程中灵活掺入了相当的"法国风格",以确保自身利益不受影响。

1945年10月10日,《管制委员会第2号法令:终止并解散纳粹组织》颁布。⑤ 这也是盟国"非纳粹化"进程的正式开始。此外,前阶段法方所采取的非纳粹化措施上的不足引起了其他盟国不满,几乎成为众矢之的。曾经的盟军远征部队最高司令部长官,此时的美占区军政府总督艾森豪威尔将军就曾埋怨"法

---

① ALFRED GROSSER. L'Allemagne de notre Temps. Fayard, 1970: 67 - 68.
② 美占区要求所有担任公职及半公职的德国人填写个人问题调查表,交代在希特勒统治时的政治表现,等待并依据调查结果决定是否将其清除出公共机构。英占区采用司法程序进行调查,虽人数涉及较少,但对于受调查者的职能发挥影响更大。参见:MICHAEL BALFOUR. Four-Power Control in Germany and Austria, 1945-1946. Oxford University Press, 1956: 174.
③ Proclamation No. 1: Establishing Control Council//Enactment and Approved Papers of the Control Council and Coordinating Committee 1945: Vol. 1, p. 44.
④ Statement on the Zones of occupation in Germany//Enactment and Approved Papers of the Control Council and Coordinating Committee 1945: Vol. 1, p. 16.
⑤ Law No. 2: Providing for the Termination and Liquidation of the Nazi Organization(10/10/1945)//Enactment and Approved Papers of the Control Council and Coordinating Committee 1945: Vol. 1, p. 131.

国人的纵容无度"(French Laxity)。① 为了重树盟国对法方的合作信心,强化法国反纳粹的国际形象,法方军政府必须就非纳粹政策做出改变,但也不愿意一味追寻美英模式。同期,美占区进行了"非纳粹化"下的大搜捕,1945年9月拘禁6.65万人,1946年2月达到10万人。② 大范围调查搜捕大大加重了美方当局的负担,数以百万计的案卷积压无力处理。美方协调委员会代表克莱抱怨称"即使华盛顿再给他派1万人,也无力继续美占区的非纳粹化"。③ 这种劳民伤财的做法显然与法方效率优先的考量不符。而英占区方面,英国外相艾登表示英方"倾向于一项中间政策,既包含严格的镇压因素,也要把终极目标定在重新接纳德国进入欧洲生活之中",④将英占区的非纳粹化限制为一项司法程序,而非政治清洗抑或道德改造,追究对象被限定为法律上犯有并供认罪行的纳粹分子,并尽量以德国的刑事法律为审判依据。这又与法方全体德国人"共同责任"的主张相抵触,被认为是有利德国重新崛起的资敌之举。于是,法占区只能选择一条自己独特的非纳粹化道路。

在法占区内,"非纳粹化"遵循着一项独特的方针——"自主清洗"(l'auto-épuration)。依照法方军政府非纳粹化专家弗朗索瓦·库希拉(François Amédée Curial)1945年9月19日所编订的军政府CAB/C722指令,非纳粹化必须严格执行并在德国机构的帮助下实现。⑤指令要点在于让法方尽可能地独立在非纳粹化系统之外。自1945年10月起,法方率先把德国人员安排进了非纳粹化进程中,但保留了决定权。遵照CAB/C722指令,法方军政府建立起了一系列由德国人组成的非纳粹化委员会,如:地区级的"清洗委员会"、中层监管机构"指导代表委员会"。⑥全部这类组织均由反纳粹主义者代表组成,由德国行政官员选拔,法方有着对所有候选人的最终决定权。在更高层面上,有中央性质

---

① PERRY BIDDISCOMBE. The Denazification of Germany: A History 1945-1950. Tempus Publishing Limited, 2007: 166.
② MICHAEL BALFOUR. Four-Power Control in Germany and Austria, 1945-1946. Oxford University Press, 1956: 174.
③ JOHN GIMBEL. The American Occupation of Germany. Stanford University Press, 1968: 102.
④ JILL JONES. Eradicating Nazism from the British Zone of Germany: Early Policy and Practice. Germany History, 1990, 8(2): 148.
⑤ Laffont to Directors General and Directors (CAB/C No. 722), 19 september 1945//Records of U. S. Occupation Headquarters, World War II, record group 260. 4. 5 Records of the Civil Administration Division, Public Safety Branch: Law for Liberation from National Socialism & Militarism 1945-1949. National Archives.
⑥ PERRY BIDDISCOMBE. The Denazification of Germany: A History 1945-1950. Tempus Publishing Limited, 2007: 167.

的州委员会来从下层组织收集情报并向军政府作出处理建议。军政府设有"肃清部"以决定德国审判机构人选并监督州委员会的运作。肃清部的建设方案则由两名法德事务专家——莫里斯·布蒙（Maurice Baumont）和皮埃尔·阿纳勒（Pierre Arnal）作出。肃清部本身是个极小组织，在巴登巴登的中央机构仅辖4人，在各州首府的分支机构也仅有5—10人，但极为高效。①一名美占区军政府的观察员就曾注意到这一组织形式的优越之处："这在应对德国人及德国政党因承担非纳粹化责任而犹疑缄默时极其有效。"②

就新成立的法占区客观形势而言，法方获得了一个天赐良机，得以统治一片破坏相对较小，且属于德国自由主义传统地域的疆土，大批纳粹要人也早在法军入境之初便已逃离此地。1945年9月，法方军政府估计称占领区内尚存50万名纳粹党员，其中仅3万名属于顽固的"纳粹敌对者"，而其他占区的情况则要严峻得多。③ 总之，较之其他三个占区，法占区在发展经济以赔偿法国战争损失方面有着得天独厚的优势，并且负担的非纳粹化任务也相对较轻。因此就法方军政府而言，非纳粹化只是有利于拓展其"经济与社会方案"的工具而已。④ 由此可见，法占区的非纳粹化任务本质上是个"一石二鸟"之计，其目标既是在"自主清洗"进程中驱逐纳粹反法分子，改变人员结构，维护占区稳定，更是要借非纳粹化审判吸收保留"可贵"的德国公务员，优化行政结构，促进生产。为此，法方很乐意雇用那些能全心全意执行其决定的德国公务员。

对于不少德国公务员来说，法方人员本身就已经很"温和"了，维希官员在法方军政府人员编制中比例可观。法国新政府并不放心将维希军官投入作战，其中大部分人只能担负起军政府的行政或民事任务，非纳粹化便是其中一例。此外，许多维希时期的技术专家也被法国本土所排斥，因而被吸收进军政府以解决占领时期的人员匮乏问题。这种情况相当普遍，以至于法占区首府巴登巴登被左翼蔑称为"小维希"（Petit Vichy）。⑤作为一个长期在同僚猜疑下工作的群体，

---

① MICHAEL BALFOUR. Four-Power Control in Germany and Austria, 1945 - 1946. Oxford University Press, 1956: 106.

② PERRY BIDDISCOMBE. The Denazification of Germany: A History 1945 - 1950. Tempus Publishing Limited, 2007: 172.

③ MI-14 'Mitropa' No. 5, 22 Sept 1945, FO 371/46967, NAUK (National Archives of the United Kingdom).

④ HELLMUTH AUERBACH. "Que faire l'Allemagne?" Diskussionsbeiträge Französischer Deutschlandexperten 1944 - 1960. Cahier de l'institut d'histoire du temps présente, 1989(13 - 14): 292.

⑤ GILLES MACDONOGH. After the Reich: The Brutal History of the Allied Occupation. Basic Books, 2009: 271.

前维希人员在德国是负担着补偿法国物质损失的任务的,完成状况直接影响他们所受的社会评价,因此必须尽其所能达成目标才能解脱嫌疑;而在法占区德国人环绕的环境下,他们自然而然地会去寻求与那些熟悉的德国人合作,以达成任务目标。诚如萨伏伊议员皮埃尔·科(Pierre Cot)所述,不能指望那些自己有着准纳粹背景且同情纳粹的人去发动一场彻底的非纳粹化运动。① 有些前维希分子,比如阿尔方斯·茹安(Alphonse Juin)将军等,甚至发展出一套理论来支持他们的德国同僚,认为任何对德国的削弱之举都是对"共产主义俄国"的帮助。② 这一现象虽有着相当的负面因素,且有碍于清除纳粹残余,但在客观上却形成了军政府内部相对融洽的人员关系,使得法占区机构在一种"人性化"的友好关系下运作,与其他占区非纳粹化期间的龃龉局面截然不同。法国新教联盟的牧师马克·波涅(Marc Boegner)就在1945年考察法占区社会状况后表示,他"尤其惊喜于军政府在非纳粹化困境中就理解与人性化举措做出的莫大努力"。③

除了人员构成外,法占区的非纳粹化调查行动也往往以"温和"结局告终。为了回应《管制委员会第2号法令》,法占区曾颁布《军政府第2号指令》(L'instruction No. 2 du Gouvernement militaire),为需要调查的德国人员做出分类。④包含百余条问题的调查表随即被分发给德国人以进行调查。这一调查内容细致,但如同前阶段所设想的"全面调查"一样无甚成果。原因不在调查本身,而是因为嫌犯只需出示一份所谓的"光荣抵抗证明"(L'attestation d'honorabilité résistance)提请辩护就可以把调查延宕下去,最后不了了之。后来,由于使用"光荣抵抗证明"的案例越来越多,以致历史学家打趣称如果都是真的的话,估计整个第三帝国的历史都得改写。⑤

然而,针对法占区"温和自主清洗"的质疑从未间断。在盟国方面,为协调督促四大占区的非纳粹化步伐,盟国管制委员会于1946年1月12日发布了《管制委员会第24号法令:撤销各部门与责任职位上纳粹分子及反对盟国意图分子的职务》⑥,再

---

① PERRY BIDDISCOMBE. The Denazification of Germany: A History 1945 – 1950. Tempus Publishing Limited, 2007: 162.
② Patton Diary, entry for 18 April 1945//Papers Relating to the Allied High Command, 1943/1945: reel 4.
③ F. ROY WILLIS. The French in Germany, 1945 – 1949. Stanford University Press, 1962: 150.
④ Ministère des Relations extérieurs. Archive et Documentation, Dénazification, dossier C 8.
⑤ MARC HILLEL. L'Occupation Française en Allemagne, 1945 – 1948. Balland, 1983: 241.
⑥ Directive No. 24: Removal from Office and from Positions of Responsibility of Nazis and of Persons Hostile to Allied Purposes//Enactment and Approved Papers of the Control Council and Coordinating Committee 1946: Vol. 2, pp. 16 – 44.

度掀起非纳粹化大潮。恰恰在同一时期,法兰西共和国本土方面,国民议会外事委员会在1946年初建立了一个下属调查团,以清查法占区雇用纳粹分子、维希分子的问题。该团随即查实法方军政府确实默许雇用了被其他占区开除的德国公务人员。军政府行政主管埃米尔·拉丰(Emile Laffon)不得不亲自出面,组织对来自其他占区的德国人员的清洗,并警告称违反相关条令者都要入狱。① 1946年1—6月间,在依照《第24号法令》受审的77 924个德国人员中,有58%在职,35%被从编制上除名,近8%被永久解职。② 但是此类严刑峻法也只是一时的,肃清部的一名地方长官乔治·威戈罗克斯(Georges Vigouroux)上尉就坦言这场清洗运动只为提升统计数字而已,在调查团结束工作回国后,大部分被告人又保留了职权,只需让非纳粹化机构做出优先处理即可。③

值得注意的是,无论是"自主性"这一新的清洗要义,抑或前阶段"温和"态度的承袭,均离不开这一事实:其所有决策都仰赖于一项权威,即法方军政府的最终决定权——"否决权"(Le veto)或曰监督权(La surveillance)。军政府十分欢迎德国公务员参与非纳粹化的基层任务,但"拒绝让德国行政部门执行任何实际赦免权"。④ "温和"的合作态度将握有决定权的法方军政府与负责"自主清洗"的德国人员联系起来,形成了法占区稳定的非纳粹化架构,在占区行政效率最大化的前提下,按照军政府的意志源源不断地完成对非纳粹化案件的审理,使得法占区的行政结构未因非纳粹化而陷入动荡停滞。而行政结构的稳定带来了生产上的红利,在法方"经济赔偿"方针主导下,法占区提供了大量产品为法国经济输血。以法国最为紧缺也最需要专业人员管理的煤电资源为例,1945年底法占区产出的全部29.1万吨煤产量中的10万吨被供给法方,⑤至1946年2月时,每月出口1 000万千瓦时电力至法,并在1947年上半年飙升至1 750万千瓦时每月。⑥ 法方政策所带来的经济收益可见一斑。

就此而言,虽与真正意义上的"非纳粹化"事业大相径庭,但法占区无疑借此

---

①③ PERRY BIDDISCOMBE. The Denazification of Germany: A History 1945－1950. Tempus Publishing Limited, 2007: 169.

② MARIE-BÉNÉDICTE VINCENT. Punir et Rééduquer: Le processus de dénazification (1945－1949). La dénazification, Presses de la Fondation nationale des sciences politiques et Perrin, 2008: 30.

④ PERRY BIDDISCOMBE. The Denazification of Germany: A History 1945－1950. Tempus Publishing Limited, 2007: 172.

⑤ Archives nationals. Volum Allemagne C//15923: Charbons allemands et industrie francaise. Revue de la Zone franaise, 1945(2): 27.

⑥ L'énergie éléctrique en zone francaise. Revue de la Zone franaise, 1946(5): 34－39.

达到了"一石二鸟"的目标：一方面法占区避免了美英占区出现的大量逮捕、司法延宕以致机构瘫痪的局面，维持了占区人员的融洽关系和行政结构的稳定；另一方面通过德国公务员构成的高效行政体系，法方得以"用萨尔的煤、黑森的木材、符腾堡和普法尔茨的农产品"①开足马力进行生产，再将产品充作赔偿。法占区的生产在缺乏外援的情况下挺过了1946—1947年冬"大寒潮"（The Great Freeze）所带来的欧洲经济危机。但到1947年，德国公务员们、法方军政府乃至整个法占区都面临着一个他们意料不及的新局势，这就是盟国主持的非纳粹化事业的骤然结束。

三、法占区德国公务员非纳粹化运动的结束

1946年10月12日，《管制委员会第38号法令：关押并惩处罪犯、纳粹及军国主义分子，拘禁、管控并监督有潜在威胁的德国人员》②发布。这也是盟国管制委员会在德国非纳粹化方面最后的一致行动尝试了。此时，冷战的征兆已在盟国内部显现出来。对于占领国来说，德国不再只是非纳粹化的标靶，而是未来对抗敌对阵营的潜在助力。

得益于马歇尔计划的援助吸引，法国已抛弃了占领初期与苏联相对一致的削弱德国的态度，转而寻求与美、英合作。随着1947年7月双占区的成立，美、英决定在1947年底前终止非纳粹化进程，以推动德国的"经济统一"。③ 苏占区当局于8月17日针锋相对地公布苏占区非纳粹化成果，并允许普通的纳粹党员恢复权利。④ 次年2月26日，苏占区非纳粹化委员会被苏方军政府颁布的《第35号命令》解散，正式宣告苏占区非纳粹化的终结。⑤ 在各盟国争先恐后展开的非纳粹化大赦影响下，法占区那些负有"自主清洗"之责的德国非纳粹化法庭也放缓了审理步伐，这一消极态度伤及了法方军政府的最高权威——他们无法对

---

① F. ROY WILLIS. The French in Germany, 1945-1949. Stanford University Press, 1962: 127.

② Directive No. 38: The Arrest and Punishment of Criminals, Nazis and Militarists and the Internment, Control and Surveillance of potentially Dangerous Germans//Enactment and Approved Papers of the Control Council and Coordinating Committee 1946: Vol. 5, pp. 12-48.

③ PERRY BIDDISCOMBE. The Denazification of Germany: A History 1945-1950. Tempus Publishing Limited, 2007: 180.

④ TIMOTHY. R. VOGT. Denazification in Soviet-Occupied Germany, Brandenburg, 1945-1948. Havard, 2000: p. c. n. 5.

⑤ NORMAN M. NAIMARK. The Russians in Germany. The Belknap Press of Harvard University Press, 2001: 361.

没有审完的案子行使最终决定权。"温和"的法国人于是板起面孔,成了最严厉的占领方。为与这种"有系统地纵容包庇"作斗争,法占区行政总管拉丰出面于1947年12月16日向占区所有高层代表讲话,命令他们"坚决否决任何涉及罪恶的纵容包庇的案例,行使他们的反对权"。① 可是由于三占区进程推进,法占区终究要在非纳粹化步伐上与它的西方盟友保持一致。实际上,早在该年9月21日,法占区就已公布了《第122号法令》,宣布调查行动结束并允许普通纳粹党员复职。从非纳粹化政策的效果上来讲,负责法占区巴登地区非纳粹化的蒙托上校称:"我真诚地确信一切纳粹头子都已被从指挥、管理或政治职位上清除出去了:要么被清洗委员会所控告,要么就躲藏了起来。无论是哪种情况,他们的行为已无影响力可言。"②

但长期以来,法占区的非纳粹化政策都被反纳粹主义者视为纵容包庇的典型。新发布的《第122号法令》更是让这类攻讦从单纯的"纵容"升级到了"洗白"(blanchiment)的程度,甚至被称为"再纳粹化"(rénazification)。在法占区的档案文件中,有这样一份关于图宾根市纳粹分子复职统计的清单:

内务部门	86%
经济部门	86%
财政部门	70%
司法	52% ③

同样情况也出现在巴登-符腾堡州,1948年那里仍有超过41%的公务员为前纳粹党员。④ 在法占区企业中,类似案例也比比皆是:在路德维希港,由于在经济上的重要地位,法本公司的纳粹高管在法方军政府的特许下可以不受非纳粹化影响继续管理手下员工。1947年,巴登巴登的英国领事报告称:"那些纳粹背景的大企业仅被课以极少的罚金,反倒是普通的名义上的党员受到严厉对待。我们可以注意到仅在皮尔马森斯一地,原本要留给生产者的20%鞋产量就被用来贿赂非纳粹化法庭了。"⑤ 整个法占区仅有13名德国官员被控为"主要违禁

---

① MARC HILLEL. L'Occupation Française en Allemagne, 1945－1948. Balland, 1983:246.
② MARC HILLEL. L'Occupation Française en Allemagne, 1945－1948. Balland, 1983:247.
③ Ministère des Relations extérieurs. Archive et Documentation, Dénazification, dossier C 8.
④ MARIE-BÉNÉDICTE VINCENT. Punir et Rééduquer: Le processus de dénazification (1945－1949). La dénazification, Presses de la Fondation nationale des sciences politiques et Perrin, 2008:33.
⑤ British Consulate General, Baden Baden to Political Division, Berlin, 20 Oct. 1947, FO 371/64276, NAUK.

者"(les contrevenants principaux),而美占区则有1 654人负有这一罪名。① 后来的公共教育主管雷蒙德·施密特兰(Raymond Schimttlein)抨击称:"这一事件的悲剧之处在于,所谓的非纳粹化并未非纳粹化掉任何东西。"②

在三占区(la Trizone)乃至联邦德国(RFA)奠基之时,非纳粹化的责任完全转移到了德国人自己手中。1950年12月15日的立法暂停了西德的非纳粹化进程。对于那些在占领时期未能复职的纳粹公务员来说,只要不属"主犯"(coupables principaux)或在"胁从"(individus compromis)之列,1951年4月10日的《基本法》"第131条"赋予了他们重返职位的可能:至1953年3月,有3.9万名在非纳粹化期间被开除的前纳粹分子依照这一法令再获招募。③ 经过1949年、1954年联邦德国的两场"大赦",对于许多历史学者而言,西德出现了一场"再纳粹化",这是盟国非纳粹化骤然停止的可悲结果,而法占区的情形也不能例外。④ 这时期法占区非纳粹化的结束,与其说是法方过往温和立场的发展,倒不如说是冷战局势所迫的妥协。非纳粹化的任务被转交到德国人自己手中,并随冷战陷入一段曲折而漫长的历程,伴随着20世纪60年代后风起云涌的进步学生运动,以及1970年12月7日勃兰特在华沙犹太人纪念碑前的下跪,德国对纳粹历史的反思与清算才真正进入一个新篇章。

四、结语:"再纳粹化"指责下的"谅解共赢"

法国占领下的"非纳粹化"从来就不是一场真正的非纳粹化。从消除行政机构中的纳粹因素这一点来讲,其"温和""独立"、从法国利益出发的立场注定它最终无法达成目标。但由于盟国的非纳粹化事业本身因冷战而中止,使得立意"长久占领"的法占区非纳粹化也随之夭折,并未走到水落石出高下立现的地步。就此而言,对于法占区的"再纳粹化"谴责同样可以沿用到其他占区,这是一场共同

---

① LUTZ NIETHAMMER. Schule der Anpassung: Die Entnazifizierung in den vier Besatzungszonen. Spiegel Special,04/1995:93.
② MARC HILLEL. L'Occupation Française en Allemagne,1945-1948. Balland,1983:248.
③ MARIE-BÉNÉDICTE VINCENT. Punir et Rééduquer: Le processus de dénazification (1945-1949). La dénazification, Presses de la Fondation nationale des sciences politiques et Perrin, 2008:33.
④ 有关"大赦"问题,可参见:方一幸. 联邦德国的历史政策与社会参与(1949—1958)——以大赦政策为中心的考察. 华东师范大学,2013届硕士论文.

的失败,只不过一向特立独行的法占区最后亦步亦趋地追随了盟国脚步而已。然而即便其最终失败,盟国、尤其是法国通过非纳粹化宗旨和宣传所形成的"德国人集体有罪"①的"共同责任"理念还是植入到了德国社会之中,不时被德国的良心人士所彰显,②并在德国真正迎来历史反思与清算之时提供了论战的依据与衡量的圭臬,成为 20 世纪 60 年代以后德国社会进步力量的口号,也成就了后世法、德历史和解的思想前提。

从双方现实利益角度看,法占区的政策贯彻了不可"杀鸡取卵"(tuer la poule aux oeufs d'or)③的管制理念。法方认为法国的重建与现代化部分取决于为其提供资源的法占区的恢复。而德国公务员在法方眼中始终是"可贵"的资源:起初是应急填补人员空缺,之后是作为高效手段维持行政效益,都是为了保障法国在占领区的利益。故而法占区的非纳粹化也就理应是温和自主的,德国公务员也可以在稳定的政治架构中过上相对安稳的生活。④ 而法方通过稳定的行政体制,还能实现法占区对法国的经济补贴,实现双赢。以占领时期法占区的进出口状况为例:⑤

战后伊始的 1945—1946 年,百废待兴的法占区竟然出现了出超,其中 78% 的出口份额都由法方占据,⑥并延续累积出超局面到 1947 年。直至法方军政府逐渐丧失行政管理权力的 1948—1949 年,经济上已得到恢复的法占区反倒出现了越来越大的累积入超,出口额也在法方军政府解散的 1949 年大跌。事实上,至 1948 年 6 月为止,法占区在未获法方经济援助的情况下已经恢复了战前 91% 的化学、65% 的钢铁和 48% 的煤炭(且不计萨尔煤矿区基础上)产能。⑦ 可见法方军政府在"温和自主非纳粹化"条件下构建的行政管理体制在恢复法占区生产和达成法方经济目标上的作用。用法占区经济重地萨尔地区副军事长官佩兰·佩尔蒂埃(Perin Pelletier)的话来讲:"我们法国人采取的看法是每个德国人过去都是纳粹分子,现在还是纳粹分子,如果你们不想杀光所有德国人,你们

---

① 卡尔·迪特利希·埃尔德曼.德意志史:第 4 卷·世界大战时期(1914—1950):下册.华明等,译.北京:商务印书馆,1986:177.
② 如西德首任总统特奥多尔·豪斯、德国现任总理默克尔等诸多要人都曾公开呼吁全体德国人反思纳粹罪行,正视历史错误.
③ Revue de la Zone franaise, 1945(1):13.
④ FREDERICK TAYOR. Exorcising Hitler: The Occupation and Denazification of Germany. Bloomsbury Publishing Plc, 2012:322.
⑤⑥ F. ROY WILLIS. The French in Germany, 1945-1949. Stanford University Press, 1962:140.
⑦ F. ROY WILLIS. The French in Germany, 1945-1949. Stanford University Press, 1962:137.

就得同这些纳粹分子合作。在萨尔,我们没有犯非纳粹化的愚蠢错误。"①

在实现效益共赢的同时,法方对于"共同责任"和"个别责任"区别认识的历史观、公务员政策中对于"个人可靠""有效监督"的重视,使得法、德行政人员之间达成了个人间的谅解关系,能够放下历史包袱进行合作。对此,历史学家贝瑞·比蒂斯孔布这样形容道:"其人道主义及对个人的承认为最终达成法德和解发出了先声。"②随着法占区融入到三占区乃至联邦德国之中,这些人员得以成为两国政府间的联系纽带。西德肇始,在原法占区军政府系统的牵针引线下,法、德间迅速有80多个城镇建立了对口交流关系。许多德国地方机构成员、市长等公务人员积极参与,自发成立了"法德联盟"(Deutsch-französische Vereinigung)等交流组织,并在1953年促成了德国美因茨市政人员对法国第戎的城市管理考察,结成了法、德间第一个"兄弟"友好城市。③ 这些由下而上进行的公务员友好交流活动,为法、德关系的恢复奠定了良好的人脉基础。而法方领导层也顺应局势的变化,推动着法、德两国真正走向平等合作、和解共赢的历史和解局面。1948年1月4日,法国外长皮杜尔在给军政府总督柯尼希将军的指令中强调:"必须停止一切攫取、强迫销售以及明显的耗费,应当尽一切努力与德国人进行有益的接触……并向他们表明我们并不打算主宰欧洲,而仅仅是在联合与合作的欧洲中起令人尊重的作用。"柯尼希也表示:占领的初期阶段业已结束,"我们最为关注的不再是为过去进行报复,而是展望未来",应当促进"德国在欧洲核心组织中的复兴尽快占据其应有位置"。④至此,法、德人员在复兴德国、实现欧洲合作的长期目标上实现了理念统一。恰如1945年10月3日戴高乐将军在战后访问法占区科布伦茨时所预言的那样:"我要说,我们必须要有共举复兴大业的考虑,并且我们知道此举必会付诸实践,因为我们同为欧洲人,亦同为西方人!"⑤

---

① 埃德温·哈特里奇. 第四帝国. 国甫,培根,译. 北京:新华出版社,1982:96.
② PERRY BIDDISCOMBE. The Denazification of Germany: A History 1945-1950. Tempus Publishing Limited, 2007: 182.
③ F. ROY WILLIS. The French in Germany, 1945-1949. Stanford University Press, 1962: 178-179.
④ JOHN GILLINGHAM. From Morgenthau Plan to Schuman Plan: America and the Organization of Europe//JEFFERY M. DIEFENDORF, AXEL FROHN, HERMANN-JOSEF RUPIEPER, eds.. American Policy and the Reconstruction of West Germany, 1945-1955. Cambridge University Press, 1994: 130.
⑤ 法国外交部档案馆. Visite du général De Gaulle en Z. F. O., Allocution du général De Gaulle por les Autorités Allemandes de Rhenanie à Coblence le 3 octobre 1945//Archives rapatriées de l'ambassade Bonn, C-La France et la ZFO (1945-1947), Bonn 262 CP C/Ⅱ 4.

海纳集
上海大学文学院四十周年纪念文集

区域
国别史

石油地租经济及西亚与中国的合作潜力

杨 光

杨光,1955年生。1978—2018年在中国社会科学院西亚非洲研究所工作,任研究员、博士生导师,曾任该所所长。2018年调入上海大学文学院,任研究员、博士生导师兼上海大学全球问题研究院院长、上海大学非洲研究中心主任。主要研究领域为国际能源安全、西亚非洲经济发展和中国与西亚非洲国家关系。为中国中东学会会长、中国非洲问题研究会常务副会长、中国亚非学会副会长、中国新兴经济体研究会副会长、中国社科院海湾研究中心主任、教育部国别和区域研究专家委员会委员、外交部中非联合研究交流指导委员会委员、中阿博览会顾问委员会中方委员,享受国务院特殊专家津贴。

在西亚地区,有一批国家可以被称为石油地租经济国家。这些国家都是世界主要石油输出国,早已进入世界上中等收入,甚至高收入国家行列,却仍然保持着人口快速增长、依赖单一原料出口、工业化程度低等发展中国家特点。这些国家的经济发展问题,在很大程度上与它们的石油地租收入有关,石油地租决定了它们的经济发展模式。认识石油地租对这些国家经济发展的影响,探讨其逐步摆脱石油地租影响的路径,有助于加深理解这些国家经济发展的问题和走向,进而有助于中国在西亚地区推动"一带一路"建设,实现与当地国家的合作共赢和共同发展。

一、石油收入与石油地租

对于西亚石油输出国的经济发展而言,石油收入的意义,其实并不停留在这种收入本身,而在于这种收入所包含的地租成分,特别是地租中所包含的级差地租。

关于石油收入包含级差地租,马克思主义经典作家曾有清晰的论述。马克思在《资本论》中指出,"级差地租是由投在最坏的无租土地上的资本的收益和投在较好土地上的资本的收益之间的差额决定的"。由于"土地自然肥力的差别",土地的生产率不同,可以把土地分为从劣等到优等的各种等级。由于农产品价格是由最劣等土地投入的"资本加上平均利润"决定的,对于以较高效率生产同样产品的优等地来说,按同样的价格销售产品,就可以获得高于最劣等土地收益的"超额利润",这种"超额利润"便构成了"级差地租"。列宁在《卡尔·马克思》一文中介绍"马克思的经济学说"时也指出:"农产品的生产价格不是取决于中等地的生产费用,而是取决于劣等地的生产费用,不是取决于产品运往市场的中等条件,而是取决于产品运往市场的劣等条件。这种生产价格与优等地(或优等条件下)的生产价格的差别,就产生等差地租或者说级差地租。"①石油虽然不是农产品,而是一种矿产品,但马克思在论述级差地租时,是把矿业的情况与农业的情况同类论述的。他在《资本论》中明确指出,"关于农业所要说的,大体上也适用于采矿业","真正的矿山地租,是和农业地租完全一样决定的"。②

西亚的石油输出国就是一批生产石油这种矿产品,并且拥有世界"最优等"油田的国家,其石油收入中自然包含着石油生产成本和地租(含级差地租)两个部分。其中,生产成本大致上由勘探成本、开发成本、运营成本和融资成本构成。由于西亚石油输出国的油田,特别是阿拉伯半岛地区的油田具有分布集中、储量大、埋藏浅、层次多、油层厚、压力大等诸多自然特点,不仅易于开发,而且多是自喷井,这种最优越的"自然肥力"条件,使这些国家的石油生产成本远远低于世界其他地区。

国际石油价格则是围绕世界上的边际油田的生产成本确定的,也就是围绕生产成本最高的油田,或"最劣等地"的生产成本确定的。在按照边际油田成本加平均利润确定的价格出口石油的情形下,西亚石油输出国作为"最优等地"的拥有者,凭借其超低生产成本,可以在获得"最劣等地"生产者也同样可以获得的"平均利润"之外,再获得"超额利润",也就是获得"级差地租"。而且,由于它们所拥有的油田是世界上的"最优等地",它们每出口一桶石油,所获得的地租收入自然也是世界最高的。西亚石油输出国通过所生产和销售石油所获得的"平均

---

① 中共中央马克思恩格斯列宁斯大林著作编译局. 列宁选集:第2卷. 北京:人民出版社,1995:435.

② 这一段所引述的马克思关于级差地租的论述和概念,均引自:中共中央马克思恩格斯列宁斯大林著作编译局. 马克思恩格斯选集:第2卷. 北京:人民出版社,1995:548—575.

利润"和"级差地租"之和,就构成了本文所称的石油收入中的全部地租。

西亚国家自从 20 世纪 70 年代相继完成了石油工业国有化之后,就基本上成为自己国家石油地租的所有者。在过去 40 年左右的时间里,其石油地租收入的规模颇为可观。如果把出卖每桶石油所获得的地租界定为每桶石油的价格减去其生产成本的话,按照国际石油价格时价和西亚石油输出国边际生产成本,可以对西亚石油输出国的石油地租收入规模进行粗略的、但也是最保守的推算。

以 1990 年为例。全年平均国际油价(迪拜原油时价)为每桶 20.38 美元,西亚石油输出国全年石油出口量为 51.9 亿桶,石油收入约为 1 058 亿美元。而当时中东地区的石油边际生产成本(该地区最高生产成本)是每桶 5 美元,①因此当年石油地租收入应不少于 798 亿美元,石油地租在石油收入中占比 75.4%。21 世纪以来,世界边际油田的生产成本和国际石油价格都大幅度升高,西亚石油输出国的级差地租优势更加明显。以 2014 年为例,全年平均国际油价(迪拜原油时价)高达每桶 97.07 美元,西亚石油输出国的石油出口量增加到 72.1 亿桶,尽管中东地区边际油田的生产成本已经上升到每桶 14 美元,但这一年西亚石油输出国的石油出口收入也不会少于 7 001 亿美元,其中石油地租收入不会少于 5 990 亿美元,相当于 1990 年的 7.5 倍,②石油地租在石油收入中占比也提高到 85.6%。

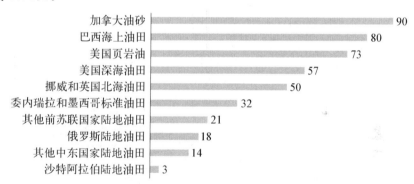

图 1　世界原油边际生产成本比较(美元/桶)

数据来源:瑞士苏格兰银行,转引自凤凰网 2014 年 10 月 21 日,http://news.ifeng.com/a/20141021/42259245_0.shtml。

---

①　中国石油天然气总公司情报研究所,石油大学管理工程系.影响国际石油价格的十个因素(调研报告汇编).1991-05:62.

②　油价数据来源:Oil: Spot Crude Prices, BP Statistical review 2004. http://www.bp.statisticalreview; BP Data Workbook — Statistical Review 2015. http://www.bp.com/en/global/corporate/energy-economics/statistical-review-of-world-energy.

二、石油地租与经济发展特点

石油地租的持续和大规模获取,赋予西亚石油输出国以经济发展的独特优势,这种优势主要体现在以下 5 个方面,并直接影响了西亚石油输出国经济发展的经济规模、资本积累、要素组合、产业结构和经济体制。

(一)构成 GDP 的重要组成部分

为了显示石油地租在西亚国家经济中的重要地位,图 2 选取了 1982—2014 年石油地租在各国和各地区产油国 GDP 中的占比进行比较。为了尽量减少国际油价变化对石油地租在 GDP 占比的影响,以便更加准确地反映石油地租在经济中的占比,所选的两个年份都是高油价周期的末年。换言之,图中显示的数据均为高油价时期石油地租在 GDP 中的占比。图中的自然资源地租就是石油地租。根据世界银行的计算方法,构成 GDP 组成部分的石油地租是按照油价减去开采成本,再乘以开采数量计算得出的。从图 2 的比较中不难看出,石油地租在西亚国家经济中的占比,远远超过了世界其他地区。多数国家的石油地租占比有所下降,反映出这些国家的经济多样化取得了一定进展,但这种进展尚不足以改变相关国家经济依然严重依赖石油地租的现实。有些国家(伊朗、伊拉克

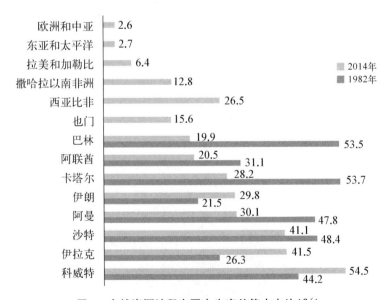

图 2 自然资源地租在国内生产总值中占比(%)

数据来源:世界银行网站. (2016 - 08 - 20). http://data.worldbank.org/indicator/

和科威特)这种状况不但没有减轻,反而比30多年前更加严重。因此,国民经济对石油地租的严重依赖,是西亚石油输出国有别于世界其他类型经济的突出特点。

(二) 加快了资本积累进程

石油地租国家与一般发展中国家最大的不同在于,它们通过石油地租收入实现了短时间内的加速资本积累。20世纪70年代以来石油地租收入滚滚而来,使这些国家在资本积累方面呈现出与许多发展中国家截然不同的特点。首先,与其他发展中国家相比,西亚石油输出国由于拥有充裕的石油地租收入,基本不存在美国经济学家钱纳利所提出的著名的经济发展"两缺口",即投资缺口和外汇缺口问题;一些国家甚至由于资金积累速度过快,而其他生产要素相对稀缺,出现了资金剩余问题。其次,这些国家由于依靠石油地租即可获得巨额资金,加上缺乏农业生产的有利条件,因而没有像许多发展中国家那样,为实现工业化而采取"榨取"农业的资本积累方式,即通过国家对农产品生产和出口环节的直接控制,把一部分农业收入转化为工业化所需的资金积累。再有,与非石油输出国相比,这些国家虽然也利用外国投资,但其吸引外国投资的目的,主要不是为了弥补资金缺口,而是为了引进外国技术和利用国外市场。因此,外资在这些国家的固定资产投资中所占比重通常很小,例如2013年外资在沙特阿拉伯和伊朗的固定资产投资总额中所占比例分别只有5%和3%。[①] 西亚石油输出国因获取石油地租而拥有超常的加速资本积累条件,为其探索独特发展道路奠定了基础。

(三) 弥合了发展条件的差距

西亚石油输出国虽然有相对充裕的资金,但除了伊朗和伊拉克以外,其他国家的其他生产要素却普遍稀缺。然而,资金丰裕为弥补其他生产要素稀缺创造了条件。海湾六国的生产要素稀缺主要表现在人口稀少,劳动力短缺;教育基础薄弱,缺乏技术人才;资源禀赋单一,农矿物资源不多;气候干旱,水资源匮乏。可耕地在国土面积中的占比在叙利亚为25.4%,在伊朗和伊拉克分别为10.8%和8.4%,在海湾六国均不到1.5%。与世界内陆淡水资源人均6 122立方米相比,伊朗和伊拉克分别仅为1 700和1 100立方米,叙利亚和阿曼分别为870和

[①] 外国直接投资额和外国直接投资占固定资产投资总额比例数据,来自:联合国贸发会网站。World Investment Report 2014-Country Fact Sheet. http://unctad.org/SearchCenter/.

460立方米,海湾六国都不到100立方米。①除此之外,这些国家在20世纪70年代时的基础设施十分落后,远不具备开展大规模经济建设的条件。为解决生产要素稀缺问题,资金优势发挥了决定性作用。海湾国家,以及20世纪90年代受到联合国制裁以前的伊拉克,普遍采用提供高薪的办法,大量引进外籍劳工和专业技术人员,海湾地区小国的外籍劳动力数量普遍超过本国人口。为弥补农业耕地有限的不足,沙特阿拉伯发挥资金优势,在有限的耕地上开展集约化生产,在20世纪80年代以超过国际水平3倍的成本,实现了小麦的自给自足。海湾国家通过海水淡化业,满足了全国的生产和生活用水需要。为解决基础设施不足问题,各国政府引进国际承包公司,开展交通、通信、发电、供水等基础设施建设,使基础设施建设的步伐基本适应了大规模经济建设的需要。

(四) 推动了产业结构多样化

西亚石油输出国虽然严重依赖石油地租收入,但也有逐渐摆脱石油单一经济的共识,经济多样化是其经济发展的共同目标。自从20世纪70年代以来,各国纷纷根据自己国情,制定本国的发展战略和发展规划,发展战略规划的共同特点,即是通过产业的多样化,逐步实现收入来源的多样化。从总体上看,发展工业、服务业和海外产业代表了这些国家经济多样化发展战略的基本特征。

第一,西亚石油输出国普遍建立了以石油天然气为能源或原料的工业,如炼油、石化、冶金、水泥等工业。及至2010年前后,除科威特和伊拉克以外,工业制造业在各国的国内生产总值中占比均达到10%左右。② 第二,海湾地区的小国,自然条件严酷,市场和人口极其有限,不具备大规模发展工业的条件,因此纷纷利用其地缘优势,把发展服务产业作为经济多样化发展的主要方向。例如阿联酋的阿布扎比酋长国和迪拜酋长国、卡塔尔、巴林等国,都把经济多样化的重点放在了投资发展国际航空运输、金融、转口贸易、会展、旅游、房地产等服务产业。这些服务业的兴起,使这些国家逐渐成为连接亚欧非三大洲的交通运输中心和货物转运枢纽。第三,由于一些西亚石油输出国因其石油地租收入不能完全被国内市场所吸收,遂把过剩的石油地租收入投向海外,以实现石油地租收入的保值增值,从而形成数额不等的海外资产。这些国家的官方海外投资,通常由主权财富基金负责运作。2016年,西亚国家持有的官方海外资产总规模已达到

---

① 世界发展指标2014.北京:中国财政经济出版社,2014:46—50. 美国中央情报局网站. The World Factbook. https://www.cia.gov/library/publications/the-world-factbook.

② The Middle East and North Africa 2014. 60th Edition. London and New York: Routledge Taylor and Francis Group, 2013.

27 934亿美元,私人海外资产并未统计在内。西亚国家海外资产的绝大部分都是金融类资产,到2014年底其海外直接投资的存量还只有2 117亿美元。① 海外资产的主要形式包括在西方国家银行存款、海外股权投资、持有外国政府和国际组织发行的债券、提供银团贷款和承购包销债券等。

(五) 形成了政府主导地位

石油地租收入对于西亚石油输出国的经济体制影响很大。由于石油工业大多掌握在国有石油公司的手中,政府控制了石油地租收入的源泉,也势必成为经济发展的主导者。因此,西亚石油输出国的经济体制普遍具有政府主导的特点。

首先,国家经济命脉产业,特别是石油天然气采掘业、一些经济多样化的主导产业,以及基础设施,都掌握在政府手中。沙特阿拉伯的国有企业在GDP中的占比为60%。② 在最大的工业企业沙特基础工业公司中,政府持有70%的股份,董事会主席也由王室成员担任;航空、铁路、电力、海水淡化、通信等基础设施均控制在政府手中。伊朗经济的85%也是由官方控制。③ 许多领域存在对私人投资和外国投资的限制。例如沙特阿拉伯和科威特的石油工业上游领域至今没有对外国投资开放,伊朗也不允许外国企业对其石油和天然气工业的上游领域进行直接投资。许多国家对外国投资实施比较严格的占股比例限制,在沙特阿拉伯从事建筑工程承包的外国企业必须有本国担保人等。

其次,政府名目繁多的各类补贴,成为干预收入分配的重要手段。石油地租收入丰裕的海湾六国,普遍实行高福利政策,政府不仅对能源和水电价格实施补贴,而且为本国居民提供免费的住房、医疗和教育服务。沙特阿拉伯每年仅水费补贴一项,就要开支500亿美元,④2015年的燃料补贴则高达520亿美元。⑤ 伊朗的各种补贴早在2005年的时候已达到400亿美元,大约相当于当年国内生产总值的两成半。政府对石油产品的补贴每年约占政府补贴开支的2/3。

政府补贴对于这些国家的社会稳定和维持居民福利发挥了重要作用,但随

---

① 美国中央情报局网站. The World Factbook. https://www.cia.gov/library/publications/the-world-factbook;美国主权财富基金研究所网站. (2016 - 02 - 11). http://www.swfinstitute.org/sovereign-wealth-fund-rankings/.

② 美国国务院网站. 2012 Investment Climate Statement — Saudi Arabia, US Department of State. (2016 - 01 - 02). http://www.state.gov/e/eb/rls/othr/ics/2012/191229.htm.

③ 伊朗总商会外资委员会主任 Seyyed Hossein Salimi 语,转引自中华人民共和国商务部网站. (2015 - 06 - 16). http://www.mofcom.gov.cn/article.

④ BWCHINESE中文网. 中东阿拉伯之春将再引爆? (2014 - 02 - 12). http://www.bwchinese.com/articale/1052719_2.html.

⑤ 中财网. 沙特王室不顾油价下跌仍大发红包. (2015 - 11 - 02). http://cfi.net.cn/p20151102000517.html.

着补贴规模的不断扩大,也使一些国家的政府财政背上日益沉重的负担。

三、石油地租经济面临的挑战

石油地租给西亚石油输出国的经济发展带来优势,也带来挑战。这种挑战主要表现在3个方面,即石油地租优势受到技术进步的挑战,宏观经济稳定受到石油价格波动的挑战,以及石油地租经济受到失业问题的挑战。

（一）技术进步挑战"级差地租"

"级差地租"法则并不是一种静态的法则,西亚石油输出国的"级差地租"优势也不是一成不变的,它有可能随着技术的发展而改变。马克思在论述"级差地租"时强调,"肥力虽然是土地的客观属性,但从经营方面说,总是同农业化学和农业机械的现有发展水平有关系,因而也随着这种发展水平的变化而变化",[①]从而指出了农业"级差地租"格局可能因技术条件变化而发生动态性改变的可能性。其实,石油地租的情形也大致如此。图1仅仅显示了各地油田的边际生产成本,也就是各地生产成本最高的油田的成本,却不能反映各地低生产成本油田的情况,因而并非世界石油生产成本的全部图景。

20世纪80年代中期开始的低油价时期已持续到新世纪初年,这也是石油工业为回应低油价而加快技术进步和迅速降低生产成本的时期。3维和4维地震勘探技术的应用、新测井技术和控制设备以及可视性钻探设备的使用、水平钻井和定向钻井技术的应用、平台设计和建造技术的改进、计算机数据处理技术的应用、公司管理的改进等技术进步,大大提高了石油勘探开发的效率,也提高了探明储量的回采率,对石油生产成本发生了显著影响。根据美国能源情报署统计,在20世纪80—90年代,发现、开发和采油成本加在一起,西亚以外地区的石油生产成本从每桶20美元下降到每桶8—9美元,成本降低的主要原因主要是3维地震技术和水平定向钻井技术的使用。[②] 21世纪以来美国页岩气和页岩油的崛起,就是20世纪末使用3维地震技术取得的突破性勘探进展的成果。如今,尽管美国页岩油的边际生产成本依然较高,但许多油田已经可以在每桶40—50美元的价位生存。

---

① 中共中央马克思恩格斯列宁斯大林著作编译局.马克思恩格斯选集：第2卷.北京：人民出版社,1995：548—575.

② International Energy Agency. World Oil Supply Outlook Through to 2010, For Official Use. Paris, 2000：3.

对于西亚石油输出国而言,技术进步导致世界石油生产成本下降和石油供应增多意味着,在科学技术这个"第一生产力"的发展作用下,其原有的"级差地租"优势和国际石油市场份额都受到被削弱的危险。世界石油替代能源的飞快发展,及其价格在技术进步作用下的不断下降,更使这种危险有增无减。

(二)油价波动影响经济稳定

西亚石油输出国既然严重依赖石油地租收入,就难免受到国际石油价格变化的明显影响。这些国家的经济状况通常随着国际油价的涨落而变化,难以实现长期稳定的持续增长。国际石油价格每桶几十美元的变化,往往可以直接导致沙特阿拉伯这样的国家的国内生产总值发生数百亿,乃至数千亿美元的变动。国际油价下跌会使政府的财政收入紧张,进而导致经济建设项目收缩和经济增长速度下降。这些国家在遭遇财政紧张时往往采取抽回海外资产的办法弥补财政开支缺额,进而导致其海外资产萎缩。

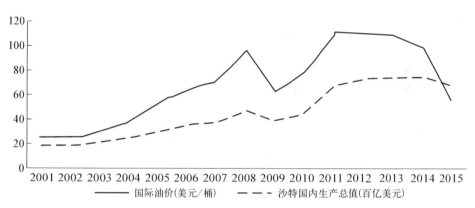

图3 国际油价变化对沙特国内生产总值的影响(2001—2015年)

数据来源:BP, *Statistical Review of World Energy 2016*;EIU, *Country Report: Saudi Arabia*, 2002 - 2016。

以沙特阿拉伯为例,经济增长与国际油价之间的正相关关系十分明显。21世纪以来,随着国际油价的持续上涨,使沙特阿拉伯走出了20世纪90年代的经济低迷状态,但2008—2009年国际金融危机导致国际油价下跌,把沙特阿拉伯经济拖入新的谷底。由于政府财政紧张,沙特阿拉伯宣布暂停的建设项目价值超过200亿美元。[①] 2010年后国际油价回升,把沙特阿拉伯经济重新带入增长的春天,但2014年开启的新一轮国际低油价周期,又使沙特阿拉伯经济进

---

① 2010年海湾建筑业:地区项目指南.[英国]中东经济文摘,2010年副刊:7.

入严冬。2015年沙特阿拉伯不得不抽回700亿美元海外资产,相当于其官方海外资产总额的10%以上。①

(三) 石油地租难解失业困局

失业问题是西亚国家面临的一个日益严重的挑战,在人口较多的国家伊朗、伊拉克和沙特阿拉伯等国,显得尤为突出。目前,伊朗、伊拉克和沙特阿拉伯的失业率已分别达到10.3%、16%和11.6%。②青年失业问题尤为严重。在伊朗,15—24岁人口的失业率高达28%。2010年爆发的"阿拉伯之春"运动表明,失业问题的长期存在,不仅是经济发展问题,而且也极易引发社会动荡,对这些国家的政治和社会稳定构成潜在威胁。

西亚国家失业率较高,一方面与相关国家人口增长速度较高、就业需求旺盛有关;另一方面也是受到现有产业结构的局限。迄今为止,一些人口大国的主要就业领域仍然是传统的农业,以及建筑、贸易、维修、交通运输、政府和军队等。长期居高不下的失业率表明,这些领域的就业吸收能力已经潜力不大。石油采掘业虽然可以带来可观的石油地租收入,但并非劳动密集型产业,其对于缓解失业问题的贡献甚微。包括石油工业在内的采掘业就业人数在所有西亚石油输出国就业结构中占比都不超过1%。③长期居高不下的失业率及其蕴含的社会风险上升说明,西亚石油输出国必须突破现有产业结构,另寻他途,石油地租不能自动破解严重的失业困局。

四、石油地租经济的发展方向

西亚石油输出国对于其经济面临的挑战逐步有所认识,并且从国际石油市场战略和国内经济调整两个方面采取了一系列因应举措。这些因应举措尽管在各国之间存在路径和重点不同,在国际石油市场战略上甚至还存在较大分歧,但代表了西亚石油输出国经济发展的基本方向。

(一) 采取深谋远虑的油价战略

石油地租是西亚石油输出国的主要资本积累手段和发展优势,然而在以什

---

① 唐逸如.石油国主权财富基金玩大撤退.腾讯财经网.(2015-02-15). http://finance.qq.com/a/20151214/030066.htm.

② 美国中央情报局网站. The World Factbook. https://www.cia.gov/library/publications/the-world-factbook.

③ 关于西亚各国就业结构,可参阅: The Middle East and North Africa 2014. 60th Edition. London and New York: Routledge Taylor and Francis Group, 2013.

么样的市场策略获取石油地租问题上,各国政策主张却不尽相同,这种不同主要反映在对油价主张的分歧上。伊朗和伊拉克等"鹰派"国家主张通过限产抬高油价,以实现石油地租收入的短期最大化;而以沙特阿拉伯为代表的"鸽派"国家,则主张保持石油生产者和消费者都可以接受的市场价格,以尽量延长世界对石油的需求,特别是对西亚国家石油供应的需求。2014 年下半年国际油价从每桶 130 美元的水平直线下跌,使双方的分歧再次凸显。伊朗提出把油价恢复到每桶 75 美元的主张,①伊拉克也提出把油价恢复到每桶 70—80 美元的主张;②沙特阿拉伯则拒绝限产保价,继续开足马力生产石油,即便国际油价在 2016 年初跌破每桶 30 美元仍未收手。

事实上,"鹰派"国家的主张反映了相关国家因现实石油生产能力较弱,国内建设资金紧张,急于实现每桶石油收入短期最大化的利益,而"鸽派"国家的主张则是一种远期谋划,并可以对国际油价走势产生实际影响。西亚石油输出国都是拥有丰富石油资源的国家,石油资源可供开采时间很长。从 2014 年在世界石油储量占比及探明储量开采年限来看,伊朗为 9.3% 和 119.6 年,伊拉克为 8.8% 和 125.1 年,沙特阿拉伯为 15.7% 和 63.6 年,科威特为 6% 和 89 年,阿联酋为 5.8% 和 72.2 年。③ 这些国家的一个共同性的长远利益是,要长期保持世界对其石油出口的需求,避免其市场份额过早地被其他石油生产国或石油替代能源所挤占或取代。为此,在石油地租优势基础上保持较低油价,是其遏制和延缓高成本油田开发和石油替代能源发展的唯一可使用手段。20 世纪长期担任沙特阿拉伯石油大臣的亚马尼曾经指出,如果高油价刺激其他地区石油开发和石油替代能源开发,沙特阿拉伯或有一天会陷入空有石油资源而失去市场需求的境地,就如同世界上的石头还未用完,而石器时代已经结束一样。④

由于持"鸽派"主张的沙特阿拉伯的石油产能和产量远远超过西亚其他国家,因此,只要沙特阿拉伯不参加限产,其他国家很难通过减少产量而有效影响国际油价的水平。从这一角度来看,在相当长的时期内,西亚国家乃至石油输出国组织的国际石油市场战略,仍将受沙特阿拉伯的油价政策制约。这种避免落

---

① 伊朗石油部长尚甘尼表示,每桶 75 美元是合理油价。新浪财经网站。(2015-06-05)。http://finance.sina.com.cn/world/20150605/220522362275.shtml。
② 伊拉克石油部长麦赫迪称,合理油价应当在每桶 70—80 美元。中国日报财经频道网站。(2014-12-25)。http://www.chinadaily.com.cn/hqcj/zxqxb/2014-12-25/content_12942814.html。
③ BP. Statistical Review of World Energy 2015. pp. 6, 8.
④ 对亚马尼"石器时代陷阱"的论述,参见:杨光主。中东发展报告 No.17(2014—2015)。北京:社会科学文献出版社,2015:6。

入"石器时代陷阱"的担忧,至今仍是沙特阿拉伯及西亚"鸽派"国家国际石油市场战略背后的基本考量。

（二）加快工业制造业的发展

工业制造业的发展在西亚国家的经济多样化发展战略中占有重要地位,近年来就业问题日益凸显,为西亚主要石油输出国加快工业发展,特别是加快非石油工业制造业发展,提供了新的动力。伊朗、伊拉克、叙利亚等国资源比较丰富多样,劳动力人口多,成本较低,国内市场较大,也有一定的地区市场辐射力;沙特阿拉伯早在2003年就与海湾合作委员会国家建成了关税同盟,具有发展工业制造业的有利条件,然而这些国家的工业制造业薄弱,对解决就业的贡献甚微,工业在全国就业结构中的占比在伊朗为15%,在沙特阿拉伯为6%,在伊拉克为5%,均不及农业部门,[①]工业制造业创造就业的深厚潜力远远没有发挥出来。在就业问题日益严重的今天,引进适用技术,加快工业制造业发展,越来越受到相关国家的重视。

在这方面,沙特阿拉伯的例子比较典型。沙特阿拉伯的第九个五年计划（2010—2014年）已把就业和制造业发展放在突出位置,并提出五年内实现制造业年均增长率6.3%,非石油采矿业年均增长率9.2%,为沙特阿拉伯公民创造110万个就业机会,使其失业率从2009年的9.5%下降到2014年的5.5%等发展目标。[②] 2015年10月,沙特阿拉伯石油矿业资源大臣纳伊米又宣布,沙特阿拉伯要通过加快矿业开发,以及发展冶金、炼铝、化肥、建筑材料等采矿业下游产业,在2030年时实现矿业产值增加两倍并创造10万个就业机会,把矿业打造成为仅次于石油和化工工业的国民经济"第三支柱"。伊朗长期以来把工业发展重点放在石化工业领域,在2016年初经济制裁获得解除以后,也开始对引进劳动密集技术解决就业问题表示出高度兴趣。

预期加快工业制造业发展将进一步受到沙特阿拉伯、伊朗等西亚国家的重视,成为其未来经济发展的主要方向。

（三）进一步改善基础设施条件

无论是工业制造业还是其他产业的发展,都离不开基础设施条件的支撑。然而,除海合会国家以外,其他西亚主要石油输出国的基础设施条件还有十分明显的差距。伊朗、伊拉克和叙利亚的电力消费量远远低于中国的水平。从

---

① The Middle East and North Africa 2014. 60th Edition. London and New York: Routledge Taylor and Francis Group, 2013.

② 中国驻沙特阿拉伯大使馆经济商务参赞处网站。

2012年的人均电力消费量来看,中国为3 475度,而伊朗为2 762度,伊拉克为1 474度,叙利亚为1 222度。① 这些国家的英特网的使用普及率也比较低。2014年每千人英特网用户数量均低于世界平均水平。从铁路总长来看,即便是西亚地区拥有最多铁路的石油输出国伊朗,其铁路总长也远远低于与之面积相仿的墨西哥和南非等国。因此,要加快工业化发展和服务业的发展,必须突破基础设施的瓶颈。为此,沙特阿拉伯2014年提出建设19条铁路的计划,总长9 900公里。② 伊朗政府在2015年已经制定了到2025年新建1.2万公里铁路,实现全国铁路里程翻番的计划。③

在全国性政策和基础设施环境还存在诸多不利因素的情况下,通过建立工业园区和特区,为加快工业发展创造局部有利的小环境,正在成为许多西亚石油输出国的经济发展阶段性选择。例如,伊朗正第五个五年计划(2010—2015年),提出建设12个工业园区,重点发展石化产业。沙特阿拉伯已设有多个工业园区和经济特区,《沙特2030年愿景》发展规划,再次把"振兴经济城,建立实施特殊商务法规的物流、旅游、工业及金融等特区"作为营造宜商环境的重要举措。

因此,包括建设工业园区和经济特区在内的基础设施建设,也将是西亚石油输出国的未来经济发展的重要方向。

(四) 开展经济体制改革

摆脱对石油地租的过度依赖和推动经济多样化,需要私人投资、外国投资和技术在经济发展中发挥更大作用。然而,在石油地租经济环境下形成的、以政府大包大揽和过度干预为特征的经济体制对此形成障碍。特别是政府干预造成的某些生产要素价格扭曲,许多产业对私人资本或外国资本进入的严格限制,较高的关税或非关税壁垒限制货物和服务贸易发展等问题,使市场不能在资源配置中发挥决定性作用,影响了私人和外国投资的环境,需要开展以进一步发展市场经济为导向的体制改革。在20世纪90年代长期低油价时期,西亚石油输出国已出现这种改革的呼声,但并没有落实到规划和实施,而是依靠抽回海外资产和举借一些国际债务,勉强度过了经济困难。如今西亚石油输出国的经济规模已经远远超过20世纪90年代,在2014年起新一轮国际油价下跌的冲击下,仅靠在旧体制下抽回海外资产和举借国际债务,已难以度过经济难关,因而进行体制

---

① 世界银行网站. Data, Infrastructure. http://data.worldbank.org/topic/infrastructure.
② 高铁网. 沙特阿拉伯规划9 900公里铁路网建设. (2014 - 08 - 20). http://news.gaotie.cn/guoji/2014 - 08 - 20/179499.html.
③ 环球网. 伊朗铁路的变革. (2015 - 02 - 22). http://world.huanqiu.com/hot/2015 - 12/8232300.html.

改革的呼声更加强烈。

沙特阿拉伯已率先提出大规模经济体制改革的方案并开始将其付诸实施。其经济体制改革方案主要体现在2016年1月9日出版的《经济学家》杂志发表了对沙特阿拉伯副王储、政府负责经济事务的经济与发展委员会主席穆罕默德亲王的访谈，特别是2016年4月沙特阿拉伯公布的《沙特2030年愿景》中[①]。具体改革举措包括：第一，开辟非石油收入来源，减轻政府财政负担。增设增值税、饮料、香烟和土地闲置税等税收项目，以及国有企业私有化收入，补充政府财政收入；削减乃至取消政府对汽油、水和电的价格补贴，在五年之内消除财政赤字。第二，发展民营经济，解决就业问题。对包括沙特阿美石油公司在内的国营企业，以及医疗卫生等公共服务逐步实行私有化，把私营经济在国内生产总值中的比重从现在的40%提高到65%。通过发展私营工商业解决大量年轻人就业的问题。第三，扩大非石油产业的发展，特别是发展制造业、新能源、军事工业和采矿业，打造经济发展的新支柱产业。第四，通过振兴和建立经济城、经济特区，为民营经济发展和吸引外国投资，改善投资环境。

沙特阿拉伯的改革方案虽然还不够全面深入，但已开始动摇完全由政府主导的石油地租经济体制。随着低油价冲击的持续，以及传统应对手段的局限性越来越明显，这种经济体制改革应当是西亚石油输出国经济发展的大势所趋，代表了它们未来的发展方向。

五、中国与西亚产油国的互利合作

中国与西亚国家当前经贸合作形态的基本特点是，双方互为能源安全的战略依托，西亚石油输出国依靠中国支撑贸易条件，产能合作正在为双方的互利合作开辟新的前景。中国拥有强大的工业制造业生产能力和基础设施建设能力，在基础设施建设方面已经成为西亚国家的卓有成效的合作伙伴，在工业制造业领域的产能合作正蓄势待发。中国完全有条件在西亚石油输出国经济发展和改革进程中，通过合作满足双方的发展利益，实现互利双赢和共同发展。

（一）能源安全的战略伙伴

西亚石油输出国的经济多样化是一项长期战略目标，而且在很长时期内还

[①] 中国商务部网站.沙特公布2030愿景文件，誓成为连接亚欧非三洲的全球枢纽.（2016-04-28）. http://cccme.mofcom.gov.cn/article/i/jyjl/k/201604/20160401308210.shtml.

有赖于石油地租收入作为资本积累手段。而其石油地租收入的获得在很大程度上取决于出口市场的安全,特别是与中国的长期合作。

当今的国际石油市场已分化为3大供求板块。美国和欧洲国家为了减少从西亚进口石油的风险,从20世纪70年代以来实施进口来源多样化战略,已把各自主要石油进口来源转移到其相邻地区,从而形成美洲板块和欧洲-中亚-地中海板块。唯有亚太地区(不包含北美国家)因自身石油资源有限、西亚石油资源丰富和运输便捷,而在石油进出口方面与西亚国家相互依靠,形成国际石油市场的第三大板块,即亚洲板块。①

在亚洲板块中,中国与西亚国家在原油供求方面的相互依赖尤为突出,构成了亚洲板块的核心。2015年,中国占西亚原油出口量的19.4%,是西亚最大原油出口市场;西亚占中国原油进口量的51%,是中国最大的原油进口来源。② 从发展前景看,中国保持长期中高速经济增长离不开继续扩大原油进口;西亚国家在世界石油输出国日趋激烈的市场竞争中需要不断巩固和扩展其市场地位,伊朗和伊拉克等国重新恢复石油市场地位也只能把希望寄托于以中国为核心的亚洲石油市场。

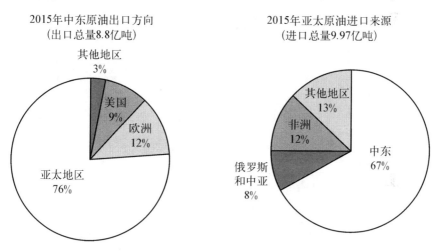

图4 国际石油市场的"亚洲板块"

数据来源:Oil: inter-area movement, BP, *Statistical Review of World Energy 2016*.

---

① 关于国际石油市场板块化的更多论述,参见:YANG GUANG. Structural Change in the International Oil and Gas Markets and its Impact on China-GCC Relations//TIM NIBLOCK, YANG GUANG. Security Dynamics of East Asia in the Gulf Region. Germany: Gerlach Press, 2014: 137 - 150.
② BP. Oil: inter-area movement. Statistical Review of World Energy 2016. p.18.

因此,中国与西亚石油输出国注定要在很长的时期内在石油供求方面相互依靠。在很大程度上,西亚国家的石油出口安全要依靠中国的市场需求实现,而中国的石油进口安全则要依靠西亚国家的稳定供应实现。中国的石油进口安全和西亚国家的石油出口安全恰如一个硬币的两面,双方同处在一个能源安全的共同体之中,是必须长期开展能源安全合作的战略伙伴。

(二) 贸易条件的关键支撑

西亚国家的石油地租收入的实际水平,不仅取决于其名义上的规模,也取决于其实际购买力,而后者与贸易条件有密切的关系。

所谓贸易条件,指的是出口物价指数与进口物价指数的比较,以贸易条件指数或"进出口比价指数"为测算指标。其计算公式为:进出口比价指数＝出口物价指数/进口物价指数。如果出口货物的单位价格上升比进口快,则出口同样多的商品可以交换到更多的进口货物,贸易对本国有利,实际上意味着国外的财富向本国转移;反之,如果出口货物的单位价格上升慢于进口,则出口同样多的商品只能交换到更少的进口货物,贸易处于不利的地位,实际意味着国内的财富向国外转移。因此,贸易条件状况在很大程度上决定着一个国家的出口收入(就西亚国家而言,即石油出口收入)的实际购买力。

21世纪以来,中国对国际贸易的影响力显著提升。中国从20世纪90年代中期从石油净出口国变成石油净进口国,2013年已成为世界第一大石油进口国,对于扭转20世纪90年代国际油价长期低迷的局面,发挥了重要作用。在2003年到2014年期间,世界石油进口增量为每日998.4万桶,其中中国的石油进口增量占49.4%。[①] 中国石油进口的增长是国际石油价格的关键支撑。

几乎与此同时,中国迅速成长为世界最大制造业产品出口国,2013年已成为世界最大的制造业产品出口国。[②] 低成本的中国工业制成品大量进入国际市场,对于国际制成品价格的上升形成极大牵制。据世界贸易组织公布的数据,从2000年到2012年,世界燃料价格上涨了将近4倍,而同期工业制成品的价格仅仅上升了20%。[③] 因此,21世纪以来,越是依赖单一原料出口和工业制成品进口的国家,其贸易条件越是获得改善;而那些主要出口工业制成品而进口初级产品的国家,其贸易条件则出现了恶化。西亚石油输出国作为石油的主要出口者和工业制成品的全面进口者,正是改善贸易条件的明显获益者。2014年底以来

---

① 数据来自:BP. Statistical Review of World Energy 2015. p. 18.
② 人民网. 中国总出口赶超美国,制成品国际占有率达17.4%. 2014 - 12 - 29.
③ WTO. World Trade Report 2013. p. 66. http://www.wto.org.

出现国际油价下跌同样不能改变中国是西亚石油输出国贸易条件的关键支撑者的事实,因为如果没有中国的继续大量购买石油作为支撑,国际油价只能下跌得更惨。

进口西亚石油和出口工业制成品对于中国经济发展的贡献自不待言,但中国支撑西亚石油输出国贸易条件的重要作用这一点,迄今却很少被人提到。而这实际上是对西亚石油输出国石油收入的关键性支持。

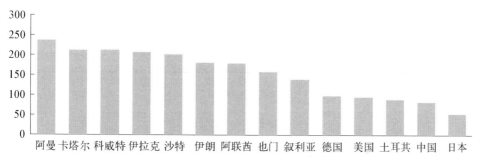

图5　2014年贸易条件指数比较(以2000年为100)

数据来源:http://www.data.worldbank.org/indicator/TT.BRI.XD.WB。

(三)产业合作的理想伙伴

西亚国家的经济多样化,归根结底需要落实到非石油产业的发展,其中包括发展海外产业。西亚地区人口众多,国家就业问题的解决也要依靠经济多样化发展,特别是工业制造业的发展。中国和许多发展中国家的发展经验已经证明,工业制造业的发展,是把快速人口增长从就业负担转化为发展红利的有效途径。

对西亚国家而言,无论是推动国内的工业化发展,还是发展海外产业投资,中国都是理想的合作者。

一方面,中国企业面向西亚"走出去"的前景广阔。伊朗、叙利亚等国劳动力价格比较低廉,国内市场潜力较大,自然资源比较丰富,比较适合发展多种采掘业、加工工业和制造业,特别是劳动密集型产业;沙特阿拉伯虽然劳动力成本较高,但发展采矿、冶金、化肥、建材和新能源的新方针已经明确。西亚石油输出国的经济体制改革总的方向是发展市场经济,投资环境趋于改善。但这些国家普遍缺乏工业发展的技术,有些国家的资金还比较困难,需要从国外引进。中国则由于国内市场饱和及国内劳动力成本上升,在光伏、风能、钢铁、有色、建材、化工、轻纺、家电、汽车、工程机械和建筑等诸多产业存在大量成熟技术和剩余产能,可以投资为载体向国外转移。中国的核能、高铁、航天、通信等技术也在积极寻求开辟国际市场。这些产业在西亚石油输出国都可以找到合作的需要。新世纪以来,中国对西亚国家的直接投资和建筑工程承包营业额均呈上升趋势。

另一方面,西亚主要石油输出国在中国投资发展油气工业下游产业的合作势头方兴未艾。这些国家长期以来就把在世界主要油气进口国投资发展油气下游产业,作为巩固和发展其海外油气市场的重要路径,并将此成为"国际一体化"战略。新世纪以来,随着中国油气进口的快速增长,它们开始把投资目光转向中国。中国则随着油气进口和消费量快速增加,存在着油气工业下游领域快速发展的实际需要。因此,新世纪以来,西亚国家以合资方式在中国已建成福建省的精炼和石油化工合资项目、天津市乙烯项目,建设中的项目还有广东省和浙江省的炼油和乙烯项目等。

因此,中国与西亚石油输出国的产业合作,并不仅仅是中国企业"走出去"和中国优势和剩余产能的单向对外转移,而是正在形成双方相互投资和市场互利的局面,具有更加广阔的前景。

六、结　　论

西亚石油输出国代表了发展中国家的一种独特类型。这类国家依靠其独特的石油地租优势,加速实现资本积累,弥合生产要素缺陷,推动产业结构的转型升级,形成政府主导的体制,并且在国际石油市场发挥重要影响,形成了独具特色的发展模式,取得了显著成就。但是,这种发展模式的缺陷也暴露得十分明显,特别是石油市场竞争对手的技术进步对石油地租的挑战,国际石油市场波动对经济稳定的冲击,石油地租经济在解决失业等问题上的束手无策等问题日益凸显。西亚国家正在采取富有远见的石油市场战略,加快工业制造业发展,加强基础设施建设,开展经济体制改革等措施,探索经济发展的未来方向。中国在西亚推动"一带一路"建设,在能源安全合作、货物贸易和产业合作3大领域大有作为,可以与西亚石油输出国实现互利共赢和共同发展。

(原载《西亚非洲》2016年第5期)

论拉美国家的结构性改革

江时学

江时学,1956年9月生,江苏吴江人。1980年毕业于上海外国语学院(今上海外国语大学),同年到中联部拉丁美洲研究所工作,1981年随该研究所建制的变动进入中国社会科学院拉丁美洲研究所,1997—2008年任该所副所长、学术委员会主任及中国社会科学院研究生院拉丁美洲研究系主任;2009—2017年任中国社会科学院欧洲研究所副所长、中国社会科学院研究生院教授委员会国际学部执行委员、欧洲研究系主任。1998年晋升为研究员(2010年定为二级研究员),2002年起担任博士生导师,2004年获国务院政府特殊津贴。兼任中国新兴经济体研究会副会长、中国拉丁美洲学会副会长、中国拉美史研究会顾问。

20世纪80年代,拉美经济遭遇了前所未有的债务危机和经济危机的双重打击。这一危机既与不利的外部条件息息相关,也是供给侧领域各种问题积重难返的必然结果。

为了尽快摆脱危机,拉美国家实施了大刀阔斧般的结构性改革。这一改革取得了显而易见的积极成效,但也产生了多方面的问题。因此,20世纪90年代末,拉美的第一代结构性改革开始向第二代结构性改革过渡。这一过渡被称为"对改革进行改革"。

与第一代结构性改革相比,第二代具有更高的战略性、更远的长期性和更大的艰巨性。因此,第二代改革任重道远,不可能一蹴而就。

一、第一代结构性改革

结构性改革是为消除供给侧领域中各种问题的改革。拉美实施的第一代结构性改革是在 20 世纪 80 年代的债务危机爆发后开始的。改革的动因来自多方面,其中最重要的无疑是为了早日摆脱债务危机及由此而来的经济危机。

1982 年,墨西哥爆发了举世瞩目的债务危机。这一危机的"龙舌兰酒"效应如此之大,以至于在较短的时间内该地区的绝大多数主要国家都陷入了债务危机。在债务危机的打击下,拉美国家采用了控制通货膨胀、压缩财政开支和减少进口等措施。但这些"头痛医头、脚痛医脚"的应急性政策收效甚微。在一定程度上,这些政策诱发了经济危机,从而使 20 世纪 80 年代成为该地区的"失去的十年"。

墨西哥债务危机爆发后,拉美国家在国际资本市场上的资信急剧下降,进入该地区的外国私人资本大幅度减少,因此,拉美国家希望从世界银行、国际货币基金组织和美洲开发银行等国际多边机构以及美国政府那里获得更多的贷款,而这些贷款常附加一些要求债务国进行结构性改革的条件。

为了获得国际多边金融机构的资金,绝大多数拉美国家采取了无可奈何或言听计从的态度。例如,巴拉圭罗德里格斯政府为了得到国际货币基金组织的一笔贷款,在多轮谈判之后,于 1990 年 11 月致信该机构,表示政府将保证在一些主要经济部门(如钢铁、水泥、航空和海运)中进行私有化。翌月,政府颁布了法令,开始实施私有化。国际货币基金组织前总裁米歇尔·康德苏曾说过,他的前任亚克·德拉罗齐尔为劝说拉美国家进行经济调整花费了大量时间,而现在的拉美国家却都言听计从了。[①]

第一代结构性改革的内容主要包括以下"四化":

(一)贸易自由化。在实施进口替代工业化期间,拉美国家为保护本国企业而高筑贸易壁垒。高高的贸易壁垒有效地保护了幼稚工业,但也保护了落后。因此,贸易自由化构成了第一代结构性改革的核心内容之一。

为实施贸易自由化,拉美的关税从改革前的近 50% 下降到 1999 年的 10% 左右。改革之前,近 40% 的进口受到非关税壁垒的限制;至 90 年代中期,这一比重已减少到 6%。[②] 由此可见,拉美的贸易自由化是在短短的 10 年左右的时间内完成的。无怪乎拉美国家的贸易自由化被看作是一种激进的改革。

(二)国有企业私有化。国有企业在强化拉美的国家资本、推动拉美经济和

[①] JOHN WILLIAMSON, ed.. Latin American Adjustment How Much Has Happened?. Institute for International Economics, 1990: 353.

[②] EDUARDO LORA. Structural Reforms in Latin America: What Has Been Reformed and How to Measure It. Inter-American Development Bank Working Paper #466. December 2001: 4.

社会发展的过程中扮演了不可或缺的角色。诚然,企业的所有制与其效益的高低和竞争力的强弱无必然的联系。但是,拉美的国有企业始终面临着效益低下、竞争力弱和亏损大等一系列长期得不到解决的老大难问题。因此,在拉美的第一代结构性改革中,对国有企业实施私有化,被认为是消除这一痼疾的最佳方法。

(三)金融自由化。改革之前,拉美的"金融压抑"极为严重。[①]因此,金融自由化也是第一代结构性改革的主要内容之一。在实施金融自由化的过程中,拉美国家采取了以下措施:实行利率市场化;取消定向贷款;降低银行储备金比率;对国有银行实施私有化;积极引进外国银行的参与;加强中央银行的独立性;大力发展国内资本市场;降低进入金融部门的壁垒。[②]

(四)经济体制市场化。经济体制市场化涉及国民经济的方方面面,其中最引人注目的是税收制度改革、劳动力市场改革和社会保障制度改革。改革的核心是强化市场机制的作用,最大限度地减少政府干预和发挥市场机制的作用。[③]

改革前拉美的税制存在许多不合理性。它的多重税率无功效可言,复杂的税率居于很高的水平,从而扭曲了企业的决策,也使居民的储蓄积极性受到了损害。政府试图通过税收的杠杆作用促进投资或发展某些部门。但是,由于征税机构软弱且效率低下,因而"寻租"行为和偷税漏税十分严重。进入90年代后,拉美税制改革全面展开。改革的方向是实现中性化,并在立法和行政管理方面使税制简化,力求获得更多的税收。

改革前,拉美国家的政府对劳动力市场进行有力的干预,加之工会组织"战斗性"很强,因此劳工制度具有强烈的"刚性"。20世纪90年代以来,许多拉美国家通过修改劳动法等措施,降低了解雇雇员的成本,简化了招聘临时工的程序,使雇员和雇主的关系更加适合市场经济体制的要求。

改革前,许多拉美国家的社会保障实行的是"现收现付"制。这一制度具有覆盖面小、效率低下、财政失衡严重等弊端。20世纪进入90年代后,一些拉美国家仿效智利的做法,建立了以"个人资本化账户"为基础的私人养老金基金,并积极发挥私人部门在养老金管理中的作用,从而为提高储蓄率和维系社会保障

---

① "金融压抑"(Financial repression)是美国经济学家爱德华·肖和罗纳德·麦金农在1973年发明的术语。其表现形式是:人为地控制利率的上限;政府拥有或控制银行和其他一些金融机构,并提高准入门槛;储备金要求高;通过设置资本要求等手段,要求银行必须拥有政府债务。由此可见,"金融压抑"的本质就是政府对金融业实施高强度的管制。这样的管制必然会导致金融业出现严重的扭曲。
② 定向贷款是指政府将低利率贷款分配给由它指定的企业、部门或地区。
③ 江时学.拉美发展前景预测.北京:中国社会科学出版社,2011.

基金的可持续性创造了条件。①

拉美的第一代结构性经济改革取得了明显的积极成效。这一成效主要体现在以下几个方面：

一是摆脱了20世纪80年代的债务危机和经济危机的困扰。如在1991年至2010年期间，除少数年份以外，拉美经济都能保持较高的增长率，多个年份的增长率在5%以上。诚然，较高的经济增长率与多方面的因素有关，但经济改革无疑是重要的因素之一。

二是拉美经济的开放度和外向性快速扩大。拉美国家在结构性改革之前奉行的进口替代模式当然并非一无是处，但其固有的内向性确实严重制约了拉美经济的发展潜力和国际竞争力。通过实施结构性改革，拉美的发展模式实现了根本性的转换。贸易壁垒的降低、对外资开放的投资领域的扩大以及区域经济一体化的复兴，都使拉美经济的开放度和外向性进一步扩大。

三是宏观经济形势大为好转。改革之前，拉美国家的宏观经济形势极不稳定。汇率大起大落，贸易逆差不断扩大，失业率居高不下，财政赤字得不到控制，恶性通货膨胀司空见惯。通过实施结构性改革，绝大多数拉美国家的宏观经济形势大为好转。上述现象基本消失。②

四是抵御外部冲击的能力有所增强。1982年墨西哥爆发债务危机后，由此而来的所谓"特基拉效应"迅速蔓延到整个拉美，只有极少数国家幸免于难。相比之下，虽然1997年的东亚金融危机、1999年的巴西金融动荡、2001年的阿根廷金融危机以及2008年的国际金融危机同样对拉美经济产生了"传染效应"，但其冲击力极为有限，并未对拉美经济造成非常沉重的打击。无怪乎世界银行行长佐利克在2009年7月6日说："人们都在谈论中国（的成功），但我认为拉美也是成功的。"③联合国拉美和加勒比经济委员会（以下简称联合国拉美经委会）也认为，拉美国家实际上仅用两个季度的时间就基本上度过了2008年的国际金融危机。美国《纽约时报》（2010年6月30日）认为，在美国和欧洲为巨额赤字和

---

① STEPHEN J. KAY, BARBARA E. KRITZER. Social Security in Latin America: Recent Reforms and Challenges. Federal Reserve Bank of Atlanta Economic Review, First Quarter 2001.

② 改革之前，拉美国家长期蒙受恶性通货膨胀之苦。如在1985年8月，玻利维亚的通货膨胀率高达23 000%。通过实施结构性改革，绝大多数拉美国家终于实现了物价稳定。这一成就得益于与结构性改革息息相关的三大因素：一是生产的发展消除了商品短缺，扩大了供给；二是贸易自由化使进口商品增加，市场供应变得充裕；三是强化财政纪律后，货币发行量得到控制。

③ http://web.worldbank.org/WBSITE/EXTERNAL/NEWS/O, contentMDK: 22238812—pagePK: 34370— piPK: 34424—theSitePK: 4607,00. html.

乏力的复苏苦恼时,拉美的经济增长却是很值得其羡慕的。而在过去,拉美经常无法偿还外债,不得不对货币进行贬值,甚至还需要富国为其纾困。[①]甚至还有人认为,为了应对债务危机,深受债务危机之苦的希腊应该向拉美取经。

当然,没有一种改革是十全十美的,拉美的第一代结构性改革亦非例外。概而言之,这一改革产生的问题主要包括:

第一,改革使收入分配不公的问题变得越来越严重。诚然,收入分配不公不是改革的必然结果。但在许多拉美国家,少数人从私有化和市场开放等改革措施中大发横财,而社会中的弱势群体则没有、或很少从改革中得到好处。其结果是,两极分化和贫困化十分严重。

第二,国有企业私有化使一些私人资本和外国资本的生产集中不断加强,也使失业问题更为严重。此外,由于经营不善或政府停止拨款后资金周转发生困难等原因,一些国有企业在私有化后陷入了困境,最终不得不再次被政府接管或以政府的财政"援助"度日。可见,私有化不是解决一切问题的"灵丹妙药"。

第三,政府在社会发展领域中的作用严重缺失。为了发挥市场机制在配置资源中的重要作用,拉美国家似乎从一个极端走向了另一个极端。除了对国有企业实施有力的私有化以外,拉美国家还大大降低了政府在社会发展领域中的作用,从而导致改革的社会成本被进一步放大。

第四,不成熟的金融自由化和过早的资本项目开放增加了金融风险。在推动金融自由化的过程中,政府未能有效地对金融部门加以监管。其结果是,有些银行为追求高利润率而从事风险过大的业务,有些银行为应付政府有关部门的检查而弄虚作假,有些银行则将大量贷款发放给少数"关系户"。不容否认,政府放松对金融业的监管,是近年来许多拉美国家爆发银行危机的主要原因之一。诺贝尔经济学奖获得者、美国经济学家保罗·克鲁格曼在其《萧条经济学的回归》一书中写道:"让我们玩这样一种文字游戏:一个人说出一个词或短语,另一个人把他听到后头脑中的第一个反应回答出来。如果你对一个见识广的国际银行家、金融官员或经济学家说'金融危机',他肯定会回答:'拉美'。"[②]

二、第二代结构性改革

如果说拉美的第一代结构性改革的宗旨是为了尽快摆脱债务危机及经济危

---

① http://www.nytimes.com/2010/07/01/world/americas/01peru.html.
② PAUL KRUGMAN. The Return of Depression Economics. W. W. Norton & Company, 2000.

机导致的"失去的十年",那么,第二代结构性改革的目标则是巩固第一代结构性改革的成果和修正第一代改革的偏差,因而也是对第一代改革的扬弃。无怪乎智利学者弗兰奇-戴维斯等人将拉美的第二代结构性改革视为"对改革进行改革"。①

应该指出的是,在推动第一代结构性改革向第二代改革过渡的过程中,国际机构的官员和经济学家发挥了重要作用。例如,早在1997年5月21日,国际货币基金组织总裁康德苏就在阿根廷银行业年会上说,作为拉美的"观察者"和"朋友",他认为拉美国家不仅应该完成正在进行中的改革,而且还应该实施"第二代改革"(second generation reform),以实现更快的、更可持续的和更公平的增长。他还指出,阿根廷的"第一代改革"取得了显著的成效,但是,阿根廷同时也面临着失业率居高不下和不能使每一个人公平地从改革中受益等问题。他认为,阿根廷的状况在其他拉美国家同样存在。因此,所有拉美国家都应该实施有利于提高增长率、有利于更为公平地分享经济机遇以及有利于加快社会进步的"第二代改革"。他认为,如果说"第一代改革"的目标是实现经济基本面的均衡和启动增长的引擎,那么,"第二代改革"的目标则是在全球化的世界经济中实现可持续的增长以及完成政府作用的转型和重新定位。②

1998年4月在智利首都圣地亚哥举行的美洲国家首脑会议明确提出了以"圣地亚哥共识"替代"华盛顿共识"的主张。"圣地亚哥共识"的含义是:(1)必须减少经济改革的"社会成本",使每一个人都能从改革中受益;(2)大力发展教育事业和卫生事业;(3)不应该降低政府在社会发展进程中的作用;(4)健全法制,实现社会稳定;(5)提高妇女和少数民族群体的社会地位和经济地位;(6)完善和巩固民主制度。

1998年9月,世界银行的经济学家S.伯基和G.培利出版了《超越华盛顿共识:制度更重要》一书。他们认为,虽然拉美国家按照"华盛顿共识"推出的改革措施取得了明显的成效,但它忽视了制度在加快经济和社会发展中的重要作用。因此,为了搞好制度建设,拉美国家应该在"第二代经济改革"中建立金融安全网、发展教育、强化法治、改善收入分配和提高公共管理的效率。③

---

① RICARDO FRENCH-DAVIS. Reforming the Reforms in Latin America: Macroeconomics, Trade, Finance. Palgrave Macmillan, 2000.
② MICHEL CAMDESSUS. Toward a Second Generation of Structural Reform in Latin America. (1997-05-21). https://www.imf.org/en/News/Articles/2015/09/28/04/53/spmds9706.
③ SHAHID JAVED BURKI, GUILLERMO E. PERRY, eds.. Beyond the Washington Consensus: Institutions Matter. World Bank Latin America and Caribbean Studies, 1998. http://documents.worldbank.org/curated/en/556471468265784712/pdf/multi-page.pdf.

也是在1998年,美洲开发银行执行副行长N.伯索尔与该机构的其他两位经济学家出版了《超越两者不可兼得:拉美的市场改革与公平性增长》一书。他们认为,拉美的"第一阶段"的改革基本完成,现在应该升级到"第二阶段"的改革。他们要求拉美国家在"第二阶段"的改革中努力克服这样一种恶性循环:社会不公导致市场失灵,市场失灵诱发政府失灵,从而使社会不公更为严重。因此,有必要创造一种效率与公平并重的良性循环。他们指出,这种良性循环应该成为一种"拉美共识"。[1]

美洲开发银行的首席经济学家E.劳拉等人在2002年发表的一个研究报告中指出,在实施第一代改革的过程中,拉美国家实施了较为审慎的财政政策和货币政策,开放了贸易、金融市场和资本市场,大量国有企业被私有化。但是,这一改革是不完整的,也是不均衡的,[2]甚至还产生了所谓"改革的疲劳症"(reform fatigue)和其他一些问题,如经济增长依然乏力,贫困现象在恶化,社会问题十分严重。[3]他们还指出,将拉美国家面临的一切问题归咎于改革固然是有失公允的,但拉美国家确实有必要为改进公平和减少贫困而制定一个"新的改革议程"(a new reform agenda)。[4]

对拉美政策走向有着重大影响的联合国拉美经委会也表达了类似的愿望。例如,该机构的生产、生产力和管理司司长豪尔赫·凯茨在其题为《拉美的结构性改革、生产率与技术变革》(2001年5月)一书中指出,为了维系经济增长的可持续性和政治合法性,拉美国家应该加快提高劳动生产率,应该把经济改革的成就以一种更为公平的方式分配给全社会的每一个人。他还写道,"看得见的手"(政府)的作用应该弥补"看不见的手"(市场)的不足,公民社会应该发挥更大的作用。虽然他在书中没有使用"第二代改革"的提法,但他提出的"新政策议程"(a new policy agenda)包括的内容,与康德苏的"第二代改革"的内容大同小异。[5]

---

[1] NANCY BIRDSALL, CAROL GRAHAM, RICHARD H. SABOT. Beyond Trade Offs: Market Reform and Equitable Growth in Latin America. Inter-American Development Bank, 1998.
[2] 他们说的不均衡是指不同国家和不同领域的改革速度有快有慢,改革的力度有大有小,改革的领域有宽有窄。
[3] 这两位经济学家认为,"改革的疲劳症"的症状就是许多人将生活质量的下降归咎于改革。
[4] EDUARDO LORA, UGO PANIZZA. Structural Reforms in Latin America under Scrutiny. Inter-American Development Bank Working Paper #470. March 11, 2002: 31-32.
[5] JORGE M. KATZ. Structural Reforms, Productivity and Technological Change in Latin America. Santiago, Chile: UN Economic Commission for Latin America and the Caribbean (ECLAC), 2001: 113.

除国际货币基金组织和联合国拉美和加勒比经济委员会等重要的国际机构以外,还有许多经济学家也为拉美国家如何"对改革进行改革"提出了不少忠告。例如,2002年8月,诺贝尔经济学奖获得者斯蒂格利茨在拉美经委会的一个重要讲演中说:"若干年前,人们就已开始讨论'第二代改革'。他们认为,拉美国家正在消化第一代改革(的成就),而且,这一改革为拉美经济的可持续发展创造了(良好的)基本面,现在仅需要对其进行'微调'。但我认为,在第一代改革中,实施各项改革政策的时间和顺序未能得到足够的重视。这一改革甚至是以对市场经济和政府的作用的错误理解为基础……当然,虽然市场导向的改革是失败的,但这并不意味着拉美应该退回到过去。"他认为,改革就是变革,因此,有必要对拉美的改革进行改革。在他提出的"新的改革议程"中,当务之急是抛弃令人误入歧途的"华盛顿共识"。①

应该指出的是,拉美第二代结构性改革的起始时间尚无定论。康德苏甚至认为,两代结构性改革之间找不到一种人为的分界线。他说,阿根廷等国在第一代结构性改革尚未完成的条件下,就已经开始实施与第二代改革息息相关的改革计划。②但就拉美国家的政策重点而言,20世纪90年代末可被视为第二代结构性改革的起点。

拉美的第二代结构性改革是对第一代改革的扬弃,因此两代改革既有明显的不同之处,也有承前启后的相似性。就具体的改革措施而言,第二代改革的主攻方向可归纳为:

一是重新界定政府的作用。在第一代结构性改革中,为了发挥市场机制的作用,拉美国家通过私有化和自由化等手段,政府的作用被大大降低,甚至在社会发展进程中,政府的作用也被置于边缘化地位。在第二代结构性改革中,政府的作用被重新界定。在阿根廷等国,被私有化的国有企业实现了"再国有化"。③

二是进一步强化金融监管。在第一代结构性改革中,为了消除"金融压抑",拉美国家实施了较大规模的金融自由化。诚然,金融自由化增强了金融部门的

---

① JOSEPH E. STIGLITZ. "Whither Reform? Towards A New Agenda for Latin America". Prebisch Lecture, delivered at the Economic Commission for Latin America and the Caribbean, in Santiago, Chile, on 26 August 2002.

② MICHEL CAMDESSUS. Toward a Second Generation of Structural Reform in Latin America. (1997 - 05 - 21). https://www.imf.org/en/News/Articles/2015/09/28/04/53/spmds9706.

③ 2012年4月16日,阿根廷总统费尔南德斯发表电视讲话,称政府已向国会提交了对国内最大的石油天然气公司YPF实施国有化的法案。她说,阿根廷是拉美、也可能是世界上唯一不能控制自己的自然资源的国家。4月26日,阿根廷参议院以63票赞成、3票反对、4票弃权的结果通过了能源国有化法案;5月3日,众议院以207票赞成、32票反对的结果通过了该法案。

活力和竞争力,但是,由于金融监管不到位,金融风险被不断放大,导致银行危机成为一种司空见惯的现象。因此,在第二代改革中,强化金融监管被置于至高无上的地位。除设立专门的金融监管机构以外,拉美国家还在法律制度上进一步完善了金融监管制度,甚至还在技术层面上加大了金融风险的预警。

三是更加注重社会发展。在第一代结构性改革中,拉美国家关注的是如何扩大开放和刺激市场机制的活力。一方面,在推动改革的过程中,社会发展领域被冷落;另一方面,20世纪80年代的债务危机和经济危机使拉美的贫困问题更为严重。在一定意义上,20世纪80年代这一"失去的十年"不仅是经济层面上的损失,而且也是社会领域中的倒退。因此,在第二代结构性改革中,拉美国家加大了在社会领域的投资。在大多数拉美国家,"有条件的现金支付"这一被世界银行推崇的社会救助项目,就是在第二代结构性改革期间实施的。

四是强调调整产业结构的必要性。第一代结构性改革是一种在债务危机和经济外交双重打击下的应急性改革。因此,这一改革关注的是短期效应,即如何尽快实现经济复苏,较少考虑如何通过调整产业结构来实现长期性的可持续发展。在第二代结构性改革中,许多拉美国家认识到,为减少国际市场上初级产品价格波动的影响,有必要在继续发挥比较优势的同时实现产业结构的多元化。为此,不少拉美国家加大了在制造业投资方面的力度。墨西哥的努力已初见成效。美国宾夕法尼亚大学沃顿商学院教授毛罗·桂伦认为,在融入全球价值链的过程中,墨西哥是最成功的拉美国家。①

五是加大在基础设施领域的投资。根据联合国拉美经委会的有关研究报告,良好的基础设施能促进互联互通,加快落后地区的开发,因而能有力地推动拉美国家的经济和社会发展。②如前所述,第一代结构性改革的重点是如何扩大对外开放和如何强化处理市场与政府的关系,较少关注基础设施的不足对经济发展构成的"瓶颈"作用。在第二代改革中,大多数拉美国家开始加大在基础设施领域的投资。在财政预算中,这一投资的比重在稳步上升。世界经济论坛在2015年3月6日发表的一篇文章认为,许多拉美国家在改善基础设施的过程中

---

① Can Latin America Free Itself from Dependence on Commodities. (2016 - 10 - 19). http://knowledge.wharton.upenn.edu/article/can-latin-america-free-dependence-commodities/.
② CEPAL. The economic infrastructure gap in Latin America and the Caribbean. Infrastructure Unit Service FAL, 2011, 293(1). http://repositorio.cepal.org/bitstream/handle/11362/36339/FAL-293-WEB-ENG-2_en.pdf?sequence=1.

取得了加大的成就。但就整体而言,拉美的基础设施不及世界上的其他地区。①世界银行的有关研究表明,不敷需求的基础设施已构成拉美对外贸易的障碍,因为拉美的物流成本比经济合作与发展组织高出3—4倍。②

毫无疑问,与第一代结构性改革相比,第二代具有更高的战略性、更远的长期性和更大的艰巨性。这一特点意味着,目前要对第二代改革作一全面而深刻的评价并非易事。但以下几个结论或许是能够成立的:社会发展领域的成就开始显现,政府与市场的关系渐趋正常,宏观经济形势日益稳定,金融监管机制不断完善,企业的国际竞争力稳步上升,基础设施的"瓶颈"现象有所缓和,对外经济关系的多元化格局基本成形。③

当然,拉美的第二代结构性改革任重道远,不可能一蹴而就。尤其在调整产业结构、强化创新能力和完善基础设施的过程中,拉美国家必须作出更大的努力。

三、有待深入研究的若干问题

在分析拉美的两代结构性改革时,有必要对以下几个问题进行更为深入的研究:

(一)如何判断拉美结构性改革成功与否?

国际上对拉美结构性改革成效的评价众说纷纭,不一而足。褒之者有之,贬之者亦有之。在各种负面评论中,最常见的是改革未能使拉美经济得到更快的增长。至于为什么改革未能加快经济增长,较为常见的分析与以下两个原因有关:(1)拉美结构性改革的力度不大,范围不广,持续时间不长。持这一观点的主要是国际机构的经济学家、学术机构和智库的学者以及拉美的一些决策人士。(2)这一改革的力度太大,步伐太快,而且还出现了一些政策偏差。持这一观点的主要是左翼人士以及对全球化不满的学者。

众所周知,结构性改革是经济领域的重大变革,甚至是一场革命。因此,这一改革对经济增长率的影响是直接而必然的。这一判断在国际上能得到印证。

---

① World Economic Forum. How can Latin America close its infrastructure gap. (2015 - 03 - 06). https://www.weforum.org/agenda/2015/05/how-can-latin-america-close-its-infrastructure-gap/.
② http://www.worldbank.org/en/region/lac/overview.
③ 根据联合国的《2014年年发展目标报告》,在拉美,生活费不足1.25美元的贫困人口在总人口中的比重从1990年的12%下降到2010年的6%。

中国经济的快速增长与其在1978年启动的改革开放有着密切的关系。但在俄罗斯和中东欧国家,经济转轨对经济增长率的影响完全是负面的。

由此可见,改革对经济增长率的影响既可能是积极的,也可能是消极的。改革可以成为经济增长的动力,也可以成为经济增长的"绊脚石"。这一差异与以下几个因素息息相关:(1)政治条件。例如,改革能否得到民众的支持,政局是否稳定,各种政治力量能否在改革的关键时刻同舟共济,等等。(2)改革的初始条件。例如,有些国家的经济在改革之初已濒临崩溃的边缘,有些国家则是在经济形势较好的条件下启动改革的。(3)改革的艺术,亦即改革的顶层设计。例如,有些国家是先实施较为容易的贸易自由化和国有企业私有化,尔后再推出较为复杂的金融自由化和经济体制市场化;有些则反其道而行之。还有一些国家则根本不考虑改革的"时序"(time and sequence),各种改革措施几乎是同步出台的。(4)改革的力度。例如,有些国家信奉"渐进"的优势,每一步改革都伴随着较为稳妥的"学中干""干中学",因此改革的力度不大;而有些国家则推崇"激进",每一个改革措施都具有大刀阔斧般的力度。

应该指出的是,影响经济增长率的因素很多,结构性改革仅仅是其中之一。此外,有些结构性改革措施对经济增长的影响是积极的,有些可能是消极的。因此,确定结构性改革对经济增长率的影响,并非易事。但统计数字表明,拉美国家的GDP总量从1990年的2.7万亿美元上升到2015年的5.6万亿美元;人均GDP从同期的6 099美元提高到8 982美元。①这些数据表明,我们很难得出结构性改革不成功的结论。

(二)如何评估"中国因素"对拉美结构性改革作出的贡献?

任何一个国家的改革如要取得成功,必须最大限度地利用良好的外部条件。拉美国家的对外经济关系日益多元化,因此,影响拉美的结构性改革的外部条件是多种多样的。在这些外部条件中,"中国因素"的贡献不容低估。

"中国因素"对拉美结构性改革的贡献主要体现在以下几个方面:

第一,中国与拉美国家之间的贸易有利于拉美国家获得更多的出口收入。为满足经济发展的需要,中国从拉美进口了大量初级产品和资源。这使大量出口初级产品的拉美国家受益匪浅。世界银行、联合国拉美和加勒比经济委员会、经济合作与发展组织以及美洲开发银行等多边机构的经济学家都以有力的数据和扎实的研究证明,中国对初级产品的巨大需求与拉美出口收入的增长密切相

---

① http://estadisticas.cepal.org/cepalstat/WEB_CEPALSTAT/Portada.asp?idioma=i.

关。这使得拉美国家能在实施结构性改革的过程中获得较为充裕的出口收入。

第二,中国在拉美的投资有利于弥补该地区的资金短缺。随着经济实力的增强,中国企业"走出去"的力度不断加大。拉美地大物博,投资机会多。因此,拉美是中国对外投资的重点地区。从离岸金融业到资源开采业,从制造业到农业,从旅游业到基础设施领域,中国的投资与日俱增。根据中国商务部的统计,截至2015年,中国在拉美的直接投资存量达1 263亿美元。①根据2017年6月美国大西洋委员会、经济合作与发展组织(OECD)联合发布的题为《中国在拉美的投资》的研究报告公布的数据,2003年以来,中国在拉美的投资已超过1 100亿美元。②

第三,中国对拉美出口的大量价廉物美的商品有利于拉美国家控制通货膨胀压力。中拉贸易的特点是中国从拉美进口资源和初级产品,向拉美出口工业制成品。这一贸易格局是由各自的比较优势决定的,是一种实实在在的双赢和互惠。

在中国向拉美出口的工业制成品中,既有高科技产品,也有价廉物美的劳动密集型产品。这些价廉物美的"中国制造"满足了低收入阶层的需求。英国《金融时报》(2011年4月22日)的一篇文章写道,在巴西圣保罗的帕赖索波利斯贫民区,低收入者非常喜欢较为廉价的中国商品,因为巴西生产的同类商品在价格上要高出4倍。该贫民区的一店主说,他的商品必须如此便宜,否则这里的很多穷人买不起。《金融时报》的这一文章认为,中国的廉价商品有助于巴西政府控制通货膨胀压力。③控制通货膨胀是拉美结构性改革取得的积极成效之一,因此,中国对拉美的促进与拉美结构性改革的大目标是完全吻合的。

(三) 如何看待左翼政府在结构性改革中的作用?

1999年查韦斯就任委内瑞拉总统,既可以被视为拉美左翼东山再起的历史性象征,也意味着该地区的政治风向标发生了重大的转向。

国际上的许多分析人士认为,拉美左翼之所以能东山再起,与该地区实施的第一代结构性改革导致社会问题日益突出和其他一些副作用有关。这一分析不无道理。第一代结构性改革不仅不能使每一个人都能享受到改革的红利,而且还加大了收入分配的差距。低收入阶层和中产阶级中一部分成员对改革表达了

---

① http://www.mofcom.gov.cn/article/ae/ah/diaocd/201611/20161101794385.shtml.
② ROLANDO AVENDANO, ANGEL MELGUIZO, and SEAN MINER. Chinese FDI in Latin America: New Trends with Global Implications. the Atlantic Council and the OECD Development Centre, June 2017: 1.
③ http://www.ftchinese.com/story/001038207/en.

不满。这一不满为参与大选的左翼政治家提供了良机。

为巩固自己的政治基础,在选票箱中胜出的左翼候选人在当政后加大了推动社会发展的力度。毫无疑问,在左翼政治家当政的每一个拉美国家,弱势群体的生活水平都得到了不同程度的改善。这在社会问题久治不愈的拉美是难能可贵的。

拉美左翼政府的以人为本政策常被冠之以"民众主义",并不时遭到严厉的批评。事实上,多个拉美国家的左翼政府实施的"有条件的现金转移支付项目",为减少贫困和推动社会发展作出了巨大的贡献。贬低这样的"民众主义"政策显然是不应该的。[①]

当然,"民众主义"也有其固有的缺陷。例如,为了获得民众的支持,左翼政府常无所顾忌地把多多益善的财政收入直接用于民众的社会福利,最终使宏观经济平衡面临巨大的压力。而政府弥补财政赤字的手段是开动印钞票的机器,扩大货币发行量。其结果是,通货膨胀的压力不断上升。毫无疑问,委内瑞拉的通货膨胀率居高不下的原因,与查韦斯政府和马杜罗政府的"民众主义"政策是密切相关的。但我们不能因此而全盘否定"民众主义"的积极意义。不能将政府在实施"民众主义"政策的偏差归咎于"民众主义"本身。

(四)如何处理发挥比较优势与调整产业结构的关系?

任何一个国家在追求经济发展时必须发挥自身的比较优势。拉美的比较优势在于其丰富的自然资源。因此,拉美的出口贸易依赖原料和初级产品是不足为怪的。

在历史上,一些拉美国家曾因出口初级产品而跻身于世界上的富国的行列。如在19世纪末,阿根廷利用欧洲市场对农产品的需求急剧增加的大好机遇,依靠蜂拥而至的外资和外国移民,并利用海运技术的进步,向欧洲出口了大量农产品。当时,阿根廷经济的增长速度之快,在世界上是无与伦比的。至20世纪初,阿根廷因出口大量粮食和牛肉而被誉为"世界的粮仓和肉库",它的首都布宜诺斯艾利斯则被视作"南美洲的巴黎"。20世纪初,阿根廷的人均收入相当于当时世界上最富裕的16个国家的平均数的92%。时至今日,这一百分比已下降到43%。[②]

[①] 据报道,中国已与联合国儿童基金会合作,在西部地区的一些县实施了"有条件的现金转移支付项目"的试点工作。参与该项目的妇女和儿童如能满足一定的条件(如定期接受体检和完成义务教育),就可获得政府提供的一定数额的现金补助。

[②] The tragedy of Argentina: A century of decline. The Economist, Feb 17th, 2014.

丰富的自然资源固然是"恩赐"(blessing),但有时也会成为一种"诅咒"(cursing),甚至会导致"荷兰病"。①美国学者杰弗里·萨克斯等人发现,在1970—1990年期间,高度依赖自然资源出口的国家的经济增长率较低。②曾在创建石油输出国组织的过程中发挥过重要作用的委内瑞拉前石油部长胡安·巴勃罗·佩雷斯·阿方索在1970年说过,"十年后,二十年后,你会看到,石油带给我们的是(经济上的)毁灭。"③近几年委内瑞拉的经济形势表明,这一判断一语成谶。

当然,委内瑞拉的遭遇并不意味着拉美国家不应该发挥其资源丰富这一不可多得的比较优势。事实上,如何处理发挥比较优势和提升产业结构两者之间的关系是世界上许多国家面临的难题。委内瑞拉片面依赖其丰富的石油资源,因此"荷兰病"症状较为明显;而巴西、墨西哥、阿根廷和智利等国则在实现产业结构多元化和提高初级产品的附加值方面取得了一定的成效。有些国家甚至还利用国际市场上初级产品价格高涨的有利条件,将一部分出口收入投入主权财富基金。因此,资源丰富这一优势在拉美会越来越变为一种"恩赐",而非"诅咒"。

(五) 如何处理政府与市场的关系?

如何处理政府与市场的关系是世界上任何一个经济体都无法回避的难题。在拉美的结构性改革中,这一难题同样时刻困扰着每一个拉美国家的决策者。

威廉姆逊"发明"的"华盛顿共识"是他对拉美第一代结构性改革的政策工具的总结和归纳。④"华盛顿共识"的核心内容之一就是强调市场的万能而轻视政府在经济生活中的重要作用。这当然也是拉美在第一代结构性改革中的所作所为。

如前所述,拉美的国有企业效率低下,亏损严重,使政府的财政背上了一个沉重的负担。因此,在第一代结构性改革中,拉美国家对国有企业实施国有化是理所当然的,也是天经地义的。许多研究表明,大多数国有企业被私有化后,政

---

① RABAH AREZKI, FREDERICK VAN DER PLOEG. Can the Natural Resource Curse Be Turned into a Blessing? The Role of Trade Policies and Institutions. EUI Working Paper, European University Institute, 2007/35.

② JEFFREY D. SACHS, ANDREW M. WARNER. Natural Resource Abundance and Economic Growth. Center for International Development and Harvard Institute for International Development, Harvard University, 1997.

③ 转引自:JERRY USEEM. The Devil's Excrement. Fortune, February 3, 2003.

④ 在逻辑上,应该是先有拉美的改革,尔后才有"华盛顿共识"。当然,我们不能否认这样一个事实:许多西方学者热衷于将"华盛顿共识"推广到世界上的其他地区。

府的财政负担大大减轻。这为稳定宏观经济形势（尤其是政府的财政收支平衡）作出了贡献。

拉美国家奉行的是资本主义制度。因此，允许私有化在所有制中发挥其应有的作用是不足为怪的。当然，世界各国的经验表明，企业的所有制与企业的效率并无必然的关系。在许多国家（尤其在社会主义国家），高效率和盈利的国有企业并不少见。这意味着，一方面，私有化有助于解决国有企业效率低下的老大难问题；另一方面，私有化并非根治国有企业效率低下的灵丹妙药，更不是唯一的方法。在拉美，并不是所有国有企业在被私有化后都提高了效率，亦非都能扭亏为盈。

众所周知，在理论上，政府既可以通过兴建国有企业等方式，在生产领域发挥"生产者"的作用，也可以通过提供公共产品等方式，在社会发展领域扮演一个不可或缺的角色。令人遗憾的是，在实施第一代结构性改革的过程中，拉美国家在处理政府与市场的关系时从一个极端走向了另外一个极端。换言之，政府在降低其在生产领域的"生产者"角色时，也有力地弱化了其在社会发展领域的作用和责任。其结果是，市场这一"看不见的手"成了"看不见的拳头"，使弱势群体在结构性改革中受到不小的打击。这一状况在第二代结构性改革中才有所改观。

四、结束语

拉美国家实施结构性改革的目的是为了消除其供给侧领域中的诸多问题。这一改革可分为两个阶段。20世纪90年代之前的第一阶段的改革（第一代改革）取得了显著的成效，但也产生了不少问题。因此，第二阶段的改革（第二代改革）是对第一阶段的改革（第一代改革）的扬弃，也可被视为"对改革进行改革"。

与第一代结构性改革相比，第二代具有更高的战略性、更远的长期性和更大的艰巨性。这一特点意味着，目前要对第二代改革作一全面而深刻的评价并非易事。但以下几个结论或许是能够成立的：社会发展领域的成就开始显现，政府与市场的关系渐趋正常，宏观经济形势日益稳定，金融监管机制不断完善，企业的国际竞争力稳步上升，基础设施的"瓶颈"现象有所缓和，对外经济关系的多元化格局基本成形。

在分析拉美的两代结构性改革时，有必要对以下几个问题进行更为深入的研究：如何判断拉美结构性改革成功与否，如果评估"中国因素"对拉美结构性改革作出的贡献，如何看待左翼政府在结构性改革中的作用，如何处理发挥比较优势与调整产业结构的关系，如何处理政府与市场的关系。

试论荷马社会的性质

郭长刚

郭长刚,1964年1月生,山东日照人。1986年毕业于华东师范大学历史系,先后获学士、硕士学位;1995年毕业于复旦大学历史系,获博士学位。先后任教于山东曲阜师范大学和上海大学,历任上海大学文学院历史系副主任、文学院副院长、校研究生部副主任、主任,校人文社科处处长。现为上海大学教授、博士生导师、研究生院常务副院长。曾赴香港中文大学崇基学院神学院、美国加州大学圣巴巴拉分校宗教学系访学。主要研究领域为西方社会文化史、宗教与全球政治、全球学。出版有《失落的文明:古罗马》《古罗马的智慧:传统与务实的典范》(合著)等著作,主编《全球学评论》等多部图书;在《拉丁美洲研究》《世界宗教研究》《国际观察》等刊物发表学术论文数十篇。主持国家社会科学基金及上海市科委、教委研究课题多项。为国际全球学大会学术委员、美国国务院富布莱特访问学者、上海市领军人才、上海市曙光学者、中国世界古代史学会理事、上海市世界史学会副会长、上海市宗教学会理事。

荷马社会是指从公元前12世纪到公元前9世纪的古希腊社会,它因荷马史诗而得名。由于古希腊城邦文明是直接从荷马社会发展而来,因而其性质如何,就成了希腊城邦起源研究中的一个至关重要的问题。国内外学术界对这一问题的传统看法是认为荷马社会是氏族制度盛行的原始社会。但是,这种传统看法近年来受到了严峻挑战,许多学者都认为它"是仅仅建立在并不十分可靠的研究方法和史料基础之上的",因而是难以令人信服的。[①] 由于荷马社会的氏族性质

[①] 参见:黄洋.试论荷马社会的性质与早期希腊国家的形成.世界历史,1997(4);黄洋.古代希腊土地制度研究.上海:复旦大学出版社,1995:133—134. 另见: A. SNODGRASS. Archaic Greece: The Age of Experiment. Berkley & Los Angeles: University of California Press, 1981: 24 – 26; P. B. MANVILLE. The Origins of Citizenship in Ancient Athens. Princeton, New Jersey: Princeton University Press, 1990: 61 - 66.

受到质疑,有学者于是便认为那时已存在着国家形态,进入了阶级社会。① 对此,我们认为,荷马社会固然不像传统上认为的那样是氏族社会,但也尚未形成国家组织,它应是介于这两者之间的一种特殊的社会形态,即"酋邦"。

一、"氏族模式"的危机

诚如一些学者所指出的,学术界之所以把荷马社会视为氏族社会,根本上是受了19世纪人类学家的影响。然而,19世纪的人类学家大多同时又是社会进化论者,"他们错就错在创立了一种直线发展理论,认为所有的社会都要经历相同的发展阶段",②摩尔根便是突出的代表之一。他不仅根据"人类经验的一致性"这一逻辑总结出了一套从低级蒙昧社会到中级蒙昧社会、直至文明社会的人类文化发展道路,而且还以人类学材料(主要是北美易洛魁人的材料)建构了一整套氏族部落制度模式。他对古希腊氏族制度的研究,实际上就是对他的这一模式的直接套用,而不是从其具体的历史情况入手的。因为即使他本人也不得不承认,古代希腊人的"部落联盟组织的性质和详情",都已"湮没在神话传说时代的迷雾中了"。③ 由于是用既成的理论模式去套古代希腊的历史,所以,在摩尔根看来,古代希腊既然存在着氏族,那么,氏族就必然构成其"社会生活和活动的中心",是其"社会机体的基本单元"。④ 同时,又由于古代希腊社会也存在着酋长会议和人民大会的组织机构,就肯定"酋长会议在他们的社会制度中是一个永久性的特色",人民大会则"在英雄时代的希腊部落中是一直存在的",并进而断言,"酋长会议是最主要的机构","它的功能是很重要的,它的权力是至高无上的,至少据推测是至高无上的",而人民大会则"具有最后决定权"。⑤ 对此,我们只要稍微仔细地考察一下荷马社会,就会发现摩尔根的这一论断是缺乏证据的。

首先,在荷马社会,氏族并不是社会的基本单元,更谈不上是社会生活和活动的中心。我们不论在《伊利亚特》还是《奥德赛》中,都看不到氏族的这种地位,⑥而

---

① 黄洋. 试论荷马社会的性质与早期希腊国家的形成. 世界历史,1997(4).
② P. B. MANVILLE. The Origins of Citizenship in Ancient Athens. Princeton, New Jersey: Princeton University Press, 1990: 28—29.
③ 摩尔根. 古代社会. 杨东莼等,译. 北京: 商务印书馆,1977: 132.
④ 摩尔根. 古代社会. 杨东莼等,译. 北京: 商务印书馆,1977: 233.
⑤ 摩尔根. 古代社会. 杨东莼等,译. 北京: 商务印书馆,1977: 244—245.
⑥ 参见: A. MOMIGLIANO. The Greek Symposion in History//E. GABBA. Tria Corda, Scritti in Onore. Como 1983: 259.

真正能体现这一地位的实际上却是家庭。如,当赫克托尔不得不考虑到战争的最终结局时,他所关心的既不是整个特洛伊的命运,也不是他的氏族的未来(诗人在此甚至根本就没有提到氏族),而首先是他自己的家庭。他对他的妻子这样说道:"特洛伊人将来的结局,还不致使我难受得痛心疾首……使我难以忍受的,是想到你的痛苦。"①对赫克托尔来说,如果还存在着比家庭更高的故土观念的话,那么,其对故土的忠诚,最终还是归于"家庭"这一中心,正如他在激励兵勇奋力拼杀时所言:"若有人被死和命运俘获,被投来或捅来的枪矛击倒,那就让他死去吧——为保卫故土捐躯,他死得光荣! 他的妻儿将因此得救,他的家庭和财产将不致毁于兵火。"至于那些远离故土、征战沙场的阿开亚人,他们也存在着与赫克托尔同样的情结:因为,当奈斯托耳在恳求他们继续勇敢地战斗时,他所能记起的唯一有说服力的话语,就是要他们为自己的孩子、妻房、财产和双亲而战。② 总之,在《伊利亚特》中,我们看不到氏族中心的影子,也感觉不出氏族中心的观念。

《伊利亚特》的情况如此,《奥德赛》的情况亦如此。《奥德赛》的主题之一是对伊大卡王位的争夺。当奥德修斯漂流在外、家中不知他的生死的情况下,他的儿子忒勒马科斯只能凭一己之力对付求婚者;而在奥德修斯返回之后,他也是完全依靠自己及家庭的力量(包括儿子、仆人和奴隶等)杀死求婚者,并击退求婚者家人的复仇进攻的。假如当时氏族组织真如摩尔根所言,是一活跃的社会活动中心的话,那么,在忒勒马科斯感到不能保卫自己的安全时,就自然会求助于自己的族人(尽管奥德修斯和忒勒马科斯都是单传,但根据摩尔根的理论,他们必定属于某一氏族),而不至于枉然地去谋求人民大众的同情,或试图"遍走城镇,四处宣告"。③ 同时,在奥德修斯杀死求婚者、开始深为这一举动的后果担心时,也不会不想到自己氏族的力量;而那些为求婚者复仇的人们,更不会仅限于他们的父亲、兄弟。④ 然而,实际情况并不如此。在整个斗争的过程中,氏族、胞族等血族团体根本就没有发挥任何作用。这就不能不令我们怀疑氏族组织在当时社会中的地位。⑤

至于酋长会议和人民大会在荷马社会中的地位和作用,我们将在下文论及。

---

① 荷马.伊利亚特.陈中梅,译.广州:花城出版社,1994:148—149.
② G. STARR. Individual and Community: The Rise of the Polis 800 – 500B. C. New York: Oxford University Press, 1986:27.
③ 荷马.奥德赛.陈中梅,译.广州:花城出版社,1994:20.
④ 参见《奥德赛》,第24卷。另见:M. I. FINLEY. The World of Odysseus. London, 1956:88 – 89.
⑤ M. I. FINLEY. Early Greece: The Bronze and Archaic Ages. London: Chatto & Windus, 1970:84 – 85.

不过,有一点是很清楚的,即它们决没有摩尔根想象的那么重要。摩尔根之强调它们的重要性,实际上并没有充分的希腊史料的依据。他所举的唯一的证据是埃斯库罗斯的《七人攻忒拜》一剧。剧中有这么一段话:"我必须宣布我们卡德穆斯市人民参议员们的决议和善良愿望。他们已经决定,以十分的善心和情意深厚的葬礼使国王艾条克勒斯长眠于地下。"①摩尔根认为,"一个会议能够在任何时刻制订命令,宣布命令,并期望民众能够听从,这个会议自握有政府的最高权力"。② 众所周知,《七人攻忒拜》是古代希腊的传说事件,时间难以确定,因为其中的人物甚至和传说中的提修斯有来往。但该剧的作者埃斯库罗斯的生活年代(公元前 525—前 456 年),及该剧上演的年代(公元前 467 年)却是确定的,这便不能排除作者有将传说事件的背景"现代化"的可能性。事实上,埃斯库罗斯作此剧的目的,正在于讽刺帮助波斯人攻打希腊的前雅典僭主希庇亚斯和前斯巴达国王德摩拉托斯的背叛行为。③ 因此,埃斯库罗斯所描述的能"制定命令"的会议,很可能是以当时的五百人会议为模型,而不是对难以稽考的时代的复活。摩尔根以此来论证荷马时代的酋长会议握有最高权力,便不能不有犯"时代错误"之嫌了。

上文的论述,目的并不在否认氏族组织在荷马社会中的存在。事实上,荷马社会的确还保留着氏族部落制度,这可从《伊利亚特》中奈斯托耳对阿伽门农的劝告得到证明,④亦可从以后希腊政治体系中存在着氏族部落因素而确知。我们所要指出的是,决不能因为古代希腊存在着氏族组织,就认为那里也一定有着与北美印第安人同样的社会组织结构和原则;或者,氏族在当时社会中就一定起着决定性的作用。

一些学者在对古代希腊的氏族和胞族组织进行了仔细的研究后认为,古希腊的氏族和胞族实际上并不像传统上所想象的那样,是拥有一个共同祖先的亲族团体,它们在最初形成的时候,根本就与血缘无关。如格德奈尔就认为,古希腊的氏族纯粹是一种"私人性质的宗派组合",是一些大地主为追逐宗派利益自愿结合而成的,因此,它们"在本质上是一种贵族组织",目的在于"维护名门和豪富的世裔"。⑤ 安德鲁斯也持有差不多相同的观点,认为它们都是些排他性的贵

---

① 摩尔根. 古代社会. 杨东莼,等. 译. 北京商务印书馆,1977: 245.
② 摩尔根. 古代社会. 杨东莼,等. 译. 北京商务印书馆,1977: 255.
③ 参见: 罗念生. 论古希腊戏剧. 北京: 中国戏剧出版社,1985: 18.
④ 奈斯托耳曾这样劝告阿伽门农:"把你的军队按部落和胞族分编吧,阿伽门农,以使胞族能够支援胞族,部落能够支援部落。"参见: 伊利亚特. 陈中梅,译. 广州: 花城出版社,1994: 38. 译文有改动。
⑤ Gardener, Early Athens,载 GAH, Vol Ⅱ. Ch. 23,参见: 顾准. 希腊城邦制度. 北京: 中国社会科学出版社,1982: 61—62.

族团体。① 曼维里则主张,把古代希腊的氏族完全看成是贵族组织,未免有些失之偏颇,因为有证据表明,古希腊的氏族是分成许多种类型的,除了贵族氏族之外,还存在着完全由祭司组成的"祭司氏族"、由邻近的村社组成的"村社氏族"等。② 但他对氏族的最初组织原则具有非血缘性这一点,仍然是肯定的。不仅如此,他还认为,古希腊氏族的这种非血缘原则也同样适用于它的胞族组织,即古希腊的胞族最初可能也是从黑暗时代的近邻组织发展而来的。③ 在曼维里看来,如果说希腊的氏族和胞族最终成了具有亲族色彩的集团的话(如,同一家族的成员不可能属于不同的氏族或胞族),那么,这也是在后来的发展过程中逐渐形成的,而不是一开始就如此的。④ 他的这一看法可谓正与安德鲁斯的想法不谋而合。安氏就曾明确指出:"不可以过分强调希腊人同北美印第安人或澳大利亚土著居民原始公社的部落组织的历史相似性……他们并非一开始就是这样被组织起来的,而多半是摆脱了这种组织系统。"⑤

既然古代希腊的氏族和胞族本质上并不是以血缘为纽带的,难怪我们在荷马史诗中根本就看不到(在赫西俄德那里也同样看不到)作为血族组织的氏族的影子。在这种情况下,如果我们继续套用摩尔根的理论,强调氏族原则在荷马社会中的决定性作用,显然就不合时宜了。值得注意的是,近年来许多学者都已经认识到了传统氏族理论与荷马社会的这种不一致。如一些法国学者就指出,所谓的早期希腊的"部落体系",即部落—胞族—氏族体系,实在不过是一种虚幻的图景而已,在有史时期的希腊诸城邦中,氏族、胞族等之所以能够发挥社会组织的作用,完全是后来的统治者为了管理的方便而重新设立的结果。⑥

假如上述的观点能够成立的话,那么对困扰学术界的有关古希腊氏族制度的很多模糊问题,如雅典的氏族与胞族之间的关系以及它们的数目等问题,就很容易解决了。受早期人类学家的影响,长期以来,人们把氏族看作是胞族的组成单位,而传统认为,雅典共有 4 个部落,每个部落分 3 个胞族,每个胞族又分为

---

① 参见:A. ANDREWES. Philochoros in Phratries. 载 JHS 81,1-15.
② P. B. MANVILLE. The Origins of Citizenship in Ancient Athens. Princeton, New Jersey: Princeton University Press, 1990: 61.
③ P. B. MANVILLE. The Origins of Citizenship in Ancient Athens. Princeton, New Jersey: Princeton University Press, 1990: 63.
④ P. B. MANVILLE. The Origins of Citizenship in Ancient Athens. Princeton, New Jersey: Princeton University Press, 1990: 65—66.
⑤ 安德鲁斯. 希腊僭主. 钟嵩,译. 北京:商务印书馆,1997: 10.
⑥ A. SNODGRASS. Archaic Greece: The Age of Experiment. Berkley & Los Angeles: University of California Press, 1981: 25-26.

30个氏族,这种结构也正符合传统的氏族部落制模式。但是,如此整齐划一的数目不能不引起人们的怀疑;①在亚里士多德《雅典政制》的一个断片中,甚至还把这些数字与一年的季节数和月份数以及每月的天数对应起来,这就更加难以令人置信。②而近年来学者们的进一步研究又发现,古代希腊的氏族和胞族并不像通常所想象的那样,是部分和整体的关系,因为氏族的成员并不与胞族的成员完全重叠,③即同属一个氏族的成员并不都同属于一个胞族,这显然意味着氏族不可能纯粹是胞族的构成单位。于是,"部落—胞族—氏族"这一传统上的氏族部落体制也就存在问题了。④

对于上述的胞族和氏族数目的疑问,如果把它们视为是人为加工的结果,而不是氏族分化的自然发展过程所致,问题就很好理解了。其实,早在19世纪,著名古希腊史专家格罗特就认识到了这一点。他认为,这完全是立法者变通修改的结果,目的是为了"使之适应于一种民族的方案"。⑤至于胞族与氏族之间的关系,假如果真像前文所说的那样,认为它们最初形成的时候根本上就不是一种血缘性组织,那么,它与传统的氏族部落体制理论之间的矛盾也迎刃而解了。

综合上述的讨论,我们的结论是,在荷马社会,的确存在着氏族部落组织,但这并不意味着当时所盛行的就一定是传统上所认为的那种以血缘为纽带的氏族部落制原则。纵使当时血亲原则是存在的(我们应当承认这种原则在一定程度上的存在),那么这种存在也如芬利所指出的,它"不过是荷马社会中众多组织原则中的一种,且远不是最为重要的一种,真正占有突出地位的应是家庭"。⑥因此,那种认为荷马社会是氏族制度盛行的原始社会的传统看法,是难以成立的。

二、荷马社会是一种前国家形态

既然在荷马社会中氏族制度并不占主导地位,那么这是否意味着当时已进入了阶级社会,产生了国家组织呢?要解决这个问题,我们必须首先搞清楚什么

---

① P. B. MANVILLE. The Origins of Citizenship in Ancient Athens. Princeton, New Jersey: Princeton University Press, 1990: 65.
② 亚里士多德. 雅典政制. 日知,力野,译. 北京: 商务印书馆, 1959: 3.
③ P. B. MANVILLE. The Origins of Citizenship in Ancient Athens. Princeton, New Jersey: Princeton University Press, 1990: 61—62.
④ P. B. MANVILLE. The Origins of Citizenship in Ancient Athens. Princeton, New Jersey: Princeton University Press, 1990: 64—65.
⑤ 参见: 摩尔根. 古代社会. 杨东莼,等. 译. 北京: 商务印书馆, 1977: 86—87.
⑥ M. I. FINLEY. The World of Odysseus. Viking Adult, 1978: 122.

是国家。

关于国家的定义,自19世纪以来,政治学家们进行了广泛的探讨,主要形成了两大派观点,即所谓的"冲突论"和"融合论"。① 但无论是冲突论者还是融合论者,他们在对国家进行描述时,主要都是从国家产生的方式以及国家职能的角度出发,而很少注意到结构方面的内容。这对早期国家的研究来说显然是不够的,因为它们很难帮助人们去判断历史上的某个社会形态是不是国家。

针对传统国家概念上的这一缺陷,现代学者经过深入研究,认为在结构上,最初产生的国家与前国家社会的区别,主要应包括这样几个方面的内容:(1)早期国家拥有一个最高的社会政治权力中心;(2)早期国家拥有与中央权力的实施相适应的行政管理和政治机构;(3)早期国家所处的社会是社会分层高度发展的社会;(4)早期国家有针对某个固定地域进行统治的概念;(5)早期国家有支持其合法统治地位的国家意识形态。②

首先,关于社会最高政治权力中心的问题。这是判断一个社会是否进入国家形态的最为重要的标志。因为国家本身就是阶级统治的工具,因此,它必定存在着一个最高统治中心,亦即一个最高社会政治权力中心,而且这一权力中心必然具有合法性和正规性特征。在荷马社会,唯一有可能与这种性质的权力中心相对应的就是巴赛勒斯(传统上我们把它翻译为"王")。巴赛勒斯的权力是很大的,这在荷马史诗中反应得很清楚。如,阿伽门农不仅可以任意夺走别人的"战礼"(所分得的战争掳获物),而且还可以置人民大会的决议于不顾,预言者甚至只有在得到保护的情况下才敢说出事情的真相。③ 不仅如此,巴赛勒斯一职还具有一定程度的世袭性特征。如,当埃内阿斯试图与阿喀琉斯决战时,阿喀琉斯对他喊道:"埃内阿斯,为何远离你的队伍,孤身出战?是你的愿望吧?——是它驱使你拼命,企望成为驯马好手特洛伊人的主宰,荣登普里阿摩斯的宝座?然而,即使你杀了我,普里阿摩斯也不会把王冠放到你的手里——他有亲生的儿子。"④ 同样的情况也存在于伊大卡岛,因为在围绕伊大卡"王"位的争夺中,求婚者们承认这是忒马科斯(奥德修斯之子)的权益,"是他祖辈的遗赏"。⑤

---

① 冲突论相当于我们所熟悉的阶级斗争学说,融合论则认为国家是调节社会各部分关系的机构,具有社会调节功能。参见:P. B. MANVILLE. The Origins of Citizenship in Ancient Athens. Princeton, New Jersey: Princeton University Press, 1990: 36—37;另见:谢维扬. 中国早期国家. 杭州: 浙江人民出版社,1995: 36—41.
② 谢维扬. 中国早期国家. 杭州: 浙江人民出版社,1995: 44—50.
③ 参见:荷马. 伊利亚特: 第1卷. 陈中梅,译. 广州: 花城出版社,1994.
④ 荷马. 伊利亚特. 陈中梅,译. 广州: 花城出版社,1994: 477.
⑤ 荷马. 奥德赛. 陈中梅,译. 广州: 花城出版社,1994: 15.

但是,当时的巴赛勒斯显然还不是真正意义上的国王,这可从"王"位继承问题上得到反映。任何一个社会,如果确定已经存在着正规的王权统治,那么在王位继承问题上,正如芬利所指出的,其原则应该是"国王死了,国王万岁!"然而,荷马社会所盛行的却是"国王死了,该去争夺王座了!"①就是说,当时的"王"位继承并不是自然进行的,而是要有一番争夺。在这一权力争夺的过程中,老"王"的儿子只不过是众多候选人中的一个,他至多不过拥有一定的优先权而已。忒勒马科斯回答求婚者们的话非常清楚地表明了这一点。他说:"在大海环绕的伊大卡,还有许多其他阿开亚人的巴赛勒斯,有老的,也有少的,由于奥德修斯已经死了,其中总有一个会接替他的位置。"②很明显,适于继承王位的决不是只他一个人,至于最终谁能得到这一位置,以及在得到后能否保持得住,则要取决于力量的大小。关于这一点,在荷马史诗中的其他地方也同样得到了反映。如,在奥德修斯拜访阴曹地府、会见阿喀琉斯的亡灵时,阿喀琉斯就非常担心他父亲帕琉斯会因老迈无力以及没有他的保护而失去王位;③赫克托尔所祈求于诸神的,就是希望他们能让他的儿子顺利地继承王位,而要做到这一点,必须首先使他磨炼得像自己一样刚健、一样出类拔萃;④而奥德修斯的父亲莱耳忒斯所以不能继续作为开法勒尼亚人的王者,其主要的原因恐怕也是由于他不能再像当年那样攻城略地、那样强悍有力;⑤至于忒勒马科斯所遇到的麻烦,则更是因为其软弱无力所致。不仅凡间的情况如此,神界的情况亦然:宙斯所以能雄统诸神,所依靠的正是其不可匹敌的威力。⑥

既然巴赛勒斯权力的获得与维持所依靠的并不是法统的观念,而主要是个人的力量,⑦那么这种所谓的"王"权也就不可能是一种社会权力,而只能是一种个人权力。⑧ 这就从根本上决定了巴赛勒斯在当时不可能构成为合法的社会最高政治权力的中心。

由于巴赛勒斯还只是一种个人性质的权力,所以在荷马社会,我们根本看不到作为社会力量的王权的存在。那些所谓的"王"们,既没有宏伟的宫殿可以居

---

① M. I. FINLEY. The World of Odysseus. Viking Adult, 1978:96 - 97.
② 荷马.奥德赛.陈中梅,译.广州:花城出版社,1994:15.译文有改动。
③ 荷马.奥德赛.陈中梅,译.广州:花城出版社,1994:212.
④ 荷马.伊利亚特.陈中梅,译.广州:花城出版社,1994:149.
⑤ 荷马.奥德赛.陈中梅,译.广州:花城出版社,1994:450.
⑥ 荷马.伊利亚特.陈中梅,译.广州:花城出版社,1994:170—171,348—349.
⑦ G. STARR. Individual and Community:The Rise of the Polis 800 - 500B. C. New York:Oxford University Press, 1986:22.
⑧ M. I. FINLEY. The World of Odysseus. Viking Adult, 1978:105.

住,也没有雄厚的国库可资挥霍,更没有大批的军队可供调遣。他们所依赖的,正如上文所表明的,完全是个人的力量,而他们的统治也是以自己的家庭为中心的。如果一旦有意外发生,如被推翻或被杀害,那也只是他们自己家庭的事情,而与整个社会无关。① 正因为如此,我们才看到为阿伽门农复仇的只是他的儿子奥瑞斯特斯;忒勒马科斯在对付求婚者的斗争中并未得到外人的帮助;而奥德修斯也是完全依靠自己家庭的力量夺回王位的。

第二,关于行政管理和政治机构的问题。假如一个社会已经进入了国家形态,它势必要建立起一套政治组织机构,以便实施其阶级统治和社会管理的职能。一般看来,荷马史诗中对人民大会和长老会议的描绘,似乎就是当时社会存在有政治组织和行政管理机构的反映。然而,荷马所描绘的人民大会,恐怕还很难称得上是一种正规的政治机构,这首先表现在它并没有固定的召开时间和召开次数。在伊大卡,甚至在20年内都没有召集过一次人民大会。而且,并不是只有作为王者的巴赛勒斯才可以召开该会议,一般的巴赛勒斯也同样有权召集。如,《伊利亚特》开首所讲到的人民大会,就是由阿喀琉斯召集的。② 其次,人民大会也没有任何的组织和正规的议事程序,它甚至根本就没有决定权和投票权。巴赛勒斯召集会议,只不过是为了传达信息或了解民意,目的并不是为了进行决策;③而人民大会对巴赛勒斯也没有什么约束力,巴赛勒斯完全可以置它于不顾而自行其是。④ 在这种情况下,如果认为它已经成为一种正式的制度,或是当时"社会生活中必不可少的机构",⑤显然是缺乏充分依据的。

至于长老会议,其作为一种政治机构存在的可能性,与人民大会比较起来,就更加显得微乎其微。有学者认为,在荷马社会,"在召开民众大会之前,通常还举行元老会议",⑥其实,在荷马史诗中,在人民大会之前召开元老会议的情况只有一次。⑦ 当然,必须承认,在其他场合,王可能是时常召集贵族首领聚会的,但

---

① M. I. FINLEY. The World of Odysseus. Viking Adult, 1978: 88.
② 荷马.伊利亚特.陈中梅,译.广州:花城出版社,1994: 3.
③ 这一点颇类似于我国古代"询万民"和"朝国人"的做法,但我们却不能把它们视为一种政治机构。参见谢维扬.中国早期国家.杭州:浙江人民出版社,1995: 272.
④ 参见 M. I. FINLEY. The World of Odysseus. Viking Adult, 1978: 92-95;另见: G. STARR. Individual and Community: The Rise of the Polis 800-500B. C. New York: Oxford University Press, 1986: 20—21.
⑤ 黄洋.试论荷马社会的性质与早期国家的形成.世界历史,1997(4).
⑥ 参见 G. STARR. Individual and Community: The Rise of the Polis 800-500B. C. New York: Oxford University Press, 1986: 19—20;另见: 黄洋.试论荷马社会的性质与早期国家的形成.世界历史,1997(4).
⑦ 荷马.伊利亚特:第2卷.陈中梅,译.广州:花城出版社,1994.

这种聚会显然不可能是一种正规的政治制度，它甚至也很难被称为是一种政治会议，而倒更像是一种社交活动，是巴赛勒斯们试图寻求自己家族之外势力的支持，并借此扩大自己声望和影响的一种途径。①对此，我们可从法埃基亚王阿尔基努斯召请各贵族长老聚会的情形中见其一斑。②

总之，在荷马社会，无论是人民大会还是长老会议，它们都具有明显的非正规性和流变性特征，巴赛勒斯在召集它们时，并不是出于被迫或制度的要求，而它们对巴赛勒斯也不可能形成什么真正的约束力。这就决定了它们尚未发展为真正的权力机关，从而不可能构成为一种严格的政治制度，并成为执行中央权力的官僚机构的一部分。

第三，关于社会分层的问题。"社会分层"是现代人类学用来描述社会分化状况的一个概念，相当于我们所熟悉的阶级分化这一提法。对于早期国家的定义，学者们对社会分层发展程度的问题的认识还存在着不一致，有的认为，在早期国家中，社会分层已高度发展，但尚未形成真正的阶级，哈赞诺夫便持此说；③但也有的认为当时已产生了阶级，如塞尔维斯。④ 对此，我们认为恩格斯的论述是绝对正确的，即：既然国家是阶级统治的机器，当然应该存在着了阶级对立。

那么，如何判断一个社会的社会分层已经发展到形成阶级的程度呢？历史学和人类学的材料表明，社会分层最初起源于财富和征服，之后便逐渐变得由血统（或称门第或出身）来决定；只有当血统成为人们社会地位的决定因素时，真正意义上的阶级才算形成。⑤ 以此来考察荷马社会，我们就会发现，虽然充当主角的众英雄或巴赛勒斯们都自诩有高贵的出身，但他们地位和荣誉的获得，所靠的实际上主要还是自身的技艺和本领。⑥ 如，当奥德修斯以乞丐的身份向牧猪者讲述自己的家世时，就说他完全是靠自己的人品和豪强而成为克里特岛上的一位巴赛勒斯的。⑦ 而在《伊利亚特》中，当诗人讲到阿伽门农试图运用心理学试

---

① A. MOMIGLIANO. The Greek Symposion in History//E. GABBA. Tria Corda, Scritti in Onore. Como 1983：259.
② 荷马.奥德赛：第7卷.陈中梅，译.广州：花城出版社，1994.
③ 古代世界城邦问题译文集.北京：时事出版社，1985：278；另见：谢维扬.中国早期国家.杭州：浙江人民出版社，1995：48.
④ E. R. SERVICE. Profiles in Ethnology. New York：Harper & Row Publishers，1971：498－499，转引自：谢维扬.中国早期国家.杭州：浙江人民出版社，1995：226.
⑤ M. I. FINLEY. The World of Odysseus. Viking Adult，1978：68.
⑥ G. STARR. Individual and Community：The Rise of the Polis 800－500B. C. New York：Oxford University Press，1986：31.
⑦ 荷马.奥德赛.陈中梅，译.广州：花城出版社，1994：259—260.

探军心未遏,结果引起混乱,奥德修斯在制止士兵逃跑时,也只是呵斥他们在"战场和议事会上一无所用"。① 这就意味着,如果谁能在战场上表现神勇和豪迈,在议事会上大展辩才和智慧,那么,他毫无疑问也会成为一位巴赛勒斯。关于这一点,在《伊利亚特》的另一处反映得更加清楚,它明确指出,战争和雄辩是"使人出类拔萃"的重要途径,②也就是说,巴赛勒斯与普通社会成员的区别,主要并不在于出身,而在于个人才能。

巴赛勒斯地位的这种非血统性,说明他们还没有构成一个真正的贵族阶级,与古风时期的贵族相比,他们还只能算作是后者的前身。因此,当时的社会只能是一个英雄的社会,而不应是贵族的社会。由于严格意义上的贵族阶级还没出现,与之相对立的平民阶级当然也就不可能形成,荷马史诗中对社会大众的忽略,不能不与此有关。③

第四,关于固定的领土观念的问题。一个社会一旦形成了国家,便会有明确的领土疆界和主权意识。当然,部落社会也有一定的领土疆界,但比较起来,国家的领土意识要强烈、明晰得多。在荷马社会,我们看不到存在有与国家概念相对应的针对某个固定地域进行统治的意识。荷马史诗中虽然上百次地使用Polis(国家)一词,但它所包含的地域疆界性并不强,大多只是模糊地指一个人的故乡。④ 尤其是在《伊利亚特》的船只表中,我们所看到的希腊联军与其说是来自一个个具体的国家,毋宁说是来自各个不同的地区。荷马社会领土观念的阙如,还可从其战争的性质中得到反映。因为总的来说,当时的战争都还是英雄战争,目的是为了夺取牲畜、赃物或美女,而并不是为了争夺地盘或领土主权,特洛伊战争便是很好的例证。⑤ 只是到了公元前8世纪中叶后,领土的观念才逐渐强烈起来,战争的目的也随之转向土地的控制。⑥

第五,关于国家意识形态的问题。国家的产生意味着整个社会已经联结为一个有机的统一整体,其在社会意识形态或精神文化领域的反应,就是出现了一

---

① 荷马.伊利亚特.陈中梅,译.广州:花城出版社,1994:32.
② 荷马.伊利亚特.陈中梅,译.广州:花城出版社,1994:207.
③ M. I. FINLEY. Early Greece:The Bronze and Archaic Ages. London:Chatto & Windus,1970:86.
④ G. STARR. Individual and Community:The Rise of the Polis 800 - 500B. C. New York:Oxford University Press,1986:36.
⑤ K. A. RAAFLAUB. Homer to Solon:The Rise of the Polis, The Written Source//M. H. HANSEN. The Ancient Greek City-States. Copenhagen,1993.
⑥ A. SNODGRASS. The Rise of the Polis:The Archaeological Evidence//M. H. HANSEN. The Ancient Greek City-States. Copenhagen,1993.;K. A. RAAFLAUB. Homer to Solon:The Rise of the Polis, The Written Source//M. H. HANSEN. The Ancient Greek City-States. Copenhagen,1993.

种在社会中占主导地位的社会统一意识或社会共同体价值观念。假如一个社会尚未产生这种社会共同体意识,或这一共同体意识尚未成为在社会中占主导地位的价值观念,那么,这个社会必定还处于一种分散状态,国家因而也就不可能存在。荷马时代的希腊社会正属于后面这种情况,表现在当时社会上盛行的是个人荣誉至上的个人英雄主义价值观,① 即赫克托尔可以为了个人的荣誉而置整个特洛伊的未来于不顾,阿喀琉斯亦可因为一己的恩怨而无视阿开亚全体将士的安危,而他们的这种行为在当时并无可指摘。但是,一旦国家或社会统一体意识形成之后,这种个人荣誉至上的价值原则便会受到怀疑。唯其如此,后世的埃斯库罗斯才可以编写剧本,说墨尔弥冬人因阿喀琉斯拒绝出战而背叛了他,而荷马却无论如何认识不到这一点。② 观念之间的这种不同,实际上意味着时代的本质差异。

　　基于上述的分析,我们认为,荷马社会只能是一个前国家社会,不可能存在着国家形态。值得注意的是,我们的这一结论也得到了考古材料的支持。著名的古希腊史考古学家斯诺德格拉斯指出,第二次世界大战以来的考古发掘证明,迈锡尼文明崩溃之后,希腊地区的人口出现了锐减,表现在居民点非常分散,且每个居民点的人口很少,大部分很难容下数百人。③ 而从列夫坎迪(在优俾亚岛)的情况看,其人口也就有 20 左右。④ 不仅如此,各个居民点的居住时间也并不是长久的。⑤ 在这种情况下,就很难想象会产生严格的社会分化,也很难想象会有社会的紧密联系。总之,国家的产生在当时是难以想象的。

　　既然荷马社会不存在国家,那么又如何解释荷马所描述的城邦(Polis)呢?对此,我们必须对荷马史诗的史料性质有正确的认识。近年来,人们对荷马史诗最终形成的年代基本上达成了一种共识,即认为《伊利亚特》大概形成于公元前 8 世纪中叶,而《奥德赛》则晚出一个时代(约 30 年)。⑥ 有学者甚至更认为《奥德赛》比赫西俄德的《田工与农时》还要晚出一到二代,即大约形成于公元前 7 世纪

---

　　① M. I. FINLEY. The World of Odysseus. Viking Adult, 1978:131-133.
　　② M. I. FINLEY. The World of Odysseus. Viking Adult, 1978:136.
　　③ A. SNODGRASS. The Rise of the Polis: The Archaeological Evidence. //M. H. HANSEN. The Ancient Greek City-States. Copenhagen, 1993.
　　④ A. SNODGRASS. Archaic Greece: The Age of Experiment. Berkley & Los Angeles: University of California Press, 1981:18-19.
　　⑤ A. SNODGRASS. The Rise of the Polis: The Archaeological Evidence. //M. H. HANSEN. The Ancient Greek City-States. Copenhagen, 1993.
　　⑥ G. STARR. Individual and Community: The Rise of the Polis 800-500B. C. New York: Oxford University Press, 1986:16.

早期。① 由于史诗形成的年代远晚于它所讲述的时代,因此,诗人在创作时难免会将其中人物的活动背景给"当代化"。尤其是在《奥德赛》形成的时候,希腊社会的真正历史已经有了一段不短的发展历程,国家制度早已确立,而我们借以了解荷马时代社会内部状况(诸如家庭生活、社会分化、城邦结构等)的材料,又主要是来自《奥德赛》,这就要求我们在把它当作史料运用的时候,必须保持高度的审慎,而在对待社会财富占有状况以及城邦是否存在等问题上,更必须与考古发掘材料相印证。

事实上,正是在这些至关重要的问题上,我们发现了史诗记载与地下材料的不一致。因为从发掘出的公元前1100年到公元前800年的墓葬来看,当时的希腊社会是非常贫穷的,②根本就没有史诗所描述的巨大财富。③ 在荷马所描绘的城邦与实际的考古发现之间,也同样存在着惊人的悬殊,因为荷马的城邦"给人的印象,如果它不是一座城市的话,那么也应该是一处城镇,而不应只是一个村落或一个要塞"。④ 但是,从考古学上看,作为城市或城镇的城邦在公元前8世纪中叶之前,则无论如何是不可能存在的,它之出现于希腊殖民地和希腊大陆,都是较后的事情了。⑤这也就是说,史诗所描绘的城邦,所反映的恐怕只能是诗人自己所生活的时代的情况,而不应是我们所说的荷马社会的情况。因此,在希腊国家产生的问题上,我们更应相信考古材料而不应相信荷马。

三、作为"酋邦"的荷马社会

20世纪以来,在有关人类社会早期政治组织演进的研究方面,现代人类学取得了重大进展,这就是"酋邦"理论的提出。⑥ 所谓酋邦,是指介于部落社会(即平等的氏族社会)与国家之间的一种人类社会政治组织形态,用塞尔维斯的话说,就是"酋邦是家庭式的,但却不平等;它们具有中央管理和权威,但却没有

---

① M. I. FINLEY. The World of Odysseus. Viking Adult, 1978: 36.
② A. SNODGRASS. Archaic Greece: The Age of Experiment. Berkley & Los Angeles: University of California Press, 1981: 21.
③ M. I. FINLEY. Early Greece: The Bronze and Archaic Ages. London: Chatto & Windus, 1970: 83.
④⑤ HANSEN. The Ancient Greek City-States. Copenhagen, 1993: 11.
⑥ 关于西方学者所提出的酋邦理论,谢维扬在其《中国早期国家》一书中有很好的概括和总结,见该书的第一章之第三节以及第四章。另参见:G. STARR. Individual and Community: The Rise of the Polis 800-500B. C. New York: Oxford University Press, 1986: 15—33.; M. I. FINLEY. The World of Odysseus. Viking Adult, 1978.

政府……它们标志出社会分层和等级,但却没有真正的社会经济阶级。"①塞尔维斯的这段话,明确地表明了酋邦社会与氏族部落社会以及国家之间的区别。概括起来就是两个方面,即:一,中央管理和权威是否存在,以及是何种性质的存在;二,社会分层是否产生及其发展的程度。其中酋邦社会与氏族部落社会的区别,主要是有关中央管理和权威以及社会分层是否存在的问题,而其与国家之间的区别,则是关于中央管理和权威的性质以及社会分层发展程度的问题。我们首先看酋邦与部落社会的区别。

在氏族部落社会,中央管理和权威是不存在的,表现在部落首领是由选举产生的,且从根本上说其地位是与部落成员平等的,他们至多不过是在年龄、能力和智慧等方面受人尊敬而已,实际"并没有任何控制权,也不能对向他求助的人强加任何决定"。② 关于这一点,摩尔根的论述早已使我们视之为当然了,而其他人类学的材料也没有与之相左的地方,所以对此无须赘述。但酋邦社会的情况却不同,在那里中央管理和权威已经存在了,其代表就是酋长。酋长的权力是很大的,他实际上已经变成了"一个实权人物",不仅有权控制社会财富的再分配,还可以占有他人的财物,且他的这一权力是不受部落成员制约的,有时甚至还被认为是神明赐予的。③ 由于在部落社会中部落首领尚且并未超出一般成员而占据显著地位,所以社会分层现象是根本不存在的。④ 但酋邦社会中酋长的独特权力和地位却使得社会产生了不平等,而这种不平等正是社会出现分层的具体表现。

至于酋邦社会与国家的区别,则纯粹是中央权威以及社会分层发展的程度的问题,即在国家中,中央管理和权威已经成了一种社会性质的存在,或以塞尔维斯的话来说,就是已经变成了正规的政府;社会分层也已高度发展,并最终形成了经济和政治利益相对立的阶级。而在酋邦社会中,所谓的中央管理和权威还只具有个人的性质,表现在酋长职位的世袭制原则还没有得以最终确立,即酋长的权力主要还不是来自正式的法规,而是还要依靠个人的人格、能力等。⑤ 在

---

① E. R. SERVICE. Profiles in Ethnology. New York: Harper & Row Publishers, 1971: 498, 参见: 谢维扬. 中国早期国家. 杭州: 浙江人民出版社, 1995: 225.
② 哈维兰. 当代人类学. 王铭铭等, 译. 上海: 上海人民出版社, 1987: 470.
③ 哈维兰. 当代人类学. 王铭铭等, 译. 上海: 上海人民出版社, 1987: 477.
④ G. STARR. Individual and Community: The Rise of the Polis 800 – 500B. C. New York: Oxford University Press, 1986: 17.
⑤ G. STARR. Individual and Community: The Rise of the Polis 800 – 500B. C. New York: Oxford University Press, 1986: 18.

社会分化问题上，酋邦社会虽然已经超出了原始的社会平等，首领们拥有了一定的社会特权，但他们却还没有成为占有社会主要的生产资料或在政治上实施高压的统治阶级；与此同时，一般社会成员也没有下降到在社会中处于依附地位的程度。① 总之，具有一致利益、产生了共同意识的阶级在酋邦中是不存在的。

根据上述对酋邦社会的分析，我们就会发现，荷马时代的希腊社会正好应该处于人类社会的这一发展阶段上。因为巴赛勒斯显然已经不再是一般的部落首领了，他所拥有的权力正如哈维兰所描述的酋长一样，不仅可以占有他人的财物（如阿伽门农霸占阿喀琉斯的战礼），而且也不受一般部落成员的制约（如阿伽门农可以无视民众会议的决定），有时甚至还被神化，如在荷马史诗中，巴赛勒斯就被认为"受到神的恩宠"，"他们的荣誉得之于宙斯，享受多谋善断的大神的钟爱"。② 然而，正如前文我们所分析的那样，巴赛勒斯所拥有的这种权力还只具有个人的性质，尚缺乏正规性，并未构成真正的社会政治权力中心，即政府。鉴于此，我们认为，荷马社会只能是一个酋邦社会，而不应像有些学者所认为的那样是一种国家形态。

辨清荷马时代的社会性质，对我们正确理解古代希腊历史以后的发展走向，乃至中西方文明之间的分野，都具有重要意义。近年来，我们国内有学者倾向于认为，古代的希腊和罗马所以能走向城邦制的社会发展道路，而中国所以形成了专制帝国，其关键的原因就在于两者形成国家的模式不一样，即认为古代希腊罗马所走的是"氏族模式"，亦即其国家制度是直接从原始时代的氏族组织演化过来的，而中国则走的是"酋邦模式"。③ 经过上述的考察后，我们便可发现，荷马时代的希腊实际上也是一种酋邦社会。因此，要想解释中西方早期国家形态的不同，必须另寻他因。

---

① G. STARR. Individual and Community: The Rise of the Polis 800 – 500B. C. New York: Oxford University Press, 1986: 43.
② 荷马.伊利亚特.陈中梅,译.广州：花城出版社,1994: 32.
③ 参见：谢维扬.中国早期国家·第一章第三节.杭州：浙江人民出版社,1995: 66-76.

1935年以来的土耳其汉学研究

(土耳其)阿尤布·撒勒塔史*,杨晨

> 杨晨,博士,2013年9月—2015年8月受国家留学基金管理委员会联合培养博士生项目资助赴土耳其海峡大学留学,期间曾担任该校孔子学院研究助理,荣获国家奖学金和校长奖学金。2017年8月入职上海大学文学院,现为历史系讲师。主要研究领域为土耳其政治伊斯兰运动、土耳其政党政治、土耳其外交政策、中土关系等。出版关于土耳其的著作2部;在《世界宗教文化》《西亚非洲》《阿拉伯世界研究》《中国社会科学报》等刊物发表学术论文多篇;在"澎湃新闻网"、《新民晚报》等媒体发表评论文章多篇。

中国研究在学术界也被称为汉学,其研究对象是拥有几千年灿烂历史的中国文明。现代意义上的汉学研究可以追溯至16世纪。当时,欧洲耶稣会士在中国传播基督教时对各种汉语典籍进行了分析。基于此,他们渐渐将与中国历史、文化和文学有关的部分典籍翻译为西文,并且将它们纳入汉学研究范围内。由此,欧洲国家才开始对一个完全陌生的世界有了更多的了解。

对土耳其而言,中国史料中记载了最为久远、最为详尽的土耳其人历史。早在秦朝时,中国就与突厥人在政治上、文化上和经济上建立了紧密的联系。作为一门古典学科,土耳其的汉学就致力于挖掘和探索中国文献中有关突厥人的详细记载。因此,汉学对于土耳其人而言具有重要的意义,其重要性可以同拉丁和古希腊分别对法国和德国的重要性相媲美。土耳其人要了解欧洲文明首先需要了解古典的希腊和拉丁文明,而要了解亚洲文明就必须了解中国文明。

---

* 阿尤布·撒勒塔史,上海大学土耳其研究中心研究员,伊斯坦布尔大学文学院副教授。

一、土耳其汉学研究之肇始

土耳其的汉学研究是在共和国的建立者穆斯塔法·凯末尔·阿塔图克的领导下奠定的。在汉学系建立之前，土耳其既没有一本直接从汉语翻译过来的著作，也没有开展对中国的任何研究。不过，在18世纪中叶，胡赛因·卡西特·亚尔钦已经开始将从汉语译为法语的一些文章转译为奥斯曼土耳其语。在20世纪初期，法国历史学家德金的名著《土耳其人和鞑靼人的历史》也有了奥斯曼土耳其语版本，并在20世纪80年代以拉丁字母化的现代土耳其语再次出版，书名也改为《大土耳其史》。

1935年，阿塔图克邀请世界著名的德国突厥学家葛玛丽到安卡拉大学文史地学院任教，帮助筹建汉学系，并致力于中亚突厥史和文化研究。1937年，葛玛丽从该系退休后回到德国。之后，德国的汉学家及社会学家沃尔夫拉姆·艾伯哈接替她的位置。从1937年至1948年，艾伯哈在土耳其共开展了155项研究，其中有70项都是根据中国史料而进行的土耳其历史、文化和种族研究。除此之外，艾伯哈还将研究重心集中在远东领域，包括中国历史、民俗、民间文学以及生活在中国的少数民族的历史和文化。

艾伯哈的众多学术著作为土耳其汉学的发展奠定了基础。例如，1938年，为了有助于从事远东史研究的汉学家和学生开展工作，他比照德语、英语和法语模式制定了"土耳其字母版的中国音节表"；1939年，他采纳了柏林大学埃里希·豪尔对汉语初学者的建议而编写了《古汉语语法简要》一书；1940年，他以问答的形式写成《汉学初学者重要工具书入门》一书，对汉学初学者极有帮助；1942年，他出版《中国北方邻族》一书；1946年，他完成《中国历史》和《汉学入门》两本著作，极有特色。

文史地学院汉学研究所出版的《汉学入门》一书，解决的主要问题包括中国语言和碑文的发展、拉丁字母版的中国碑文符号誊本以及古汉语语法概论等，它用学术语言详细阐明了土耳其汉学的任务。① 由此，艾伯哈为土耳其汉学的发展打下了坚实的基础。不过，该书一直以1946年的版本发行至今，因为稍后培养的汉学家对此书并不重视，而且对于编写此类著作也缺乏兴趣。事实上，虽然

---

① WOLFRAM EBERHARD. Introduction to Sinology. Translated by İkbal Berk. Istanbul: DTCF Publishing, 1946.

艾伯哈的著作在出版时包含众多全新和可靠的信息,但是土耳其汉学家也应根据最新的信息和方法对此书进行评估和修订。

艾伯哈对土耳其汉学的另一重大贡献是,他为安卡拉大学带来了大量关于中国各个历史时期的文献资料和百科全书。安卡拉大学图书馆目前收藏有一万册汉语书籍。基于此,这所大学的汉语教学传统非常悠久,而且该校在必要时还将教师派往北京外国语大学和台湾"国立"政治大学等中国高校学习汉语。

此外,在土耳其汉学界,关于中国文学的大多数重要研究都是由艾伯哈和穆德勒来开展的。艾伯哈所从事的开创型研究包括撰写《中国杂文》①、《中国民间故事选》②以及《汉语小说在中国人生活中的地位》③等著作。迄今为止,艾哈伯在中国文学领域所做的研究以及他所进行的大量详尽分析对土耳其汉学研究仍有重大的意义。

二、土耳其汉学研究的代表人物及研究方向

土耳其本土培养的第一位汉学家是穆德勒,她在艾伯哈离开土耳其后接任汉学系主任一职。穆德勒就中国哲学、中国文学和中亚突厥史等课题做了大量研究。由于她对老子、孔子和孟子等中国哲人的研究,土耳其读者才有幸从第一手资料直接了解中国文化。第一部由汉语翻译为土耳其语的著作就是由她在1940年完成的。不过,她翻译的蒋介石《中国的命运》一书并未得到出版;而《论语》作为中国文化经典之一,其译本在1962年得以出版。作为一位对中国学十分感兴趣的土耳其汉学家,穆德勒在《诗经文集》④和《中国诗歌精华》⑤等文章中将中国古典诗歌翻译为土耳其语,并通过紧密追踪中国的土耳其学研究成果而与本国学者进行分享。

穆德勒教授于1983年退休之后,她的学生艾哈迈德·力萨·别金和欧钢将

---

① WOLFRAM EBERHARD. Chinese Essays//Translated from German to Turkish by Nusret Hızır. Series of Chinese Classics. Ankara：MEB publishing, 1942.
② WOLFRAM EBERHARD. Chinese Folk Tales//Translated from German to Turkish by Hayrunnisa Boratav. Series of Chinese Classics. Ankara：MEB publishing, 1944.
③ WOLFRAM EBERHARD. Place of Chinese Novel in Chinese Life. DTCF Magazine, 1945 (3-4).
④ MUHADDERE NABI ÖZERDIM. Potpourris (Book of Songs-Folk Songs) from Shih Ching. Language and History — Geography Faculty of Ankara University. Eastern Languages Magazine, 1977, II(3).
⑤ MUHADDERE NABI ÖZERDIM. Samples from Chinese Poetry. Language and History — Geography Faculty of Ankara University. Eastern Languages Magazine, 1970, I(4).

精力集中放在西域的政治和文化史研究上。别金重点研究新疆地区的历史并在1981年出版了一本名为《丝绸之路》的著作。欧钢则致力于研究拓跋魏时期的历史。随后进入汉学界的欧凯也像穆德勒教授一样,致力于中国文化和中亚突厥史的研究,土耳其国内第一本以中国史料为基础的孔子研究专著就是由欧凯完成的。

此外,图莱·凯卡马克在古突厥文化史及中国文学和文化等课题上的研究也为土耳其汉学做出了极为有价值的贡献,使得汉学研究的领域不断拓展。图莱·凯卡马克的博士论文《唐诗的诗性写作与土耳其语言词典的比较研究》以极大的包容性填补了土耳其汉学研究领域的空白。她的汉语语言功力很强,在中国和土耳其文化领域所做的汉学研究为土耳其学者提供了极有价值的参考。例如,对于"匈奴时期中国信笺的人物称谓和标题"这个在土耳其汉学界和历史学界争论很大的课题,她对此所做的研究提出了原创性的见解[1],即汉人在匈奴时期为抵抗匈奴而制定了边境战略。[2] 而年轻早逝的穆塞尔·奥兹图克博士所做的研究则是基于中国史料来研究回纥和中国的文化。

除了以上简要介绍的汉学家外,土耳其的历史学家也对汉学研究做出了突出贡献。首先要提及的是巴哈迪·厄盖尔,他是艾伯哈的学生,通过使用第一手汉语史料,对匈奴、月氏、乌孙、突厥、契丹和回纥等西域重要族群进行了深入研究。厄盖尔的博士论文是《回纥国的建立》,他的副教授论文是1952年写成的《辽代之前的契丹人》。厄盖尔主要采用汉语材料写成的著作有《大匈奴帝国史》[3]、《中突关系——成吉思汗的中国王朝与他的突厥顾问》[4]、《乌孙及其政治边界的某些问题——以中国史料为依据》[5]和《中国政府建前的北方民族》[6]等。它们至今仍然是土耳其从事这一领域研究的经典著作。此外,厄盖尔还发表了大量论文,论述从汉朝开始直到近代的中亚突厥史。

---

[1] TÜLAY ÇAKMAK. Hsiung-nu (Hun) Ancient Chinese Text Translation of Persons Names and Titles. Erzurum: Science of Being Turkish Research Magazine of Ataturk University, 2003(21).

[2] TÜLAY ÇAKMAK. Border Strategy of China Towards the Huns of Han Dynasty. Erzurum: Science of Being Turkish Research Magazine of Ataturk University, 2003(22).

[3] BAHAEDDIN ÖGEL. History of Great Hun Empire: I-II. Ankara: Ministry of Culture Publishing, 1981.

[4] BAHAEDDIN ÖGEL. Sino—Turcica: Genghis Khan and Turkish Advisors of His Dynasty in China. Taipei, 1964.

[5] BAHAEDDIN ÖGEL. Certain Problems About Uysyns and Its Political Borders According to Chinese Sources. DTCF Magazine, 1948, VII(4).

[6] BAHAEDDIN ÖGEL. About the Northern Chinese Ethnology Before the Establishment of Chinese Government. DTCF Magazine, 1949, VII(4).

奥兹坎·伊兹吉依据中文史料，重点研究回纥的历史和文化。就历史研究而言，他将王延德的游记翻译成土耳其语并出版，并且进一步指导他的学生以中国行者的游记为博士论文的选题。他亲自指定的一篇博士论文的题目就与唐朝时期著名的游方僧人玄奘有关。此外，他还出版了一本关于中国游方僧人的著作，该书虽然言简意赅，但却对宋朝时期回纥人的生活进行了详尽阐述。① 就文化研究而言，伊兹吉基于中国史料所做的研究专著《回纥人的政治和文化史——以官方文件为依据》②和《公元八世纪前的中西丝绸之路》③甚至在今天都有着首屈一指的学术价值。

居尔钦·坎达里奥卢也像奥兹坎一样将研究领域限定在回纥时期。她所做的研究对回纥帝国④、甘肃回纥人和回纥突厥人的概况提供了重要信息，而依据就是陈诚和高居诲等人的游记。由于笔者无法获得坎达里奥卢在1969年台北市举办的中亚阿尔泰学大会中所做的报告《土耳其的汉学研究》，因此对该研究的具体内容无法得知。

艾谢·奥纳特是在台湾接受的教育，她擅长的研究领域是根据中国史料来研究匈奴史及文化。而艾哈迈德·塔萨吉主要研究的则是隋唐时期突厥人的政治背景。正因如此，塔萨吉是第一位对突厥人做出细致研究的学者。他以土耳其语出版了自己的研究成果，第一本著作是他的博士论文《突厥人》，另外两本著作也与这一主题有关，这也填补了土耳其在此方面的一大空白。还需提及的是他的一篇关于吉尔吉斯人的雄文，他根据第一手中国史料对公元840年之前的吉尔吉斯人进行了分析和研究。⑤

综合土耳其汉学家和历史学家的研究领域，我们可以看出土耳其的汉学研究主要包括两方面内容。一是对中国文化各种元素的直接研究。其中包括中国语法、中国文化、中国地理和中国文化等科目。在土耳其，只有汉学家才能全身心投入到这些科目的研究之中，而非汉学家则只能通过西语写就的汉学文章了

---

① ÖZKAN İZGI. Ambassadors going from Kao-ch'ang to China in Sung Period//History Institute Magazine. Istanbul: Printing House of Literature School of Istanbul University, 1975.
② ÖZKAN İZGI. Political and Cultural History of Uyghurs According to Legal Documents. Ankara: Publishings of Researching Turkish Culture Institute, 1987(A. 17).
③ ÖZKAN İZGI. Silk Roads between China and West (Up to 8th Century). Literature School of Hacettepe University, 1984(21).
④ GÜLÇIN ÇANDARLI OĞLU. Great Uyghur Empire. Symposium of Turkish States in History. Ankara: Ankara University Presidency Publishing, 1987.
⑤ AHMET TAŞGIL. Kyrgyz Before Year 840 According to Chinese Sources. Turkish World Researches, 1996(100).

解中国。二是以汉语资料为根据,对始自汉朝至现代时期的土耳其历史和文化进行系统和全面的研究。虽然本部分的研究也包括中亚和亚洲内陆等地区,但是因为主要依据的是汉语史料,笔者认为这些地区也可以在汉学的研究范围内得到评价。

如果将这两类研究进行对比的话,第二类研究无疑会在土耳其更受青睐。在土耳其,依靠汉语材料进行的学术研究几乎都是以书面材料为主。虽然考古发掘从20世纪50年代起到今天已经取得了快速发展,但是根据考古发现而进行的研究在土耳其几乎没有开展。因此,土耳其汉学界除了文本中的内容外很难获得新信息。这也导致土耳其在编年史上存在着巨大不足。不过土耳其数年前的一篇博士论文首次利用中国考古发现的成果复原了位于中东的古代突厥群落的文化生活。[①]在20世纪90年代,土耳其的艺术史学家已多年参与在哈萨克斯坦、吉尔吉斯斯坦和蒙古开展的考古发掘项目,并且在文献中也介绍了考古发现的信息,但却对中国考古的发现结果,尤其是与土耳其历史有关的大量信息没有任何披露。毕竟,可以获得的考古发掘结果总是能为土耳其汉学家提供许多妙趣横生的新信息。

三、土耳其汉学研究之成就与不足

对土耳其人而言,汉学对于土耳其的历史和文化研究有着重要的意义,因为西方同中国相遇不过是几个世纪之前的事情,而土耳其人与中国人的政治和文化联系则可追溯到两千多年前。因此,土耳其的汉学研究至少要达到西方国家的水平。事实上,土耳其的汉学研究经过几十年的发展,已经取得了较大的成就。

首先,土耳其的汉学研究项目不断增加,研究内容不断走向深入。自建国以来,土耳其在文化领域取得的最大成就是1997年肇始的"土耳其世界的历史——从远古到现代"项目。该项目计划将中国官方典籍中与土耳其有关的匈奴、突厥和回纥人的记载翻译成土耳其语。这些典籍将成为土耳其史的最古老来源,而土耳其汉学家和历史学家也将对这些文献进行评估。在此项目的带动

---

① EYÜP SARITAŞ. Cultural life of Turks before Islam according to Archeological Researches and Excavations Executed in China (From the most Ancient Times to Middle of the 9th Century). İzmir: Ege (Aegean) University Social Sciences Institute Department of General Turkish History, Unprinted Doctorate Thesis, 2005.

下，各种委员会相继成立，对于汉朝匈奴史的翻译和阐释工作也已经由包括艾谢·奥纳特、赛玛·奥索伊和科努拉尔普·埃吉拉逊在内的委员会率先于2004年完成。同时，项目成果也会由土耳其历史学会给予出版，这将对土耳其学界产生较大的促进作用。

该项目中正在开展的另一项重要工作是翻译《旧唐书》中有关突厥人的史料，由伊森比凯·托甘、居纳尔·卡拉和贾希德·巴伊萨尔三人于2006年组成的委员会将会负责将其翻译成土耳其语并对文本加以注释。参与该项目的学者指出，周朝和隋朝时的突厥记载不久就会被译为土耳其语并再次由土耳其历史学会出版。同时，德国汉学家刘茂才所著的《东突厥人》(即中文版的《东突厥史汉文资料》)已于2006年由德语转译为土耳其语，法国汉学家爱德华·沙畹所著的《西突厥人》(即中文版的《西突厥史料》)也在2007年由法语译为土耳其语。

该项目将《汉书》《唐书》以及刘茂才和爱德华·沙畹的著作翻译成土耳其语，这增加了人们对中国史料中有关土耳其历史和文化的兴趣。如果没有这些汉学家所做的工作，那些希望获得详尽和精确的汉唐时期突厥史资料的土耳其研究者将会发现，他们是很难有机会获得这些中国史料的。尤其是在《汉书》[1]、《旧唐书》[2]、《西突厥人》[3]和《东突厥人》[4]这四本书出版之前，对汉语不熟悉的土耳其学者在理解这类信息时遇到很大障碍，并且还需要耗费更多的时间和精力。

其次，土耳其的汉学研究机构和孔子学院相继成立，这为土耳其的汉学发展提供了强有力的支持。就汉学研究机构而言，除了上文提到的安卡拉大学之外，埃尔吉耶斯大学和法提赫大学也开展了汉语语言和文学教育，奥坎大学还设置了汉语翻译和口译专业，这将为未来大量学者从事汉学研究提供良好的契机。同时，伊斯坦布尔大学文学院于2009年8月在东亚语言和文学系设置汉语语言和文学专业，但目前还未开始招生。在这些大学中，法提赫大学和奥坎大学是私立大学，而埃尔吉耶斯大学则是公立大学。

---

[1] AYŞE ONAT, SEMA ORSOY, KONURALP ERCILASUN. Hun Dynasty History Monograph. Ankara: Turkish Historical Society Printing House, 2004.

[2] İSENBIKE TOGAN, GÜLNAR KARA, CAHIDE BAYKAL. Turks According to Chinese Sources, Old T'ang History (Chiu T'ang Shu). Ankara: Publishing House of Turkish Historical Society, 2006.

[3] EDOUARD CHAVANNES. Western Turks. Translated by: Mustafa Koç. Istanbul: Selenge Publishing, 2007.

[4] LIU MAU-TSAI. Eastern Turks according to Chinese Sources. Translated by: Ersel Kayaoğlu, Deniz Banoğlu. Istanbul: Selenge Publishing, 2006.

孔子学院已在50多个国家建立。根据安卡拉中东技术大学和中国政府之间的协议，土耳其于2007年在本国建立第一所孔子学院。在此学院授课的教师将讲授汉语语言以及孔子的思想。此外，在2008年，土耳其海峡大学和中国上海大学根据达成的协议建立了一所孔子学院并开始运行。虽然这两所拥有孔子学院的土耳其大学都以技术工程见长，但是孔子学院本身对于中土两国增进文化交流并为土耳其人民更加了解中国起到了重要作用。

与此同时，由于开展的时间不长和师资力量薄弱等原因，土耳其的汉学研究也面临一些挑战和不足。

第一，土耳其的汉学研究传统不够坚实。由于研究中国文学必须要一直学习古代汉语和现代汉语，又加之缺乏必要的组织支持，因此在土耳其有兴趣致力于中国文学研究的学者人数没有得到稳固的增长，因而与西方各国相比，土耳其的汉学传统还有待提高。这一特点同样适用于土耳其汉学史的相关研究。

第二，土耳其的汉学研究专著难以出版。例如，巴哈迪·厄盖尔于1981年撰写的两卷关于匈奴时期的著作未能出版，而匈奴时期正是土耳其史的开端。虽然土耳其有一些致力于中亚突厥史的汉学家或历史学家也写过该方面的博士和助理教授论文，但是普通民众对他们仍然缺乏了解，因为他们的论文未能出版成书并展现在学术界面前。在土耳其国内，与汉学直接相关的研究成果没有得到足够的机会出版，而与之相比，德国、英国、法国和荷兰等西方国家却出版了大量汉学研究成果，并且还建立了专门的汉学图书馆。

第三，土耳其的汉学研究藏书比较匮乏。除安卡拉大学外，土耳其其他从事汉学研究的大学所拥有的汉语藏书数量远远低于最低标准。据估计，土耳其最大的图书馆——坐落于安卡拉的国家图书馆——藏有的关于中国的土耳其文著作或是从英语、德语、法语或俄罗斯语翻译过来的汉学著作最多只有350本。虽然中国政府会不时向这些大学捐赠书籍，但这些从事中国相关研究的大学的图书馆也很难拥有大量一手资料。例如，土耳其只有一所大学拥有《文献通考》和《册府元龟》，而《唐会要》则只能在米马尔·希南艺术大学找到。就中国语言、文学、地理、艺术、科技史和其他领域的研究而言，伊斯兰布尔大学仅仅拥有一小部分重要资料，而欧洲的大学和图书馆则在此方面遥遥领先。例如，荷兰莱顿大学的汉学系仅2005年一年就购买图书30万册。

第四，土耳其的汉学研究科目相对狭窄。除了以上提到的故事集等著作以外，土耳其汉学界还未将其他领域的中国书籍直接翻译成土耳其语，比如小说等。不过，中华人民共和国的建国领袖毛泽东以及历史名人如战略家孙子和孙脍等人的著作已经根据德语、法语和英语版本翻译成土耳其语。虽然这些书籍的数量有限，但最近几年由西语翻译为土耳其语的有关中国的书籍不断增加，这表明土耳其学者对汉学的研究兴趣不断高涨、研究科目不但拓展，这一领域的研究很有潜力，专业也很有需求。土耳其和中国有着两千多年的渊源关系，相信双方未来在文化领域中的交往会比现在拥有的条件更好。

第五，土耳其的汉学研究格式尚未统一。在对汉唐史料进行翻译和解释时，土耳其一般使用的是威妥玛式拼音法(维斯玛-翟理斯式拼音法，简称威氏拼音法)，以汉字的誊写本为依据。不过在土耳其，这一问题还没有形成统一意见。在中国大陆接受教育并开展研究的土耳其学者在誊写汉字时更愿意使用拼音系统，而在中国台湾开展研究的学者更愿意使用威妥玛式拼音法。

虽然存在以上挑战和不足，但土耳其汉学研究也面临良好的发展机遇。中土两国政府于1983年首次达成文化协议，在此框架下，双方每年互换5位研究人员开展为期1年的研究。近年来，土耳其学者希望去中国从事研究的领域涵盖了语言学、历史学、医学和工程学等人文社会和科技诸领域，研究范围得到了很大拓展。依此发展趋势，土耳其的汉学家们一定能够在各专业领域贡献更多的著作，土耳其的汉学研究也必将走向一个新的阶段。

英语语境中的拉美"新左派"*
——论超越"再现"与"再压迫"困境的可能性

谢晓啸

谢晓啸,1986年生。2011年毕业于上海大学历史系,先后获学士学位与硕士学位。2011年9月获国家留学基金管理委员会资助,赴澳大利亚阿德莱德大学留学,2017年3月获哲学博士学位。主要研究领域为全球"60年代"、左翼政治与文化、澳大利亚以及中澳关系等。在《拉丁美洲研究》发表学术论文1篇,另有中英文论文各1篇分别收录于两本专著中。2018年6月获国家社科基金青年项目资助立项。

在过去的50多年里,西方学界一直对"新左派运动"这一历史文化现象保持着极高的研究热情。近几年来,拉美"新左派"一词也开始频繁出现在英语的学术著作中。尽管英语学界对20世纪60年代左派政治实践的研究取得了一定的成果,但是,将系出北美学术话语的分析框架与概念应用于拉美激进运动的做法,仍有陷入"再现"与"再压迫"这一两难境地的可能。作为对这一潜在危险的回应,本文拟从皮埃尔·鲍迪厄的"反身性"视角切入,就如何以一种新的方式探讨拉美"新左派"这一问题提出一些初步的设想。

一、新左派运动的起源兼及近年来
英美学界的研究综述

什么是新左派运动?要回答这一看似简单的问题,有必要首先正本溯源,对新左派一词诞生的历史环境做一简要说明。首先,作为一种特定的思想潮流,新左派的萌芽最早可以追溯至一场兴起于第二次世界大战末期、以反抗纳粹暴政为宗旨的法国独立运动。据这一思潮的一位早期代表人物克劳德·布得回忆,新左派一词是由乔治·奥特曼首先提出,旨在彰显一种既非社会民主主义亦非共产主义的政治立场。① 受这一源于法国的非主流社会主义思潮的启发,同时亦为赫鲁晓夫在苏共"二十大"上所做的《秘密报告》②及其后所发生的匈牙利十月事件③和苏伊士运河危机④这三个特定历史事件所刺激,一批以爱德华·帕尔默·汤普森为首的前英共党员和无党派左翼知识青年,开始尝试从理论上建构一种不同于苏联模式的马克思主义学说。⑤ 在经过一系列初步的探索之后,前文所提及的这些英国左派知识分子于 1960 年共同创办了一份名为《新左派评论》(*New Left Review*)的独立左翼期刊。以这一刊物为阵地,汤普森等人从马克思人道主义哲学的角度,对一种因受苏联领导人肯定而占有主导地位的经济决定论进行了尖锐的批评。⑥ 与此同时,作为一种新兴的社会思潮,新左派亦开始影响身处大洋彼岸的一些左派知识分子,例如美国左派社会学家赖特·米尔斯(Wright Mills)就在《新左派评论》第 5 期上发表了被公认为新左派经典文本之一的《致新左派的一封信》。这一宣言式的文本以及米尔斯撰写的其他著作,如《白领：美国中产阶级》和《权力精英》等,深深地影响了日后成为美国新左派运动旗手之一的汤姆·海登(Tom Hayden)以及许多与他一样同属"婴儿潮"一代⑦的美国青年知识分子。

上文从思想史的角度简要回顾了新左派的诞生史,但新左派在历史上的重要性不仅仅体现在其兴起,还标志着二战后西方左翼知识界对马克思主义的反思和再诠释。这主要是因为,虽然新左派在其诞生伊始确实可以被视作一场理

---

① The New Left in France from the Resistance to the Campaign for Nuclear Disarmament (1943-1968): Interview with Claude Bourdet. Journal of Area Studies Series 1, 1981, 2(4): 22. 关于法国新左派,亦可参见: ARTHUR HIRSH. The French New Left: An Intellectual History from Sartre to Gorz. Boston: South End Press, 1981.

② 作为斯大林去世后继任的苏共中央第一书记,赫鲁晓夫在 1956 年 2 月召开的苏共"二十大"会议上突然宣读了一份名为《关于个人崇拜及其后果》(又称《秘密报告》)的报告,揭露了斯大林在其任内所犯下的各种严重错误。由于没有事先知会其他兄弟共产党,因此赫鲁晓夫的发言被美国《纽约时报》全文刊载后对国际共产主义运动造成了极大的冲击,并为其后的中苏分裂埋下了伏笔。

③ 受由赫鲁晓夫主导的去斯大林化运动的影响,作为华约同盟国之一的匈牙利在 1956 年 10 月爆发了一场声势浩大的反苏反社会主义的运动。匈牙利十月事件最终在苏联的军事干涉下失败,但却引发了一连串连锁反应,并直接造成大批英共和法共党员退党。

④ 时任埃及总统的纳赛尔在 1956 年 7 月宣布将对苏伊士运河公司实行国有化,该运河当时由英、法两国共同掌管。由于不甘于丧失其在埃及的这一特权,英、法两国连同以色列于同年 10 月底发动了一场针对埃及的战争。

⑤ STUART HALL. Life and Times of the First New Left. New Left Review, 2010(61): 177-178.

⑥ MICHAEL KENNY. The First New Left: British Intellectuals after Stalin. London: Lawrence & Wishart, 1995.

⑦ "婴儿潮"一代指二战结束后美国 1946—1964 年期间出生的人。

论上的"革新运动",但其自始至终亦有着作为一种激进政治实践的一面。在由海登1962年起草并在"大学生民主社会组织"(美国新左派运动团体的标杆)举行的第一次全国代表大会上通过的《赫龙港宣言》(*Port Huron Statement*)中,这一新左派运动的双重性得到了最为明显的集中体现。海登在这份"大学生民主社会组织"的早期纲领性文件中,首次明确提出了"参与式民主",这个概念日后成为20世纪60年代美国新左派学生运动的核心概念。[1]

事实上,从过去几十年以来英、美学界的相关研究成果可知,新左派运动最初发轫于英、美、法三国,但其又是一场延续时间长达10年之久(从20世纪50年代末至70年代初),影响波及几乎所有西方主要发达国家和部分拉美国家的大型社会运动。这场参与者国籍和种族背景不一,诉求多元,并以男性白人青年为主体的运动,于1968年春夏之交达到顶峰(以"五月风暴"为标志[2]),其后随着越战的终结、1973年世界经济危机的爆发和西方右翼势力的复兴而逐渐退潮直至彻底瓦解。[3]

由上述定义可知,作为一场具有"全球性质"的社会运动(此处先暂且搁置各国之间的差异不提),新左派的兴衰与二战后世界政治格局的重构和经济复苏存在着一种复杂的结构性关联。具体而言,以越南战争为代表的冷战"热战化"、由

---

[1] RICHARD FLACKS, NELSON LICHTENSTEIN. The Port Huron Statement: Sources and Legacies of the New Left's Founding Manifesto. Philadelphia: University of Pennsylvania Press, 2015: 242.

[2] "五月风暴"指1968年5—6月在法国爆发的一场学生罢课、工人罢工的群众运动。

[3] 英、美学界自20世纪70年代始就这场运动的延续时间展开了激烈的争论,并一直延续至今。早期的文献参见:IRWIN UNGER, DEBI UNGER. The Movement: A History of the American New Left: 1959-1972, New York: Dodd, Mead, 1974; NIGEL YOUNG. An Infantile Disorder? The Crisis and Decline of the New Left. Boulder, Colo.: Westview Press, 1977; ALAIN TOURAINE. The May Movement, Revolt and Reform: May 1968 — The Student Rebellion and Workers' Strikes — The Birth of a Social Movement. New York: Irvington Publishers, 1979; WINI BREINES. Community and Organization: The New Left and Michels "Iron Law". Social Problems, 1980, 27(4); KIRKPATRICK SALE. SDS. New York: Random House, 1973; FREDRIC JAMESON. Periodizing the 60s. Social Text, 1984(9-10). 自20世纪80年代以来,又涌现出一大批从运动亲历者或同情者的角度讨论美国新左派的贡献与局限性的文献,例如:
TODD GITLIN. The Sixties: Years of Hope, Days of Rage. New York: Bantam Books, 1993; MAURICE ISSERMAN. If I Had a Hammer: The Death of the Old Left and the Birth of the New Left. New York: Basic Books, 1987; TERRY H. ANDERSON. The Sixties. New York: Longman, 1999; MAURICE ISSERMAN, MICHAEL KAZIN. America Divided: The Civil War of the 1960s. New York: Oxford University Press, 2000. 相较于前者而言更具批判态度的文献参见:GREGORY F. DELAURIER. Maoism, the U. S. New Left, and the Rise of Postmodernism. New Political Science, 1996, 18(2-3); STANLEY ROTHMAN, S. ROBERT LICHTER. Roots of Radicalism: Jews Christians, and the New Left. New York: Oxford University Press, 1982; PETER COLLIER, DAVID HOROWITZ. Destructive Generation: Second Thoughts about the Sixties. New York: Summit Books, 1989.

中苏分裂引起的国际共产主义运动解体以及20世纪60年代一度声势浩大的民族解放运动，是引发这场以学生为主体的激进运动的三大主要诱因。其一，美国在越南的军事行动，无疑是此时西方尤其是美国社会文化政治大幅左倾的直接导火线。其二，苏联在20世纪50年代后采取的和平演变战略（即三和路线：和平共处、和平竞争、和平过渡）和以中国为代表的第三世界的崛起，对一大批西方知识青年在思想上造成了极大的冲击。在此背景下，新左派运动参与者接触到许多与以往经典马克思主义理论相异的思想，例如马丁·路德·金博士宣扬的基督教和平主义、美国黑人民权主义，格瓦拉主义，加缪和萨特提出的存在主义以及马尔库塞的批判理论等。其三，正如马克思和恩格斯在《德意志意识形态》中所说的那样，一种新的社会思想不可能完全凭空产生。① 全球资本主义经济在二战后的复苏和在20世纪60年代的高速发展，与此相生相随的中产阶级的扩大化，高等教育的"普及化""商业化""财团化"（尤以美国为代表），以及方兴未艾的大众消费主义等现象，都为激进学生和工人挑战当时在西方社会中占主导地位的资产阶级民主思想以及在其基础上建构的代议制政治提供了一定的物质基础。②

在西方学界广受关注的另一个议题是，与"老"左派相较，新左派究竟"新"在何处？对此，许多20世纪90年代之前出版的著作认为，首先，就意识形态这一层面而言，虽然许多新左派运动的参与者仍同其父辈一样宣称自己是坚定的马克思列宁主义者（包括不同的托派分子、格瓦拉主义者等），但是他们拒绝承认以苏联为蓝本的社会主义制度的合法性。③ 其次，尽管这场运动在不同国家和地区有着显著的差异性，但各地的"革命"青年都多少对西方的资产阶级民主思想、文化和政治制度持一种批判态度。最后，作为这场发生在20世纪60年代的大规模社会运动，新左派运动无论在参与人群的组成，运动的组织、动员和抗争形式等方面都与之前由共产党领导的工农革命或激进工会运动有显著的差异，因此，与其说前者是过去的群众性运动的延续，不如说其兴起昭示着一种"新

---

① KARL MARX, et al.. The German Ideology. New York: International Publishers, 1972: 47.
② 亚瑟·马威克从结构性、意识形态和制度性三个方面对这一时期英国、法国、意大利和美国的激进政治实践的起源作了概览性分析，参见：ARTHUR MARWICK. The Sixties: Cultural Revolution in Britain, France, Italy, and the United States, c. 1958 – c. 1974. Oxford & New York: Oxford University Press, 1998: 23 – 38; MAX ELBAUM. Revolution in the Air: Sixties Radicals Turn to Lenin, Mao and Che. London & New York: Verso, 2002; ROBERT J. ALEXANDER. Maoism in the Developed World. Westport, Conn.: Praeger, 2001; A. BELDEN FIELDS. Trotskyism and Maoism: Theory and Practice in France and the United States. New York: Praeger, 1988.
③ A. BELDEN FIELDS. Trotskyism and Maoism: Theory and Practice in France and the United States. New York: Praeger, 1988.

型"社会运动在现代西方社会的萌芽。①

然而,自20世纪90年代以来,上述关于新左派运动的一些基本看法已逐渐遭到新一代新左派运动研究者的强有力挑战。首先,在那些因为年龄关系而无缘亲身参与这场运动的研究者看来,经由前人学者书写的那种新左派运动的"元叙述"在很大程度上反映的不过是那些中产阶级白人男性运动参与者对这场运动的反思。② 以范戈斯等为代表的新一代学者指出,"元叙述"的一大缺陷在于其聚焦于一个单一的运动组织——"大学生民主社会组织"之上,因此不但忽视了非白人青年男性(非洲裔美国人、女性以及其他少数族群)参与者的贡献,同时也未能对这场运动在其他次一级地区的发展给予足够的关注。③ 其次,虽然大多数第一代新左派运动的研究者确实在某种程度上意识到这场运动在各国的发展并不是彼此孤立的,但他们对其所具有的"全球性"及其在不同的国家和区域所呈现出来的"地方性"这两大特征的理解仍不够充分。④

作为近年来英、美学者对新左派运动这一特定领域进行反思的一个结果,曾经一度占主导性的新左派的"宏大叙事"开始呈现分崩离析之势。与此同时,一大批新近涌现出的学术研究开始强调研究视角的多元化和这场运动所具有的碎片化与地方化特征。⑤

首先,许多学者开始尝试从不同种族、性别、族群和国别的视角重新审视20世纪60年代的这场激进运动。通过考察在不同国家、不同地区(如第一世界

---

① SIDNEY G. TARROW. Power in Movement: Social Movements and Contentious Politics. Cambridge & New York: Cambridge University Press, 1998; COLIN BARKER. Some Reflections on Student Movements of the 1960s and Early 1970s. Revista Crítica de Ciencias Sociais, 2008(81).
② JOHN McMILLIAN, PAUL BUHLE (eds.). The New Left Revisited. Philadelphia. PA: Temple University Press, 2003: 2-3.
③ VAN GOSSE. Rethinking the New Left: An Interpretative History. New York: Palgrave Macmillan, 2005.
④ 从全球的视角研究新左派的早期代表作品,参见:GEORGE KATSIAFICAS. The Imagination of the New Left: A Global Analysis of 1968. Boston, Mass. : South End Press, 1987. 近年来的研究可参见:JULIAN JACKSON, ANNA - LOUISE MILNE, JAMES S. WILLIAMS. May 68: Rethinking France's Last Revolution. New York: Palgrave Macmillan, 2011: 6. 该书导言指出,这场运动确实具有全球性的影响,它并不仅仅是一场白人男性学生的狂欢,而是包括了相当多的普通工人、同性恋者、女权主义者和移民,而将所有这些运动联系在一起的一个重要概念是"自我管理",或者从广义的范畴上来说,是指"个体自主、直接行动、参与互助、自发性和自我表达"。从全球20世纪60年代这一视角出发对西德的激进学生运动所做的分析,参见:TIMOTHY SCOTT BROWN. West Germany and the Global Sixties: The Anti - Authoritarian Revolt, 1962-1978. Cambridge: Cambridge University Press, 2013.
⑤ BRYN JONES, MIKE O'DONNELL. Sixties Radicalism and Social Movement Activism: Retreat Or Resurgence? New York: Anthem Press, 2012; JEREMY VARON, MICHAEL S. FOLEY, JOHN McMILLIAN. Time Is an Ocean: The Past and Future of the Sixties. The Sixties: A Journal of History, Politics and Culture, 2008, 1(1).

与第三世界)运动参与者间的交流、写作以及"全球"与"地方"之间的互动,这些学者力图把握在此过程中产生的新的激进主体的特征。① 其次,近年来引起较多关注的西方学界的另一个热点是 60 年代的激进政治运动与同一时期兴起的非主流文化乃至于新兴宗教运动之间的有机联系。最后,许多英、美学者开始尝试对一些之前被视为"边缘"的地域进行深入的个案研究,以期突破原有的直线型新左派运动叙述模式。②

纵观近 10 年来英、美学界对 20 世纪 60 年代新左派运动的研究的发展,一种强调差异性、区域性的多元叙事已悄然取代了过往的以白人青年男性的经验为根本的单一叙事,与此相生相伴的是一系列新的分析工具和观念的运用。就这后一点而言,又可细分为两大方面。其一是一些具有历史学及文化研究背景的研究者试图通过对"全球意识""全球 60 年代"之类外延较为宽泛的统领性概念的倡导与运用,以及对新左派运动的"跨区域性""跨国界性"和"全球之面向"的强调,建构一个过去不以西方为"中心"的研究框架。③ 其二是一些接受过

---

① 参见:DAVID BARBER. A Hard Rain Fell: SDS and Why It Failed. Jackson: University Press of Mississippi,2008. 此外,针对欧陆不同国家这一时期激进运动的综合性比较研究可参见:VLADIMIR TISMANEANU. Promises of 1968 Crisis, Illusion, And Utopia. New York: Central European University Press,2011.通过口述史的方法对美国的运动参与分子在此期间的革命之旅(中国、北约及朝鲜)所做的考察,参见:JUDY TZU-CHUN WU. Radicals on the Road: Internationalism, Orientalism, and Feminism during the Vietnam Era. New York: Cornell University Press,2013. 类似的研究亦见:QUINN SLOBODIAN. Guerrilla Mothers and Distant Doubles, West German Feminists Look at China and Vietnam,1968-1982. Zeithistorische Forschungen/Studies in Contemporary History, Online—Ausgabe 12, No. 1, 2015;另可参见:MARTIN KLIMKE. The Other Alliance: Student Protest in West Germany and the United States in the Global Sixties. Princeton,New Jersey: Princeton University Press,2010.

② 对新左派运动在不同地区表现的个案研究,可参见:PAUL LYONS. The People of This Generation: The Rise and Fall of the New Left in Philadelphia. Philadelphia: University of Pennsylvania Press, 2003.朱莉·斯蒂芬斯提出"反规训化的政治"(anti-disciplinary politics)这一新概念,挑战了过去传统的将新左派与非主流文化一分为二,特别是将后者视为对前者的补充说明的看法。斯蒂芬斯自己的研究则将传统意义上的后者置于中心位置,并批判了一种将 60 年代激进政治的失败视作当下"去政治化"状态的原因的叙事:JULIE STEPHENS. Anti-Disciplinary Protest: Sixties Radicalism and Postmodernism. Cambridge & New York: Cambridge University Press,1998: 22-23,127. 从美国新兴宗教和 60 年代激进运动两者互动的视角出发所做的研究,参见:ROBERT S. ELLWOOD, THOMAS ROBBINS. The Sixties Spiritual Awakening: American Religion Moving from Modern to Post-Modern. Journal for the Scientific Study of Religion,1995, 34(3).

③ 近几年来,从全球的视角来研究这一时期激进运动的文献层出不穷,除了上文曾提及的几本专著外,另可参见:MOLLY GEIDEL. Peace Corps Fantasies: How Development Shaped the Global Sixties. University of Minnesota Press, 2015; TIMOTHY SCOTT BROWN, ANDREW LISON (eds.). The Global Sixties in Sound and Vision: Media, Counterculture, Revolt. Palgrave Macmillan, 2014; KAREN DUBINSKY, et al.. New World Coming: The Sixties and the Shaping of Global Consciousness. Toronto: Between the Lines,2009. 关于这一时期欧洲激进运动分子的跨国活动,参见:RICHARD IVAN JOBS. Youth Movements: Travel, Protest, and Europe in 1968. The American Historical Review,2009, 114(2).

社会学训练的学者开始致力于将时间性（temporality）、集体行动以及"抗争剧目"（repertoire of contention）等概念应用于对新左派运动的分析上，以期从中观、微观的层面更好地剖析这场运动背后的运作机制。①

二、英语学术话语中的拉美"新左派"

上一小节简要概括了过去几十年来西方学界就新左派运动的研究所取得的成果，并在此基础之上，重点介绍了近十年来在该特定领域内所发生的范式变革及其影响。下文将对拉美"新左派"一词在学术语境中的含义作初步界定，然后把考察的重点放在近年来出版的与20世纪60年代南美洲的激进运动相关的英文文献上。② 通过具体的文本分析，我们将论证英语学界对过去建构于白人男性参与者的视角之上的新左派叙事模式的挑战，亦影响了当下一些以英语为工作语言的学者对南美洲同一时期的左派政治文化实践的理解。

概而言之，拉美"新左派"一词在学术文献中有两层意思。较为人所熟知的

---

① 从社会学的角度对此时学生运动所做的考察，参见：COLIN BARKER. Some Reflections on Student Movements of the 1960s and Early 1970s. Revista Critica de Ciencias Sociais, 2008(81)；从"时间性"的角度对拉美新旧两代左派之间联系所做的研究参见：GABRIELA GONZALEZ VAILLANT. The Politics of Temporality: An Analysis of Leftist Youth Politics and Generational Contention. Social Movement Studies, 2013, 12(4). 中文文献中对蒂利的学术成果介绍，可参见：李钧鹏. 蒂利的历史社会科学——从结构还原论到关系实在论. 社会学研究, 2014(5).

② 受限于篇幅与主题的限制，我们无法深入探究引发近年来传统的新左派运动的学术叙事模式解体背后的原因。但是，有必要做一些必要说明的是，20世纪60年代的激进运动实际上是引发北美学界一度占有主导地位的"现代性"话语土崩瓦解的一大重要推力。受60年代社会政治激进化的大环境影响，美国历史学和社会学两个学科的发展也受到了直接的影响。而70年代之后欧陆后现代理论在美国的登陆及美国国内政治在七八十年代的右转以及身份政治（identity politics）在此时的崛起，亦在相当程度上推动了美国人文社科学界知识版图的重构。60年代新左派历史学家对老一代"共识"学者的批判的简略回顾，参见：IAN R. TYRRELL. Historians in Public: The Practice of American History, 1890-1970. Chicago: University of Chicago Press, 2005: 243-249；亦参见彼得·诺维克对美国历史学沿革及其"客观性"之追求的经典研究：PETER NOVICK. That Noble Dream: The "Objectivity Question" and the American Historical Profession. Cambridge: Cambridge University Press, 1988. 诺维克对新左派史学的崛起及其内部的纷争、社会史学的繁荣以及美国历史学界自20世纪60年代以来"共识性"崩塌等的讨论集中在上引书的第13—16章。另可参考从历史哲学的角度发出对"客观性"这一问题进行讨论的文献：MARTIN BUNZL. Real History: Reflections on Historical Practice. Routledge, 1997. 此外，值得注意的是，几乎在同一时间，美国社会学内部也发生了类似的分裂，新一代社会学学者对帕森斯—莫顿的结构功能主义提出了尖锐的批判。对这一"革命"的影响：社会学科学研究方法的多元化、应用社会科学的式微和社会学界"共识"的崩塌的回顾，参见：CRAIG J. CALHOUN (ed.). Sociology in America: A History. Chicago: University of Chicago Press, 2007, 此书中的第10—12章。关于人类学方面的情况可参见：SHERRY B. ORTNER. Theory in Anthropology since the Sixties. Comparative Studies in Society and History, 1984, 26(1).

解释是,拉美"新左派"主要指20世纪90年代以来左派政治在拉美的复兴,其中又以中左派政党在阿根廷、巴西、乌拉圭等国的议会选举中获得胜利为重要标志。① 然而,在近年来涌现的一大批英文文献中,拉美"新左派"一词又被赋予了一种新的意义。比如,艾利克斯·阿维纳就将拉美"新左派"界定为一场发生在20世纪六七十年代的拉美大陆上、深受古巴革命和格瓦拉主义影响、以游击战为主要抗争手段的激进政治运动。此外,还有一些学者认为,这一运动最初实际是源于"一种对(南美)早期左派极端且无效的动员方式的扬弃,(这主要是因为)后者对暴力的推崇催生了军事独裁、肮脏战争以及对新生的社会民主主义的血腥镇压"。②

将上述两个拉美"新左派"所指代的对象稍加比较即知,在后一种语境中,"新左派"指在"60年代"的历史背景之下,激进政治运动在拉美的特定表现,而前者则被视为八九十年代新自由主义在南美地区的实验失败之后,一场新兴的混合了民众主义和社会民主主义两种意识形态的改良运动。

不可否认的是,一些早期的关于新左派运动的专著实际上曾提到过萌生于20世纪60年代第三世界(其中尤以古巴、越南为代表)、带有社会主义倾向的民族解放运动,对同一时期发生在第一及第二世界的学生运动所产生的深刻影响。③ 但直至20世纪90年代,英语学界才开始逐渐意识到,将前者单纯作为后者的一个背景的叙事模式背后隐含着一种"西方中心主义"的倾向。近几年来面世的一些学术著作更是认为,在20世纪60年代曾一度声势浩大的第三世界民族解放运动不应仅仅被当作理解同一时期西方激进政治的一个简单背景,而是应在充分考虑其自身特殊性的前提下对其成就和局限性进行严肃的批判性再思考。④

---

① MAXWELL A. CAMERON, ERIC HERSHBERG (eds.). Latin America's Left Turns: Politics, Policies, and Trajectories of Change. Boulder: Lynne Rienner Publishers, 2010; PATRICK BARRETT, DANIEL CHAVEZ, CAÉSAR RODRÍGUEZ - GARAVITO (eds.). The New Latin American Left: Utopia Reborn. London: Pluto Press, 2008.

② ALEX AVIÑA. The New Left in Latin America. (2015 - 08 - 28). http: //www.oxfordbibliographies.com/view/ document/obo - 9780199766581 /obo - 9780199766581 - 0040. xml. 需要注意的是,上面所引用的阿维纳的概括参见: JORGE G. CASTAÑEDA. Utopia Unarmed: The Latin American Left after the Cold War. New York: Knopf Doubleday Publishing Group, 1993.

③ ARTHUR MARWICK. The Sixties: Cultural Revolution in Britain, France, Italy, and the United States, c. 1958 - c. 1974. Oxford & New York: Oxford University Press, 1998: 15 - 16.

④ 将第三世界与全球60年代这两者并置做通盘考察的研究,参见: SAMANTHA CHRISTIANSEN, ZACHARY SCARLETT (eds.). The Third World in the Global 1960s. New York: Berghahn Books, 2013. 对第三世界这一概念本身及其实践的讨论参见: VIJAY PRASHAD. The Darker Nations: A People's History of the Third World. New York: The New Press, 2007.

在英语学界逐渐对早期的新左派运动研究范式展开反思的同时，我们注意到，近年来出版的关于拉美激进运动的许多学术专著和论文亦开始质疑对南美60年代左派运动带有明显政治偏见的观点的合理性，并试图在此基础上建构一个以全球"60年代"为参照系的新型研究框架。在这一最新的理论模型的指引下，不同研究者就这一时期美、苏意识形态斗争对拉美各国政治的影响、南美的民族国家建设与民族解放运动的蓬勃发展、不同拉美左派组织之间的分歧与合流、当地的激进政治与非主流文化、解放神学的互动关系等问题做了一系列颇有裨益的探索性工作。[①]

2014年埃里克·佐洛夫在《美洲》杂志上发表的题为《全球"60年代"中的拉丁美洲》的导言，或许可以被视为对这一波新兴的拉美"新左派"运动研究所做的最具权威性的总括性介绍。佐洛夫指出，包括他本人在内的新一代拉美学者由于受到另外两个相关领域研究最新成果的影响（传统的冷战研究及所谓的全球"60年代"研究），因而极大地拓宽了他们原先的知识框架。其一，这一认识论上的"进步"表现为一种为求得"真相与和解"，力图"拯救"过去为威权政府所镇压的声音的努力。[②] 其二，正如美国许多新生代的新左派研究者那样，一部分关注拉美同一时期激进运动的作者亦开始强调过去常被忽视的老左派与其后以学生为主导的激进运动之间的有机联系，挑战我们过往针对"拉美的60年代"的相对狭隘的理解。[③] 其三，对这一时期的反共话语及其所衍生的政治实践的关注，以及对彼时仍处于萌芽阶段的女权主义与学生激进运动之间的复杂关系的分析，近年来也成为研究拉美"新左派"运动的一个新热点。[④] 其四，另有部分学者敏锐地捕捉到60年代的流行文化（摇滚音乐、拉美新浪潮电影等文化现象）与激

---

① JOAQUÍN M. CHÁVEZ. Catholic Action, the Second Vatican Council, and the Emergence of the New Left in El Salvador (1950 – 1975). The Americas, 2014, 70(3); JAIME M. PENSADO. To Assault with the Truth: The Revitalization of Conservative Militancy in Mexico During the Global Sixties. The Americas, 2014, 70(3).

② ERIC ZOLOV. Introduction: Latin America in the Global Sixties. The Americas, 2014, 70(3): 350 – 351.

③ VANIA MARKARIAN. To the Beat of "The Walrus": Uruguayan Communists and Youth Culture in the Global Sixties. The Americas, 2014, 70(3).

④ JAIME M. PENSADO. "To Assault with the Truth": The Revitalization of Conservative Militancy in Mexico During the Global Sixties. The Americas, 2014, 70(3). 从性别的视角对墨西哥学潮的分析参见：ELAINE CAREY. Plaza of Sacrifices: Gender, Power, and Terror in 1968 Mexico. Albuquerque: University of New Mexico Press, 2005.

进政治之间微妙的联系。① 其五,以马修·罗思韦尔为代表的一些拉美学者开始探索60年代的中国革命尤其是毛泽东思想对拉美地区激进政治运动的影响。②

由上文的归纳可知,新一代研究拉美"60年代"的学者通过将其研究对象置于一个较为宽广的全球视野中加以审视,深化了我们对该阶段拉美地区激进政治文化实践多样性(包括其在不同国家的差异化表现)和特殊性的认识。例如,很多研究者已经着手剖析这场运动的发展与南美洲独有的民众主义以及古巴革命之间的关系,而另一些学者则揭示了遍布于拉美大陆之上的民众主义威权政体与西方民主国家应对示威者的手段的显著差异(前者多采用血腥镇压,后者则选择了相对较为温和的方法)。③

但是,在承认前人贡献的基础之上,我们认为仍有必要从认识论的角度对现有拉美"新左派"的英语文献做更深一步的分析,以期揭露一些尚未得到足够重视的盲点。

首先,上述拉美"新左派"运动的研究者所使用的一些关键性概念和范畴,例如"漫长的60年代""全球60年代"等,皆是直接从新近涌现的北美新左派运动的研究文献中引用而来。比如,上文提及的佐洛夫就认为:

"对研究拉美的学者而言,当下历史研究范式正在发生转变的一个标志是一种新的研究路径的崛起。后者不再从帝国主义与反帝斗争这一特定视角来看待拉美'漫长的60年代'——此种叙事在极大程度上为美国在拉美拥有霸权地位这一假设所限制,而是转向一种针对拉美的更为复杂的理解。这一新的叙事方式将拉美新左派运动,视作一个为'全球60年代'概念提供了重要图景、参与者和观念的孵化场与先驱者。"④

---

① TATIANA SIGNORELLI HEISE, ANDREW TUDOR. Dangerous, Divine, and Marvelous? The Legacy of the 1960s in the Political Cinema of Europe and Brazil. Sixties: A Journal of History, Politics and Culture, 2013, 6(1); VICTORIA LANGLAND. Speaking of Flowers: Student Movements and the Making and Remembering of 1968 in Military Brazil . Duke University Press Books, 2013; VALERIA MANZANO. "Rock Nacional" and Revolutionary Politics: The Making of a Youth Culture of Contestation in Argentina, 1966 – 1976. The Americas, 2014, 70(3); CHRISTOPHER DUNN. Desbunde and Its Discontents: Counterculture and Authoritarian Modernization in Brazil, 1968 – 1974. The Americas, 2014, 70(3).

② MATTHEW D. ROTHWELL. Transpacific Revolutionaries: The Chinese Revolution in Latin America. London: Routledge, 2012.

③ ALEX AVINA. The New Left in Latin America. (2015 – 08 – 28). http://www.oxfordbibliographies.com/view/document/obo-9780199766581/obo-9780199766581-0040.xml. 关于墨西哥政府在1968年奥运会开幕前对学生运动的镇压,参见: DIANA SORENSEN. Tlatelolco 1968: Paz and Poniatowska on Law and Violence. Mexican Studies, 2002, 18(2).

④ ERIC ZOLOV. Introduction: Latin America in the Global Sixties. The Americas, 2014, 70(3): 354.

在另一位专注于研究同一时期拉美激进运动的学者贾米·彭萨多的著作中,我们亦可发现"漫长的 60 年代"这一概念的重要性:"为了从一个更全面的角度书写这一时期的学生政治实践,我们将采用'漫长的 60 年代'这一名词来指代此时一种新生的且更具侵略性的、以公共抗议和政治暴力为标志的学生政治。通过与全球的 60 年代这一历史进行对话,我们认为,这一时期的政治实践并非凭空而来。"①

其次,伊曼纽尔·沃勒斯坦(Immanuel Wallerstein)提出的"1968"则是另一个为许多研究拉美"60 年代"左派政治运动的学者所采用的概念。比如,杰弗里·古尔德批判性地继承了沃勒斯坦提出的这一概念:"沃勒斯坦提出了一个重要的论点——那就是在 1968 年,新左派在拉美以及世界各地瓦解了其时已转而支持资本主义体系的社会民主主义以及左派共产党……但是,他对那些支持共产党的左派所扮演角色的看法是成问题的……这是因为如果不能正确认识共产党人所扮演的积极角色,我们完全没有办法理解在(拉美)大陆上发生的三场最大规模的社会运动。"②

最后,考虑到其本身所隐含的"高度美国化"的特征,佐洛夫大加倡导的拉美"新左派"一词本身或许也难逃"舶来品"之嫌:"或许,我们应该就拉美'新左派'采取一种类似于范戈斯对美国新左派所作描述的定义。"③他认为,在 20 世纪 60 年代拉美大陆上所兴起的各种社会、政治运动以及文化实践的多样性,意味着南美地区 60 年代的左派是由许多有相同参照系(古巴革命、对越战的谴责以及共同的社会主义追求)的"运动聚合体"(movement of movements,亦指拉美新左派运动实际上是由许多诉求不同的次级运动)所组成的。④

---

① JAIME M. PENSADO. Rebel Mexico: Student Unrest and Authoritarian Political Culture During the Long Sixties. Stanford, California: Stanford University Press, 2013: 4.
② JEFFREY L. GOULD. Solidarity under Siege: The Latin American Left, 1968. American Historical Review, 2009, 114(2): 350, 374.
③ ERIC ZOLOV. Introduction: Latin America in the Global Sixties. The Americas, 2014, 70 (3).
④ ERIC ZOLOV. Expanding our Conceptual Horizons: The Shift from an Old to a New Left in Latin America. A Journal on Social History and Literature in Latin America, 2008, 5(2): 53. "由不同的运动所组成的运动"一词最早为奈吉尔·杨所创,但多年后又重新为范戈斯所启用并赋予新的含义,参见:NIGEL YOUNG. Infantile Disorder?: Crisis and Decline of the New Left. Boulder, Colo: Westview Press, 1977: 2; VAN GOSSE. A Movement of Movements: The Definition and Periodization of the New Left//JEAN-CHRISTOPHE AGNEW, ROY ROSENZWEIG (ed.). A Companion to Post — 1945 America. Oxford: John Wiley & Sons Ltd., 2007.

三、论超越"再现"与"再压迫"困境的可能性：
中文语境中的拉美"新左派"研究新取向

　　拉美"新左派"或许确实可以像发生于同一时期的美国新左派一样被界定为一场"运动聚合体"。但在承认这种相似性在本体论上的合法性之前，我们必须进一步追问，除了如上所述的那些理由之外，是否还有其他证据支持我们将北美60年代的新左派运动当作一个标尺来书写拉美同一时期的激进政治实践呢？换言之，此处的关键并不在于康德所说的"物自体"本身，而恰恰是后者在这世界上所呈现的"表象"。在2007年出版的《南方理论》一书中，雷温·康奈尔就已经对将"北方理论"亦即源自北美的学术理论应用于分析第三世界的实际情况的做法提出了质疑："自19世纪以来，西方社会科学一直孜孜以求的'普适性'并不适用于我们理解非西方社会的实际情况，因为前者反映的不过是现代都市社会所遇到的种种问题、观点和观念（的一种投影）。"①

　　西方学界最近对"全球"的重新发现以及由此衍生的围绕全球对地方、同一性对多元性、分散对集中等概念所展开的辩论，是否真的完全如康奈尔所言，反映的不过是"西方都市社会的各种变迁"，我们不敢妄下定论。②但是，仅就拉美新左派运动研究这一特定领域近年来的发展而言，我们确实可以清晰地辨识出，正在日渐碎片化和多元化的美国新左派学术叙述模式对前者所起到的决定性影响："通过将一个更具有包容性的'新左派'一词引入到我们的分析词汇当中，我们可以将遍布在南半球的犹如迷宫般充满分歧的革命运动中所清晰呈现出来的严格的自律性，与一种同样迷幻但缺乏严格自我约束的文化实践相结合，由此可以更为全面地理解'漫长的60年代'及其对当下所造成的影响。"③

　　由上引文可知，在佐洛夫看来，作为一个统领性的概念，"新左派"一词因其具有的包容性和多样性，是可以实现书写这一时期激进运动的目的的。然而，我们想指出的是，伴随舶来物"新左派"一词而来的，恰恰是一系列未曾言明的概念和假设。我们之所以一再强调将"新左派"一词及其不断演变的概念与西方学术研究范式自60年代以来所发生的沿革联系起来考察，其意自不在从本体论

---

①② RAEWYN CONNELL. Southern Theory: The Global Dynamics of Knowledge in Social Science. Cambridge: Polity Press, 2007: vii-viii, 56-60, 63.

③ ERIC ZOLOV. Expanding our Conceptual Horizons: The Shift from an Old to a New Left in Latin America. A Journal on Social History and Literature in Latin America, 2008, 5(2): 73.

的意义上否定拉美的左派文化政治实践在60年代所具有的多面性和特殊性,亦不在于质疑从邻近的社会学和文化研究等学科引入新的分析工具和概念的合理性。① 但是,在全球化时代不同地域间学术研究交流已是大势所趋的前提下,我们是否可以(或者说应该)放弃对这一潮流本身所产生的影响进行反思的需求呢? 或者,如果仅就本文的特定考察对象即拉美60年代的左派政治运动而言,我们的写作是否必须依赖于那些从欧美学术界引入的似乎具有某种普适性的概念和范畴呢?

盖亚特里·斯皮瓦克曾表露过一些与上述追问相似的担忧。以福柯(Michel Foucault)和德勒兹(Gilles Louis Rene Deleuze)两人之间的对话为例,斯皮瓦克争论说,作为一个特定的思想体系,源于欧陆的以形而上学的主体为批判对象的后结构主义,似乎为知识界提供了一种瓦解西方逻各斯中心主义②的终极方案,但是如果我们作为左派知识分子放弃了从意识形态的角度对西方(后)殖民霸权进行批判之责任,而仅仅满足于从"权力"和"愿望"这两个维度对西方的主体进行重构的话,那么我们仍将不可避免地成为当下全球资本对后殖民地区的普罗大众③进行持续压迫和剥削的"共谋"。④

受限于篇幅,本文不能具体分析斯皮瓦克对福柯和德勒兹的批评的合理与偏颇之处。⑤ 但是,即使斯氏的论点确有过激之嫌,我们仍认为《贱民能说话吗?》一文对任何希望探索一种新的书写"拉美60年代"的激进政治实践方式的作者有一定的启迪作用。这是因为,唯有在直面"'贱民'无法说话"(斯皮瓦克

---

① 就古巴革命对南美("南锥体")各国的激进政治实际所产生的不同影响所做的精彩分析,参见: ALDO MARCHES. Revolution Beyond the Sierra Maestra: The Tupamaros and the Development of a Repertoire of Dissent in the Southern Cone. The Americas,2014,70(3).

② 逻各斯中心主义一词在不同的语境中具有不同的意义。此处的逻各斯中心主义指的是一种西方哲学传统对"形而上学的在场"(metaphysics of presence),亦即外于话语世界之外的"物自体"的执着追求。参见: JACQUES DERRIDA. Of Grammatology. Baltimore: Johns Hopkins University Press, 1976.

③ 普罗大众,即普通民众。这种说法通常一般出现在无产阶级国家。"普罗"是拉丁语 proletarius(音译普罗列塔利亚)的简称,意为无产阶级的。在中国现代文学作品中经常使用该词,常见的如"普罗文学""普罗大众"等。此词是在苏联最早频繁使用起来的,并增添了"大众"的含义。

④ GAYATRI CHAKRAVORTY SPIVAK. Can the Subaltern Speak//CARY NELSON, LAWRENCE GROSSBERG (eds.). Marxism and the Interpretation of Culture. Urbana: University of Illinois Press,1988.这里特别需要说明的是,国内学者通常将 subaltern 翻译为底层民众,似有忽略 subaltern 一词亦有"被排除在主流社会之外"这一含义。有鉴于此,本文将 subaltern 一词翻译为"贱民",并加注引号,旨在凸显他们所受压迫之深重。

⑤ 关于这方面的讨论,参见: ROSALIND C. MORRIS (ed.). Can the Subaltern Speak? Reflections on the History of an Idea. New York: Columbia University Press,2010; ROBERT NICHOLS. Postcolonial Studies and the Discourse of Foucault: Survey of a Field of Problematization. Foucault Studies,2010(9).

语)这一残酷现实之后,我们才有可能意识到,许多貌似代表西方学术界最前沿、最激进的写作策略和思考方式,非但无法真正"重现"那些第三世界中受压迫者的声音,反而有对其实施再次镇压的可能。

然而,我们究竟应该如何避免这一"斯皮瓦克式的困局"呢?我们是否应该遵循斯氏的建议,致力于倾听(listen)而非代表(represent)那些在拉美大地上生活的"贱民"的声音?或者,我们应像拉美国家最为著名的马克思主义作家马里亚特吉(Jose Carlos Mariátegui)那样坦然宣称:"我并不试图假装自己是一个中立的或者没有鲜明观点的评论家,我不认为这在任何情况下都是可能的。哲学的、政治的和关乎世界的立场会影响每一个评论家……我并不宣称自己是一个温和的或者不偏不倚的评断人,相反,我将宣告自己是一个富有激情和好战的争辩者。"[①]又或者我们应选择搁置这种对于"代言"或者"重现"的执迷,转而就"学者"或者学术工作这两者的一些根本性前提假设做一番"反身性"的思考呢?

对上述诸问题的求解俨然触及了现代人文社科学术写作的历史性、社会性与伦理性这三个宏大议题,而要对其中任何一项从知识社会学、历史哲学、史学史等多个角度进行深入的讨论,都势必将偏离本文所预设的主题。

因此,在下文中,我们将仅从反身性(reflexivity)这个特定的角度切入,就如何建构一种新的书写拉美60年代激进政治实践方式作一些初步探索,旨在抛砖引玉,以推动中文学界对这一现象作进一步研究。

必须指出的是,作为一个近年来在许多学术文献中频繁出现的术语,"反身性"与古今中外先哲的自我审视确有交叉之处,但是,前者实际上是由皮埃尔·鲍迪厄首先提出的一个社会学概念。[②] 鲍氏的"反身性"或者"参与者客体化"的大致含义是,一名社会科学研究者,不但有义务考虑各种个人因素(国别、性别、种族等)对其研究所造成的可能影响,同时还有责任使用社会科学的方法对其自身与研究对象之间的关系进行深入的剖析。[③] 或者,用鲍迪厄自己的话来说,"反身性"指的是我们必须对实施客体化的主体进行客体化。因为那些在我

---

① HARRY E. VANDEN, MARC BECKER (eds.). José Carlos Mariátegui: An Anthology. New York: Monthly Review Press, 2011: 44.
② 如苏格拉底的名言"认识你自己"和孔子的"吾日三省吾身"。此外,对自身灵魂的拷问亦是早期基督教神父的著作中反复出现的一个主题。
③ PIERRE BOURDIEU. Science of Science and Reflexivity. translated by Richard Nice. Chicago: University of Chicago Press, 2004; PIERRE BOURDIEU, LOÏC J. D. WACQUANT. An Invitation to Reflexive Sociology. Chicago: University of Chicago Press, 1992.

们看来理所当然的学术研究的基本条件,比如通过专业训练所习得的思考模式、对某一问题的研究兴趣以及相关理论模型和分析工具,乃至于学术写作的风格和引用的材料等,不仅与各种互为纠葛的社会关系(国别、性别、种族等)存在一种结构上的相关性,同时也为我们在所从属的各类学科领域的各个场域中(field)所处的位置所形塑。①

在鲍迪厄看来,如果我们想要理解"他者",唯有先反其道而行之,将科学的研究方法运用于揭示我们自身所遵循的"惯习"(habitus)是如何在与我们身处其中的各种场域的互动中形成和演变的。这样做的意义在于,只有在我们获得了一种对自身的惯习的反身性认识之后,才有可能避免将一种学术偏见投射至作为经验研究对象的个人或群体之上,进而理解后者所遵循的一种直观的"实践的逻辑"。②

有鉴于西方学界近年来已涌现出一大批从批判现实主义和解构主义等角度对鲍迪厄理论的批评,我们认为,在使用不当的情况下,后者的理论模型的确可能演变成一种"经济简化论"或者"同义反复论"。但是鲍氏最大的贡献首先在于,通过提出"惯习""场域"等概念,使我们认识到现代的学术工作并非如狭隘的逻辑实证主义哲学所设想的那样"发生"于真空之中,而是更像马克思所说的"人是社会关系的总和"那样无时无刻不受着各种相互交错的社会网络关系的限定。其次,通过对"反身性"的强调,鲍迪厄所建构的理论模型又为科学研究在我们寻求自身解放的道路上预留了有限但重要的一席之地。③

问题在于,在认识到鲍氏的反身性社会学的优势和局限之后,我们究竟应如何将他所提供的某些(而非全部)洞见运用于书写拉美60年代的激进政治运动上呢?就这个问题,我们将从以下两个方面提出一些初步的思考线索。首先,正如鲍迪厄所说,任何寄希望于理解"他者"的努力都应始自对自身清醒的认知。因此,在试图了解南美60年代的左派政治之前,我们有必要采用知识社会学为

---

① PIERRE BOURDIEU. Participant Objectivation. Journal of the Royal Anthropological Institute,2003,9(2):283.
② PIERRE BOURDIEU, et al.. The Logic of Practice. translated by Richard Nice. Stanford:Stanford University Press,1992.
③ PIERRE BOURDIEU. Homo Academicus. translated by Peter Collier. Cambridge:Polity Press in association with Basil Blackwell,1988:5;KARL MATON. Reflexivity,Relationism and Research:Pierre Bourdieu and the Epistemic Conditions of Social Scientific Knowledge. Space & Culture,2003,6(1);HUBERT L. DREYFUS, PAUL RABINOW. Can There Be a Science of Existential Structure and Social Meaning? //RICHARD SHUSTERMAN (ed.). Bourdieu:A Critical Reader. Wiley–Blackwell,1999;JUDITH BUTLE. Performativity's Social Magic//RICHARD SHUSTERMAN (ed.). Bourdieu:A Critical Reader. Wiley–Blackwell,1999.

我们所提供的一些工具针对中文学界(以及其他各国)迄今为止就拉美政治所做的研究进行审视。此处"审视"一词所指的不是传统意义上的学术综述(这应只是我们工作的基础),而是指以拓扑和统计等方法构建一个当下国内(乃至世界)拉美研究的学术版图。具体而言,我们应致力于揭示包括我们自己在内的每个从业者所属的专业学科背景、其所关注的重点问题、采用的研究方法和论证模式、偏好发表的刊物等变量与其个人在学术界所处位置之间的相关性。我们还需要在清醒地认识到拉美学术界本身并非是一个外在于中国和世界人文社会科学界之外的自主场域这一事实基础上,就后者对前者可能产生的影响进行"客体化"。此外,作为学术工作的一个重要外在因素,不同高校、地区和国家的相关政策导向一直是所有从业者所关心的一个问题,但是这并不等同于我们业已获得了关于这种相关性的知识,这是因为,后者只有在经过缜密的科学论证和说明之后,方能在理论上被赋予一定的确实性。从某种意义上来说,绝大部分从事拉美研究的学者都曾在他们实际的日常工作中获得上述某种"经验",但是,"反身性"要求这种"经验"不能仅仅停留在"经验"的层面,而必须经受最严苛的社会学审视,以期揭示那些至关重要但是已然内化了的"学术的"认知模式和行为逻辑对我们的研究可能造成的影响。

其次,考虑到国内学术研究条件的实际情况,我们或许可以将关注的焦点优先放在对南美各国的不同高校(或某一特定国家的某所高校)所开设的与"60年代"相关的课程设计上。在材料足够充分的前提下,这一特定的个案研究可以从共时性和历时性两个维度围绕以下问题展开。其一,仅就过去的半个世纪而言,不同背景(国别、性别和年龄)的拉美本土学者是怎样认识发生在20世纪60年代的左派运动的?他们又是如何通过讲课的形式将这一知识呈现出来的?其二,我们还需考察的是,在大学课堂这个特定的环境中,拉美学者对这段历史的复述是否或者在多大程度上受到了最新的北美学术范式的影响?其三,在中国与南美各国之间各种互动日渐频繁的政治大背景下,我们亦可就这一发展本身,对构建一种在非西方视角下书写或者讲授"60年代"拉美激进政治运动的尝试可能会带来的各种机遇和挑战,进行深入的研究。